탐정활동 및 탐정실무기법 I

범죄심리학·범죄학

법학박사·행정사 김 동 근
법학박사·탐정사 이 기 원   공저

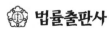 법률출판사

머리말

PIA 탐정, 민간조사 분야는 선진국에서 이미 활성화되어 있는 유망 전문직으로 OECD국가 중 우리나라가 유일하게 민간조사(탐정) 제도가 마련되지 않은 국가였지만, 최근 정부는 민간조사원을 신 직업 지원육성업종으로 지정하여 활성화 한다는 계획을 발표하였습니다. 정부의 신 직업 육성에 발맞춰 관련 전문인력의 수요가 증가할 것으로 예상되고 있으며, 활동 영역 또한 확대될 것으로 보입니다.

더구나 2020년 8월부터 신용정보법 일부 개정으로 탐정이라는 명칭의 사용과 탐정업의 영리 활동이 가능해졌음에도 불구하고 현재 탐정업이 법제화가 되지 않은 까닭에, 국내에서 실제 활동하는 탐정인원이 8,000명 정도에 이르고, 또 탐정업을 준비 중인 일반시민 및 학생들이 다수 있음에도 불구하고 그에 대한 관리감독이 제대로 되지 않고 있을 뿐만 아니라 정확한 교육기관도 없어 통제를 벗어난 불법성이 우려되고 있는 실정입니다.

이에 따라 본서는 이러한 시대의 흐름에 맞추어 현재 무분별하게 양산되고 있는 탐정사 자격제도를 올바르게 정립하고 적법한 범위 내에서 활동할 수 있는 탐정의 가이드라인을 제시하여 향후 국회에 입법 계류 중인 공인탐정법에 대비함은 물론 탐정활동에 관한 실무지침을 제시하고자 합니다.

아무쪼록 본서가 탐정업에 관심이 있는 분들이나 현직 탐정 등 관련 분야 전문가들에게 탐정활동의 지침서로서의 역할을 충분히 해낼 수 있기를 바랍니다. 부족하거나 미흡한 점에 대하여는 독자 여러분들의 지도편달을 바라며, 계속 판을 거듭하면서 이를 보완하고자 합니다.

이제 본서의 출간에 도움을 주신 분들에게 감사를 표하고자 합니다. 먼저 본서의 저술에 필요한 각종 일들을 맡아주신 권대원 행정사(전 종로경찰서장) 님의 도움에 감사의 뜻을 전합니다. 또한 본서를 기꺼이 출간해 주신 법률출판사 김용성 사장님께 감사말씀을 드리며, 편집과 교정을 맡아 준 편집부 직원 분들께도 감사를 표하는 바입니다.

2021. 3. 공저자 씀

차 례

제1장 범죄심리학의 정의

제2장   범죄연구의 역사

제3장 범죄의 생물학적 원인

제4장   심리학적 범죄이론

제5장 범죄의 사회학적 요인

제6장 범죄심리학의 기초이론

제7장 정신장애와 범죄심리

제8장 사이코패스와 범죄심리

제9장 폭력의 범죄심리

제10장 절도의 범죄심리

제13장　묻지마 범죄

제15장   인질과 테러의 범죄심리

제16장 스토킹의 범죄심리

제17장 범죄자 프로파일링

제1장
범죄심리학의 정의

제1장 범죄심리학의 정의

제1절 범죄심리학의 본질

심리학은 인간의 심리적 측면(예컨대 독심술, 정신병, 정신분석 등)뿐만 아니라 인간의 행동, 사회적 존재로서의 인간을 다루는 학문을 말한다.

범죄심리학(Criminal Psychology)은 범죄의, 특히 범죄인의 심리적 측면을 다루는 학문이다. 영어 표현 그대로의 의미로 해석을 할 경우 '범죄의' 심리학이지만, 결국 범죄자의 행동, 즉 범죄행동의 심리학적 원리를 연구하는 학문인 것이다. 심리학이 인간의 행동과 정신과정을 연구하는 학문이라는 점을 고려한다면 범죄심리학은 범죄적 행동 또는 범죄행동의 심리학이라고 지칭할 수 있을 것이다. 범죄심리학의 경우 범죄원인론 이외에도 범죄수사, 판결, 재범예측, 교정 등 다양한 분야와 연계하여 연구 및 응용되고 있다. 이에는 협의의 범죄심리학과 광의의 범죄심리학이 있다. 협의의 범죄심리학은 범죄의 원인에 대한 심리학적 연구이고, 광의의 범죄심리학은 형사법체계 전반에 걸쳐 범죄자와 관련된 주제를 다루는 심리학의 영역이다. 이 장에서 서술하는 심리학의 본질과 역사, 접근방법, 연구분야와 연구방법을 통해서 심리학의 응용학문에 속하는 범죄심리학의 본질을 이해하는데 도움이 될 수 있을 것이다.

1. 심리학의 본질

(1) 심리학의 정의

심리학의 그 시대의 흐름에 따라 연구주제와 대상이 달라짐에 따라 그 정의를 내리는데 있어서 학파와 학자마다 주장이 다르다. 하지만 심리학의 커다란 흐름속에서 이루어지는 심리학의 정의를 살펴보자면 심리학은 마음의 이치(理致)를 살펴보는 학문이라 하겠다. 인간의 마음, 심리, 정신을 보다 학문적이고 체계적으로 연구함으로써 마음의 구조, 심리의 구조, 정신의 구조를 알고, 더 나아가 인간의 마음과 심리, 정신(통칭하여 심리)이 어떻게 작용하고 기능하는 지에 대해서 연구하는 학문이라 하겠다.

> 분트(W. Wundt): 심리학을 과학적인 학문으로 발전시키는데 공헌을 하였다. 인간의 내적인 경험과 의식을 강조하면서 '심리학은 자연과학의 주제를 이루는 외적인 경험의 대상들과는 달리 내적인 경험(예컨대 감각, 감정, 사고, 의욕 등)을 연구하는 학문이다(1892).'라고 정의하였다.

> 왓슨(J.B Watson)은 인간이란 심리 이외에도 다른 요소들이 함께 어우러져 구성되는데 그 중 가장 대표적인 것이 행동(Behavior)이다. 행동주의를 창시한 왓슨은 심리학을 다음과 같이 정의한다. '심리학은 인간행동을 주제로 삼는 자연과학이다(1919).' 여기에서 인간행동이란 행동, 언어 그리고 학습되었거나 학습되지 않은 모든 관찰 가능한 것을 말한다.

(2) 심리학의 변천

초기 심리학은 인간의 내부 심리에만 관심을 가졌으나 점차 인간의 행동에도 관심을 갖기 시작하였다. 그래서 심리학은 인간의 심리뿐만 아니라 행동까지도 연구대상에 포함시켰다. 심리학을 정의하기에 앞서 한 가지 더 고려할 점이 있는데 그것은 인간은 사회적 동물이라는 점이다. 인간은 사회라는 테두리 속에서 생각하고 말하고 행동을 하며 살아간다. 인간이 사회와 불가분의 관계에 있듯이 인간을 연구하는 심리학의 경우도 마찬가지로 사회와 밀접한 관계에 놓여 있는 것이다. 즉 심리학은 사회적 존재인 인간의 심리와 행동을 과학적으로 이해하려는 학문인 것이다.

(3) 심리학의 정의 요약

심리학의 정의에 대한 여러 학자들의 다양한 정의에서 보듯이 심리학을 명확하게 정의하기는 어렵다. 범죄심리학의 정의 역시 한마디로 정의내리기는 쉬운 일이 아니다. 대부분의 학자들은 범죄심리학에 대한 정의를 명확히 하지 않고 있다. 왜냐하면 심리학이 인간의 사고와 행동에 대한 전반적인 내용을 연구주제로 하듯이 범죄심리학의 연구범위와 대상도 너무도 광범위하고 다양하기 때문이다. 군이 범죄심리학의 정의를 내리자면 범죄심리학은 범죄자의 심리와 행동을 과학적으로 이해하려는 학문이라고 정의 내릴 수 있다.

2. 범죄심리학의 목적

범죄심리학은 두 가지 목적을 가지고 있다.

① 학문적 목적: 범죄자의 심리와 행동을 설명, 예측, 통제하려는 학문적 목적이다.

② 궁극적 목적: 학문 목적의 달성을 통해 인간과 사회의 복지를 증진시키고 인간과 사회의 진리와 선을 달성하려는 목적이다.

3. 범죄심리학의 목적에 대한 정의

범죄를 이해하기 위해서는 무엇보다도 범죄자의 심리와 행동, 범죄자를 둘러싸고 있는 사회와 사회현상들을 보다 정확하게 설명할 수 있어야 한다.

① 범죄현상을 정확하게 설명하는 것이다. 범죄자의 행동과 심리에 대한 정확한 설명을 위해서는 타당도(validity)와 신뢰도(reliability)의 문제이다. 이러한 타당도와 신뢰도의 문제를 극복하고 범죄자의 심리와 행동을 정확히 측정을 해서 현상을 보다 정확하게 설명해야 한다.

② 정확한 설명을 바탕으로 범죄자의 심리와 행동을 예측하려는 것이다. 범죄심리학은 범죄자의 심리와 행동을 정확히 기술하고 설명한 것을 바탕으로 궁극적으로 범죄자의 심리와 행동을 예측(prediction)하고자 한다.

③ 인간이 심리와 행동을 설명하고 예측하려는 목적 이외에도 범죄자의 심리와 행동을 통제(control)하려는 것이다.

> ⇨ 범죄심리학은 범죄자의 심리와 행동을 설명하고 예측하고, 통제함으로써 궁극적으로는 인간과 사회의 복지를 증진시키고, 진리와 선을 달성하고자 하는데 목적이 있다.

제2절 범죄심리학의 역사

많은 학문들이 그렇듯이 심리학의 경우도 철학에서 분리가 되었다. 심리학의 역사를 고찰함에 있어서, 심리학을 넓게 해석하면 인간의 마음과 행동에 관심을 갖기 시작한 시점인 고대 그리스의 철학까지 거슬러 올라가야 한다. 하지만 심리학을 과학적 심리학으로 좁게 해석하면 심리학의 역사는 독일에서 분트(Wundt)가 라이프치히(Leipzig)대학에 최초로 심리학 실험실을 설치한 1897년부터라고 할 수 있다.

1. 과학적 심리학의 역사

현대 심리학의 근간을 이루고 있는 과학적 심리학을 그 학파를 중심으로 살펴보기로 한다. 심리학이 과학적 심리학으로 구분되기 시작한 것은 1879년부터라고 할 수 있다.

(1) 구성주의

① 분트(W. Wundt: 1832~1920)

분트는 1879년 독일의 라이프치히 대학에서 세계최초의 심리학 실험실을 설치하였다. 그는 많은 연구 업적과 제자들을 통해 심리학이 철학으로부터 독립해 독자적인 학문으로 자리매김하는데 큰 역할을 하였다. 그는 인간의 정신을 분석하려는 실험심리학과 사회, 역사, 종교, 문화 종족의 민족성을 다루는 민족 심리학을 주장하였다.

② 티커너(E. B. Tichener: 1867~1927)

분트의 제자인 그는 인간의 정신구조를 분석하는 심리학 최초의 학파인 구성주의(structualism)로 발전하였다.

(2) 기능주의

미국의 제임스(W. James: 1842~1910)를 중심으로 의식의 기능에 관심을 갖는 기능주의(functionalism)가 등장하였다. 기능주의의 배경에는 실용주의와 적자생존의 원리를 주장한 진화론의 영향이 크다. 심리학도 인간의 행복을 위해서는 실용적이어야 하며, 사회환경에 잘 적응해 살아남기 위해서는 의식의 내용이 무엇인지보다는 의식이 왜, 무엇 때문에 가능한지를 알아야 했기 때문이다.

(3) 정신분석

구성주의와 기능주의가 미국해서 성행하고 있을 무렵 유럽에서는 정신분석(psychoanalysis)이 출현하였다. 정신분석은 프로이드(S. Freud: 1856~1939)에 의해 창시되었다. 프로이드는 정신과 의사였는데 그는 심리학에 매우 많은 과심을 가지고 있었다. 프로이드는 인간의 정신세계를 의식, 전의식, 무의식으로 구분하고, 인간의 정신 대부분은 무의식으로 이루어져 있다고 주장하였다. 또한 인간의 성격구조를 원초적인 이드(id), 현실적인 자아(ego), 도덕적인 초자아(superego)로 구분하였다. 그는 인간의 성격이 선천적인 심리성욕에너지(libido)가 어디에 집중되느냐에 따라 형성된다고 보았으며, 성격은 5세를 전후로 이미 결정된다고 주장을 하였다.

(4) 행동주의

미국에서 왓슨(J. B. Watson)은 보이지 않고 연구할 수도 없는 의식보다는 행동을 연구해야 한다는 주장을 하며 행동주의(behaviorism)를 주장하였다. 행동주의는 엄격하게 눈으로 관찰이 가능한 행동만이 과학적 심리학의 대상이라고 보았다. 의식이니 정신이니 하는 것들은 최소한 초기 행동주의의 연구대상에서 완전히 제외시켰다. 이러한 행동주의는 이전의 심리학파에 대한 반발로 의식을 다루지 않고 과학적인 연구방법을 지향하였다.

(5) 형태주의

인간의 정신을 지나치게 요소로 분석하고 정신을 분석하는 것에 반대하면서, 인간을 전체적으로 이해해야 한다는 형태주의(gestalt) 심리학이 독일의 위데이머(M. Wertheimer: 1880~1943)에 의해 제기되었다. 형태주의는 경험적이고 현상주의적이며 전체주의적이다. 인간의 심리적 경험은 통일된 전체일 때 유의미해지는 것으로 추상적인 요소의 무의미한 결합에 의해 형성되는 것은 아니며, 설령 분석이 가능한 경우라 할지라도 그것은 이차적인 문제인 것이다. 비록 분석을 통해 발견된 요소라고 할지라도 항상 불변하는 성질을 가지는 것은 아니라 전체에 의해 부분의 성격이 규정되는 것이다. 형태주의는 부분보다는 전체적인 성질이 더욱 근본적인 것이요 중요한 것이라고 보았다.

(6) 인본주의 심리학

행동주의와 정신분석 같은 기존의 심리학파들이 인간을 지나치게 기계론적, 결정론적, 분석론적으로 보는 것에 반발하여 인간의 존엄성을 인정하고 인간의 변화 가능성을 존중했던 심리학의 흐름이 인본주의(humanism)이다.

인본주의 학파는 실존주의 철학의 영향을 받아 1960년 경 매슬로우(A. Maslow: 1908~1970)에 의해 제기되었다. 인본주의 심리학은 행동주의의 기계론적 인간관과 정신분석의 우울하고 절망적인 인간관을 극복하는 동시에 인간에 대한 심리학의 관점을 바꾸어 놓았다.

2. 범죄심리학의 역사

(1) 18세기

롬브로소의 생래적 범죄인설이 제시한 범죄자의 선천적, 신체적 특징에 대해서는 혹독한 비판으로 그 지지를 잃어 갔으나 정신적 특징만큼은 지지를 받아 오늘날 범죄심리학의 발전으로 이어졌다. 범죄심리학이 범죄인류학의 흐름에서 파생되었다고 보는 것은 단편적인 해석에 불과하다고 볼 수 있다.

왜냐하면 롬브로소의 생래적 범죄인설의 발표 이전에 범죄심리 연구가 서서히 시작되었기 때문이다. 오히려 18세기 말부터 범죄심리학을 규명하기 위한 초기의 실험들이 롬브로소(1836~1909)에게 영향을 주어 생래적 범죄인설을 거쳐 범죄심리학으로 그 결실을 보았다고 해야 옳을 것이다.

(2) 18세기 말 ~ 19세기 초

범죄심리학적 요인이나 범죄자의 정신적 특징을 찾으려는 노력은 18세기 말에서 19세기에 걸쳐 정신의학자들을 중심으로 시작이 되었다.

① 피넬(Philipe Pinel): 근대 정신의학의 창시자인 프랑스의 피넬은 1793년의 프랑스 혁명기에 쇠사슬에 묶인 정신병원의 환자를 해방시킨 것으로 유명하지만(이를 피넬의 혁명이라 함), 동시에 범죄자가 일정한 선천적인 정신적 특징을 갖고 있음을 밝힌 정신의학자이다.

② 에스퀴롤(Jean Esquirol): 피넬의 제자인 그는 1816년에 자신의 '부분적 망상론'에서 피넬의 주장을 옹호하였다.

(3) 19세기 중반

19세기 중반에 오늘날의 범죄심리학에 연결되는 2가지 주요이론이 제기되었다.

① 영국의 프리차드(James Prichard)의 도덕적 정신빙해자설

배덕증설(moral insonity)이라고도 한다. 이 설은 범죄자가 도덕감각이 마비돼 선악의 구별 없이 범죄에 빠져 일정의 도덕적 광인이 된다고 생각하였다. 프리차드의 '도덕적 정신방해자설'을 발전 계승시킨 사람은 영국의 정신의학자 모즐리(Henny Mauclsley)이고, 그는 기질론적 입장에서 정신방해의 개념을 파악해 도덕성과 뇌기관과의 관련성을 설명하였다.

② 프랑스의 정신의학자 모렐(Benedict morel)의 변질설

이 설은 범죄자를 원시인의 수준으로 퇴화된 사람으로 보고 그들은 신체적, 정신적인 변질징후를 가진 자로 보았다. 이 징후들은 유전이 된다고 생각했다. 모렐의 변질설을 발전 계승시킨 사람은 프랑스의 마니안(Vanentin Magnen: 1835~1916)이고, 당시의 진화론이나 골상학의 성과를 합쳐 '평균상실자(정신적 균형이 결여된 자)'의 개념을 제시하였다. 이러한 것들은 롬브로소의 생래적 범죄인설에 영향을 주고 그 후의 정신병질 개념의 정립으로 연결이 된다.

③ 1827년에는 '범죄심리학'이란 서명을 쓴 최초의 책으로 독일의 에빙(Kraft Ebing)이 범죄심리학의 기초를 출판하였다.

④ 1898년에는 그로스(Hans Von Gross)가 '범죄심리학'을 출판해 범죄심리학의 흐름이 정착되었다.

⑤ 따르드(G. Tarde: 1843~1904)

법학자였던 그 역시 사회환경의 중요성을 강조하였다. 그는 롬브로조의 생래적 범죄인설을
비판하고 마르크스적 세계관에 기초하여 범죄의 원인을 '사회제도' 특히 자본주의적 경제질
서의 제도적 모순과 범죄의 상관관계를 연구하여 극단적 환경결정론을 주장하였다. 인간은
타인과 접촉하면서 관념을 학습하며, 행위는 자기가 학습한 관념으로부터 유래된다. 따라서
사람은 태어날 때는 정상이지만, 이후 범죄가 생활방식인 환경에 양육됨으로써 범죄자가
된다고 보았다. 모방의 법칙(1890)을 주장하였다. 사회는 곧 모방이라는 전제 아래 개인의
특성과 사회와의 접촉과정을 분석한 사회 심리학적 연구방법을 사용하였다. 모방은 거리의
법칙, 방향의 법칙, 삽입의 법칙이 있다. 거리의 법칙은 사람들은 타인과 얼마나 밀접하게
접촉하는가에 비례하여 타인을 모방(학습)한다. 모방의 강도는 거리에 반비례하고 접촉의
긴밀도에 비례하므로, 모방은 도시와 같이 사람들과 접촉이 빈번한 지역에서 쉽게 발생하고
쉽게 변화한다. 방향의 법칙은 모방의 방향에 관한 것으로, 대체로 열등한 사람이 우월한
사람을 모방하는 방향으로 진행된다고 본다. 도시와 농촌의 범죄들을 보면 대도시에서 먼저
발생하고 이후에 농촌지역에서 모방된다. 또한 상류계층이 저지르는 범죄를 하류계층이
모방함으로써 범죄가 전파된다. 삽입의 법칙은 모방의 변화과정에 관한 것으로서, 처음에는
단순한 모방이 다음 단계에서 유행되고, 유행이 관습으로 변화 · 발전되어 가면서, 새로운
유행이 기존의 유행을 대체한다고 본다. 그는 '범죄인류학잡지'를 창간하고 '비교형사학
(1886)'을 저술하여 직업과 범죄, 사회심리학 범죄의 관계를 연구함으로써 범죄사회학파의
선구자로 불리기도 한다. 모방의 법칙은 미국의 범죄사회학의 출발점인 학습이론에 결정적
인 기초를 제공하여 '초기학습이론'이라 불리기도 한다. 경제의 영향과 같은 특별한 사회적
동기를 무시하였다. 새로운 사회현상에 대해서는 모방으로 설명하기 어렵다는 지적이 있다.

(4) 20세기

19세기에 프리차드, 모렐, 따르드에 의해 전개된 범죄심리학적 접근법은 20세기에 들어와
비약적으로 발전하였다. 20세기 전반에 전개된 범죄심리학적 연구영역은 정신측정학파,
정신병질학파, 정신분석학파, 정서장해이론이 있다.

1) 정신측정학파

범죄의 주요 원인으로 정신박약(지능의 결함)을 들었다. 이 학파에 의하면 범죄자는 지능에 결함이 생겨 그 결함은 유전적으로 계승된다고 본다. 고다드의 가계조사가 대표적이다. 프리차드의 도덕적 정신장해설이나 모렐의 변질론은 19세기 말에서 20세기에 걸쳐 유전적인 문제에 편중되어 있다는 비판을 받았고, 당시 우생운동의 고조로 지지자가 증가하였다.

2) 정신병질학파

20세기에 들어와 정신장해의 개념을 엄정하게 정의하여 정신의학을 체계화하는 기운이 고조됨에 따라 도덕적 정신장해설이나 변질론 대신 정신병질이란 용어가 사용되는 빈도가 높아졌다.

3) 정신분석학파

심리학적 범죄이론은 '개인의 정신상태나 심리상태를 중심으로 범죄현상을 설명'하려는 입장이다. ☞ 즉, 범죄의 원인을 범죄자의 이상심리에서 구하려는 입장이다. 의식하의 심층심리를 분석함에 따라 범죄에 도달하는 메커니즘의 해명에 힌트를 얻은 것이 정신분석학파이다. 주창자는 오스트리아의 프로이드(Sigmund Freud: 1856~1939)이다. 정신분석학은 개인의 성장과정이나 생활과정을 중심으로 정신심리상의 특징을 해명하고자 하는 것이다. 의의를 살펴보면 다음과 같다. 본인들은 의식적으로 인지하지 못하지만 각자에게 영향을 끼친 어린시절의 충격적 사건들에 의해 비정상적인 행위가 유발된다고 주장하면서 '잠재의식의 측면' 에서 비정상적 행위를 설명하였다. 모든 행동은 욕구(desires)에서 오는 것이지만 이들 욕구의 대부분은 무의식적인 것(id: 본능적인 것)이라고 주장하였다. 정신분석이론에서는 사람들의 욕구의 발달이 결정되는 시기를 대개 생후 6살까지로 보았다. 이 기간에 사람들이 겪는 경험들은 대개 충격, 상실, 좌절 혹은 박탈이 포함된다. 충격이 심각하면 심각할수록, 충격 받는 시기가 어린시절일수록, 향후 보다 심각한 장애를 받는다고 주장하였다.

① 이드(id)는 생물학적 충동, 심리적 욕구, 본능적 욕망 등을 요소로 하는 개인의 인성부분이다. 쾌락을 요구한다. 이드를 구성하는 또 다른 핵심적인 요소는 성적 에너지인 '리비도

(Libide)'이다. 리비도는 모든 동물의 생존의지와 같이 한 개인의 생활에 광범위하고 집요하게 개입되는 본능적 요소를 말한다.

② 자아(ego)는 의식할 수 있는 성격 내지 인격으로서, 현실원리에 따라 생활하며 본능적 충동에 따른 이드의 요구와 사회적 의무감을 반영하는 슈퍼에고의 방해 사이에서 중재를 시도(조정)하며 살아가는 현실세계를 지향한다.

③ 초자아(superego)는 자아비판과 양심의 힘으로서, 개인의 특수한 문화적 환경에서의 사회적 경험으로부터 유래하는 요구를 반영한다. 즉 도덕의식이나 윤리의식(양심)과 같이 스스로 자각 할 수 있는 요인과 무의식상태에서 영향력을 행사하기도 함(어렸을 적 부모와 맺는 애정관계의 중요성을 강조 함).

범죄행위는 이드(id), 슈퍼에고(superego) 그리고 에고(ego)의 이 세 가지 개념으로 설명될 수 있다. 에고(ego)나 슈퍼에고(superego)가 제대로 형성되지 않았거나 적절히 작동하지 않았기 때문에 범죄가 발생한다. 대부분의 범죄행위는 직접적인 만족을 추구하는 '이드(id)'의 결과에 의해 이루어진다. 범죄자들은 자아(ego)의 발달이 미진하여 그가 원하는 것을 올바른 방법에 의해 얻는데 필요한 성숙되고 합리적인 단계를 거치지 못한다. 초자아(superego)의 발달 미진과 과도한 발달이 범죄의 원인이 된다(불안감과 죄책감은 범죄행위에 따른 처벌을 통하여 죄의식을 해소함으로써 심리적 균형감을 얻음).

리비도와 콤플렉스에 대해서 살펴보면 다음과 같다. 프로이드에 의하면 욕망 가운데 가장 중요한 것이 성적 욕망, 즉 리비도(Libido)인데, 유아기 초기의 원초적 리비도는 단계별 양상에 따라 '구강기, 항문기, 생식기'의 단계로 발전한다고 한다. 생식기에 해당하는 3~4세의 어린아이들은 자신과 다른 성별의 부모에게 성적 관심을 갖게 된다고 한다. ☞ 이때에는 이성부모에게는 성적으로 끌리며 동성부모에게는 경쟁자로 생각한다고 보았다. 이 때 부모와의 관계를 성공적으로 형성하지 못할 경우에 특히 '슈퍼에고'가 강한 사람의 경우 남자아이들은 오이디프스 '콤플렉스(Oedipus Complex)', 여자아이들은 '엘렉트라 콤플렉스(Electra Complex)'를 갖게 되며, 이로 인해서 무의식적인 죄의식을 갖게 된다고 한다. ☞ 이 문제를 해결하기 위해 프로이드가 사용했던 방법은 '전이(transference)'를 이용하는 것이었다. 예컨대, 환자의 문제가 과거 어린시절에 아버지와의 관계에서 비롯된 것이라면,

환자는 정신분석가와 밀접한 관계에서 과거 관계를 재연하는 경향이 있다는 것이다. 비판은 다음과 같다. 검증이 불가능하다. 객관적인 도구로서 측정할 수 없는 것이다. 설명의 정확성에 대한 판별기준이 없다.

4) 정서장해이론

1930년대에 활약한 힐리(William Healy)는 정서장해이론(情緖障害理論)을 주창하였다. 이 이론은 비행을 자기실현의 일종으로 보아 이상한 관전으로 보는 것은 피해야 한다는 점을 강조하고 있다. 그리고 비행원인을 어린 시정의 부자관계를 시작으로 한 애정관계의 결여에서 기원하는 정서장해에서 찾았다.

제3절 범죄심리학의 연구 주제 및 영역

범죄심리학의 정의에 대해보다 명확히 이해하기 위해 오늘날의 범죄심리학적 연구주제와 연구영역을 살펴보기로 한다.

1. 연구주제

범죄심리학의 연구주제는 과거의 경우 범죄의 원인에 대한 연구에 한정되었다. 대부분의 범죄를 사회현상으로 이해하고자 하는 범죄학의 분파로서 범죄의 원인에 대한 것을 사회에 돌리지 않고 개인적 요인 때문이라 여기는 일종의 개인 내적 범죄원인론으로 취급되어 왔다. 따라서 범죄를 행한 개인들의 개인적 특수성을 탐구하는 다수의 연구들이 소개되었다. 예컨대 어떤 사람은 외모에서, 어떤 사람은 유전적 소양에서, 폭력의 원인을 찾고자 하였다. 범죄의 원인을 밝히고자 했던 범죄심리학적 연구들은 실증적으로 이를 입증하지 못한 문제점과, 범죄와 유관하다는 것이 밝혀졌음에도 불구하고 영향력이 매우 미미하다는 점이 지적되어 왔다. 범죄의 실증적 연구들 중 심리학적 원인을 찾고자 하는 연구들은 1989년대에 이르러서야 보다 활발하게 이루어졌다. 주로 범죄행동에 대한 심리적 원인, 범행동기 등을 밝히는 연구들이 주를 이루고 있으며, 범죄에 대한 심리학 이론의 적용이나 살인, 강간,

성범죄, 아동학대 등 특정문제행동에 대한 심리학적 분석도 범죄심리학(Criminal Psychology)의 주요 연구주제가 되고 있다. 우리나라의 경우 범죄심리학이라는 학문영역의 경우 볼모지에 가깝다고 본다. 하지만 독립된 학문영역으로 천명하지 않았을 뿐 국내에서 살인 등의 강력범죄, 청소년 비행, 성범죄, 가정폭력, 아동학대 등과 관련해서 심리학적 연구들이 오래 전부터 수행되어 왔으며 최근에는 형사사법 관련 분야에서 매우 활발하게 활용되고 있다. 예컨대 강력범죄 전과자들의 성격적 문제, 상습성범죄자들의 재범가능성 등은 형사사법 분야에서 심리학적 연구들이 활발히 수행되고 있는 주제들이다.

2. 연구영역

범죄심리학은 범죄자의 범죄원인에 대한 심리학적 연구를 수행할 뿐만 아니라 이를 형사사법 분야에 적용하여 유무죄를 판단하기 위한 근거자료를 확보하고 죄질의 경중을 판단하고 궁극적으로는 범죄를 예방하고자 광범위한 연구를 수행하는 영역이라 정의할 수 있다.

제4절 범죄심리학의 접근방법

범죄심리학은 인간의 심리와 행동을 알고 그에 대한 이해를 하기 위해서 다섯 가지의 접근방법을 사용한다.

1. 신경생물학적 접근방법

(1) 인간의 심리와 행동을 이해하기 위해 유전뿐만 아니라 생물학적 과정과 구조(예컨대 뇌, 염색체, 호르몬 등)를 연구하는 심리학적 연구방법을 신경생물학적 접근방법이라고 한다.
(2) 인간의 심리와 행동은 신경계의 영향을 많이 받는다. 신경계는 크게 중추신경계와 말초신경계로 구분되는데 이들은 모두 인간의 심리, 행동과 불가분의 관계를 가진다. 이밖에도 호르몬과 같은 내분비계도 인간의 심리, 행동과 관련성을 갖는다.
　　신경생물학적 접근으로 학습을 연구하는 심리학자는 어떤 새로운 과제의 학습 결과 나타나는 신경계통의 변화에 관심을 갖는다. 그리고 공격행동을 신경생물학적으로 연구하는

심리학자는 공격적인 사람들과 공격적이지 않은 사람들의 호르몬 분비 유형에 대해서
연구한다.

(3) 신경생물학적 접근은 신경계와 내분비계가 인간의 심리, 행동과 밀접하게 관련되어
있다는 사실을 실증적으로 밝혀냈다. 그러나 이 접근방법의 경우 살아있는 사람을 대상
으로 연구를 진행할 수 없다는 문제점이 있어 이를 대신하여 쥐 등을 대상으로 연구한
결과를 인간의 심리, 행동을 이해하는데 활용한다.

2. 행동적 접근방법

(1) 인간의 행동을 조형(shaping)하고 통제하는 인간 주변의 환경에 대해 연구하여 인간의
심리와 행동을 이해하는 심리학적 접근방법을 행동적 접근방법이라고 한다.

(2) 이 접근방법은 객관적으로 관찰할 수 있는 행동에 초점을 둔다(행동주의 심리학).

(3) 이 접근방법은 오로지 환경자극과 그로 인해 유발되는 반응인 행동에만 관심이 있다.
그래서 행동적 접근을 자극-반응 심리학(S-R 심리학)이라고도 한다.

(4) 행동적 접근은 반복이 가능하고, 관찰이 가능하고, 객관적으로 검정 가능한 행동만을
연구대상으로 삼아야 한다는 입장을 취한다. 행동적 접근은 심리학도 과학이 되기 위해
서는 과학적 법칙을 따라야 한다는 입장이다.

(5) 행동적 접근은 지나치게 심리와 심리과정을 부정함으로써 목적과 수단을 전도시키는
오류를 범했다. 행동을 이해하는 것은 인간을 이해하기 위한 하나의 수단에 불과한 것임
에도 불구하고 종국에는 행동을 이해하는 것이 목적이 되어 버린 것이다.

(6) 오늘날에는 자신을 엄격한 행동주의라고 주장하는 자는 거의 없다. 인간의 심리를 배제
하고 인간을 이해하려고 했던 행동적 접근도 이제 다른 접근방법과 상호작용을 하면서
인간의 심리와 행동을 이해하려고 한다. 현재 행동적 접근은 사회심리학, 발달심리학,
상담심리학, 학습심리학 등 여러 분야애서 활용되고 있다.

3. 인지적 접근방법

(1) 인간의 행동에 기초가 되는 지각, 사고, 기억과 같은 정신과정을 이해하려는 심리학적
접근방법을 인지적 접근방법이라고 한다. 인지적 접근은 인지심리학자들이 인간을 이해

하기 위해 사용하는 접근방법이다. 인지적 접근은 행동적 접근과는 달리 인간을 외부환경의 수동적 반응체로 보지 않는다. 즉 인간은 받아들이는 자료를 적극적으로 처리해서 정보를 만들고, 그 정보를 새로운 형태와 범주로 전환시키는 능동적인 존재인 것이다.

(2) 인지(cognition)란 사람이 지식을 습득하고, 문제를 풀고, 장래계획을 세우는 것과 같은 지각, 기억, 정보처리와 같은 정신과정을 일컫는 말이다. 인지는 자동적, 무의식적으로 이루어지는 감각기관에서의 수동적 과정뿐만 아니라 지각, 사고, 기억과 같은 능동적 고등정신과정을 포함한다.

(3) 여러분들이 어떠한 종류의 책을 눈을 통해서 보게 되면 빛의 파장에 따라 단지 종이와 검은색 잉크만 감지된다. 그 자극들은 감각 경로를 통해 뇌에 전달되는 것이고, 뇌는 그 자극이 어떠한 형태로 되어 있는지 패턴(pattern)분석을 하고 과거에 들어와 있던 정보와 비교, 검색함으로써 글자의 형태를 지각하게 되는 것이다. 이러한 과정 하에서 수많은 정보의 전환이 이루어지고 내부심리 과정이 발생되는 것이다.

(4) 인지적 접근은 행동적 접근이 지나치게 협소하고 인간의 심리와 심리과정을 무시한 데 따른 반발에서 나왔다. 행동적 접근의 경우 인간을 특징 지우는데 있어서 상당한 비중을 차지하고 있는 인간의 심리와 심리과정을 지나치게 무시하지만, 인지적 접근은 인간의 심리와 심리과정을 컴퓨터의 정보처리체계에 비유하면서 인간의 심리와 심리과정을 인정하고 있다.

(5) 영국의 인지심리학자인 크레이크(Craik)는 인간의 뇌를 컴퓨터와 비슷하다고 주장한다. 인지적 접근을 컴퓨터에 비유했다면 행동적 접근은 인간을 단순히 자극을 받아 그 자극을 회로를 통해 전달하는 전화교환대에 비유할 수 있다. 전화교환대는 자극을 수동적으로 전달하지만, 컴퓨터는 입력 자극을 중앙처리장치에서 능동적으로 처리한 다음에 이를 전달한다.

4. 정신분석적 접근방법

(1) 인간의 심리와 행동을 이해하기 위해 무의식적 동기와 어린시절의 경험을 연구하는 심리학적 접근방법을 정신분석적 접근방법이라고 한다.

(2) 정신분석적 접근은 정신분석학을 창시한 프로이드(Freud)에 의해 발전되었다.

(3) 정신분석적 접근은 실험연구보다는 개개 환자에 대한 광범위한 사례연구에 그 근거를 두고 있다.

(4) 정신분석은 기본적으로 거의 모든 인간행동이 무의식적인 과정에 의해 지배된다고 가정하고 있다. 사람들이 무의식적 과정을 인식하지는 못하지만 인간의 심리와 행동에 영향을 미친다고 주장을 하였다. 무의식은 주로 충동, 사고, 공포, 원망, 공격성, 성욕과 같은 원초적 본능이다. 이는 정신세계의 밑바닥에 잠겨 있는 것이다. 정신분석은 그러한 무의식이 인간의 심리와 행동의 전반에 걸쳐서 지배를 하고 있다고 본다.

(5) 정신분석적 접근은 인간이 무의식적 충동인 성욕과 공격성 등에 의해 지배된다고 봄으로써 인간을 지나치게 부정적으로 보았다.

5. 인본주의적 접근방법

(1) 1940년대 실존주의 철학에서 영향을 받은 심리학의 접근방법이 인본주의적 접근방법이다. 인본주의적 접근은 과학적인 방법이나 이론적인 설명을 부과하지 않고 있는 그대로의 인간을 보려고 하는 것이다. 대표적인 학자는 매슬로우(A. Maslow)와 로저스(C. Rogers)가 있다.

(2) 인본주의 접근방법은 개인이 자신과 세상에 대해 가지고 있는 사적인 관점이나 생각, 즉 주관적으로 경험하는 현상세계를 가장 중요하게 생각한다.

(3) 인본주의 접근은 과정보다는 결과를 더 중시한다.

(4) 기본적으로 인본주의적 접근은 인간이 통제할 수 없는 외부의 힘에 의해 움직이지 않으며, 인간 스스로 자신을 통제할 능력을 가지고 있는 자유로운 행위자라고 본다. 인간은 자유롭게 선택하고, 스스로 목표를 설정하고, 각자의 인생에 책임을 질 수 있는 능동적인 존재이다, 다시 말하자면 인본주의적 접근에서의 인간이란 자유의(free will)를 가지고 있는 존재이기 때문에 자기 인생을 스스로 책임지고 창조해 나갈 수 있다는 긍정적인 입장을 취하고 있는 것이다.

6. 상호보완적 접근방법

(1) 앞에서 여러 접근방법을 살펴보았다. 이러한 접근방법들은 어느 하나만이 맞고 틀리고

하는 것은 아니다. 각각의 접근방법들은 인간의 심리와 행동을 이해하기 위해 때로는 홀로, 때로는 상호보완적으로 사용된다.

(2) 이와 같이 인간의 심리와 행동을 설명하고 수정하기 위해 심리학적 접근은 상호보완적으로 사용된다. 어느 하나의 접근방법이 옳다고 주장하는 학자들은 현재에는 없다.

제2장
범죄연구의 역사

제2장 범죄연구의 역사

제1절 범죄학 탄생 이전의 범죄학

인류가 발전해온 과정 속에서 들여다보면 범죄가 없는 사회는 존재하지 않는다. 따라서 이를 연구하는 학자들에 의해서 여러 가설들이 주장되었다. 범죄를 이론적으로 고찰하려고 하는 노력은 18세기 후반 고전파 범죄학(classical criminology)에서시작 되었다. 그러나 범죄를 과학적으로 분석하려는 접근은 19세기 후반의 실증주의 범죄학(positivist crimi-nology)부터 시작이 되었다.

그러면 이들의 연구가 출현하기 이전에는 범죄, 그 중에서도 범죄의 원인에 대해 어떠한 견해가 생겨났을 것인가? 이에 대해 크게 2가지의 견해로 분류할 수 있다. 하나는 마신론 (demonology)이고, 다른 하나는 자연주의적 경험론이다.

1. 마신론

(1) 마신론은 원시사회에서의 애니미즘에 기원을 둔 것으로 범죄는 악마의 소행이라고 여겼다.

(2) 고대에 있어서는 범죄자의 두개골에 구멍을 내어 악마의 혼을 빼내는 천두술(trephing) 등 여러 가지 악마 퇴치의식이 행해졌다.

(3) 중세기 중엽에서 근대에 걸친 마녀재판은 악마론의 극단을 보여주고 있다.

2. 자연주의적 경험론

(1) 자연주의적 경험론은 경험적으로 관찰된 견해를 기본으로 범죄의 소질과 환경적 원인을 찾으려는 노력을 하였다. 이러한 노력은 기원전 고대의 그리스로 거슬러 올라간다.

(2) 아리스토텔레스는 범죄성의 유전에 주목하여 신체적 특징(두개골이나 인상)과 정신상 태와의 상관관계를 주장하는 한편 나쁜 습관이 악성을 조장한다는 의견을 제시하였다.

(3) 중세에는 봉건사회의 성립과 함께 교회의 지배와 신권정치의 시대로 들이기 아리스토텔레스와 같은 과학적인 자연주의적 견해는 후퇴하고 오히려 마신론을 기본으로 한 주장들이 주류를 이루었다. 그러나 근대의 경우에는 다시 근대과학의 발달에 의해서 과학혁명의 시대(17세기)로 들어섬에 따라 경험주의적인 견해가 지배적이 되어 실증주의 범죄학의 탄생으로 이어지게 된다.

제2절 고전파 범죄학

1. 개관

유럽의 형사재판은 중세에서 근대 초기에 걸쳐서 국왕을 중심으로 한 지배세력에 의해 자신들의 이익이나 입장에 맞게 법을 운영하였다. 예컨대 귀족, 승려 등이다.
이러한 구제도에 의한 형사재판이나 형벌제도의 특색을 살펴보면 다음과 같이 3가지 정도로 볼 수 있다.

(1) 형사재판의 자의적 운용이다 형사재판에 있어서는 공평하게 객관적 종합적으로 살펴본 후에 이를 재판해야 하는데 이 시대에는 형사재판을 하는 데에 있어서 범죄나 형벌의 내용이 확실하지 않고 재판관에게 지나친 재량권을 줌으로 해서 문제가 되었다.

(2) 형법의 불평등한 적용이다. 법을 적용함에 있어서 모든 사람들에게 공평하게 적용을 해야 함에도 불구하고 이 시대에는 신분에 따라 불평등하게 법을 적용하였다.

(3) 가혹한 형벌의 부과이다. 이 시대의 형벌은 사형 혹은 신체형이 중심이 되어 일반 사람들에게 본보기를 보이기 위한 목적으로 이루어졌다. 현대와는 반대의 경우이다.

2. 베카리아

(1) 고전학파의 등장 배경

18세기 중엽 공리주의의 사회철학자인 베카리아(Beccaria 1738~1794)와 영국의 벤담(J. Bentham, 1748~1832)으로 대표되는 고전학파가 중점적으로 관심을 둔 사항은 범죄행위에 대한 설명보다는 '형벌제도와 법제도의 개혁'이었다.

(2) 고전주의학파의 전제와 기본주장

1) 고전주의학파의 전제

① 쾌락주의– 인간의 본성은 항상 기쁨을 극대화하고 고통을 최소화하려는 경향을 갖는다.

② 사회계약론– 인간과 사회의 관계는 계약관계이다. 사회는 개인을 처벌할 권리가 있으며, 이는 형벌집행을 전담하는 국가기구에 위임될 수 있다.

③ 자유의지론– 인간의 의지는 심리적으로 실재하는 것으로, 이에 의해 사람들은 자기 스스로의 행동을 규율하고 통제할 수 있다.

④ 억제이론– 행위를 통제할 수 있는 근본적인 도구는 고통에 의한 공포감이며, 처벌은 인간의지가 행위를 통제함에 영향을 주기 위해서 필요하다.

⑤ 죄형법정주의– 형법전이나 금지행위에 대한 처벌체계가 구성되어야 한다.

2) 고전학파의 기본 주장

① 자유의지론을 기초로, 범죄인과 비범죄인은 본질적으로 다르지 않다고 본다.

② 자백을 위한 고문을 금지하고, 증거와 진술에 의해 재판해야 한다.

③ 책임에 따른 형벌을 부과하여야 하므로, 정기형을 주장하고 부정기형은 반대한다.

④ 형벌은 사회계약을 보전함에 정당성이 있고, 형벌의 목적은 일반예방에 있다.

⑤ 모든 인간은 잠재적 범죄자이다(통제이론에 영향).

⑥ 과도하게 잔혹한 형벌과 사형을 반대한다.

⑦ 범죄란 자유의지를 가진 인간의 합리적 선택의 결과이다(비결정론).

⑧ 법적 질서를 자유의사에 따른 합의의 산물로 보고 법에 금지하는 행위를 하거나 의무를 태만히 하는 행위를 모두 범죄로 규정하며, 범죄의 원인에 따라 책임소재를 가리고 그에 상응하는 처벌을 부과해야 한다.

3. 고전주의 학파의 주요 연구자

(1) 베카리아(C. Beccaria 1738~1794)

① 범죄와 형벌

고전학파의 범죄이론을 대표하는 베카리아는 1738년 3월 15일 이탈리아 밀라노에서 태어났다. 베카리아가 실제 범죄현상에 관심을 갖게 된 계기는 1763년 3월에 행형학에 관한 논문의 집필의뢰를 받게 된 때 이후였다. 그의 논문 '범죄와 형벌'을 통하여 사회계약이론에 입각하여 형법원리와 범죄통제를 주창한 계몽시대를 대표하는 형법학자이다. 그는 비인간적인 형벌의 폐지, 사형의 폐지, 고문의 폐지, 형벌의 목적사상(일반예방사상), 죄형법정주의를 강조하였다.

② 입법의 역할

입법자는 법관이 법률의 범위를 넘어 범죄자에게 형벌을 부과할 수 없도록 해야 한다(법관의 법해석 재량권을 부정). 또한 일반예방의 전제조건으로서 법조문이 누구나 알 수 있는 말로 작성되어야 한다.

③ 형벌의 목적

형벌의 목적은 일반예방을 통한 사회안전의 확보(불법으로부터 범죄자를 격리하고 형벌집행을 통하여 범죄경향을 가진 다른 사람에 대하여 위협적(위하적) 효과를 거두는 것)에 있다. 범죄를 처벌하는 것보다 예방하는 것이 더욱 중요하며, 처벌은 범죄예방에 도움이 된다고 판단될 때에 정당화된다. 따라서 처벌은 공개적이어야 하고 신속하며 필요한 것이어야 한다. 범죄의 중대성은 사회에 미친 해악에 따라 판단되어야 하고 범죄자의 의도에 의해 결정되어서는 안되며, 범죄와 형벌 사이에는 비례성이 있어야 한다(죄형균형론). 형벌이 목적을 달성하기 위해서는 형벌의 고통이 범죄의 이익을 약간 넘어서는 정도가 되어야 한다.

④ 형벌의 확실성 강조

형벌집행의 3요소로서 형벌의 확실성(certainty), 엄중성(severity), 신속성(swiftness)을 주장한다. 형벌의 확실성은 비록 처벌의 정도가 그다지 강하지 않아도, 이보다 더욱 가혹

하나 회피할 수 있는 희망이 있는 처벌보다 더욱 강력한 효과가 있다는 점에서 범죄예방의 가장 확실한 수단이다.

⑤ 사형제도와 사면제도

사형제도는 일반예방에 필요한 한도를 넘어서는 불필요한 제도이며 정당성이 없고, 예방효과에서도 회의적이며, 오판의 경우에 회복이 불가능하다고 지적하여 사형제도의 폐지를 주장하였다. 사면제도는 범죄자의 요행심을 불러일으킴으로써 법에 대한 존중심을 훼손하는 결과를 가져온다는 점에서 기본적으로 반대한다.

⑥ 일반예방주의

범죄를 처벌하는 것보다는 예방하는 것이 더 중요한 방법이라고 보아, 이를 위한 교육의 중요성을 강조한다. 또한 특별예방에 대해서도 독자적으로 주장하였다.

⑦ 배심원 제도

법이란 부자와 빈자 또는 귀족과 평민을 구별하지 말아야 하고, 범죄자는 배심원들에 의해 평결되어야 한다고 본다. 범죄자와 피해자 사이에 계급적 차이가 있을 경우에는 배심원의 절반은 피해자 계급에서 나머지 절반은 범죄자 계급으로 구성되어야 한다고 주장한다.

(2) 존 하워드(J. Howard 1726~1790)

감옥개량운동의 차원에서 고전학파를 대표하는 선구자이다. 그는 1777년 '영국과 웨일즈의 감옥상태론'이라는 책을 저술하여 당시 감옥의 폐해를 고발하고 인도적 감옥개혁을 주장하였다. 그는 다섯 번에 걸쳐 유럽 300여 감옥을 직접 둘러보고 자기가 체험한 것을 기술하였다. 이 책에서 독거구금과 독거방형무소의 건설, 복지차원의 감옥개량, 노동처우 등을 주장하였다.

그의 감옥개혁안의 내용을 요약하면 다음과 같다. ① 구금시설은 안전하고 위생적인 시설이 되어야 한다. ② 감옥은 단순한 징벌장소가 아닌 개선장소가 되어야 하며, 이를 위해 과밀수용을 지양하고, 연령과 성별에 따라 분리수용을 해야 한다. ③ 시설내의 노동조건을 개선하여야 하며, 죄수들이 위험한 행동을 보일 위험이 없는 한에서 필요한 노역을 부과하는 것은 유익하다고 보았다. ④ 수형자의 인권을 보장하고 건강을 유지시키기 위하여 통풍과 채광이 잘되는 구금시설을 확보해야 하며, ⑤ 교도관의 공적 임명과 충분함 보수 지급 ⑥ 독립된 행정관청에 의한 수형자 통제 등이 필요하다. ⑦ 사형제도와 관련하여 하워드가 사형폐지운동을 전개하였다는 입장이 일반적이나, 하워드는 사형의 제한, 폐지 등 형벌개혁에는 관심을 보이지 않았다는 견해도 있다.

(3) 벤담(J. Bentham 1748~1832)

① 범죄원인의 사회성

최대다수의 최대행복이라는 공리주의 대표적인 사상가인 벤담은 법의 목적은 최대다수의 최대행복을 보장하여 주는 것이고, 형벌부과의 목적은 범죄예방에 있으며, 이를 위해 가장 적은 비용을 사용하여야 한다고 주장하였다. 벤담은 범죄행위에서 인간내면에 있는 '범죄동기'를 중요시하였고, 범죄의 사회적 원인을 지적하였다. 그는 상상적 범죄와 실제적 범죄(범죄가 사회적으로 악을 수반하는 경우)를 구별하면서, 상상적 범죄(악을 수반하지 않은 경우)의 비범죄화를 주장하였다. 그는 범죄로 인한 이익, 고통, 완화상황 등을 고려하여 적절한 형벌이 부과하도록 형벌을 계량화하는 이른바 '행복수지계산법'을 주장하였다.

② 공리주의적 형벌관

범죄와 형벌의 균형을 주장하면서(죄형균형론) 형벌이 관련당사자의 감정에 좌우된다는 것은 불공정하며 불합리하며, 형벌의 강도는 범죄의 중대성에 의해서만 결정되어야 한다고 보았다. 즉, 형법은 필요악이므로 범죄예방을 목적으로 할 때에만 정당화된다고 주장한다. 형벌이 채찍을 가하는 것과 같이 감정에 치우쳐 부과되는 것을 경계하는 소위 '채찍이론'을 제시하면서 범죄에 정확하게 비례하는 과학적 형벌부과를 강조하였다.

③ 기타

최소비용으로 최대의 감시효과를 거둘 수 있는 새로운 감옥 형태로서 고안한 감옥의 형태로 '파놉티콘'이 있다. 벤담은 파놉티콘의 포괄적 감시체제가 죄수의 상호접촉과 범죄전염을 막을 수 있다고 주장했지만, 이는 감옥 내 범죄전염을 막기 위해 고립을 최선의 방법으로 생각했던 개혁가들의 주장과는 배치 되는 것이다.

> 파노팁콘은 원형탑 모양의 감옥을 말한다. 중앙에 있는 간수는 둘레에 있는 죄수를 볼 수 있으나, 빛을 등지고 있는 죄수는 중앙에 있는 간수를 보지 못하도록 고안되었으며 야간에는 한 감방에 8명씩 수용하도록 하였다.

'국제형법'이라는 용어를 최초로 사용하였고, 범죄피해자 구조의 필요성을 강조하였다. 고전학파의 기본입장과는 달리, 공익을 위해 필요한 경우에는 예외적으로 고문을 인정할 수 있다고 하였다.

(4) 포이어바흐(P. Feuerbach 1775~1883)

계몽주의자이며 근대형법학의 아버지인 포이어바흐(포이엘바하)는 프랑크푸르트 한 변호사의 아들로 태어났다. 그는 처음에 법학에 대한 반감을 가지고 있어서 먼저 철학을 공부하여 박사학위까지 받은 후에 나중에 법학공부를 시작하였다.

포이어바흐는 형법사상의 축은 '심리강제설과 비결정주의'이다. 국가는 시민의 자유를 보장하는데 그 목적이 있으므로 '법률위반에 물리적 강제를 가해서는 안 되고 심리강제로 위법행위와 고통을 결부해야 한다.'고 주장하였다. 즉, 범죄의 쾌락보다는 형벌의 고통이 크다는 점을 알게 하는 심리강제로 위법행위와 고통을 결부하여 범죄를 방지해야 한다는 것이다(이하, 일반예방). 그리고 이러한 심리강제설은 인간이 자유의지를 가지고 있어서 자기결정능력과 책임을 질 수 있는 존재라는 것을 인정할 때에만 가능하다. 그는 형사정책이라는 용어를 처음으로 사용하였다. 집행기관은 법을 형벌목적에 대한 정당성을 고려하여 인간적으로 집행하며, 형사정책은 이러한 목적을 유지하기 위한 형법의 보조수단으로서의 의미가 있다.

4. 고전주의 범죄학에 대한 평가

고전주의 학파는 18세기까지의 자의적·전횡적인 형사사법의 운영실태를 비판하고, 인본주의를 바탕으로 합목적적인 형사사법제도의 토대를 마련하였다. 고전주의학파가 범죄발생의 통제방안으로 제시한 것은 결국 형사사법제도의 개편이나 형벌제도의 개편이다.

고전주의학파는 범죄현상을 형벌 중심의 범죄원인론에 한정하여 사변적으로 고찰하였기에 (범죄원인에 대한 실증적 연구 결여), 범죄를 본인이 자기 이익을 충족하기 위해 스스로 선택하는 것이라고 인식하여 범죄를 저지를 수밖에 없는 외부적 영향(소질, 환경)에 대한 고려가 부족하다는 비판을 받는다.

제3절 실증주의 범죄학(Positvist criminology)

19세기와 20세기 초반의 실증주의 철학은 범죄연구에도 큰 영향을 미쳤다. 그 결과 '범죄는 개인의 의지에 의한 규범침해가 아니라 과학적으로 분석 가능한 개인적 · 사회적 그리고 기타 원인에 의하여 범죄가 발생한 것'이라는 사고가 일반화되었다. 당시에 자연과학사상이 큰 영향을 미쳐 범인과 범죄의 원인을 실증적으로 연구하고 그 예방과 근절대책을 세우려는 시도가 활발히 나타나게 되었다. 실증주의에서는 인간행위를 연구하는데 있어서 직관이나 철학적 논의가 아니고 구체적인 증거와 논의에 대한 검증을 연구하는 과학적 연구방법론을 강조한 것이다. 19세기 후반에는 실증주의 범죄학이 등장해 고전학파의 등장과 형벌의 사고 방식을 정면으로 비판하기 시작하였다.

1. 실증주의 범죄학 탄생배경

(1) 19세기 중반부터 유럽각국에는 범죄(특히, 재산범)가 급증하면서 누범자와 소년범죄자의 출현이 주목되어 그때까지의 형사정책 방법에 의문점이 제기되었다. 이와 같은 범죄 증가 현상은 자본주의 경제가 초기단계를 탈피하는 과정에서 공업화나 도시화가 진행되면서 대량실업자와 빈곤자가 발생한 것이 그 배경으로 작용되었다.

(2) 범죄의 '큰 파도'라 불리는 이 현상을 두고 고전학파 범죄학이 주장하고 있는 죄형의 균등을 원칙적으로 하는 형법으로는 형이 가볍고, 또 일반예방에도 범죄자의 개선 갱생에 큰 도움을 주지 않는 것인가? 라는 의문점이 생기면서 실증주의 범죄학이 탄생하게 된 배경이다.

(3) 교도소를 출소한 재소자들이 범죄를 다시 저지르는 경우가 많아지면서 벤담이나 베까리

아가 구상한 감옥으로는 재범 방지가 어렵다는 회의론이 발생되기 시작하였다.

2. 기본전제

(1) 사람들의 행위는 본인들이 통제할 수 없는 어떤 영향(소질 · 환경)들에 의해 결정된다.

(2) 범죄행위를 유발하는 영향요인과 정상적인 행위의 인과요인은 서로 다르다. 따라서 범죄는 개인의 의지에 의한 규범침해(자유의사론, 비결정론)가 아니라, 과학적으로 분석 가능한 개인적 · 사회적 원인 등에 의하여 발생한 것이다(결정론).

(3) 인간의 사고나 판단은 이미 결정된 행위과정을 정당화하는 것에 불과하므로 자신의 사고나 판단에 따라 자유롭게 행위를 선택할 수 없다.

(4) 범죄인은 비범죄인과 본질적으로 다르다고 보아, 처벌이 아니라 처우(교화 · 개선)에 의하여 사회를 보호해야 한다.

3. 이탈리아 학파(범죄인류학파)

실증주의 범죄학은 이탈리아에서 싹트기 시작하였다. 주로 범죄인류학파(이탈리아 실증주의학파)에 의해 이루어졌는데, 롬브로조, 페리, 가로팔로 등이 여기에 속한다.

이들은 자연과학적 방법으로 범죄원인을 실증적으로 분석하고 이를 바탕으로 완벽한 과학적 대책을 수립하는 것이 가능하다고 믿었다.

이러한 노력은 범죄학의 과학에 크게 기여하였으며, 범죄원인을 생물학적으로 분석하려는 시도는 지금까지 이어져 내려오고 있다.

(1) 롬브로조(C. Lombroso 1836∼1909)

롬브로조는 이탈리아 실증주의 범죄학파의 창시자로서 '근대범죄학의 아버지'로 불리는 사람이다. 롬브로조는 정신병원과 형무소에서 정신병과 범죄에 대한 생물학적 원인을 조사하여 수용자들의 두개골에 현저한 생물학적 퇴행성 혹은 격세유전적 특성이 있음을 발견하고, 이를 토대로 '범죄인론(1876)'이라는 책을 저술하고 그 유명한 '생래적 범죄인설'을 주장하였다. 생래적 범죄인은 태어나면서부터 범죄를 저지를 수밖에 없는 운명을 타고난 사람이라고 한다. 이들은 범죄성향의 통제가 불가능하고 따라서 운명적으로 범죄에 빠질 수밖에 없다고 주장한다. 그는 생래적 범죄인의 비율이 전체범죄의 60~70%에 이른다고 주장하였다. 롬브로조는 범죄인을 분류하면서 생래적 범죄인 이외에 간질범죄인, 정신병 또는 정신박약에 의한 범죄인, 격정범죄인, 기회범죄인(상습범죄인) 으로 분류하였다.

그리고 범죄군에 따라 서로 다른 형벌을 부과할 것을 주장한다(예컨대, 생래적 범죄인은 예방이나 교정이 불가능하기 때문에 무기형을 과해야 하고, 잔혹한 누범자에 대해서는 사형도 인정해야 한다고 주장, 격정범에 대해서는 단기자유형을 반대하고 벌금을 과하는 것이 효과적이라고 주장, 소년이나 노인에 대해서는 감옥이 아닌 형무농원이나 감화학교에 수용해야 한다고 주장).

여성범죄에 대해 범죄대상으로서의 매춘을 주장하고 있는 자의 대부분은 기회 범이며 그 특징은 모성감각의 결여에서 찾았다. 여성범죄인은 신체적, 감정적으로 남성에 가까운 특성이 있다고 하며(남성성 가설), 여성범죄의 지역적 특성(예컨대, 스웨덴에는 영아살해, 미국에는 낙태, 프랑스(파리)에는 상점절도가 많다는 주장)을 주장한다. 개인의 생물학적 · 신체적 특성이 범죄의 원인이라는 롬브로조의 주장은 많은 비판을 받지만, 그럼에도 불구하고 그가 '범죄학의 아버지'라고 불리는 이유는 처음으로 관찰과 검증이란 과학적 방법을 동원하여 범죄원인을 규명하려고 한 점을 들 수 있다. 롬브로조도 후기에는 제자인 페리의 영향으로 사회적 요인도 범죄원인을 고려해야 한다고 하였으나, 간접적 영향력만을 가질 뿐이라고 하였다.

(2) 범죄자의 분류

1) 롬브로조의 분류

초기 생물학적 범죄원인론은 롬브로조(Cesare Lombroso 1835~1909)에 의해 연구되었다. 롬브로조는 외과의사로 근무하면서 이탈리아 죄수들의 신체적 특징(머리, 몸, 팔, 피부)을 군인들과 비교하였다. 이러한 비교 · 관찰을 통하여 롬브로조는 범죄자들의 타고난 생물학적 퇴행성이 이들의 행위에 중요한 영향을 미친다는 사실을 발견할 수 있었다.

여기서의 생물학적 퇴행성이란 인간의 진화과정에서 이미 없어진 고대인간의 원시성이나 야만성과 관련된 특징을 일컫는 것을 말한다. 롬브로조는 범죄자들은 바로 이러한 진화과정에서 이전 단계의 원시적이고 야만적인, 즉 생물학적으로 퇴행적인 특성을 가진 사람들이라고 보았다.

그리고 실제 당시 이탈리아에서 수용중인 범죄자들을 대상으로 범죄자적 신체특성을 조사했을 때에 이들 중 43%는 5가지 이상씩의 퇴행적 특성을 가진 것으로 나타났다. 따라서 롬보르조는 범죄자적 신체특성을 5가지 이상 가진 사람들을 '생래적 범죄자'라고 부르고, 이들은 원래 생물학적으로 원시적인 형질을 가지고 태어났기 때문에 범죄를 저지를 수밖에 없다고 보았다. 구체적으로 그는 범죄자의 특징을 다음과 같이 묘사하였다.

> '우선 절도범의 눈은 작고 사팔뜨기가 많으며, 미간은 주름이 잡히고 마주치며, 코는 굽고 무디고, 수염은 적으며, 이마는 작고, 귀는 술잔 손잡이 모양이다. 그리고 살인범에서는 눈매가 차갑고 충혈 되었으며, 코는 크고 메부리코 모양이 많으며, 턱뼈가 굵고, 귀는 길며, 볼은 넓고, 머리는 곱슬이고 숫이 많으며 검은 색이고, 수염은 적고, 입술은 얇으며, 송곳니는 크다. 그리고 생래적 범죄자의 일반적 특징으로는 귀는 술잔손잡이 모양이고, 머리털은 무성하며, 수염은 적고, 이마가 툭 튀어 나왔으며, 턱뼈는 크고, 턱은 4각형이며 앞으로 튀어 나왔고, 광대뼈는 넓으며, 한마디로 표현하면 몽고계통과 흑인계통이 형이라고 할 수 있다.'

개인의 생물학적 · 신체적 특성이 범죄발생의 원인이라는 롬브로조의 주장은 현재 비판을 받고 있지만 그럼에도 불구하고 아직도 '범죄학의 아버지'라고 불리는 까닭은 자유의지, 형벌의 두려움과 같이 검증되지 않은 철학적 배경에서 범죄문제를 다루었던 당시에 처음으로 관찰과 검증이란 과학적 방법을 동원하여 범죄유발요인을 규명하려고 한 점에 있다. 롬브로조는 그의 저서 '범죄자(1876년 처음 출간)'라는 책에 더 많은 자료를 첨가하여 '범죄의 원인과 대책(1896~1897년)'이라는 제목으로 재출간되었다. 그리고 생래적 범죄자가 차지하는 비중은 전체 범죄자의 1/3 가량에 불과하다고 할 정도로 초기에 생물학적 결정론에서 많이 후퇴하였다. 롬브로조가 주장한 분류에 대해서 살펴보면 다음과 같다.

생래적 범죄인		선천적으로 범죄인이 될 수밖에 없는 생물학적 구조를 타고난 범죄인으로, 개선이 불가능하여 사형에 처하거나 영구 격리한다.
정신병범죄인		정신병이 원인이 되어 범행하는 자. 생래적 범죄인과 함께 정책적으로 개선여지가 없는 범죄인에 속한다. 실제로 이들에 의해 일어나는 범죄가 대부분이라고 하였다.
격정범죄인		범죄소질을 가진 것은 아니지만 우발적으로 범행하는 자
기회범죄인	사이버범죄인	범죄인에 대한 일반적 위험성은 없지만 경우에 따라서 자신의 생존을 위해 범행을 할 수 있는 자
	준범죄인	생래적 범죄인이라고 할 수는 없지만 다소간 선천적 원인이 있는 자
상습(관습)범죄인		나쁜 환경으로 인하여 상습적으로 범행하는 자
잠재적 범죄인		평소에는 범죄를 저지를 말한 소질이 드러나지 않다가, 음주 등으로 격한 감정이 생기는 경우에 범죄 특성이 나타날 수 있는 자이다.

2) 페리의 분류

롬브로조의 제자로서 페리(E. Ferri, 1856~1929)는 특히 통계학을 이용하여 범죄발생의 원인을 규명하였다.

페리의 초기 저작 중에는 1878년 발표된 '책임귀속론과 자유의지의 부정'인데 이를 통해 고전주의에서 가정하였던 자유의사론을 격렬히 비난하면서 인간행위는 환경(사회적 요인)에 의해 영향을 받을 수밖에 없다는 논리를 주장하였다(결정론).

1884년에 발표된 '살인범'과 '범죄사회학'은 페리의 견해를 잘 대변한 저서들이다.

먼저 '살인범'이란 저서에서 페리는 범죄자의 종류를 정신이상범죄자, 생래적 범죄자, 기회범죄자, 격정범죄자, 상습범죄자 등으로 유형으로 구분하였다. 페리는 범죄자의 종류를 다음과 같이 5가지로 나누어 별개의 대책을 제시하였다. 기회범죄인이 가장 큰 비중을 차지한다.

유 형	내용 및 대책
생래적 범죄인	롬브로조의 생래적 범죄인처럼 선천적으로 개선 불가능한 범죄인 사회와 무기 격리시켜야 하므로 유형(귀향 보내는 것)에 처하는 것이 가장 바람직하다(사형부정).
정신병범죄인	정신병에 의해 범행하는 자. 개선이 불가능하므로 정신병원에 수용해야 한다.
격정범죄인	돌발적 격정으로 범행하는 자. 이러한 범죄인은 손해배상이나 강제이주가 가장 바람직하다.
기회범죄인	기회범죄인이나 우발범죄인 가운데 중한 자는 훈련치료, 가벼운 자는 격정범에 준하여 대처(손해배상·강제이주)해야 한다.
상습(관습)범죄인	상습적으로 범죄를 저지르는 자. 개선가능성에 따라 각각 다른 조치를 취한다. 개선 가능한 자는 훈련적 조치로 개선하도록 하고, 개선 불가능한 자는 무기격리에 처한다.

3) 가로팔로의 분류

가로팔로는 생물학적 요인에 사회심리학적 요인을 결합하여 범죄인을 자연범과 법정범으로 크게 구별하고, 각 특징에 따라 다른 조치를 취해야 한다고 강조하였다. 범죄행위와 관련하여 가로팔로는 여러 가지 환경적 조건이나 상황적 특성, 생물학적 특성 등을 종합해 본 후에 범죄행위는 '심리적 혹은 도덕적 변종'에 의한 것이라고 주장하였다. 가로팔로는 이러한 심리적 변종상태는 일반적인 정신이상이나 정신질환과는 다른 것이며 대체로 열등한 인종이나 민족들에게 더욱 많이 나타난다고 보았다. 따라서 가로팔로가 범죄의 원인으로 고찰한 것은 신체적 특성이 아닌 심리적 상태였다.

가로팔로는 생물학적 요인에 사회심리학적 요인을 결합하여 범죄인을 자연범과 법정범으로 크게 구별하고, 각 특징에 따라 다른 조치를 취해야 한다고 강조하였다.

① 자연범

자연범이란 모든 사회에서 범죄로 규정하고 형벌로서 규제하려는 행위를 말한다. 자연범죄의 속성은 인륜의 근본인 연민과 성실의 정이 침해·결여됨으로써 범행하는 자이다.

이들은 사회메커니즘에 순응할 수 있는 애타심이 없는 자들이기 때문에 어떠한 사회정책이나 제도도 이러한 자들에게는 효과가 없다고 한다. 그는 자연범을 죄종에 따라 다음과 같이 분류하고, 그들을 각각 다른 방법으로 처우할 것을 주장하였다.

유 형	처 우
모살범죄인	연민의 정과 성실의 정이 모두 결여된 자로서, 개선불가능한 자는 사형에 처한다.
폭력범죄인	연민의 정이 결여된 경우이며, 본능적 살인범은 무기유형, 기타 폭력범죄인은 부정기 자유형에 처한다.
재산범죄인	성실의 정이 결여된 자로서, 본능적·상습적 재산범은 무기자유형에 처한다. 그렇지 않은 자들 중 소년은 수용훈련을 시키고 성인은 강제노동에 처한다.
풍속범죄인	주로 성범죄를 저지르는 자를 의미하며, 성적 편향이 고쳐질 때까지 부정기자유형에 처한다.

② 법정범(자연범 이외의 범죄인)

자연범 이외에 실정법에 범죄로 규정되어 있으므로 범죄자가 되는 경우로써 사회적 환경의 변화 등으로 증감할 수 있다. 처우는 법정형에 맞게 정기구금에 처한다.

③ 과실범

과실범은 원칙적으로 처벌하지 않는다.

제4절 생래적 범죄자설

범죄학적인 관점에서 살펴보면 생래적 범죄인설은 범죄통계학과 골상학의 두 가지 연구성과를 집대성한 것이라고 할 수 있다. 또 자연과학 측면에서 살펴보면 범죄자가 진화 이전의 유인원으로 돌아가거나 퇴화된 존재라는 발상은 다윈의 '종의 기원'의 진화론을 기본으로 하고 있다. 또한 생래적 범죄인설의 심리학적인 측면은 부분적 망상론에서 강한 영향을 받았다.

1. 범죄통계학

(1) 롬브로조가 범죄자의 개별 데이터를 집계해, 통계적인 수치에 의해 스스로의 가설을 세운 것은 범죄 통계학에 많은 영향을 끼쳤다.

(2) 범죄통계학은 통계학적 수법을 사용해 범죄현상에 대해서 해명하려고 한 학파이다. 대표적인 학자로는 프랑스의 게리(AndreMichel Guerry: 1804~1866)와 벨기에의 케틀레(Adophe Quetelet: 1796~1874)이다.

(3) 유럽에서 통계적인 기록이 정비되기 시작한 시기는 16세기로, 초기의 통계는 출생과 사망을 중심으로 한 것이었다.

(4) 범죄에 관한 최초의 공식통계가 발간된 것은 1827년 프랑스로, 이후 범죄에 관해 통계분석이 본격화되었다. 게리는 사법대신을 지낸 법률가로 프랑스의 도덕통계(1883년)에서, 1825년에서 1830년의 통계를 이용해 범죄율에 의한 농도를 분류한 범죄 생태지도를 작성해 특히 여러 사회적 현상과 범죄의 관계에 대해서 분석하였다. 이 책은 범죄사회학의 최초의 업적이라 불리고 있을 뿐 아니라 그 후 범죄통계의 발전에 많은 기여를 하였다.

(5) 케틀레는 천문학자이면서 수학자로 '인간과 그 능력의 발달- 사회 물리학시론(1833년)'에서 게리의 통계적 수법을 정밀화해 연령, 성별, 계절, 빈곤, 교육 및 인종 등의 여러 조건과 범죄와의 관계를 고찰하여 다음과 같은 결론을 얻었다. 범죄현상설의 제창이다. 그는 범죄의 반복이 놀라울 정도로 일관적인 현상임을 착안하여 '범죄는 일정사회에서 항상적 법칙성을 갖고 반복된다.'라고 하고 감옥이나 처형장의 비용은 정확히 산정할 수 있다고 주장했다. 범죄의 사회적 요인에 대한 강조이다. '범죄를 준비하는 것은 사회이

다. 범죄자는 그것을 실행하는 도구에 불과하다.'는 케틀레의 유명한 말이다. 끝으로 온도법칙설의 제창이다. 대인범죄는 유럽의 남부에 더 많고 절도죄 등 재산범은 북부(특히 추운 계절)에 많다고 지적했다. 게리와 케틀레는 범죄통계를 사용하여 과학적으로 범죄의 원인을 찾으려 했기 때문에 범죄 현상에 관한 최초의 실증적 연구라고 평가받고 있다.

범죄통계학은 실증주의 범죄학 탄생에 있어서 하나의 기초가 되며, 시카고학파에 큰 영향을 미쳤다.

2. 두개학, 인상학, 골상학

범죄자가 생물학적 이상을 가리키는 신체적 특징을 가지고 있다는 발상은 오래된 고대까지 거슬러 올라갈 수 있지만 학문적 체계로 나타난 것은 18세기 전반의 두개학에서 찾을 수 있다. 그리고 두개학은 18세기 후반에 인상학, 19세기 초에 골상학으로 발전되어졌다.

(1) 두개학(頭蓋學)

두개학은 두개골의 형상적 특징에 의해 동물과 인간의 지능 정도를 특정할 수 있다고 생각했다. 이를 안면각이론(顔面各異論)이라 한다. 이 이론에 대해서 간략히 설명하면 우선 두개골을 측면에서 관찰해 코 밑둥에서 귓불까지의 사이와, 이마돌출부에서 턱 앞까지의 간격에 선을 긋는다. 2개의 선이 교차해 만든 각도가 지능의 정도를 표시하는 지표가 된다. 바꾸어 말하면 이마가 높은 사람은 두뇌가 보다 더 발달되어 있으나 이마가 뒤쪽으로 발달된 사람은 뇌가 압박되어 발달에 방해가 된다고 보았다. 안면각이론의 주창자인 칸퍼에 의하면 유럽 사람의 얼굴 각도는 80도, 원숭이는 42도에서 50도라고 한다. 또 흑인의 얼굴 각도는 70도로서 인간과 원숭이의 중간적 존재라고 생각할 수 있다. 두개학파의 사람들은 두개 용적이 크고 작음에 따라 지능을 측정하려고 하였다.

(2) 인상학(人相學)

인상학은 인간의 얼굴 각 부분의 특징을 찾아 성격이나 지능정도를 분명히 하려 하였다. 라바터(J.K Lavater: 1741~1801)가 쓴 '인상학시론(1775)'은 전4권으로 된 대작으로 당시의 인상학의 성과를 체계적으로 담고 있다.

이 책에서는 반사회적 행동을 취하는 자의 특징으로 남성은 턱수염이 없다. 여성에게 턱수염이 있다. 눈매가 교활한 것 같다. 턱이 가냘프다, 오만하다 등을 제시하고 있다.

(3) 골상학(骨相學)

골상학은 두개골의 각 부분에 성격의 표출이 있다고 생각했다. 골상학은 해부학자 갈(Franz Joseph Gall: 1758~1828)과 그 제자 슈플스하임(Johann K. Spurzheim: 1776~1832)에 의해 비약적으로 발전을 했다. 갈(Gall)은 아동시절 성적이 좋은 친구가 눈이 크고 튀어나온 점에서 이것은 뇌의 어느 부분이 이상하게 발달되어 눈을 누르고 있는 것이라 생각하고, 뇌의 발달과 지적 기능이 밀접한 관련성이 있다고 주장했다. 골상학의 가설은 3가지이다. 뇌는 ① 사고와 감정의 중추이다. ② 두개골의 형태는 뇌의 형태에 따라 결정이 된다. ③ 두개골 전체를 손으로 만져보면 그 돌기 부분에 따라서 성격을 알 수 있다. 또한 갈은 두개골을 27로 구분해 그 중 어디가 돌기되었는지에 따라 성격을 알 수 있다고 생각했다. 예컨대 눈 위에 색감이 있어 그 부분이 돌기되어 있으면 뛰어난 색감을 가진다고 보았다.

동일한 구분에서 슈플스하임(Spurzheim)은 인간의 정신작용이 대뇌피질에서 야기된다고 생각을 했다. 이런 생각은 정신을 신비한 힘으로 본 중세 크리스트교 사회에서는 받아들일 수 없어 당시 오스트리아 정부는 골상학의 금지를 명했다. 이러한 제약 때문에 그들은 파리로 이주해서 골상학에 대한 연구를 계속하였다. 19세기 전반 미국을 중심으로 골상학 연구가 활발히 진행되었다.

(4) 생래적 범죄자설에 미친 영향

이러한 두개학, 인상, 골상학의 흐름은 롬브로조의 생래적 범죄인설이 주장하고 있는 신체적 특징에 지대한 영향을 미쳤다. 이 학문들은 당시에 일정 과학성이 인정되어 사회적으로 인지되었다고 할 수 있다. 골상학은 추상적 사고의 과학의 전형이며 오늘날 대뇌 생리학의 발달에 지대한 영향을 미쳤다.

제3장
범죄의 생물학적 원인

제3장 범죄의 생물학적 원인

범죄원인으로서 유전적 요소를 중시하는 주장은 오래 전부터 있어왔다. 단, 생물학적 요인에 대한 실증주의적 연구에 대해서는 롬브로조(Lombroso) 등의 범죄인류학의 출현을 빼놓을 수는 없다. 하지만 롬브로조가 제창한 생래적 범죄자설은 그 이후 부정되어졌다. 그러나 범죄의 생물학적 요인의 존재 자체가 역사상 완전히 부정된 것은 아니다. 이러한 범죄 생물학적 요인을 중시하는 주장은 1980년경을 기점으로 하여 발전하였다. 생물사회학적 범죄이론은 종래의 생물학적 범죄원인론과 달리, 범죄란 소질과 환경의 공동작용이라고 본다. 소질이 직접적 범죄적 행위를 낳은 것이 아니라 특이행동에의 일정한 경향을 형성하며, 그것이 일정한 환경의 영향 아래 범죄로 변화할 수 있다는 것이다.

범죄의 생물학적 요인에 대한 종래의 연구는 가계연구, 쌍생아 연구, 양자연구, 염색체 이상의 연구를 통해 발전을 이룩하였다.

제1절 범죄인의 가계연구

범죄인의 가계연구란? 범죄성의 유전적 성격을 규명하기 위한 방법으로 범죄인 가계연구가 시도된 적이 있는데, 이는 '가계(혈통)를 조사하여 유전조건과 범죄성 사이의 상관관계가 어떠한가를 밝히기 위한 연구이다.' 특정 개인의 자손 가운데 범죄인 · 정신이상자 등을 조사하거나 교도소 · 정신병원에 수용되어 있는 범죄자의 가계를 소급하여 연구함으로써, 범죄성의 유전 여부를 분석한다.

1. 가계연구의 전개

대표적인 연구가는 덕데일(Robert Dugdale, 1841~1883)의 쥬크가 연구(1877)와 고다드 (Henry Goddard)의 칼리카크가 연구(1912)가 있다. 덕데일(Robert Dugdale,

1841~1883)의 쥬크가 연구(1877)와 고링(G. Goring)의 통계적 연구 등에서는 부모와 자식의 범죄성은 상관관계가 매우 높다고 주장한다(범죄성의 유전을 긍정). 또한 서덜랜드의 에드워드가 연구에서는 선조의 살인성향이 후대에 이어지지 않았다는 점을 들어 범죄성의 유전을 부정하였다.

(1) 쥬크가 연구

① 쥬크가 연구는 미국의 어느 교도소에서 동일한 가족 6명의 수형자를 대상으로 한 연구에서 쥬크(Ada Juke, 가명)의 후손 1,000명 이상을 조사한 결과 280명의 극빈자, 60명의 절도범, 7명의 살인범, 140명의 범죄자(19.7%), 40명의 성병사망자, 50명의 매춘부 및 기타 일탈행위자가 확인된 것으로서 '범죄성의 유전을 인정하는 조사'로 평가되었다. 또 에스타브룩(Arther Estabrook)은 그 후 쥬크가를 추적 조사하여 '1915년 쥬크가'를 출간하였다. 여기에는 9대에 걸친 쥬크가 자손 2,820명을 조사한 결과 171인의 범죄자가 존재하는 것이 밝혀졌다.

(2) 칼리카그가

칼리카그가(The Kallikak Family) 연구는 주로 정신박약자에 관한 가계연구이다. 미국의 남북전쟁 당시 민병대원이었던 칼리카크(Martin Kallikak)의 자손을 대상으로 한 것이다. 이 연구는 '정신병원에 수용되어 있던 한 소녀의 가계를 연구하던 끝에 밝혀진 것이다.' 칼리카크는 전쟁중에 정신박약녀와의 사이에 사생아인 아들을 두었는데 귀향하여 정식결혼을 하고 여러 자녀를 두었다. 그런데 사생아의 자손 488명 중에 정상인은 46명뿐이고, 정신박약자는 148명, 나머지는 사생아, 알코올중독자, 간질병자, 포주, 범죄자 등이 나타난 반면에 후자의 자손들 490명 중에 정신박약자는 한명도 존재하지 않았고(단, 알코올 중독자 2인, 성적일탈자 1인 발견) 모두 교육자나 의사, 변호사 등 훌륭한 시민으로 성장하였다는 사실이 밝혀졌다.

2. 가계연구의 한계

18세기 당시의 신분등록이나 법원의 기록이 그렇게 정비되어 있지 않은 상황을 고려하면 자손이나 범죄자를 어떻게 밝혀내었는가? 자손임을 규명한 사실에 의문점이 있다. 범죄인 가계연구는 통계방법상의 잘못이 지적된다. 표본이 부족한 조사였고, 범죄생물학적·정신 병리적 연구가 병행되지 않았으며, 환경의 영향에 대해서 이를 해명하지 못하였으며, 하나의 특징이 수세대에 걸쳐 나타나도 범죄성의 유전을 설명할 수가 없다. 이러한 문제점으로 말미암아 유전과 범죄의 관계를 연구하기 위한 다른 방법으로, 쌍생아 연구와 양자연구가 시도되었다.

제2절 쌍생아 연구

범죄자 가계연구에는 범죄자의 범죄성이 유전의 영향인가 아니면 공유하는 생활환경을 반영한 것인가를 확인할 수 있다. 여기서 유전학 성과를 합쳐 일란성과 이란성 쌍생아의 비교에 의해 범죄와 유전의 관계를 밝힌 것이 쌍생아 연구인 것이다.

1. 쌍생아연구의 기초

(1) 개관

쌍생아는 하나의 수정란이 둘로 나누어진 일란성 쌍생아와 2개의 수정란이 각각 발육한 이란성 쌍생아가 있다. 쌍생아가 태어날 확률은 국제적으로 85번의 출산에 1회이고, 일란성 과 이란성 쌍생아의 출생비율은 비슷하다. 쌍생아 연구는 일란성 쌍둥이와 이란성 쌍둥이의 범죄일치율을 비교해 봄으로써 유전이 범죄 소질에 미치는 영향을 알 수 있다는 가정 아래 진행된 연구이다(표본조사방법에 기한 대표적 연구). 이 연구는 '일란성 쌍둥이와 이란성 쌍둥이를 대상으로 모두가 범죄를 하는 경우를 비교하여 범죄의 유전성 여부를 분석하고자 했다.' 만일 이때에 일란성 쌍둥이들이 범죄를 저지르는 경우가 이란성 쌍둥이들보다 평균적 으로 높게 나타나면 이러한 사실은 유전적 소질이 범죄를 하는데 있어서 중요한 역할을 한다는 가설이 입증된다는 것이다.

이러한 연구는 나중에는 쌍둥이들의 성장환경까지 고려하여 소질과 환경의 상관관계를 고려하는 방향으로 발전하였다.

(2) 쌍생아연구의 두 가설

일란성 쌍생아는 각각 개체의 유전자가 같은 소질을 갖고 있는 것에 비해서, 이란성 쌍생아의 유전자는 서로 달라 형제자매 정도의 다른 소질을 가지고 있다. 범죄는 유전자적인 소질에 강한 영향을 받는 것으로 범죄일치율은 이란성보다는 일란성 쌍생아 쪽이 높다.

2. 쌍생아연구의 전개

쌍둥이 연구의 단서를 연 사람은 캘튼(F. Galton)이다. 이러한 연구에서 가장 획기적인 연구를 한 학자는 독일의 생리학자인 랑게이다. 주요연구 학자는 다음과 같다.

(1) 랑게(J. Lange)의 연구

쌍생아 연구를 체계화하고 쌍생아 연구방법을 범죄생물학(범죄학)에 도입하였다. 랑게는 1929년 '숙명으로서의 범죄(Verbrechen ist Schicksal)'라는 저서에서 30쌍의 쌍둥이를 대상으로 한 연구결과를 발표하였다. 30쌍 중에서 13쌍은 일란성이었으며 나머지 17쌍은 이란성이었다. 연구에서 양쪽 모두 범죄를 저지른 경우를 유전적 소질에 의한 영향을 분석하였을 때에 일란성 쌍둥이의 경우는 전부 13쌍 중에서 10쌍이 범죄를 저질렀으며 반면에 이란성 쌍둥이의 경우는 17쌍 중에 단지 2쌍만이 양쪽 모두 범죄를 저지른 것으로 나타났다(일란성 쌍생아들이 이란성 쌍생아들보다 범죄일치율이 현저히 높다). 랑게의 연구는 기회범죄(예컨대, 교통범죄)와 소질범죄(예컨대, 성범죄)를 같은 일치율의 개념으로 포섭하였다는 점에서 비판을 받는다. 또한 그의 연구는 이미 범죄를 저지른 쌍둥이를 대상으로 다른 쌍둥이 형제가 범죄 했는지 여부를 조사했기 때문에 자신의 가설을 증명하기 위한 제한적인 경우들만을 조사대상으로 삼았다는 문제점을 가지고 있다.

자료〉 일본의 경우 길익(吉益)박사가 '쌍생아 연구는 범죄연구의 탐구에서 등불과 같은 역할을 한다.'라고 하면서 이 연구에 참가해 25세 이하의 조발성(早發性) 범죄자의 25세 이상의 후발성(後發性)범죄로 나누어 검토하였다. 일본 쌍생아의 범죄일치율은 다른 국가에 비해 낮고 조발성 범죄자에 있어 유전소질이 중요한 역할을 한다는 의견을 제시해 이것을 지지하는 견해를 나타냈다.

---

(2) 뉴만(Newmann)의 연구

랑게의 연구에 비해 보다 확실한 결과는 그 후 미국에서 실시된 연구에서 찾아볼 수 있다. 뉴만 등은 42쌍의 일란성 쌍둥이와 25쌍의 이란성 쌍둥이 등 모두 67쌍의 쌍둥이들을 연구대상으로 하였다.

일란성 쌍둥이에서는 양쪽 모두가 범죄를 저지른 경우가 92%나 되었으나 반면에 이란성의 경우는 20%에 불과하여 랑게와 마찬가지로 '유전적 소질의 영향'이 강하게 나타났다.

(3) 크리스챤센(K. O. Christiansen)의 연구

쌍생아 연구를 통해 유전적 소질이 범죄원인으로 작용하는지를 탐구하였다. 크리스챤센은 랑게의 연구가 갖는 한계를 극복하기 위해 '광범위한 표본'을 대상으로 연구를 시행하였다. 그는 가장 광범위한 표본을 대상으로 연구를 시행하고, 연구성과의 정확성을 기하기 위하여 쌍생아 계수를 사용하였다. 크리스챤센은 1881년부터 1910년까지 덴마크에서 태어난 다수의 쌍둥이 600쌍을 조사하여 1968년 그 결과를 발표하였다. 남자 일란성 쌍둥이 중에 어느 한 쪽이라도 범죄를 저지른 경우는 67쌍이었는데 그 중 24쌍(35.8%)은 다른 한 쪽도 범죄를 저지른 반면, 이란성 쌍둥이 중에는 그런 경우가 114쌍 중에 14쌍(12.3%)에 불과하였다. 그 후 크리스챤센은 심각한 범죄만을 추출해 일란성 쌍둥이의 경우와 이란성 쌍둥이의 경우를 비교하였는데 이때에 양쪽 모두가 범죄자였던 일란성 쌍생아의 비율은 더욱 높은 것으로 나타났다. 결국 범죄원인은 유전적 요인이 중요하지만 사회적 변수에 따라서 많은 영향을 받는다고 본다.

(4) 달가드(Dalgard)와 크링글렌(Kringlen)의 연구

쌍둥이 연구에서 유전적 요인 이외에 환경적 요인(양육 과정의 차이)도 함께 고려하여 연구하였다. 달가드와 크링렌의 연구는 쌍둥이 연구에서 유전적 요인 이외에 환경적 요인을 함께 고려하여 연구한 경우이다. 그들은 139쌍의 노르웨이 남자쌍둥이를 대상으로 일치율을 연구하여 1975년 결과를 발표 하였다. 이 연구에서 일란성 쌍둥이의 경우에 범죄일치율은 25.8%이고 이란성 쌍둥이의 경우는 14.9%로 일란성의 일치율이 다소 높았다. 일란성 쌍둥이들이 다소 높은 범죄일치율을 보인 것을 유전적 요인이 아닌 양육과정상의 유사성에 기인하는 것으로 보았다. 실제 양육과정별로 분석을 하였을 때에는 일란성 쌍생아의 일치율은 이란성 쌍생아의 일치율과 큰 차이가 없었다. 이러한 경과로부터 얻은 결과는 '범죄발생에 있어 유전적 요소의 중요성이란 존재하지 않는 것'이라고 단언하였다.

(5) 슈툼플(Stumpfl)의 연구

슈툼플은 일란성 쌍생아가 유전적 동일성에도 불구하고 왜 범죄율이 완전히 일치하지 않는 가에 대해 연구하여, 종래 연구가 소질적인 요소가 많은 개선 불가능한 누범이나 단순한 기회적인 교통사범을 모두 일치로 취급한 점을 비판하면서 일치개념(쌍생아가 모두 처벌되는 경우, 범죄의 비중이 일치하는 경우, 일상의 사회적 태도가 일치하는 경우, 성격구조까지 일치하는 경우로 나눔)을 구체화 하였다.

3. 쌍생아 연구의 평가

대부분의 쌍둥이 연구들에서 쌍둥이 중에서 양쪽 모두가 범죄를 저지르는 경향은 유전적 동일성이 높은 일란성 쌍둥이들이 더 높은 것으로 연구되었다. 쌍둥이 연구가 범죄에서 유전의 영향을 어느 정도 밝혀 준 것은 사실이나 '쌍둥이는 대개 같은 환경에서 자라나게 된다는 사실을 이 연구는 간과'하고 있기 때문에 연구결과에 대한 충분한 신뢰성을 가지기 힘들다.

쌍둥이 연구결과의 또 다른 문제는 '왜 일란성 쌍둥이에서 한쪽은 범죄를 저질렀는데 다른 한쪽은 저지르지 않는 불일치가 있느냐는 점이다.' 만일 유전적 소질이 범죄유발을 결정짓는 요소라면 일란성 쌍둥이들에게서 불일치현상은 발생하지 말아야 할 것이다. 예컨대, 크리스찬센 연구의 경우에 일치하는 퍼센트는 35.8%이고, 불일치 퍼센트는 그보다 많은 64.2%에 달한다.

불일치 퍼센트가 이처럼 높은 것은 결국 유전적 소질만 가지고는 범죄현상을 충분히 이해할 수 없다는 사실을 의미하는 것이다. 즉 범죄발생이 유전에 의해서만 결정적 영향을 받는다고 보기는 어렵다고 본다.

제3절 양자연구

범죄에 관한 유전의 영향을 판단하는 또 다른 방법은 양자들의 기록을 연구하는 방법이다. 양자연구(養子研究)는 비교적 성장한 양자를 들인 자(입양아)를 대상으로 그 양자의 범죄성이 실(實)부모의 영향을 받는가, 아니면 양(養)부모의 영향을 받는 가를 비교하고 검토하는 것이다(특히 부와의 관계를 중심). 생부가 범죄성이 있는 경우에 양자가 범죄인으로 되는 확률이 양부가 범죄자였던 경우보다 높게 나타난 경우에는 범죄에 유전성이 있는 것을 입증하는 증거가 된다는 것이다.

1. 양자연구의 기원

(1) 슐징어(F. Schulsinger)의 연구

처음으로 양자연구를 통하여 범죄의 유전성을 밝히고자 한 학자는 슐징거이다. 슐징거가 연구대상으로 하였던 사람들은 충동적인 행동의 '정신질환자'들이었다. 그는 '정신질환: 유전과 환경'이라는 논문을 통해 발표하였다. 이들 중에서 어렸을 때에 양자로 입적되었던 사람은 모두 57명이었다.

슐징거는 우선 정신질환을 갖고 있는 양자들의 연령, 성별, 입양할 당시의 나이, 양부모의 생활수준 등을 기준으로 같은 조건에 있는 정신질환이 없는 57명의 정상적인 양자들을 임의로 선정하였다. 이후 그는 정신질환 양자들 및 정상적인 양자들과 혈연관계에 있는 모든 사람들의 병원기록을 추적하였다. 그 결과 알코올중독, 약물중독, 범죄경험 등의 문제가 있는 혈연관계의 비율이 정신질환 양자들 중에서는 14.4%나 되었으나 정상적인 양자들 중에서는 6.7%밖에 되지 않았다.

이러한 결과를 토대로 하여 그는 '정신적 결함이 혈연관계를 통해 전수된다는 주장'을 하였다.

(2) 크로우(Crowe)의 연구

어머니가 범죄자였던 입양아와 정상적인 입양아를 비교하여 조사하였다. 1974년 '반사회적 인물들에 대한 입양 연구'라는 논문에서 1925년부터 1956년까지 미국 아이오와 주에서 어머니가 범죄자였던 입양아 52명을 대상으로 조사한 결과를 발표하였다. 그에 의하면 52명 중에서 18명이 체포되고 7명이 유죄판결을 받은 반면에 비교대상이 된 정상적인 입양아 52명 중에 서는 두 명만 체포되었고 유죄판결을 받은 사람은 한 명 뿐이었다고 한다. 즉 전자의 경우 약 50%는 18세까지 범죄사실이 생기는 반면, 후자는 18세까지 범죄사실이 있는 자가 5%에 그쳤다.

(3) 허칭스(Hutchings)와 메드닉(Mednick)의 연구

추가적 연구를 통하여 범죄유발은 유전적 요인뿐만 아니라 환경적 요인도 중요하다는 결과를 얻었다(범죄란 유전과 환경의 복합적인 결과). 이들은 1927년부터 1941년까지 코펜하겐에서 양자로 입적되었던 4,068명의 사람들을 대상으로 생부의 범죄기록, 양부의 범죄기록, 본인의 범죄기록 모두를 조사하였다. 생부가 범죄를 저지르는 경우에 양자들도 범죄를 저지른 경우는 20.0%와 24.5%이고 반면에 생부가 범죄를 저지르지 않은 경우는 13.5%와 14.7%로 생부의 범죄유무에 따라 양자들이 범죄를 저지른 경우가 월등히 높다는 것이다. 양부가 범죄를 저지른 경우는 생부의 범죄성보다 영향력이 약하다.

특히 '생부와 양부가 모두 범죄를 저지른 경우에 양자가 범죄를 저지른 비율은 24.5%로 다른 경우들에 비해서 가장 높게 분포되어 있다.' 그들은 이러한 결과를 '범죄유발에 유전적 요인뿐만 아니라 환경적 요인 역시 중요한 역할을 하는 것'으로 보았다.

구 분	부의 범죄경험	양자총수	범죄경험자	비율(%)
생부·양부모두 양부만	없음 있음	2,499 200	336 30	13.5 14.7
생부만 생부·양부모두	있음 있음	1,2266 143	245 35	20.0 24.5

생부의 범죄경험, 양부의 범죄경험에 따른 양자의 범죄 경험률

2. 평가

양자연구가 활발하게 진행된 동시에 양자연구에도 일정한 한계가 있음이 밝혀졌다. 양자연구는 유전이 어느 정도 중요한 범죄의 원인이 되고 성장환경 또한 무시할 수 없는 원인이 된다는 점을 함께 증명한 것으로 볼 수 있다.

반면 입양기관의 경우는 양부모와 실부모의 가정을 서로 조화시키려고 하기 때문에 환경과 유전의 영향을 분리하는 것이 정확하지 않을 수 있다는 비판이 제기된다. 표본의 수가 한정되어 있기 때문에 도출한 결론을 이끌어 내는 것이 곤란한 상황이다.

제4절 염색체 이상 연구

종래 범죄생물학적 연구가 그 한계를 노출하면서 예전의 연구방법 대신 범죄유전자를 규명하려는 시도가 주목을 받았다. 염색체이상의 연구가 이러한 것이다. 이런 염색체의 측면에서 범죄와 유전의 관계를 규명하려는 접근은 1960대 중반에 등장했다. 당시로서는 선구적인 과학적 의견을 범죄원인론에 응용한 것으로 받아들여졌다.

1. 염색체와 염색체 이상

(1) 염색체

식물 및 동물세포의 핵 부분에서 생물체의 특징을 결정하는 복잡한 구성체이다. 정상적인 인간의 모든 세포는 23쌍의 염색체를 포함하고 있다. 23쌍의 염색체 중에서 한 쌍의 염색체가 바로 성염색체이며 이 염색체에 의해 각자의 일차적 및 이차적 성징이 결정된다. 정상적인 여자의 경우 한쌍의 성염색체는 서로 모양이나 크기가 비슷하며 이에 따라 여성의 성염색체는 XX라고 불리운다. 반면에 남자는 성염색체 중에서 하나는 다른 것이 비해 크기가 작고 모양도 달라 남성을 나타내는 성염색체는 XY로 불리운다. 정자와 난자는 각기 23개의 염색체로 구성되어 있으며 수태가 되었을 때에 이들이 결합하여 하나의 세포를 형성하며 나중에 태아로 발전하게 된다. 그러나 때로는 정자와 난자가 수태 이전에 세포분열을 일으켜 성염색체가 하나 이상인 경우가 있을 수 있다. 이러한 경우에 수태가 되면 태아는 비정상적인 숫자의 성염색체를 갖게 된다.

(2) 염색체 구성의 비정상성

성염색체 연구란 성염색체의 이상과 범죄성과의 상관관계를 연구하는 것이다. 염색체수의 이상이 생기면 범죄에 빠지기 쉽다는 가설을 입증하기 위해 염색체 연구를 한 결과 XO, XXX, XXY, XYY, XXYY, XXXX, XXXY와 같은 염색체구조를 가진 사람은 범죄를 저지를 염려가 높다는 결론을 제시하였다. 특히 연구들이 범죄발생과 관련하여 다루었던 사항은 성염색체 과잉 현상중의 하나인 'XYY염색체의 영향'에 관한 것이다. 염색체가 증가된 경우(XXX, XXY, XXXY 등)는 일반적으로 '클리인펠터 증후군(Kleinfelter)'이라고 불리운다. 이러한 현상은 정상적인 남성은 XY염색체인데 X염색체의 수가 증가한 경우이다. X염색체의 과다로 인한 결과에 대해서는 학자들마다 주장의 차이로 인해 논란의 여지가 많다.

성염색체 이상	X염색체의 증가(XXX형·XXY), 클라인펠터 증후군	47XXY의 남성장애, 작은고환, 무정자증, 여성형의 유방을 갖거나, 장신이 되는 등의 신체적 특징, 지능이 낮고 반사회적이며, 미숙하고, 자신감이 결여되어 있다.
	多x증후군	초여성증후군으로 불리기도 하며 월경불순, 낮은 출산율과 낮은 지능지수를 특징으로 함.
	터너(turner)증후군	성염색체가 x 하나 밖에 없음. 작은 키, 짧은 목, 낮은 지능지수, 청각장애, 소아형 외음부, 무월경, 불임증 등의 특징, 남성도 여성도 아님
	Y염색체의 증가(XYY형), 초남성형	클라인펠터 증후군보다 더욱 범죄성향을 띠기 쉬운 염색체 이상이다. 신장이 크고, 지능이 낮으며, 성적으로 조숙하여, 조발성 범죄자(평균 초범연령이 13~14세)가 많다. 공격성이 강해서 성범죄, 방화죄, 살인 등의 강력범죄를 저지를 확률이 높다고 한다. 다만 유전보다는 돌연변이에 의한 것으로 보아 비유전성이 특징이다. 정신병자들 중 XYY형으로 파악된 사람의 비율이 일반인의 경우에 비해 매우 높았다. 또한 XYY형은 일반인에 비해 수용시설에 구금되는 정도가 높다는 특징이 있다.

클라인펠터 증후군은 신체적으로 고환의 왜소, 무정자증, 가슴의 확대 등의 특징이 흔히

지적된다. 이들은 정신적 능력이 낮고 반사회적 성향을 표출하는 등의 경향이 있는 것으로 알려지고 있다. 클라인펠터 증후군보다 더욱 관심을 두었던 경우는 초남성형을 가진 사람들 이었다. 이들은 클라인펠터 증후군보다 더욱 범죄성향을 띠기 쉬운 염색체이상을 가지고 있다(최초의 보고자는 제이콥스). 이와 같은 염색체특징을 가지고 있는 사람은 남성을 결정 하는 Y염색체가 다른 사람들보다 많기 때문에 남성기질을 초과하여 공격적이고 범죄성도 강할 것이라고 기대되었기 때문이다.

2. XYY 연구의 전개

1960년대 이후의 범죄생물학적 연구는 사회적으로 높은 관심을 불러 일으켜 XYY염색체의 연구를 중심으로 활발하게 진행되었다. 그 때문에 이제까지의 보고된 염색체 이상에 관한 연구성과는 국내·외를 포함하면 200~300건 정도이다.

(1) 샌드버그(A. A. Sandberg)

1961sus XYY염색체의 병적 사례를 최초로 보고한 사람은 샌드버그 등이었다. 단, 샌드버그 등의 보고 후 수년간은 이 염색체이상이 주목을 받지 못하였다. 하지만 1965년에 제이콥스 (Jakobs) 등이 스코틀랜드의 보안 병원에서 위험하고 공격성을 지닌 범죄지향적인 남성정신 박약자 196명 중에서 7명의 이상자를 발견함으로써 범죄와의 관련성이 일약 주목을 받았다.

(2) 제이콥스(Jakobs)

이러한 기대를 '검증'하기 위해 제이콥스(Jakobs)는 스코틀랜드의 정신병원에 수용된 환자 들을 연구대상으로 하여 이들의 염색체 구조를 조사하였다.

그 결과 196명의 정신질환자들 중에서 Y염색체가 과잉인 'XYY형'으로 파악된 사람은 모두 7명이었다. 이러한 비율은 일반인들의 경우에 XYY염색체를 가진 사람이 1,000명당 1,5명 에 불과한 것에 비해서 매우 높은 것이었다. 또한 XYY형의 또 다른 특징은 이들이 정상인들 에 비해 수용시설에 구금되는 정도가 높다는 데 있는 것이다. 이에 따라 제이콥스는 남성성을 나타내는 Y염색체가 많음으로써 XYY 형은 일반적으로 위험하고, 폭력적이며, 강한 범죄성 향을 가지게 된 것으로 보았다(제이콥스와 테일러(Taylor)는 XYY형이 교정시설에 더 높은 비율로 수용되는 까닭은 이들이 폭력적이기 때문이 아니라 큰 키 때문이라고 보았다. 즉 XYY형은 대체로 신장이 크기 때문에 법원의 판사들이 사회의 안전을 위해서 이들을 격리시키려고 하기 때문에 이들은 다른 사람들에 비해 더욱 많이 수용처분을 받았다.

(3) 캐시

캐시는 신장 180cm 이상의 수형자를 대상으로 범죄사실을 조사한 결과, 대상자 중에서 성범죄자가 차지하는 비율이 18%를 넘었다. 단, 이 조사에는 그 중 어느 정도가 실제로 XYY 염색체를 갖고 있는가는 조사하지 않아 염색체와 범죄와의 관련을 조사한 것이라고 할 수 없다.

(4) 위트킨(Witken)의 연구

위트킨도 1944년에서 1947년 사이에 코펜하겐에서 태어난 XYY형 12명을 대상으로 범죄내역을 조사했지만 이들이 정상적인 XY형에 비해서 폭력적인 범죄를 더 많이 저지른다는 증거를 발견하지 못하였다.

이와 같이 XYY염색체와 폭력성과의 가설은 경험적으로 충분히 입증되지 못하였다. 이외에도 XYY염색체론의 문제는 이러한 염색체를 가진 사람들 중에서 정상적인 사람들이 더 많다는 사실이다. 만약 이러한 성염색체가 개인의 소질면에서 폭력적인 성향을 유발한다면 이러한 소질을 갖고 태어난 대부분이 범죄자가 되어야 할 것인데 실제로는 XYY형 중에서 범죄자보다는 그렇지 않은 사람들이 더 많았다. 이러한 증명은 타고난 소질만을 범죄의 원인으로 고려하는 XYY염색체론으로는 쉽게 설명할 수 없는 현상인 것이다.

(5) 일본의 XYY 염색체 연구

XYY 염색체와 범죄와의 관련성은 일본에서도 주목을 모아 오사카대학의 연구팀에 의해 실태조사가 시도되었다. 여기에는 장기수형자를 수용하는 7개의 형무소에서 전체 수용자 중에서 무작위로 추출한 표본(10%)과 정신병질 특성을 가진 자 중에서 키가 크고, 지능이 평균보다 낮고, 조직폭력적인 경향이 강해 사회생활이 곤란한 자 약50명을 뽑아 채혈검사를 통해 염색체 이상을 조사하였다.

그 결과 2명이 XYY 염색체 보유자였다. 또 이들과 다른 연구팀에 의해 1971년 비행소년집단 중에 염색체 이상이 조사되었다. 여기서는 소년감별소의 입소자 1,833명 중에서 신장이 큰 156명과 조사시에 소년원과 교호원(教護院)에 각각 입소한 37명과 76명 전원이 조사대상이었다.

그 결과 소년감별소에는 XYY 염색체 보유자 1인과 XXY 염색체 보유자 1인이 각각 발견되었다. 이 조사결과에서 시설에 수용된 비행청소년 집단 중 XYY 염색체 보유자의 비율과 일반인구 중의 비율에서 유의할 만한 차이는 밝히지 못했다는 결론을 내렸다.

3. 염색체 이상 연구의 평가

이러한 염색체연구는 그동안 비판의 표적이 되어 왔던 유전에 의한 범죄성향연구를 넘어 생물학적 범죄원인론에 새로운 활력을 불어 넣은 것으로 평가되고 있다.

그러나 연구방법론상의 문제점이 없는 것도 아니다. 예컨대, 테일러의 경우 XYY염색체를 가진 사람은 그들의 신체적 특징 때문에 범죄인지율이 높고, 범죄혐의를 받은 후에 체포나 유죄판결을 피할 확률이 거의 없다는 점을 들어 이러한 연구결과를 비판하기도 한다. 성염색체이상에 의하여 보통사람과 다른 외관을 가진 사람은 사회적응이 어렵기 때문에 범행 비율이 높을 수도 있다. 반사회적 행동을 유발하는 염색체에 대해서는 연구가 계속 진행되고 있으므로 그 추이를 지켜보면 될 것이다.

제5절 생화학과 범죄(1) ⇨ 성호르몬과 범죄

생화학(生化學)이란 생물을 형성하는 물질이나 생물의 생명현상을 화학적으로 연구하는 학문분야를 말한다. 생화학 대상은 크게 나누어 신경계, 순환기계, 내분비계로 분류되나, 범죄와 관련지어 주목받는 것은 내분비계에 관한 연구이다.

생화학물이란 인간의 내분비선에서 생성되는 호르몬 등의 각종 분비물을 일컫는다. '인체내에서 생화학물을 생성하는 내분비선의 기능장애와 이로 인한 생화학물의 불균형상태가 사람들의 신체반응이나 정신활동에 중요한 영향을 미칠 수 있다.'는 견해가 20세기에 들어

오면서 많은 생물학자나 인체생리학자들에 의해 주장되었으며(생화학적 불균형에 관한 최초의 연구는 1943년 영국 의학잡지 'Lancet'에 처음 보고 됨), 이러한 불균형이 직접 범죄를 유발시킨다고 보았다.

1. 호르몬과 범죄연구

(1) 폴링(L. Pauling)

영향결핍으로 인한 지각장애, 영양부족·저혈당증에 수반되는 과활동반응의 두 가지로 범죄원인을 나누었다.

(2) 스미스(Smith)와 버만(Burman)의 연구

1928년에 스미스는 '새로운 범죄이론'이란 이름으로 생체화학과 호르몬 불균형 문제를 중심으로 범죄문제를 다룬 교과서를 출판하였다. 이 책에서 슈랍(Schlapp)과 스미스는 범죄란 '호르몬의 불균형에 의해 야기되는 감정의 혼란 때문에 발생한다고 주장'하였다. 그러나 이들의 주장은 단순한 주장에 불과했고 호르몬 불균형의 실제 영향에 관한 어떠한 경험적인 자료 또한 제시하지 못하였다.

버만은 이 문제에 대해서 좀 더 체계적으로 접근을 시도하였다. 그는 뉴욕시의 싱싱 교도소에 수감되었던 250명의 재소자들을 대상으로 이들의 내분비선 상태, 신진대사, 물리검사를 실시하고 그 결과를 뉴욕시의 정상인들의 검사결과와 서로 비교하였다. 그 결과 '범죄자들은 정상인들에 비해서 2~3배 정도 더 많이 내분비선의 기능장애나 생화학물의 불균형 문제가 있는 것으로 조사되었다.' 또한 이 연구에서 '소년범죄자에 대한 내분비선도 검사하였는데 결과도 역시 2~3배 정도 정상적인 소년들에 비해서 기능장애가 있다는 것을 발견 할 수 있었다.' 이러한 연구결과는 인체의 생화학적 기능이 범죄발생에 미치는 중요한 영향을 입증하는 것으로 이해할 수 있다.

(3) 몰리취(Molitch)와 폴리아코프(Poliakoff)의 연구

몰리취와 폴리아코프는 뉴저지주에 있는 소년수용시설에 있는 비행소년들을 대상으로 좀 더 자세하고 전체적인 일련의 연구를 시행하였다.

만일 버만의 주장이 옳다면 내분비선의 기능장애와 소년들의 비행행위와는 어떤 특징적인 관련성이 나타나야만 할 것이다. 그러나 여러 차례에 걸친 연구에서 이러한 일관된 관계는 찾아볼 수 없었다.

2. 성호르몬

성호르몬과 범죄의 연관성에 대해서도 옛날에는 주지하고 있는 바와 같이 '월경과 범죄'라는 테마를 중심으로 이루어졌다. 여기에는 '호르몬 일반이상이 정신면에서 장해를 일으켜서 범죄원인이 된다.'고 한 가설을 규명하는 방식으로 논의되었다. 이에 대해서 오늘날의 연구는 여러 호르몬의 구체적 작용에 관심을 두고 있다.

(1) 남성호르몬

인간은 태아기와 신생아기에 남성호르몬의 영향을 받고 성별의 차이가 생긴다. 즉, 성별에 관계없이 모든 태아기는 수정 후 잠시 동안은 여성의 특질만을 보유한다. 하지만 4.5개월이 경과하면 Y염색체를 갖는 태아에 고환이 형성된다. 그리고 여기에서 안드로겐이라 불리는 남성호르몬이 분비되기 시작해 급속히 남성으로 성분화가 진행되는 것이다. 안드로겐에는 테스토스테론, 안드로스테론, 레이드로에피 안드로스테론 등이 있다. 이 중 테스토스테론이 자강작용이 강한 남성호르몬으로 공격성과의 관련성이 지적되었다.

(2) 테스토스테론(testosterone)

테스토스테론은 남성의 2차 성징(음부의 성장, 수염발육, 변성 등)을 발현시키고 뼈나 근육의 발육을 돕는다.

반사회적·공격적 행동과 공격성과도 관련이 있는 것으로 흔히 논의되고 있다. 특히 성사회화 교육으로 남성역할이나 여성역할을 배우기 이전에 이미 남자 아이들이 여자아이보다 폭력적인 사실은 테스토스테론 호르몬과 관계된 것으로 흔히 지적되었다. 실제 여러 연구들에서도 나타나듯이 '테스토스테론 호르몬의 수치가 높은 사람들일수록 폭력적이라는 사실이 밝혀졌다.' 미국에서는 '강간범의 테스토스테론은 일반인보다 많다.'라고 보고된 적도 있다.

3. 테스토스테론의 실증적 연구

테스토스테론에 관한 연구에는 동물을 대상으로 한 것과 인간을 대상으로 한 것들이 있다.

(1) 동물에 대한 테스토스테론의 연구

동물에 관한 연구에는 주로 원숭이를 대상으로 한 실험들이 많다. 케이반은 1982년 발표한 연구에서 독신으로 사육되는 수컷 원숭이들에게서 같은 양의 테스토스테론이 검출되고, 암컷원숭이를 한 마리씩 데려다 주어도 테스토스테론의 증가량의 개체차는 거의 보이지 않았다. 하지만 혼합집단에 수컷원숭이를 넣으면 테스토스테론의 개체자가 생기는 것이 발견되었다. 또한 원숭이 사회 내의 지위변동은 테스토스테론의 수치변화와 밀접한 관련성이 있다고 말할 수 있다 즉, 두목 원숭이는 다른 원숭이보다 테스토스테론의 수치가 높은 것이다. 암컷원숭이에게 탄생 전 혹은 탄생 직후에 테스토스테론을 투입하면 공격성이 높아진다는 보고도 있다.

(2) 인간의 공격성에 대한 테스토스테론의 연구

인간의 공격성에 대한 테스토스테론의 영향은 어떠한가에 대한 연구성과가 보고되고 있다.
① 폭력범 수형자와 재산범 수형자를 비교한 결과 폭력범 수형자집단이 가진 테스토스테론의 수치가 더 높았다.
② 소년의 폭력행위와 테스토스테론의 관련성을 조사해 폭력행위 도발의 유무로 나눈 경우 도발이 있는 폭력행위에 테스토스테론의 영향이 더 많았다.
③ 신체적인 공격과 테스토스테론의 수준과는 관련성은 없으나 언어에 의한 공격과는 밀접한 관련성이 있다.
④ 테스토스테론이 높은 경우 폭력에 의존하기 쉽고 자극에 민감하게 반응하기 쉽다. 단, 테스토스테론과 공격성의 관련성은 인간의 경우 동물실험시 기대된 것처럼 강한 것은 아니라는 지적도 있다.

4. 성호르몬과 범죄 연구(여성의 월경전후의 범죄)

여성에 있어서 월경전후에 있는 비정상적인 호르몬 수치의 변화로 말미암은 생화학적 불균형은 이들의 범죄와 어느 정도 관련이 있는 것으로 조사되었다. 흔히 맨스(menstral ten-sion)으로 지칭되는 이 같은 상태로 인하여 여자들이 많은 범죄를 저지를 뿐만 아니라 다른 여러 가지 비정상적인 행동을 한다는 것을 여러 연구들이 보고한 바 있다. 그럼에도 불구하고 이러한 연구들은 호르몬 수치의 변화 자체로 인하여 범죄가 유발된다고 보지는 않았으며 단지 이러한 상태가 다른 요인들과 결합함으로써 범죄가능성을 증진시키는 기여요인(contribution factor)의 하나로 설명하였다.

5. 연구의 평가

오늘날에는 테스토스테론을 시작으로 한 성호르몬과 인간의 공격성 간에 무언가 연관성이 있다는 견해가 강하다. 하지만 이제껏 성호르몬이 범죄에 영향을 미치는 점에 대해서는 충분이 밝혀져 있지는 않다. 또 성호르몬의 이상이 범죄를 직접 야기 시키는 지도 증명되지 않았다. 연구방법 면에서 살펴볼 때에도 범죄자와 일반시민을 비교한 테스토스테론 연구가 충분히 이루어지지 않다는 점이다.

또한 루빈(1987)은 이제까지의 성호르몬과 범죄의 관련성에 대한 연구를 검증한 결과, 테스토스테론과 폭력범죄의 관련성을 제시하는 결정적인 증거를 찾지 못하였다고 주장해 종래의 연구결과 자체를 의문시하였다.

한편 성호르몬과 범죄의 관련성에 대해서는 해명되지 않은 부분이 많이 남아 있음에도 불구하고 미국의 경우에는 성범죄자에 대한 의료적 처우 중에 체내외의 테스토스테론을 감소시키는 약품을 사용하고 있다. 그러나 이러한 약물의 투여는 여러 부작용이나 잠재적 위험성에 대한 우려도 나타내고 있다.

제6절 생화학 범죄(2) ⇨ 영양과 범죄

체내의 생화학적인 균형은 부적절한 영양의 섭취에 의해서도 발생된다. 그리고 새로운 범죄생물학에서는 범죄의 내인(內因)적 연구로서 호르몬에 주목하는 동시에 외인(外因)적 요소로서 영향에 주목하고 있다. 영양과 범죄의 관련성에 대해서는 19세기 말부터 지적되어 금세기 중반에도 혈당이나 칼슘의 부족이 범죄에 영향을 준다고 지적된 적이 있다. 저혈당증이 공격성을 높이고 칼슘부족이 정서를 불안정하게 한다고 생각되어졌다. 이에 비해 오늘날의 경우에는 영양과 범죄의 연구는 생화학의 눈부신 발전을 배경으로 부적절한 영양의 섭취가 범죄에 주는 영향을 실증적으로 연구하였다.

1. 영양과 범죄 연구발전의 배경

1980대를 맞이할 무렵부터 범죄에 미치는 영양의 영향이 주목을 받은 배경은 다음 두 가지로 나누어 살펴볼 수 있다.

(1) 특별위원회의 보고

미국상원의 '식사, 건강 및 정신질환에 관한 특별위원회'에서 1979년에 저혈당증과 충동적인 범죄와의 관련성이 있다고 보고되었다. 저혈당은 혈당치가 이상하게 저하하는 병으로 당분의 과다섭취나 비타민, 미네랄 등 특정영양소가 부족한 일상 식생활이 원인으로 발병된다고 보고 있다. 동위원회는 저혈당증에 의해 신체만이 아닌 뇌나 정신까지 영향을 미치고 그 결과 범죄에 영향을 미친다고 하였다.

(2) 트윙키 항변

1978년 미국 캘리포니아 주의 화이트케스에서 피고인은 당분이 많은 음식의 과다섭취 때문에 심신허약상태가 되었다는 '트윙키 항변(Twinky defence)'이 인정되어 피고인의 형이 감경되었다. 본 사건의 개요는 경찰관 출신인 전 샌프란시스코시 평의원인 화이트가 시장과 시의원을 살해했다 하여 제1급 살인죄로 기소된 사건이다. 본 사건에 대해 변호인 측은 피고인이 스낵과자를 비롯해 컵케이크, 캔디 등을 과다섭취했기 때문에 당분과다로 뇌의 화학적인 균형이 무너져 정신에 장애를 준다고 주장해 심신허약에 의한 책임 경감을 주장했다. 재판은 변호인 측의 주장을 인정하여 모살죄(謀殺罪)보다 약한 고살죄(故殺罪)를 적용해 7년 8개월의 구금형을 선고하였다. 이 항변은 당시 미국에서 인기였던 스낵과자 이름을 따 '트윙키 항변'이라 불리었고 사건의 사회성이나 의외의 소송전개 때문에 큰 화재가 된 사건이다.

2. 영양과 범죄의 실증적 연구

1980년경부터 정해진 영양에 관한 연구도 대상은 동물과 인간으로 나누어진다.

(1) 동물에 관해서는 고양이나 생쥐의 연구가 있다. 조리된 식품을 먹은 고양이는 어떠한 병이 발병되기 쉽고 학습능력과 사회적 상호작용의 저하가 나타났다. 이런 증세는 식사 요법에 의해서는 개선되지 않고 3대에 걸쳐 남는다고 보고되었다. 정제된 식품을 먹은 쥐는 대부분 폭력적 수단에 의존하게 되는 것이 밝혀졌다. 이런 동물을 대상으로 한 실험에서는 인간도 같은 식품에서 같은 영향을 받는다고 추측하였다.

(2) 1982년 미국의 순세일러는 6개의 시설에 수용되어 있는 비행소년 1,271명을 대상으로 섭식과 반사회적 행동의 상관관계에 대한 실험을 하였다. 실험은 종래 시설에서 소년에 게 주던 음료수를 주스에 캔디나 야채, 땅콩, 팝콘 등으로 대체해서 배급하고, 조식에 쓰던 당분이 많은 시리얼을 제공하자 소년의 행동에 변화가 보이는 것이 관찰되었다. 그 결과 순세일러는 일상생활에서 정제당(精製糖)의 섭취량을 내리는 것에 의해 소년의 반사회적 행동을 감소시킬 수 있다고 보고했다.

이 실험결과에서 정제당의 섭취량 저하는 특히 폭력행위의 감소에 영향을 주어 50% 이상의 감소율을 보였다. 또한 1986년 순세일러는 시설에 수용된 비행소년 3,399명을 대상으로 같은 실험을 실시하였다. 여기에서 인공식품첨가물이나 정제당의 함유량이 많은 식품의 섭취량을 실험기간의 12개월간 감소시켜 그 효과가 관찰되었다. 그 결과 식사개선 후에는 식사개선 전 12월간과 비교해 반사회적 행동이 21% 감소되었다. 또한 자살기도가 대폭 감소한 것도 보고되었다.

3. 영양과 범죄의 관련성

(1) 지각장애

지각장애의 대부분은 비타민이나 미네랄이 부족하거나 이에 지나치게 의존함으로써 발생한 다. 이러한 증상을 나타내는 사람은 '영양장애증세를 보이는 것뿐만 아니라 시각 · 청각이나 다른 특정한 감각에 중대한 장애를 일으키며, 때때로 폭력적 자기파괴행위로 나아갈 가능성 도 높다고 본다.'

비타민 이외의 지각장애원인으로는 옥수수, 우유, 소맥과 같은 음식물에 대한 '알레르기 반응'을 들기도 한다. 이러한 연구결과에 의하면 지각장애를 수반하는 사회적 일탈행위나 정신분열병의 경우에 비타민을 투여하는 방법이 형사정책적으로 효과적 치료방법이 될 수 있다. 그러나 이런 문제점은 일부 범죄자에 한정되기 때문에 보편화 할 수 없다는 것이 한계점이다.

(2) 과활동 반응

과활동 반응은 생화학적으로는 영양부족이나 저혈당증에 의해 생긴다고 한다. 특히 지나친 당분이나 전분을 섭취함으로써 저혈당증이 생기게 되는 경우에 빈번하다고 한다. 이러한 과활동반응 때문에 일어나는 행동은 '혼수상태나 억울한 상태를 보이는 것이 일반적이고, 성급함·기묘한사고·환각·환청·극도의 불안과 폭력성 등으로 나타난다고 한다.' 이러한 저혈당증에 의한 경우도 고단백·저탄수화물 음식물을 공급해 주고 비타민 요법을 통해 치료할 수 있다.

(3) 저혈당증

저혈당이란 혈액중 포도당의 양이 통상 뇌가 기능하는데 필요로 하는 것보다 낮아지는 증세를 말한다. 저혈당증의 증세로는 불안, 착란, 과민, 우울 등의 증상을 일으키거나 발작이나 두통이 생긴다. 저혈당증에서도 특히 반응성저혈당증(포도당 대량섭취의 반응으로 혈당치가 큰 폭으로 낮아지는 증세)과 폭력행위와의 관련성이 제기되었다. 저혈당의 경우 알코올과의 관련성도 지적이 되었다. 여기에는 정기적으로 대량의 알코올을 섭취한 경우 에탄올이 저혈당증을 유발해 공격성을 높인다고 한다.

(4) 알레르기

영양소 작용으로 생기는 알레르기에 대해서도 범죄에 미치는 영향이 연구되었다. 알레르기란 체내에 들어간 이물질로 인해 신체에 생기는 이상 또는 과도한 반응을 말한다, 범죄와 관련해서 특히 주목되는 것이 뇌 알레르기와 신경 알레르기이다. 뇌 알레르기는 뇌가 과잉반응을 견디는 것을 말하고, 신경 알레르기는 신경계에 강한 영향을 주는 것을 말한다. 이들

알레르기는 인간의 뇌를 팽창시키는 한편, 공격성이나 정서성이 높아져 폭력을 휘두르는 등 정신, 정서 및 행동의 여러 측면에서 문제를 발생시킨다. 또한 뇌 알레르기와 신경 알레르기는 비행의 전조라 불리는 아이들의 과잉행동(hyperactive)과도 관련성이 지적되었다. 이런 알레르기 원인이 되는 식료품은 우유, 계란, 소맥 등으로 300종이 넘는다.

4. 연구의 평가

영양과 범죄와 관련된 연구는 시설에 수용된 비행소년에 대한 처우프로그램에 반영되는 등 미국의 경우에는 상당한 평가를 받는다. 그러나 이러한 연구는 명확히 규명되지 않는 부분도 가지고 있다. 영양과 범죄의 관련성을 체계적으로 설명하는 것은 가능하지 않다. 이제까지 연구성과에서는 영양과 일정의 반사회적 행동에 관련성이 있는 것이 지적되지만 영양불량이 범죄나 비행에 어느 정도 영향을 주는가라는 점은 오늘날까지도 명확하지가 않다. 또 영양의 개선이 범죄방지나 재범방지에 미치는 영향도 불명확하다. 영향과 범죄의 관련성에 대해 세밀한 연구가 실시되어 있지 않다. 이제까지 연구에서 사용된 분석은 통계학적으로 정밀함이 부족해 결론을 내는 것이 곤란하다. 영양과 범죄의 연구는 이제 막 시작했기 때문에 그 평가에 대해서 결코 속단을 해서는 안 된다.

제7절 신경생리학과 범죄(1) ⇨ 이상뇌파와 범죄

신경생리학이란 뇌 또는 척추 등의 중추신경과 신체 각 부위에 분포한 미세신경의 움직임을 생리학적으로 연구하는 학문을 말한다. 종래에는 인간의 뇌나 신경을 연구하는 것은 한계가 있었으나 최근 과학의 급속한 발달로 인해서 많은 발전을 이루었다.

1. 뇌파

뇌파란 뇌가 그 활동 중에 발생하는 100만분의 1~5볼트, 매초 당 8~12 사이클 정도의 미약한 전파로 1924년 벨거에 의해 처음 계측되었다. 뇌파측정은 임상검사 중 하나의 수단으로 널리 이용되었다.

2. 뇌파의 이상으로 인한 범죄(이상뇌파)

뇌에서 진행되는 전기적이거나 화학적인 과정은 뇌파검사기(EEG)를 통하여 실체를 측정할 수 있다. 뇌파검사기에 기록된 비정상적인 뇌파는 여러 가지 이상행동과 밀접한 관련이 있는 것으로 흔히 주장된다.

1940년대 이래로 많은 연구들이 범죄자들이 비정상적인 뇌파유형과 어떤 관계에 있는지를 규명하기 위해 시도되었다. 이러한 연구들에 의하면 일반적으로 범죄자들의 25%~50% 가량이 뇌파검사결과 비정상적이었으며, 반면에 일반인들 중에서 비정상적인 것으로 판명된 경우는 5%~20%에 불과 하였다. '상습적인 폭력범죄자'들만을 대상으로 하였을 경우 비정상적인 뇌파의 비율은 더 높은 것으로 나타났다.

3. 비정상적인 뇌파유형(=이상뇌파)의 연구

(1) 메드닉(S. Mednick)

보다 구체적으로 '뇌파의 활동성과 범죄'는 어떠한 관련성이 있는지를 규명하고자 하였다. 그는 6년간의 연구기간 동안에 10세~13세의 소년들을 대상으로 뇌파의 활동성 정도를 측정하였다. 6년 후에 이들을 대상으로 지난 6년 동안에 범죄를 저지른 적이 있었던 사람들과 범죄경험이 없었던 사람들을 구분하고 6년전에 측정해 두었던 뇌파의 활동성 자료를 비교하였다. 상호비교를 했을 때에 '6년 전에 뇌파의 활동성이 낮았던 사람들 중에서 범죄를 저지른 비율은 높았으며 반면에 뇌파의 활동성이 높았던 사람들이나 정상적인 범위에 든 사람들 중에서는 비교적 낮은 것으로 나타났다.'

(2) 도로시 루이스(Dorothy Lewis)

도로시 루이스 등의 연구에서도 찾아 볼 수 있는데 이 연구에서도 '어렸을 적에 부모가 적절한 양육을 하지 않았거나, 지나친 체벌을 가하여 양육도중에 신체적, 정신적으로 손상을 입은 아이들이 나중에는 결국 반사회적 경향이 강한 것으로 조사되었다.'

(3) 윌리암스

윌리엄스에 의해 1969년에 보고되었다. 윌리엄스는 이 보고에서 355명의 폭력적 비행자의 뇌파를 조사한 결과 상습적 비행자의 65%에서 이상이 보인 것에 비해 초회비행자는 24%였다고 발표했다. 또 표본 중 뇌장애, 뇌성숙지체, 천식의 증상을 갖고 있는 자를 빼면 초회비행자의 이상뇌파는 일반인의 이상뇌파 평균치와 같은 12%인 것이 비해 상습비행자는 57%라는 연구결과를 발표했다.

4. 비정상적인 뇌파(=이상뇌파)연구의 성과

(1) 비정상적인 뇌파(=이상뇌파)와 상관관계가 있는 심리적인 현상

① 충동제어력이 낮다

② 사회적응성이 결여되어 있다.

③ 호전적이다.

④ 발작을 일으킨다.

⑤ 파괴적이다.

(2) 성인의 비정상적인 뇌파(=이상뇌파)와의 상관성이 지적되는 심리적 현상

① 호전적이다.

② 과도하게 비판적이다.

③ 자극에 대해 과민하다.

④ 순응성이 결여되었다.

⑤ 충동적이다.

(3) 비정상적인 뇌파(=이상뇌파), 여파의 원인

① 대뇌 기능의 발육부전 또는 미성숙

② 대뇌피질의 자극수준 저하

③ 천식

④ 뇌장애

⇨ 이렇게 주장하고 있지만 지금까지 어느 것이 원인인가에 대해서는 충분히 밝혀지지 않았다.

5. 비정상적인 뇌파(=이상뇌파)와 범죄 연구 결과

비정상적인 뇌파(=이상뇌파)와 범죄와의 일정한 상관관계가 존재하는 것은 어느 정도는 인정되었지만 이러한 연구에도 문제점이 발생되었다. 4가지 정도만 제시하면 다음과 같다.

(1) 이상성의 판단기준이 주관적이고 데이터 기록, 정리방법도 통일되어 있지 않기 때문에 과학적인 검증이 되어 있는가에 의문이 남는다.

(2) 피험자가 형무소 등의 특수환경에 있기 때문에 비정상적인 뇌파(=이상뇌파)의 원인이 분명하지가 않다.

(3) 장기간에 걸쳐 피험자를 과학적으로 조사한 것으로 볼 수가 없다.

(4) 비정상적인 뇌파(=이상뇌파)가 범죄원인이라면 이러한 것이 검증되었어도 범죄를 저지르지 않는 자에 대한 구체적인 설명이 불가능하다는 점이다. 예전에는 비정상적인 뇌파(=이상뇌파)를 유발하기 위해 섬광자극, 약물투여 등의 여러 검사가 시행되었으나 오늘날의 경우에는 시행하고 있지 않다.

뇌파는 1920년대에 그 존재가 밝혀진 이래 정신병이나 천식의 치료에 활용되어졌다. 그리고 그와 동시에 뇌파와 범죄와의 관련성을 증명하기 위한 연구도 장기간 시도되어졌다. 그 결과 양자 간의 일정 상관관계가 확인되었다.

제4장
심리학적 범죄이론

제4장 심리학적 범죄이론

심리학적 범죄이론은 '개인의 정신상태나 심리상태를 중심으로 범죄현상을 설명하려는 입장이다.' 즉, 범죄의 원인을 범죄자의 이상심리에서 구하려는 입장이다. 범죄는 개인의 정신작용의 특이성으로 말미암아 범죄가 발생하는 것으로 보는 견해이다. 심리학적 범죄이론은 현재 가장 활발하게 연구가 진행되고 있는 분야인데 그 이유는 '범죄의 심리학적 분석이 범죄자 개인을 대상으로 하므로 치료·교정의 개별처우이념에 잘 부합하기 때문이다.' 최근의 범죄대책이 범죄자에 대한 처벌위주에서 치료로 그 이념이 바뀌고 있는 것도 상당부분 심리학적 범죄이론의 도움에 의한 것이다.

제1절 심층심리와 범죄

심층심리와 범죄연구에는 많은 임상경험에서 얻은 지식을 바탕으로 사람의 내적인 깊은 곳에 범죄의 근원적인 에너지가 존재한다고 생각해 많은 임상경험에서 그 에너지의 정체를 도출시키려고 하였다. 이러한 관점에서 범죄의 원인을 설명하려는 수많은 연구가 이제까지 행하여졌으며 범죄의 심리학적 요인에 대한 탐구가 지금도 꾸준히 이루어지고 있다.

1. 프로이드(S. Freud)

현대적인 의미에서 심리학의 관점에서 범죄의 원인에 대한 설명을 최초로 시도한 것은 정신분석학의 시조라 불리 우는 프로이드였다.

프로이드(S. Freud)의 정신분석학적 범죄이론에서는 콤플렉스에 기한 잠재적인 죄악감과 망상을 극복할 수 없는 경우에 범죄로 나아간다고 설명한다. 프로이드의 연구는 그가 관심이 어디에 있는가에 따라 세 가지로 나누어 살펴볼 수 있다.

제1기: '꿈의 해석'이 출간된 1900년까지의 시기로 히스테리나 신경증의 임상적인 관찰에서 정신분석학의 기본적인 구상이 구축되었다. 성에 관한 문제나 무의식의 문제는 이 시기에 제기된 것이다.

프로이드(S. Freud)가 관심을 두었던 것은 특별한 외형적 질환이 없음에도 불구하고 비정상적인 행위를 하는 사람들의 문제에 대해서 이들을 치료할 수 있는 방법을 모색하였는데 이와 관련하여 프로이드가 초기에 가졌던 생각은 다음과 같다.

제2기: 1900년부터 1914년까지의 기간으로 신경증 환자의 심층심리를 파악하는 방법으로 자유연상법이 확립된 이외에 유아기 체험, 리비도의 발달과정, 오이디푸스 콤플렉스 등이 중심적으로 연구되었다.

프로이드에 의하면 욕망 가운데 가장 중요한 것이 성적 욕망, 즉 리비도(Libido)인데, 유아기 초기의 원초적 리비도는 단계별 양상에 따라 '구강기, 항문기, 생식기'의 단계로 발전한다고 한다. 생식기에 해당하는 3~4세의 어린아이들은 자신과 다른 성별의 부모에게 성적 관심을 갖게 된다고 한다. 이때에는 이성부모에게는 성적으로 끌리며 동성부모에게는 경쟁자로 생각한다고 보았다.

이 때 부모와의 관계를 성공적으로 형성하지 못할 경우에 특히 '슈퍼에고가 강한 사람의 경우' 남자아이들은 오이디프스 콤플렉스(Oedipus Complex), 여자아이들은 일렉트라 콤플렉스(Electra Complex)를 갖게 되며, 이로 인해서 무의식적인 죄의식을 갖게 된다고 한다. 이 문제를 해결하기 위해 프로이드가 사용했던 방법은 '전이(transference)'를 이용하는 것이었다. 예컨대, 환자의 문제가 과거 어린시절에 아버지와의 관계에서 비롯된 것이라면, 환자는 정신분석가와 밀접한 관계에서 과거 관계를 재연하는 경향이 있다는 것이다.

제3기: 1914년부터 1939년까지의 기간으로 정신구조론에 중점을 두고 이드(id), 자아(ego), 초자아(superego)의 기능이 연구되었다.

본인들은 의식적으로 인지하지 못하지만 각자에게 영향을 끼친 어린시절의 충격적 사건들에 의해 비정상적인 행위가 유발된다고 주장하면서 '잠재의식의 측면'에서 비정상적 행위를 설명하였다. 프로이드는 의식과 무의식의 관계를 더욱 발전시켜 한 개인의 인성

(personality)을 크게 이드, 에고, 슈퍼에고로 세분화시켰다.

성격구조의 기본 토대에서 ① '에고'란 의식할 수 있는 인성을 말하며 '이드와 슈퍼에고'는 의식할 수 없는 인성 즉 자신의 내면의 모습을 말한다. 협상을 시도하여 욕구충족을 위한 활동에 참여 할 수 있게 한다. ② '이드'란 생물학적 충동, 심리적 욕구, 본능적 욕망 등을 요소로 하는 개인의 인성부분이다. 쾌락을 요구한다. 이드를 구성하는 또 다른 핵심적인 요소는 성적 에너지인 '리비도(Libide)'이다. 리비도는 모든 동물의 생존의지와 같이 한 개인의 생활에 광범위하고 집요하게 개입되는 본능적 요소를 말한다. 이와 반대로 ③ '슈퍼에고'란 자아비판력, 양심, 특정한 문화적 환경에서 생활하면서 경험을 통하여 습득한 의무감 등을 반영하는 자아를 말한다. 욕구에 대한 죄의식을 느끼게 한다.

프로이드가 제시한 정신분석에 의한 범죄원인의 설명은 범죄학에도 강한 영향을 주어, 그 후 정신분석학적 접근은 범죄학에서 일정한 영역을 확보하게 되었다. 단, 프로이드가 범죄와 심리의 관련에 관심을 제시한 것은 심리학자로서의 긴 여정에서 아주 작은 부분에 지나지 않는다. 오히려 프로이드의 문제의식을 계승하여 정신분석학적 기법에 의한 범죄원인의 설명을 진행한 것은 프로이드의 후계자들이다.

2. 계승자들

과잉발달한 슈퍼에고와 이로 인한 죄책감의 과잉문제 이외에 정신분석학에서 범죄의 원인으로 지적하는 것은 이와 반대현상인 '슈퍼에고의 미발달 문제'였다.

(1) 에이크혼(Aichhorn)

오스트리아의 정신과 의사인 에이크혼(Aichhorn)은 소년비행의 원인을 반사회적 행위를 준비시키는 심리적 소질에 있음을 지적하고 있다. 범죄 행위와 관련하여 정신분석학 이론을 가장 밀접하게 접목시킨 사람으로 정신분석학의 대부분은 에이크혼이 분류한 범죄자 유형과 일치한다. 반사회적 심리소질은 소년이 부모에게 애정 결핍된 경우 또는 과잉보호인 경우 모두 유발 가능하므로 치료 방법을 각기 달리해야 한다고 주장하였다. 그는 소년교화시설을 운영한 몇 년간의 경험을 바탕으로 하여 '비행소년의 경우 문제가 되는 것은 슈퍼에고의 이상발달보다는 오히려 슈퍼에고가 제대로 발달하지 않았기 때문에 이들이 반사회적 행위를 자행하는 것으로 보았다.' 에이크혼은 슈퍼에고의 발달 상태와 관련하여 유발될 수 있는 범죄유형을 지적하였다. '애정의 과잉'으로 인해서 슈퍼에고가 제대로 형성되지 못한 경우이다.

범죄행위와 관련하여 정신분석학적 이론의 대부분은 에이크혼이 분류한 범죄자 유형과 일치한다.

(2) 아들러(Adler)

인간의 무의식에는 열등감 콤플렉스가 내재해 있고, 이를 극복하여 우월감을 획득하고자 하는 무의식의 동기(우월의 동기)가 있다고 한다. 비행은 열등감을 갖는 자가 이를 과도하게 보상하기 위해 타인의 주의를 끌고자 하는 행동이라고 본다.

들러(Adler)는 인간의 심층심리에 작용하는 원동력은 프로이드가 말하는 성욕이 아니고 '힘의 의지'라고 하여 프로이드의 성욕설을 부정하였다. 열등감과 그 극복이라는 범주 안에서 설명하려 하였다. 즉, 사람은 사회와 접촉했을 때 스스로 열등하다는 감정과 이것을 보상받으려는 의지를 가진다. 특히 가정환경이 좋지 못한 자나 신체적인 핸디캡을 갖고 있는 자는 강한 열등감을 갖게 되는 경우가 있다.

인간은 힘(권력)에 대한 의지와 자기보존욕구를 가지는데 이러한 욕구가 충족되지 못할 때 열등감 콤플렉스를 지니게 되고 이를 지나치게 보상하려는 시도에서 범죄나 비행을 저지르게 된다고 하였다. 콤플렉스의 주된 요인은 개인심리학적 원인인 신체적 결함에서 비롯되지만 사회적 소외와 같은 사회적 영역으로 확대하였으며 형벌의 범죄방지 효과에 대한 의문을 제기하고 치료를 강조하였다.

(3) 융의 분석심리학(Carl Gustay Jung): 내향성과 외향성

스위스의 심리학자 융(Jung)은 프로이드와 마찬가지로 무의식을 중시하였으나 리비도를 성적 욕구에 한정하지 않고 모든 행동의 기초를 이루는 '심적 에너지'로 이해하여 그러한 차이를 중심으로 분석심리학의 체계를 정립하였다(분석심리학의 체계를 확립 시킴). 융은 인간의 태도를 '외향성'과 '내양성'으로 분류하였다.

외향적인 사람은 자신의 관심이 외부세계에 있는 것에 비해 내향적인 사람은 그 관심이 내적인 세계를 지향하고 있는 점에서 양자는 다르다. 이 때문에 외향적인 사람은 사고적, 협조적, 순응적, 단결적인 성향이 강한 것에 비해서 내향적인 자는 내성적, 소극적, 순응적, 회의적인 성향이 강하다. 또 폭력적인 충동 등도 외향성의 특징으로 설명하였다. 이 때문에 융의 분류에는 외향적인 사람과 범죄와의 친화성이 지적되었다.

(4) 호른(Aichhorm)

오스트리아 정신과 의사인 아이히호른은 정신분석학을 범죄, 비행의 설명에 가장 밀접하게 연결된다고 평가하였다. 1925년 '돈에 책임지지 않는' 중에서 많은 소년비행을 검증한 결과 사회적 스트레스는 소년에게 유해한 영향을 주고 있지만 그것만으로 소년들이 비행에 도달하는 것은 아니라는 결론을 주장하였다. 그에 의하면 비행에 도달하는 것은 사회적 스트레스에 추가하여 소년들의 반사회적 행위를 준비시키는 심리학적인 소질을 필요로 한다.

소년이 이처럼 심리적인 소질을 가지게 되는 상태를 '비행의 잠복'이라 불렀다. 이러한 비행의 잠복은 소년이 다음 3가지의 성격 중 어떤 것을 갖추게 될 경우에 나타나게 된다.

① 눈앞의 욕구를 채우기를 원한다(충동적임).

② 자신의 개인적 욕구를 채우는 것이 타인과의 관계보다도 중요하다고 생각한다(자기중심적임).

③ 선악을 생각하지 않고 본능적으로 행동한다(죄의식이 없음).

이들 비행소년의 성격은 부모에게서 애정을 받지 않고 초자아를 형성하지 못하였기 때문에 이들은 자신의 본능에 대한 통제력이 부족한 특징을 지니고 있다. 따라서 비행소년의 처우에 있어서 권위나 통제에 의한 것이 아닌 애정에 의한 수정이 필요하다고 주장하였다.

(5) 히얼리(Healy)와 브론너(Bronner)는 어렸을 적에 부모와의 관계를 조사한 결과 이들 범죄를 저지른 자들의 경우 대체적으로 부모들과 정상적인 애정관계를 갖지 못했다는 것을 알 수 있었다. 이러한 결과를 통하여 범죄란 결국 '범죄자들이 자신의 가족으로부터 충족하지 못한 욕구를 대신하여 충족시키려는 잠재적 의도에 의해 저질러지는 것이라고 주장하였다.'

(6) 바울비(Bowlby)는 부모들 중에서 특히 모성의 영향을 중요시하였다. 어렸을 때에 어머니가 없는 경우엔 자녀들이 기초적인 애정관계를 형성할 수 없기 때문에 불균형적인 인성구조를 배태하고 이로 인해서 이후에 범죄와 같은 반사회적 행위에 빠져든다고 주장 하였다.

(7) 레들(Redl)과 와인맨(Wineman)은 증오심이 강한 소년들에 대한 공통된 특성에 대해서 찾아보았다. 그 결과 증오심이 강한 소년들은 대체로 어른들이 자기를 사랑하고, 원하고, 보호하고 격려한다는 느낌을 가지지 못한 것으로 파악하였다.

3. 평가

정신분석학은 정신의학분야에 중대한 영향을 주었을 뿐만 아니라 현대의 정신 사조에도 지대한 영향을 미쳤음에는 분명하다. 그러나 이와 같은 괄목한 영향을 주었음에도 불구하고 정신분석학은 중요한 결점이 지적되어지고 있다. 가장 큰 비판은 정신분석학이론은 주요 개념을 측정하거나 기본가설의 검증이 불가능하다는 것이다. 초기 아동기의 경험과 성적 욕구를 지나치게 강조한다는 것에 대한 비판이 제기 되고 있다. 개념이나 이론 자체가 너무 추상적인 것이 많다. 프로이드의 이드나, 초자아, 융의 내향성이나 외향성, 호른의 비행잠복 등은 모두 애매함을 남겨 검증되어야 할 부분이 많다.

제2절 성격과 범죄

범죄자들을 대상으로 인성검사를 실시하여 그 점수를 비교하는 방식으로 어떤 성격적 특성을 가진 사람들이 범죄를 저지를 가능성이 높은가를 경험적으로 분석하는 것이다. 범죄자의 심리상태를 고찰하는 경우에 흔히 고려하는 요소 중의 하나는 성격(Personality)이다. 성격이 형성되는 과정은 여러 가지 유형이 있다. 선천적인, 후천적인 성장환경의 잘못에 의해서 형성된 경우 등 다양할 수 있다. 이에 따라 성격론에서 주장하는 바는 '범죄자는 정상인들과는 다른 비정상적이고, 부적합하고, 범죄적 성향을 가지고 있다는 것이다.'

1. 인성검사

(1) 인성이론(인격심리학적 이론)과 인성검사

인성이론(Personality)은 비행의 원인으로 비행자의 특성을 파악하고 아울러 비행자의 비행적 인성을 교정하거나 치료하는데 중요한 역할을 담당하고 있다. 인성이론들은 비행이란 인간의 심리적 틀 내에 존재하는 저변의 갈등이 표출된 것이라고 말한다. 어려서 형성된 특정한 인성적 특징이 그 사람의 일반적 외관뿐만 아니라 전반적인 행위를 특정 지으며, 비정상적 인성이 비행을 유발시키도록 작용한다고 가정한다. 인성이론에서 연구방법으로 비행과 관계되는 것으로 알려진 파괴적·비정상적 인성특징을 평가하기 위해 투시법(projective techniques)과 인성검사표(personality inventory) 등의 표준화된 방법을 주로 사용한다.

2. 학자

(1) 슈에슬러(Schuessler)와 크레시(Cressey)의 연구

여러 연구들이 범죄자들의 성격적 특성을 규명하고자 많은 시도를 하였다(이러한 연구에 따르면 범죄자들 중 '기분이변성(기분이 쉽게 변하는 것)'이 가장 많았고, 무정성, 발양성, 폭발성, 과장성 등이 많은 것으로 보고되었으며, 죄종별로도 성격적 특징이 다른 것으로 조사되었다(뿐만 아니라 일반적인 범죄자에 비해 상습범, 누범, 중범자의 경우에 성격이상자들이 많은 것으로 보고되었다. 그러나 연구자들마다 고려했던 성격적 특징들이 달랐고 또한 이를 규정하는 기준이 달랐기 때문에 이러한 연구들의 결과를 통하여 성격과 범죄와의 관계를 확인하기는 어렵다). 예컨대, 1950년대에 슈에슬러와 크레시는 과거 25년간 미국에서 일반소년들과 비행소년의 성격 차이를 객관적인 점수를 이용하여 비교했던 연구들의 결과를 재분석하였다. 25년간 실시되었던 성격분석을 시도했던 연구는 모두 113건이었다. 그리고 이러한 연구에서 사용되었던 성격측정방법은 최소한 30가지 이상일 정도로 성격을 측정하는데 있어 연구마다 서로 다른 방법을 사용하는 경향이었다.

113건의 연구 중에서 일반소년들과 비행소년들 사이에 성격차이가 있다는 것을 밝힌 것은 42%에 불과하였고 나머지 연구들에서는 유의할만한 성격차이가 나타나지 않았다. '성격을 측정하는데 있어서 일관성이 없었고 또한 비행소년과 일반소년 사이에 성격적으로 차이가 있다고 보고한 것이 과반수에 미치지 못한 점들을 들어 이 연구를 담당했던 슈에슬러와 크레시는 성격과 범죄 사이에 어떠한 연관성이 있다고 주장하기는 어렵다고 결론을 내렸다.'

(2) 글룩(Glueck) 부부의 로르샤하 테스트에 의한 연구

범죄자와 일반인들을 구별할 수 있는 성격 요인을 판별하기는 어렵지만 이후 거듭된 연구에서 밝혀진 사실은 두 집단 사이에 성격 유형의 차이는 있다는 것이었다. 즉 충동성 · 외향성 등과 같이 한 가지 성격요인에 의해 범죄자와 일반인을 구분할 수는 없지만 몇 가지 성격요인이 결합한 형태에서는 두 집단을 구분할 수 있다는 것이다.

이러한 사실을 예증하는 대표적인 것으로는 글룩 부부의 연구를 들 수 있다. 글룩 부부는 비행소년 500명과 일반소년 500명의 성격을 로르샤하 테스트(Rorschach test)[1]에 의해서 비교한 후에 다음과 같이 결론을 내렸다.

> 개인의 성격을 다차원적으로 이해하는데 도움을 주는 심리검사 방법으로 잉크방울을 떨어뜨린 종이를 반으로 접어 좌우 대칭으로 번지게 만든 카드 10장으로 구성되어 있다. 검사를 받을 사람(피검자)에게 카드를 한 장씩 보여주고 그 그림이 무엇으로 보이는가를 물어본다. 여러 장의 카드를 연결된 이야기로 간주하는 반응을 보이는 사람은 세계를 통합적 또는 체계적으로 사유하는 경향이 강하다고 판정하고, 그림의 사소한 부분에 집착하는 사람은 강박적 경향이 있는 것으로 판정한다.

두 집단을 비교했을 때에 여러 가지 성격요인들이 상호 관련하여 구성되는 성격유형을 찾아볼 수 있다. 전체적으로 '비행소년들은 외향적이며, 활발하며, 충동적이며, 자제력이 약하였다. 그리고 이들은 적대적이었고, 화를 잘 냈으며, 도전적이었고, 의심이 많았고, 파괴적이었다. 뿐만 아니라 정상소년에 비해 실패나 패배를 별로 두려워하지 않았다.' 이들은 또한 '다른 사람들의 기대에 대해서 관심이 없었으며 국가기관의 권위에 대해서도 양면적인 태도

---

1) 로르샤하 검사법은 ① 권위와 사회에 대한 기본적 태도(자기주장성, 사회적 주장성, 반항성과 복종성, 권위에 대한 양명가치적 태도), ② 불안정감, 불안감, 열등감, 욕구저지감, ③ 친절성과 적의성(타인과의 표면적인 접촉, 협동성, 친절성과 신뢰성, 적의성, 의혹성, 파괴성, 고독성, 방어적 태도), ④ 의존성과 독립성(타인에의 의존성과 타인의 기대에 응하고자 하는 긴장감, 관습성, 자기생활을 처리할 수 있는 능력감), ⑤ 추구하는 목표의 경향(자기애적 경향, 수용적 경향, 피학대증적 경향과 파괴적 가학증적 경향), ⑥ 기타 일반적 특징(감정이변성, 자기통제성, 활기, 내향성과 외향성, 정신장애) 등 6가지 국면에서 성격특성을 측정하는 방법이다.

를 가지고 있었다.' 특히 이들 집단은 사회생활을 하는 중에 독단적인 성향이 강하였다. 결론적으로 글룩부부는 비행소년과 일반소년의 성격을 비교함에 있어 한 두 가지 요인에 의해 비교할 수 없다고 보고 성격이란 '여러 가지 요인들이 조합한 유형에 의해 파악할 수 있다'고 보았다.

(3) 왈도(Waldo)와 디니츠(Dinitz)의 미네소타 다중성격검사에 의한 연구

글국 부부의 연구와 유사한 결과는 미세소타 다중성격검사 또는 다면적 인성검사 (Minnesota Multiphasic Personality inventory, MMPI)[2]를 이용한 연구들에서도 찾아 볼 수 있다.[3] 정신의학분야에서 환자들의 임상진단에 관한 정보를 제공해 주려는 목적으로 개발한 가장 널리 사용되는 객관적 인성검사기법이다. 왈도와 디니츠는 이를 이용하여 1950년에서 1965년 사이에 MMPI를 이용하여 범죄자의 성격프로파일을 조사한 94편의 연구결과를 재분석하였다.

그 결과 94편의 연구 중 80%에서 범죄자와 정상인 사이에 통계적으로 주목할 만한 성격프로파일 차이가 있다는 것을 알 수 있었다.

10가지의 성격측면에서 가장 현격한 차이가 있었던 것은 정신병리적 일탈 부분(제4척도라고도 함)이었으며 이에 따라 '범죄자들은 일반인에 비해 정신병리적 일탈경향이 강한 성격이라고 특징 지 울 수 있다고 보았다.'

(4) 워렌(Warren)의 대인성숙도(I-Level)

워렌이 청소년범죄인의 대인적 성숙도를 측정할 목적으로 1963년 개발한 인성검사법으로 인간관계의 성숙 정도의 발전수준을 1~7단계로 나누었다.

이 검사법에 따르면 비행자는 정상자보다 단계가 낮게 나왔으며 특히 2단계부터 4단계에서 비행자가 가장 많이 발견되었다고 한다.

---

2) 이외에 성격을 검사하는 방법으로 캘리포니아 인성검사(California Psychological invertory, CPI)인데 이 방법은 지배성 절제성, 사교성 등을 중심으로 개인의 성격을 측정하는 방법이다.
3) 미네소타 다중성격검사는 하서웨이(Hathaway, S.)가 개발한 것으로 원래 심리진단을 목적으로 550개 문항을 묻고 그 응답유형을 바탕으로 피검자의 성격을 검사하는 방법이다.

2단계	비사회적·공격적 그리고 폭력지향적 성향	반사회적 모사자
3단계	비행집단의 규칙에 동조하는 성향	문화적 동조자
4단계	전형적인 신경과민과 정신이상의 성향	신경증적 행위자

이 중 2단계부터 4단계에서 속한 사람들이 전체 공식비행소년의 90% 정도를 점하고 있기 때문에, 비행소년의 인성이 미성숙할 뿐만 아니라 동시에 공격적이고 수동적이며 신경질적이라고 할 수 있다.

치료법은 범죄인은 인간관계에서 미숙한 단계에 있기 때문에 범죄에 이르게 된다고 보고, 그 치료방법으로 범죄인의 대인관계수준을 개선시키는 데 중점을 두었다.

문제점은 각 단계별 유형화가 어렵고, 각 단계별 간의 구분이 분명하지 않으며, 단순형보다는 혼합형이 많다. 이 검사법에 의해 교정교화가 향상되었다는 분명한 실증적 연구가 없다. 훈련이 잘된 전문가들을 필요로 한다. 비교적 많은 비용이 소요된다.

(5) 고프(Gough)의 캘리포니아 성격검사(CPI)

1956년 캘리포니아 버클리대학의 고프가 제작한 18개 척도로 구성된 성격검사도구로 MMPI와 함께 가장 널리 활용되는 성격검사이다.

MMPI가 신경증이나 정신병과 같은 정서적 문제를 진단하기 위한 것인데 CPI는 정상적인 사람의 심리적 특성을 이해하기 위한 것이라고 볼 수 있다.

자료〉 성격검사의 문제점: 1960년대 후반 이후 성격검사로 범죄자의 성격특성을 추출하는 것에 부정적 시각이 강하게 대두되어 범죄자의 성격특성을 발견하기 위한 성격검사는 지지를 잃었다. 성격검사가 지지를 잃은 이유로는 성격검사에 대한 문제점을 제시할 수 있다.

① 성격검사에 의한 범죄자의 성격특성연구는 피험자의 환경요인이 무시되어 있다.

② 종래 연구대상은 노상범죄를 저지른 자에 한정되었다. 예컨대 화이트칼라 범죄자 등이 성격검사의 대상에서 제외되어 있는 것은 연구결과에 편의(bias)가 생길 수 있다. 즉 성격검사에 의한 범죄자 특유의 성격특성을 찾는 것이 아니라 공통의 성격특성을 가진 범죄자에게 성격검사를 하는 것이 아닌가 하는 의구심을 가진 목소리가 높아졌다.

③ 성격특성과 범죄를 직접 관련시키는 것은 발상의 비약이다. 예컨대 성격검사를 통해 그 사람의 공격성이 높다고 나왔어도 범죄와 직접 연결되지 않는 경우가 있을 수 있다. 운동선수의 경우이다.

(6) 아이젠크(Hans J. Eysenck)

아이젠크는 1964년에 '범죄와 성격'을 써서 범죄자의 성격특성에 대해 논하였다. 범죄인 대부분이 외향적 성격을 갖는 것으로 주장한다. 즉, 외향적 사람은 내성적 사람에 비해 규범합치적 행동성향이 불안정하므로, 잘못 조건 지어진 방향으로 행동한다는 것이다. 외형성은 사고적, 낙관적, 충동적, 공격적인 특성으로 특징지울 수 있다. 아이젠크는 범죄자 개인의 특성에 맞추어 유아기부터 적절한 교육을 통해 범죄를 예방할 것을 강조했다. 범죄가 발생한 경우에도 범죄자의 특성에 적합한 개별적 처우가 필요하다고 주장했다.

(7) 요첼슨(S. Yochelson)과 세임나우(S. Samenow)

범죄자 고유의 성격을 도출한 연구는 추춤하였지만 1970년을 기점으로 다시 주목을 받게 되었다. 미국 워싱턴 DC에 있는 정신장애범죄자 전용병원의 정신과 의사인 요첼슨과 임상심리학자 세임나우였다. 이 두 사람은 '범죄자는 사회의 희생자이고 심각한 심리적 문제를 안고 있는 사람들이다.'라는 입장을 표명하였다. 두 사람은 14년간 256명의 범죄자를 치료하고 그 경험을 바탕으로 '범죄성격'을 집필하여 범죄심리학 접근방법의 부흥을 시도하였다. 그들이 이러한 연구로 내린 결론을 요약하면 다음과 같다.

① 개인의 범죄성에 사회환경의 영향은 전혀 관계가 없다.

② 범죄성격이란 것이 존재한다.

③ 범죄성격을 가진 자가 범죄를 저지르는 것은 자유의지에 의한 선택의 결과이다.

④ 이런 범죄성격은 화이트칼라 범죄자에서 강간범까지 모든 범죄에 공통적이다.

또 그들은 범죄자의 치료에 있어서 6가지를 강조했다.

① 범죄성격은 출생시에 이미 지니고 태어나는 것이어서 이후 가족에 의한 영향은 비교적 작은 것이다.

② 범죄성격은 범죄의 자극을 원한다.

③ 범죄성격을 가진 자는 자세히 돌봄을 받는 것을 좋아하고 대인관계에서는 이기적이다.

④ 범죄성격을 가진 자는 도덕관념이 결여되어 있어 타인에 대해 편협하고 계산적이며 어떠한 일에도 감정이입이 안되고 화를 잘 낸다.

⑤ 범죄성격을 가진 자는 신뢰감이 결여되어 있어 타인에게 의지하는 것을 싫어한다.

⑥ 범죄자에게서 53개의 사고패턴이 발견되었다. 예컨대 만성적 거짓말, 타인 것과 자신의 것의 구별이 없다. 강한 낙관주의자이다, 상처를 입거나 모욕을 당하는 것에 대해서 무서워한다.

이러한 점을 기초로 요첼슨과 세임나우는 범죄자에 대한 치료방법으로 다음과 같이 제시한다. 범죄자 자신의 반사회적인 사고와 정면으로 대응의 중요성을 역설하였다.

이 행동요법은 상당한 효과를 주었지만 그들의 시도는 과거 범죄심리학의 재연에 불과하다는 평가를 받아 많은 지지를 받지는 못했다. 또 그들이 사용한 용어의 정의가 명확하지가 않은 점과 환경요인이 범죄자에게 거의 영향을 주지 않는다는 주장근거가 희박한 것이었다. 또한 그들의 행동요법이 성공했다는 임상경험상의 증거가 거의 제시되지 못했다는 점이다.

3. 연구의 평가

현재에는 성격과 범죄연구가 한계를 가지고 있으나 범죄자 성격연구가 의미가 없다는 것은 아니다. 오늘날에도 다음 두 가지 영역에서 성격과 범죄의 연구성과가 활용되어지고 있다.

(1) 특수유형 범죄자 조사에 응용되고 있다. 설명하자면 다음과 같다. 과거 범죄자의 성격특성, 행동특성을 데이터로 수집하고 분석하여 범죄자 특성을 유형화해 범죄수사에 응용하는 것이다. 이러한 데이터 수집과 분석은 프로파일링(profiling)이란 이름으로 불리고 있다.

(2) 교정단계에서 감별이나 처우분류의 결정에 이용하고 있다. 여기서는 각각 범죄자의 성격특성을 부각시켜 적절한 처우방법이 고안된다.

제3절 지능과 범죄

범죄자는 지능이 낮은 사람인가, 지능이 낮은 원인이 범죄와 관련성이 있는 것은 아닌가의 지적은 오래전부터 계속되어져 왔다. 이런 지적은 20세기에 들어서면서 여러 측정법이 보급됨에 따라 실증적으로 연구되었다. 이 연구는 20세기 중반까지 일시 중지하다가 1980년대 접어들어 활발히 논의되고 있다.

1. 지능지수의 차이

지능에 관한 통일된 정의는 없으나 일반적으로 지각, 인식, 기억, 사고, 개념형식 등의 기능에 의해 새롭게 직면한 문제에 적절히 대처하기 위한 능력으로 설명 할 수는 있다. 지능은 IQ 테스트에 의해 얻은 데이터를 기초로 지능지수로 객관적으로 수량화되었다. 지능지수는 독일의 슈테른에 의해 고안이 되어 미국의 터만(Terman)에 의해 공식화 되었다. 정신연령÷생활연령×100으로 계산한다.

지능의 측정을 최초로 시도한 사람은 프랑스의 비네(A. Binet)와 시몽(T. Simon)이다. 그들은 1904년에 일상적인 과제 중에서 추리력을 필요로 하는 것을 추출해 난이도 순으로 배열하여 과제를 다루는 자의 지능을 측정하는 지능측정방법을 고안했다. 이 측정방법은 1908년에 개정되어 그 사이에 정신연령의 개념이 도입되어졌다. 그 후 여러 가지 수정이나 변경을 거치면서 이들이 고안한 지능측정방법은 평가를 받아 세계 각국에서 채용 되어졌다. 최근에는 지능지수 대신 지능편차 값 개념의 사용이 늘어나고 있다. 같은 세대 중에서 피험자의 지능수준을 측정해 평균값을 100으로 표시하는 웩슬러식 지능편차값 검사가 사용되는 것이 늘었다. 이런 지능측정이 보급됨에 따라 지능과 범죄간의 관련성을 지적하는 소리가 들리게 되었다. 지능과 범죄에 관한 20세기 전반의 초기연구와 1980년대 이후 최근연구로 나누어 간략하게 학자의 주장들을 살펴보도록 하겠다.

2. 초기(20세기 전반)의 실증적 연구

(1) 고다드연구(H. Goddard)

고다드(H. Goddard)는 범죄·비행의 원인 가운데 가장 중요(약 50% 정도)한 것이 정신박약이라고 하면서, 정신박약자는 특별한 억제조건이 주어지지 않는 한 범죄자로 된다고 본다. 또한 정신박약자들은 판단력·통찰력이 약하여 충동적으로 행동하고 범죄성이 커져 일반적으로 성범죄·방화죄 등에서 높은 비율을 보인다고 한다. 고다드는 16개소의 교정시설에서 수형자의 지능을 측정한 결과 각 시설 수형자의 28%에서 89%, 평균 약 50%가 정신박약자라고 보고하였다.

이런 조사 결과에서 고다드는 '모든 범죄자는 정신박약이고 모든 정신박약자는 잠재적인 범죄자이다.'라는 결론을 내렸다. 그리고 지능은 유전되는 것이라고 주장하면서 범죄방지를 위해서는 단종(斷種)을 제도화할 것을 주장했다.

(2) 바트 외의 연구

고다드 이후의 조사에서 범죄자 중 정신박약자의 비율이 낮고, 지능과 범죄의 관련성 자체가 부정되게 되었다. 예컨대 1925년에 보고된 바트의 연구에서 비행소년 중 정신박약자는 8%였고, 1926년에 보고된 히리와 프론나에 의한 같은 연구에서 13.5%, 1934년 글룩 부부의 연구에서는 13.1%, 1947년 메릴의 연구에서는 11.6%였다. 또 서덜랜드에 의하면 1925년부터 1928년 사이에 보고된 범죄자나 비행소년을 대상으로 실시된 지능검사 350건의 연구를 종합하면 정신박약의 비율은 20%라고 보고한 바 있다.

3. 최근의 연구(지능과 범죄 연구의 부활)

지능과 범죄연구가 다시 부활의 계기를 맞이하게 된 것은 1980년대에 들어와서이다. 지능과 범죄 간의 상관관계가 인정되어 지능이 낮은 것은 유색인종과 하류계층에 속한 백인임이 전제되었다.

(1) 허위(T. Hirschi)와 힌데랑(M. J. Hindelang)

지능과 범죄 연구의 부활은 허위와 힌데랑의 논문 '지능과 범죄: 수정론자의 데뷔'이다 이 논문에서 지능과 범죄에 관한 기존 연구자료를 재검토한 후 범죄나 비행을 예측할 때에는 지능지수나 인종, 사회계층보다 중요한 근거가 된다는 결론을 이끌어냈다. 허위와 힌데랑은 그때까지의 지능검사가 인종과 계급의 편의가 있다는 의견을 부정하고 같은 인종이나 계급에 속한 범죄자와 비범죄자 간에도 명확한 지능의 차이가 존재한다고 하였다. 그들은 지능이 낮은 자는 소년기에 학교생활에 잘 적응하지 못해 낙제나 퇴학의 가능성이 높고 학교생활에 대한 부적응과 비행이나 성인 후의 범죄와 높은 관련성을 보인다고 주장하였다.

(2) 유덜

1982년에 비행청소년과 통제집단에 대해 웨슬러 지능검사를 실시하였는데 그 결과 전자는 후자에 비해 평균 20% 낮은 것이 밝혀졌다.

(3) 고던

1986년에 인종과 지능이 범죄에 미치는 영향을 연구해 지능 차이가 범죄를 예측하는 데 중요한 준거가 되며, 인종에 의한 범죄율에 차이를 야기하는 근거가 된다고 보고했다.

(4) 테노

1982년에 테노는 상습적인 폭력소년범죄자를 연구해 그들이 초범의 폭력소년범죄자에 비해 언어지능검사와 지능검사 양쪽에서 점수가 낮다는 점을 발견하였다.

(5) 모핀트, 가브리엘, 메도닉, 슐싱거

1989년 덴마크의 비행소년들의 지능을 검사해 지능이 낮은 것과 비행 간에 중요한 상관관계가 있음을 주장했다. 그들에 의하면 지능이 낮은 소년은 언어능력도 낮고 그러한 이유로 인해 학교생활을 함에 있어 여러 문제점을 갖게 되어 결국에는 비행을 저지르게 된다고 주장했다.

(6) 패링턴(Farrington)

런던 북동지역에 사는 소년들을 대상으로 8세부터 32세까지 관찰이 계속되었다. 장기간에 걸친 연구결과 패링턴 등은 범죄에 영향을 미치는 요인으로 양친의 불화, 양친의 별거, 부적절한 예절, 비행소년과의 교우관계, 저소득, 양친의 전과 등과 지능이 낮은 것을 제시했다. 패링턴의 연구에서 25세까지 비행사실이 있는 자의 지능지수 평균이 95인데 비해, 비행사실이 없는 자의 평균은 105였다. 단, 그들의 비행과 빈곤과는 상관관계가 있음을 지적하였다. 즉 지능이 낮은 것과 범죄와의 관련성은 있으나 이것은 유전적 영향보다 가정이 빈곤해서 적절한 교육을 받지 못한 환경의 영향이 더 강하다는 점을 강조하였다.

4. 연구의 평가

지능과 범죄의 관련성에 관해서도 현재에도 학자들의 주장이 계속 되고 있다. 그러나 이러한 주장에는 많은 의문점도 지적이 되고 있다.

① 이제까지의 지능과 범죄 연유에는 조사대상 자체에 편향이 있는 것은 아닌가?

② 지능이 낮은 자는 체포되기 쉽기 때문에 범죄자 중에 지능이 낮은 자가 눈에 많이 띄는 것은 아닌가?

③ 지능과 범죄의 관련성을 사회계급이나 인종의 문제를 배제하고 논할 수 있는가? 특히 하류계급에 속한 사람이나 유색인종은 학교나 직장에서 적응하기 곤란하기 때문에 비행이나 범죄로 빠지는 측면은 무시할 수 없지 않은가?

④ 지능검사가 지능을 어떠한 기준으로 측정하는지가 불명확하지 않은가?

제5장
범죄의 사회학적 요인

제5장 범죄의 사회학적 요인

범죄의 생물학적 요인과 심리학적 요인에 대한 연구가 범죄자의 개별적인 특성을 대상으로 하는 것에 비해 사회학적 요인 연구는 범죄자를 둘러싼 환경 전체에 주목한다. 여기에서는 사회집단과 사회환경 두 가지로 나누어 살펴보았다. 사회집단은 개인에게 직접 영향을 미치는 미시적 도덕환경을 말하고 가정, 학교, 직장, 사회, 계층 등이 있다. 이외에 인종이나 연령에 대해서도 개인의 사고나 행동의 결정에 영향을 주는 사회집단으로 이해할 수 있다. 이에 비해 사회환경은 사회 전체에 거시적으로 영향을 미치는 환경을 말한다. 도시화, 경제 상황, 매스미디어 등이 있다.

제1절 사회집단의 범죄

1. 가정과 범죄

가정은 인류최소의 사회집단으로서 본래 범죄를 제어하는 역할을 담당하고 있다. 하지만 동시에 범죄의 원인이 되기도 한다. 이제까지 가정환경의 문제는 특히 소년비행과의 관련이 지적되어 많은 조사연구가 이루어졌다.

(1) 제1기의 연구

제1기의 연구(전후~1960년대)는 가정의 구조에 초점을 맞춰, 범죄 · 비행의 원인을 찾았다. 그 대표적인 연구로는 범죄 · 비행원인이 되는 가정을 4가지로 나눈 것이다.

1) 결손가정
① 의의와 원인
ⓐ 의의

결손가정에는 형태적 결손가정과 기능적 결손가정이 있다. 형태적 결손가정은 양친 모두 또는 어느 한 사람이 없는 가정을 말한다. 기능적 결손가정은 양친이 모두 있더라도 가정의 본질적인 기능인 생활의 상호보장과 자녀에 대한 심리적 · 신체적 양육이 결여되어 있는 가정을 말한다.

ⓑ 원인

기능적 결손가정은 사별, 이혼, 별거, 유기, 실종, 수형, 장기부재 등이 원인이다. 형태적 결손가정은 양친의 불화, 갈등, 방임 및 가족의 부도덕 등이 원인이다.

② 결손가정이 아동의 인격형성에 미치는 영향에 대해 학령기 전에는 모친결손이 심리적으로 큰 영향을 미치고, 취학 후에는 부친결손이 더 큰 영향을 미친다는 것이 일반적이다.

③ 미국의 연구에 의하면 결손가정은 소년범죄의 중요한 원인이 된다는 것이 일반적이다(서 덜랜드). 글룩, 버트(Burt) 등이 조사한 바에 다르면 '무비행소년에 비해서 비행소년그룹에서 결손가정출신자가 더 많은 것으로 조사되었다.'

④ 우리나라의 경우 결손가정과 비행의 직접적 연관성이 통계적으로는 입증되지 않고 있다. 다만 우리나라에서는 부모의 유무에 따른 형태적 결손가정보다 부모가 있음에도 부모 또는 가정이 그 필요한 역할을 다하지 못하는 기능적 결손가정이 더 심각한 문제로 보인다.

2) 빈곤가정

① 빈곤가정이란 사회의 평균치에 밑도는 낮은 소득수준으로 인하여 경제적으로 어려운 가정을 말한다. 경제적 사정은 인격형성에 중대한 영향을 미치므로, 가정의 빈곤은 여러 의미에서 비행과 범죄를 유발하는 동기가 된다.

② 비행소년과 가정환경의 상관성에 대해서 가정의 빈곤이 범죄에 큰 영향을 미친다는 글룩 부부의 견해와 경제상태는 범죄에 매우 적은 영향을 미친다는 힐리의 견해가 대립된다. 미국의 글룩 부부와 힐리의 조사에 따르면 빈곤가정과 범죄와의 관련성은 어느 정도 있는 것으로 나타났다. 우리의 경우 소년범죄자의 생활정도별 구성비는 하류층이 72.8%, 중류층이 26.9%, 상류층이 0.3% 나타났다.

③ 빈곤가정 자체가 범죄에 직접 영향을 미친다기보다는 가정의 빈곤이 가져오는 간접적 작용(예컨대, 주택난, 열악한 근친관계, 부모가 절도·걸식 등을 교사, 부의 무능·무자력·알코올중독·무절제 등)에 관심을 두어야 한다.

④ 우리나라의 경우에 소년범죄에서 빈곤가정 출신 청소년의 비율은 점차 감소하고 있기는 하지만 여전히 높게 나타나고 있고, 이는 아직도 소년의 비행·범죄에 가정의 빈곤이 매우 중요한 범죄원인이 되고 있음을 의미한다. 다만 최근에는 중류층 가정의 소년범죄가 증가하고 있는 추세이다.

3) 갈등가정

가족 간에 감정, 가치관, 종교관, 교육관 등에 대한 심한갈등이 존재하여 융화되지 못하는 가정이다. 이러한 갈등은 직접·간접으로 소년비행에 영향을 미치게 된다.

4) 범죄가정

범죄에 대한 생각이나 행동이 긍정적인 가정을 말한다.

5) 애정결핍 가정

표면적으로 정상가정의 모습을 가지고 있지만, 실제로는 가족구성원 간에 애정이 결핍되어 있으므로 청소년의 성격형성에 악영향을 미칠 수 있는 가정을 말한다.

6) 시설가정

고아원·보육원과 같은 양육시설이 가정의 역할을 대신하는 경우이다. 시설가정의 아동은 시설직원(감독자)과의 사이에 애정·친밀성을 느낄 기회가 없기 때문에 반항적·거부적 태도를 나타내기 쉽고, 반사회적 행위에 빠지기 쉽다고 한다. 그러나 우리나라에서는 시설 가정과 소년비행 사이에 직접적 인과관계가 있다고 보기는 어렵다고 한다.

7) 비판점

이러한 접근방식에 대해서는 비판점이 제기된다. 일정한 가정상황이 범죄에 연결된다는 전례는 도덕적 가정을 이상으로 하는 과도한 도덕주의를 기초로 한 것은 아닌가? 이러한 유형화는 가정환경의 과잉단순화를 통해 비행의 실태를 파악한 것이 아닌가? 최근에는 한국에서도 범죄를 저지르는 비행소년의 경우 양친이 있고 경제적으로도 풍족한 층에 속하는 계층에서 범죄를 저지르는 것이 보고되고 있다. 따라서 위에서 제기한 유형론은 시대의 흐름에 부합하지 않는 것이라 할 수 있다.

범죄자가 일인 가정에 존재한다고 그 일가 전체를 범죄가정이라 부르는 것은 옳지 못한 것이다. 이것은 그 일가 전체를 낙인화 시키는 것이다. 또 결손가정이란 용어는 일반적으로 영어의 broken home을 번역한 것으로 사용되나, 차별적인 뉘앙스가 포함되어 있어 사용을 자제하고 있는 경향이 있다. 이처럼 제1기의 연구는 정태(형태)적 연구였다.

(2) 제2기의 연구

제2기(1979~)는 연구의 중점을 가정구조에서 가정의 상호작용으로 보는 동태(기능)적인 연구로 변화되었다. 가정에는 여러 기능적인 것들이 있으나 연구에서 가장 중요시하는 것은 아이를 교육·보호하는 가정의 사회화 기능이다.

1) 콘크린(J. Conklin)

가정의 사회기능에는 4가지 중요한 요소가 있다고 주장한다. 부모의 감독, 애정의 끈, 가정전체의 조화, 친자의 커뮤니케이션 그리고 가정의 형태가 어떠하고 이 요소들의 결여로 가정의 사회화기능이 제대로 움직이지 못한 경우 가정이 범죄(비행)의 원인이 된다고 하였다.

2) 허쉬(T. Hirsch)

유대이론(bonding theory)에서 '애착의 끈이 비행을 억제한다.'라고 지적한 것도 같은 점을 주목한 면이 있다. 허쉬는 소년이 비행에 대한 유혹에 직면한 경우에 있어서 결정적으로 그러한 역할을 한 것은 양친의 물리적 존재가 아닌 심리적 존재라고 한다.

3) 로샤(J. Roscha)

학생을 대상으로 범죄를 저지르지 않은 이유를 묻는 조사를 행한 로샤도 비슷하게 법을 준수하는 이유로서 형벌을 무서워하는 것이 아닌 양친의 마음을 생각해서 라는 이유를 든

자가 많았다는 조사결과를 보고하고 있다.

2. 학교와 범죄

학교의 비행을 살펴보면 학교 외에서 이루어지는 범죄·비행의 문제와 학교 내에서 이루어지는 범죄·비행의 양쪽을 다 살펴볼 필요성이 있다. 이 중 후자의 경우 학교폭력이 문제시되나 오늘날의 경우에는 집단으로 따돌리는 경우도 문제로 주목되고 있다. 우선 학력에 대해서는 '범죄자나 비행소년의 학력은 일반인의 학력에 비해서 현저히 낮다.'고 여겨져왔다. 그리고 그 이유를 들면 이들은 학교에서 충분한 교육을 받지 못함으로 인한 사회성, 도덕성의 발달 자체가 낮은 글자를 해독할 수 있는 능력으로 말미암아 도시생활에 대한 부적응이 지적되었다.

또 다른 이유는 저학력자의 다수는 빈곤가정 출신으로서 그 지능이나 성격의 결여가 있는 경우가 많아 이 요인들이 범죄의 원인으로 작용된다고 설명했다. 이 견해들은 저학력이 범죄의 원인은 아니고 빈곤이나 지능, 성격의 결여 등 저학력자의 공통되는 다른 요인이 범죄에 영향을 미친다고 생각하였다.

글룩(Gleuck)부부는 '학교부적응(퇴학, 학업성적 부진, 결석)학생은 비행률이 높다.'는 설명이 종래의 정설이다. 예컨대 글룩 부부가 퇴학과 비행과의 상관관계를 조사한 결과 비행소년의 퇴학경험은 95%인 것에 비해 통제집단인의 비행사실이 없는 소년의 퇴학경험은 11%였다. 또 종래 이전 학교 부적응에는 개인적 요인과 환경적 요인이 영향을 미친다고 생각해 왔다. 개인적 요인에는 학력의 낮음이나 집단생활에 익숙해지기 어려운 심신의 장애 등이다. 환경적 요인에는 가정의 빈곤이나 가정불화 등 가정요인과 학력편중에 의한 획일적인 교육 시스템 등 학교요인이 이에 해당된다. 이러한 견해는 맞는 부분도 있으나 인과관계는 명확하지가 않다. 또 최근의 교육시스템에 맞추어 살펴보면 다른 여러 요인도 있으므로 학교부적응과 범죄·비행의 관계는 명확하지가 않다.

> **학생범죄** 우리나라의 학생범죄는 계속 증가하는 추세에 있다. 이를 죄종별로 보면 학생 범죄 가운데 폭행, 상해, 협박 등의 폭력범이 가장 많은 비율을 차지하고 있다. 이와 같이 학생범죄가 양적으로 증가하고 질적으로도 지성적인 특징을 보이지 않고 조포화(행동이 몹시 거칠고 사나운 모양, 난폭함)하는 경향을 보이는 것은 세계 각국의 공통된 경향이라고 할 수 있다.

학교 내의 학생폭력을 '학교 내 폭력'이라 부르며 사회적으로 주목을 끌게 된 것은 1990년대 후반경이다. 교내폭력은 선생님에 대한 폭력, 학생들 간의 폭력, 학교 기물의 파손에 대한 폭력들이 이에 해당된다고 할 수 있다. 이러한 교내 폭력은 1990년 대 후반부터 최근까지 심각한 문제로 대두되고 있다.

학교 내 폭력의 경향을 살펴보면 다음과 같은 것이 지적되고 있다. 수업시간중에 교실 내에서도 발생되고 있다. 악질화되고 있다, 충동형과 계획형이 있다. 모두 외부 불량배와 연관성을 가지고 있다. 연중 지속적으로 발생되고 있다.

특정지역이 아닌 전국적으로 발생되고 있다. 여러 명의 교사가 집단폭력을 당했다. 이런 폭력에 대한 대책으로 학교 방침에서부터 교사의 태도까지 여러 지적이 있었으나 최근에 감소추세이다. 이런 요인으로는 교내폭력의 원인이 개선된 것이라기보다는 학교 내의 관리 체제의 강화와 경찰의 적극적 개입에 의한 요인이 크다고 보아야 할 것이다. 그러나 근본적인 것이 해결된 것은 아니라고 본다. 간단히 학교교육문제로만 치부하고 학교에 그 대응을 전면적으로 위임할 것이 아니라 가정이나 지역사회를 포함한 포괄적인 대책을 강구할 필요성이 있다.

학교와 관련해서 4가지의 비행원인이 지적되었다. 학력편중 교육을 배경으로 한 저학력 학생들의 욕구불만이다. 이들은 성적이란 가치기준에서 높은 평가를 받지 못한다. 따라서 학교에 강한 욕구불만을 가지고 있는 것이다. 이를 해소하기 위한 가치기준을 폭력이나 불량스러움으로 변경한다.

학교를 무대로 한 영화, 인터넷 동영상 등의 영향 때문이기도 하다. 비행소년은 비행내용이나 수단을 무슨 방법에 의해서 학습하는가? 텔레비전 등의 매스미디어에 의해 대량의 정보가 여과 없이 비행소년에게 전달되고, 이것을 통해서 학생들은 폭력 및 비행을 모방하여 저지르게 된다.

교사의 학생지도력 저하에 의한 통제의 누수와 부모의 무관심 내지 관리소홀이 비행발생을 억제하지 못하고 있다. 어떠한 이유인지는 정확히 모르겠지만 교사에 대한 존경이나 애착이 희미해지면서 학생들은 교사의 통제를 따르지 않게 되어 통제력이 흔들려 결국 학교에서 비행발생을 통제할 수 없게 된다. 학교교사에 의한 일탈 낙인찍힘도 중요한 원인 중 하나이다. 비행소년은 학교나 교사에 의해 받은 공부 못하는 학생, 불량한 학생 등의 낙인찍기에 의해 결국 비행소년이 되고 만다. 이러한 낙인을 찍히는 것에 의해 비행소년은 고정관념적인 역할기대를 바라기 때문에 비행을 반복하고 있는 것이다.

우리나라처럼 취학, 진학률이 높고 소년인구 대부분이 학교에 귀속되어 있는 이러한 상황에서 소년이 저지르는 비행의 원인을 학교에서 구하는 지적은 설득력은 있어 보인다. 특히 성적지상주의 교육시스템에 대한 문제와 학력편중의 교육정책 등은 오히려 비행소년을 교육시스템의 희생자로도 이해하는 주장도 있다. 그러나 이러한 주장이 학교에 대한 맹목적인 비판이나 교사에 대한 비판으로 이어지는 것은 바람직하지는 못하는 것이다.

이러한 비행소년이 발생하는 원인은 학교만의 문제가 아니다. 오늘날 가정환경의 급속한 변화(이혼, 맞벌이로 인한 자식과의 대화부족)나 지역사회의 연대가 약화되어 부모나 인근 주민이 아이의 생활이나 인격형성 면에서의 교육을 받지 않고 그 역할을 전부 학교에 미루는 경향이 없다고 할 수 없다. 학교와 범죄·비행의 문제를 다룰 경우에는 그 배후에 있는 여러 사회문제를 같이 고려해야 할 것이다.

3. 직장과 범죄

(1) 직종과 범죄의 관계

많은 사람이 생활의 대부분을 직장에서 보낸다. 이러한 이유로 인해 사회환경과 범죄의 관련성을 검토할 때도 직장은 뺄 수 없는 중요한 검토대상이다. 종래 직장이나 범죄 간에 일정한 연관성이 있다고 하는 주장들이 제기되어 왔다.

직종과 범죄 관련에서 단순노동자의 범죄율이 높고 전문직, 기술직, 관리직에 종사하는 자의 범죄율은 낮다고 보고되고 있다. 그러나 화이트칼라 범죄를 고려해 보면 이는 사실에 맞는 것이 아니다. 또 직종이 다양화된 오늘날의 현실을 고려하면 직종과 범죄의 관계는 설득력이 떨어지는 것이다.

> **자료)** 화이트칼라 범죄: 화이트칼라 범죄(white collar crime)는 이른바 블루칼라범죄(blue collar crime)에 대칭되는 개념으로서 '사회경제적 지위가 높은 사람들이 그 직업상 저지르는 범죄'를 말한다. 이 개념을 처음으로 사용한 사람은 '서덜랜드'였다. 서덜랜드에 의하면, 다른 범죄는 사회제도·조직에 그다지 큰 영향을 미치지 아니하나, 화이트칼라 범죄는 사회

를 파괴하고 불신을 초래하며 대규모의 사회 해체를 유발하며 사회적 도덕을 저하시킨다고 한다.

형사정책에서 화이트칼라 범죄가 문제되는 이유는, '범죄가 사회통합에 실패한 사람들의 행위라는 전통적 범죄관념과 차이가 있으면서 새로운 범죄현상으로 자리잡아가고 있기 때문이다.' 화이트칼라 범죄의 비율은 대개 전체범죄의 1~2%가 되는 것이 보통이다. 우리나라의 경우에도 2009년 상류층 출신의 범죄자는 1.6%로 집계되고 있다(범죄분석, 2010). 여기에서 구체적인 직업의 종류를 살펴보면 회사임원, 공무원, 정치인, 의사, 교수, 변호사, 검사, 판사, 사업 등의 차이는 큰 의미가 없다. 개인에 의한 경우뿐만 아니라 집단에 의한 경우도 포함된다(예컨대, 기업범죄). 화이트칼라 범죄의 개념은 서덜랜드가 초기에 정의한 것과는 달리 더욱 확대되는 경향을 보이고 있다. 그리하여 '하류계층보다 사회적 지위가 높고 비교적 존경받는 사람들이 자신의 직업수행과정에서 행하는 직업적 범죄'라고 정의하는 것이 보통이다. 화이트칼라 범죄의 특징은 대개 피해의 규모가 큰 반면에 법률의 허점을 교묘히 이용하거나 권력과 결탁하여 조직적으로 은밀히 이루어지기 때문에 암수범죄가 많이 발생한다. 그리고 직접적인 피해자뿐만 아니라 대부분의 다른 사람에게도 영향을 미치기 때문에 일반인이 그 유해성을 느끼지 못한다. 업무활동에 섞여서 일어나기 때문에 적발이 용이하지 않으며 피해자의 피해의식도 약하며 증거수집도 어려운 점이 많다. 그러므로 암수범죄의 비율이 높고 선별적 형사소추가 가장 문제되는 범죄유형이기도 하다.

형벌과 관련하여 보면 화이트칼라 범죄는 규범의식이 없는 경우가 많기 때문에(예컨대, 자기가 처벌받는 것은 운이 없기 때문이라고 보는 경향 등), 위법한 한계를 명확히 하여 금지착오에 의한 범죄를 예방하는 것도 중요한 과제 중의 하나이다. 이러한 화이트칼라범죄에 대한 대책으로 1) 먼저 사회적 인식과 문화적 풍토의 개선을 통해 화이트칼라 범죄가 가지는 폐해의 심각성을 인식할 수 있도록 해야 한다. 2) 대표적 화이트칼라 범죄인 기업범죄 등에 대해 처벌을 강화해야 한다. 직접적 행위자뿐만 아니라 기업의 대표자 등을 처벌하는 것이 효과적이다. 3) 개인에게 행하여지는 보호관찰제도나 악덕기업공표제도 등을 기업에게 적용할 수 있는 방안의 모색도 고려해볼만 하다. 4) 공개사과제도를 통해서 기업의 범죄행위를 널리 알리는 방법 등이 있다.

실업과 범죄의 관련에서 절도를 중심으로 양자의 상관관계가 지적되었다. 확실히 실업과 범죄의 관련성은 있는 것으로 추측된다. 하지만 실업자가 증가하는 시기는 경제상황의 악화 시기와 겹치는 경우가 많은 것도 사실이다. 이는 실업이 범죄증가를 충분히 설명하지 못하는 중요한 이유이다.

전직과 범죄의 관련에서는 전직경험자의 범죄와의 관련성이 지적되었다. 오늘날에는 종신직은 급격히 감소하였고 전직은 자연스러운 현상으로 받아들여지고 있다. 전직자의 역할이 급속이 증가하는 오늘날의 경우에는 전직과 범죄의 관련성 자체가 희박하다고 생각된다. 현재까지 이들의 상관관계에 대한 실증적인 연구는 충분히 이루어져 있지 않고 원론적인 규명도 진행되어 있지 않다.

> 자료) 실업·전직과 범죄: 전직이 잦은 사람은 직장에 적응을 하지 못하거나 직업선택의 주체성이 없기 때문에 사회적으로 안정되어 있지 않고 따라서 범죄위험성이 높다는 주장도 구시대적 일상이론에 지나지 않는다. 근로자에게 책임이 없는 전직도 얼마든지 있을 뿐만 아니라 현대산업사회에서 '인력의 스카우트'는 보편화되어 있는 인력충원 방법 가운데 하나이기 때문이다. 우수한 자질을 가지고 있는 사람은 적절한 전직을 그의 사회적 지위를 높여 나가는 수단으로 이용하기도 한다. 이렇게 볼 경우 전직을 범죄나 비행과 연결시켜 보는 것은 근거 없는 이야기다. 다만 실업·전직과 범죄의 상관관계에서 청소년의 경우는 특별한 고찰을 해야 할 필요가 있다. 왜냐하면 청소년의 경우에는 '사회흠결이 실업 내지 잦은 전직으로 이어지고 비행원인이 될 수도 있기 때문이다.' 청소년의 경제생활은 그 자체가 범죄에 이용될 수 있는 가능성이 높고 직업을 옮기는 과정에서도 범죄성이 있는 행위를 직업으로 삼게 되는 경우가 많다.

(2) 직장범죄의 정의

직장범죄란 개인이 자신의 이익을 위해 직무 중에 저지르는 범죄를 말한다. 1973년에 미국의 범죄학자 크리나드와 퀴니에 의해 주장되었다. 그들의 관심은 이제까지 사용된 화이트칼라 범죄의 정의가 매우 애매하기 때문에 이를 직장범죄와 기업범죄(기업의 관리자에 의해 기업을 위해 이루어지는 범죄 혹은 기업가에 의해 이루어지는 범죄)로 나누어 범죄의 성질을 명확히 하는 것이다. 이러한 견해는 범죄학에서 많은 지지를 받아 오늘날 직장범죄와 기업범죄에 대해 각각 개별적인 연구가 이루어지고 있다.

(3) 직장범죄의 특징

한번에 발생하는 범죄에 의한 피해는 작으나 계속적으로 반복이 된다. 통상 직무중에 이루어지므로 쉽게 발견하기가 어렵다. 통상의 업무 중에 실행되고 피해규모도 작아 범죄자의 죄의식이 약하다. 그러나 이로 인해서 직장범죄 전체적으로 살펴보면 크기가 매우 크다. 경제적인 영향도 매우 크다.

이러한 직장범죄의 방지를 위해 기업내부의 감시활동 강화 등이 지적되어졌으나 어느 정도의 효과를 거둘지는 미지수이다. 따라서 이러한 것에 대한 연구가 더 필요하다.

(4) 직장범죄 발생을 촉진시키는 요소

직장범죄에 관한 연구 중에 가장 중요한 테마 중 하나인 직장환경이 범죄촉진의 요소를 갖고 있지 않은가 하는 점이다. 상거래에서 신뢰관계가 없는 경우(판매자와 구매자 사이에 지속적인 신뢰관계를 쌓아 가면서 계속 이루어지는 것, 기계적으로 단번에 완료되는 경우)이다. 기계적으로 단번에 완료되는 경우에는 범죄를 저질러 설령 발각이 되어도 손해는 작고 신뢰는 처음부터 존재하지 않기 때문에 큰 문제가 되지 않는다. 이러한 이유 때문에 직장범죄는 기계적으로 단번에 완료되는 경우에서 발생하기 쉽다. 직무상 전문지식을 필요로 하는 경우에 쉽게 발생한다. 직무수행에 고도의 전문지식이 요구되는 경우 거래상대방이나 주변에서는 거래나 직무가 적정하게 이루어지는 가를 판단하기 곤란하다. 이러한 이유로 인해서 직무상 고도의 전문지식을 요하는 경우에 범죄가 발생되기 쉽다.

직무수행에 있어서 넓은 재량이 주어질 경우이다. 어떤 지위에는 직무수행에 경험이나 높은 지식이 요구될 경우가 있다. 또 그런 지위에 맞는 재량이 인정된다. 이런 재량의 범위 내에서 범죄가 발생되는 경우 이러한 지위에 관계없는 사람은 방지하거나 발견하는 것이 곤란하다. 이러한 이유로 직무수행에 맞춰 넓은 재량이 주어지는 것이 범죄발생의 요소가 된다. 범죄방지 시스템이 완비되어 있지 않은 경우이다. 기업은 내부에서 범죄가 일어날 수 있음을 알아도 방지시스템을 도입하는데 있어 많은 비용이 발생되는 경우 시스템도입을 하지 않는다. 그런 기업의 내부환경에서 범죄를 유발할 수 있으며 어느 정도의 범죄는 예상될 수 있다.

취급상품의 질이나 양이 애매한 경우에도 그렇다. 상거래에서 상품의 질, 양 또는 종류가 명확하지 않은 것이 있다. 이런 상품을 다룰 경우 품질을 저하시키거나 양을 교묘하게 줄이는 등의 부정행위가 발생하기 쉽다. 이런 상품의 거래를 다루는 것은 범죄의 가능성을 높이는 요인으로 작용된다.

4. 인종편견과 범죄

인종 또는 민족과 범죄의 관계를 연구하는 작업은 지금까지 우리나라에서는 큰 의미가 없었다. 그러나 최근에 외국인 근로자들이 증가하면서 이제 남의 문제로만 볼 수 없는 상황이 되었다.[4]

(1) 소수민족과 범죄

미국에서는 흑인범죄율이 높은 것으로 나타나고 있다. 미국 전체인구의 12.7%를 차지하고 있는 흑인이 전체범죄에서 갖는 비율은 25%로서 다소 높게 나타나고 있는 것이다. 특히 폭력범죄는 50%, 재산범죄는 30% 이상이 흑인이라고 한다.

> 인종과 관련한 사회적·문화적 주변성의 문제로 취급하는 경우도 있다(주변성개념). '파크 (Park)'가 처음 사용한 주변성(marginality)이란 원래 인종적 범죄원인으로서 두 개 문화권의 한계선에 놓인 상태를 말한다. 그러나 1976년 카라카스 국제사회방위협회에서 비사회적 내지 반사회적인 것도 아니면서 사회의 주류로부터 소외받는 사람들을 일컫는 개념으로 사용하여 그 적용범위를 확대하였다. 이렇게 될 경우 주변성의 개념은 인종과 범죄뿐만 아니라 도시와 농촌 범죄 등에 대해서도 적용 가능한 개념이 된다.

〈외국인범죄 검찰처리인원 2004~2008년[5]〉

구분/연도	2004 인원	2004 구성비	2005 인원	2005 구성비	2006 인원	2006 구성비	2007 인원	2007 구성비	2008 인원	2008 구성비	죄명별 증감률(%)
계	7,137	100.0	8,313	100.0	11,421	100.0	11,861	100.0	19,859	100.0	
형법범	4,014	56.0	5,357	64.4	8,926	78.2	8,472	71.7	14,123	71.1	66.7
특별법범	3,159	44.0	2,956	35.6	2,495	21.8	3,344	28.3	5,736	28.9	71.5

---

4) 2009년 우리나라의 전체범죄에서 외국인 범죄가 차지하는 비율은 0.9%에 불과하다(범죄분석, 2010, 338~343면).

5) 범죄분석 2008, 150면.

(2) 이민과 범죄

이민국가인 미국에서는 이민자와 범죄의 관계가 문제될 수 있다. 통계에 따르면 전체적으로 이민자의 범죄율이 높다고 말할 수는 없고 이민은 민족에 따라 차이가 있다고 한다. 이민이 범죄에 영향을 미칠 수 있는 요인은 다음과 같다.

① 이민자의 고국과 차이가 있는 전통성이나 윤리관의 문제

② 이민정책상 특정인종이나 민족 또는 범죄자 등의 이민에 정부가 간섭하는 문제

③ 이민자에 대한 사회적 냉대와 불신이 이민자의 정상적 생활을 어렵게 하는 문제 등을 들 수 있을 것이다.

그리고 이민이 빈곤계층을 중심으로 한 노동자들로 구성되는 경우에는 사회적 결속력이 약하고 뚜렷한 가치관의 결여, 주로 도시에 거주하는 사실 등으로 범죄율이 높아질 수 있다.

(3) 우리나라

우리나라의 외국인 범죄는 '출입국관리법'에 위반하여 불법으로 입국 · 체류하는 경우(출입국사범)와 국내에 체류하는 외국인이 다른 형벌법규에 위반하는 경우(좁은 의미의 외국인 범죄)로 구분할 수 있다.

5. 사회계층과 범죄

(1) 사회계층은 생활수준에 의해 분류된 사회집단으로 상류계층, 중류계층, 하류계층 등 3가지로 분류된다. 종래 이 사회계층과 범죄의 관련성으로 하류계층과 범죄의 연관이 지적되었다.

(2) 빈곤을 범죄원인이라고 보는 견해는 과거부터 유력하게 거론되었다. 한국의 경우에도 예전에는 수형자의 대부분이 빈곤계층 출신자에 의해서 범죄가 이루어진다고 하였다. 또 전술한 가정과 범죄나 학교와 범죄에서 빈곤가정이 범죄와의 친환경을 가짐 혹은 저학력자의 범죄율이 높은 것은 그들의 다수가 빈곤가정 출신이기 때문 등의 견해가 나온 것도 비슷한 사실을 지적한 것이라 볼 수 있다. 그러나 지금은 꼭 그렇지만은 않는다는 것이다. 실증적인 연구결과에서도 하류계층에 속하지 않은 자에 의한 재산범죄가

발생되는 것도 확실해졌다. 이 때문에 빈곤의 관점이 경제적 불평등 또는 상대적 빈곤으로 옮겨졌다.

(3) 하류계층 교유의 문화가 범죄원인이라는 주장은 코헨의 비행하위문화론(Theory of delinquent subculture)이었다. 하위문화(subculture)란 사회에서 각계각층의 성원들이 공유하는 문화와는 별도로 '특정한 집단에서 강조되는 가치나 규범체계'를 의미한다. 해체된 지역사회에서는 하위계층의 독자적인 문화가 발전한다. 범죄적 하위문화론자들은 사회의 여러 하위문화 중에서 규범의 준수를 경시하거나 반사회적 행동양식을 옹호하는 범죄하위문화가 존재하며, 이와 같은 문화적 환경에서 생활하는 사람들은 마치 일반시민들이 보편적인 문화를 내면화함으로써 사회규범에 따라 행동하듯이 범죄적 하위문화의 영향으로 인하여 범죄행위에 빠져든다는 것이다. 하위문화이론에 속하는 여러 견해들의 공통점은 특정한 집단이 지배집단의 문화와는 상이한 가치나 규범체계에 따라 행동하며, 그 결과가 '범죄와 비행'이라고 보는 것이다. 코헨(Albert Cohen)은 1955년에 출판된 '비행소년'이라는 저서를 통하여 일반문화체계에서 구별되는 다른 문화에 대한 개념으로 비행집단에 공통된 특정한 가치관이나 신념 · 지식 등을 포함하는 사고나 그에 기초한 행동양식이 곧 범죄행위로 나타난다고 보았다. 그는 저서를 통하여 '하위계층 청소년들 사이에서 반사회적 가치나 태도를 옹호하는 비행문화가 형성되는 과정을 집중적으로 다루었다.'

코헨은 청소년비행을 저지르는 소년들은 경제적으로 열악한 가정출신들이 많은데 이러한 현상의 원인을 규명하고자 하였다. 이 문제에 대해서 코헨은 중산층의 가치나 규범을 중심으로 형성된 사회의 중심문화와 빈곤계층 출신 소년들이 익숙한 생활 사이에 긴장이나 갈등이 발생하며 이러한 긴장관계를 해결하려는 시도에서 비행하위문화가 형성되며 많은 비행이 발생한다고 보았다.

예컨대, 미국에서 사회생활에서 중요한 덕목으로 강조하는 사항들은 추진력과 야망, 개인의 책임성, 직장이나 일상생활에서 성취와 성공, 장기적인 계획과 합리적 지출, 물리적 행동과 폭력사용의 자제, 건전한 오락의 활용, 타인재산의 존중, 미래를 위하여 즉흥적인 만족의 억제, 대인관계에서 예의범절과 자아통제 등으로 미국사회의 중산층이 추구하는 가치나 규범을 반영하는 것이다. 부모가 중산층인 소년의 경우에는 위와 같은 문화적 덕목들을 가정에서 어려서부터 듣고 배운 것이므로 이들에게는 매우 익숙한 것들이다.

그러나 하위계급의 부모들은 경제적이나 사회적 어려움으로 자녀들에게 중산층의 생활에 필요한 이와 같은 사항을 제대로 교육하는 일이 쉽지만은 않다. 따라서 하위계급 출신들은 이후 사회생활에서 경제적 · 사회적으로 성공하는 데에 필요한 기본자질이 결핍된 채로 양육될 수밖에 없는 것이다.

'이러한 문제를 극복하는 방안으로 하위계급 학생들은 자아 존중감을 회복할 수 있는 방안을 찾게 되며 이에 따라서 중산층의 문화와 반대되는 기준에 바탕을 둔 비행집단을 형성하게 된다.'고 보았다. 따라서 코헨 이론의 핵심은 '중산층 문화에 적응하지 못한 하위계급 출신 소년들이 자기를 곤혹에 빠뜨렸던 문화와 가치체계와는 정반대의 문화를 구성하여 자신들의 적응문제를 집단적으로 해결하려고 비행하위문화를 형성'한다는 것이다. 즉 비행하위문화는 중류계층의 가치와 규범에 대한 반동적 성격을 지닌다고 본다.

코헨이 구체적으로 거론했던 하위계급 출신들의 자질부족 문제는 정규교육을 받기 위해 필요한 기초지식이 미비하고, 다른 사람들에게 자신의 의사를 언어로 표현할 수 있는 능력이 부족하며, 장기적인 목표를 설정하고 이를 추구할 수 있는 능력이 부족하다는 등이었다.

코헨은 하위계급 출신 소년들이 최초로 자기 지위에 대한 좌절감을 경험하는 곳은 학교라고 보았다. 왜냐하면 학교교육은 대부분 중산층 출신의 교사들에 의해서 이루어지며 중산층의 가치관을 전달하는 것을 강조한다. 이에 대해 하류계급 출신 학생들은 자기들에게는 익숙하지 않은 가치관에 적응하기 어렵고 또한 적응할 능력이 없다는 것을 자각하게 된다.

비행하위문화의 특징을 살펴보면 다음과 같다.

① 행위에 있어 '비합리성(비공리성)'을 추구한다는 것이다. 합리적 계산을 통한 범죄의 이익보다는 타인에게 피해를 입히고 동료로부터 얻는 명예 · 지위 때문에 범죄행위를 한다. 예컨대, 다른 사람의 물건을 훔치는 경우에 그 경제적 효용가치보다는 스릴이나 흥미와 같은 오락적 동기를 주요한 행위목적으로 설정한다는 것이다.

② '악의성'을 중시하는 것으로 다른 사람들에게 불편을 주고 금기를 파괴하려는 행위를

강조하는 것이다. 비행하위문화는 악의성을 강조함으로써 중산층문화로부터 소외된 자신들의 실추된 지위를 회복하려고 시도한다.

③ '부정성(반항성)'이다. 하류계층의 소년들은 사회의 지배적 가치체계를 무조건 거부하고, 사회의 중심문화와 반대방향으로 하위문화의 가치·규범을 형성한다.

④ 변덕(다면성)이다. 일정한 체계 없이 매 순간 바뀌는 마음과 가치체계를 말한다. 하류계층 소년들은 여러 방면의 재주, 융통성을 중요시한다.

⑤ 단락적 쾌락주의 이다. 장기적 계획이나 목표가 아닌 현실적 쾌감에 급급하는 심리를 말한다(예컨대, 폭주족)

⑥ 집단자율성이다. 하류계층 소년들은 기존 사회에서 인정받지 못하는 것에 대한 반작용으로 내적으로 강한 단결력과 외적으로 적대감을 나타낸다.

공헌 및 비판에 대해서 살펴보면 다음과 같다.

공헌은 하류계층 소년들이 학교 등에서 비행적 폭력조직을 형성하는 이유를 비교적 잘 설명하고 있다. 비판은 중산계층이나 상류계층 출신들이 저지르는 비행이나 범죄에 대해서는 설명을 하지 못한다는 점이다. 하위계급 출신의 소년 중에서도 비행을 저지르지 않는 소년이 많은데 이를 간과하였다. 하위계급 출신들이 저지르는 비행 중에서 가장 많은 것이 절도범죄인데 이러한 범죄가 비행하위문화의 영향으로 보기는 힘들다는 것이다.

비행을 저지른 하위계급 소년들이 자신들의 문화에 의해 저지른 죄에 대해서 자부심과 만족감을 느끼고 죄의식이나 수치심을 느끼지 않아야 하는데, 실제 체포된 대부분의 비행소년들이 자기가 한 행동에 대해서 수치심을 느끼고 후회하고 참회하는 것은 소년들의 행위가 비행하위문화에 의해서 행동한 것으로 보기 힘들다는 비판이 있다(범죄소년들은 범죄행위에 대해 자부심보다는 대부분 뉘우치고 후회한다는 점을 설명하기 어렵다).

(4) 오늘날 범죄가 하류계층에 속한 자에 의해서만 이루어지는 것은 아니란 점이 제기되고 있다. 왜냐하면 '하류계층과 범죄'연구에서 조사대상을 주로 가두범죄로 한정하여 화이트칼라 범죄가 그다지 고려되고 있지 않기 때문이다. 따라서 지금까지의 연구를 종합해서 재해석을 하면 하류계층과 범죄의 관계는 수정되어야 할 것이다. 대신에 사회계층의

범죄에 있어서 질적 차이가 있을 뿐이다. 앞으로의 연구에 있어 계층 간에 범죄의 질적 차이에 대한 연구가 진행되어져야 할 것이다.

6. 연령과 범죄

미국의 경우 연령과 범죄의 관련성을 살펴보면 일반적으로 체포되는 자가 많은 연령층은 15세에서 16세이다. 또 재산범이 15세에서 17세, 폭력범이 18세에서 19세, 화이트칼라 범죄가 30세에서 55세, 정치범죄가 30세에서 55세로 되어 있다.

한국의 경우 미국에 비해 한국에서의 형법범의 연령별 분포를 보면 20세에서 14세의 범죄율이 가장 높다. 또 형법범의 검거인원의 인구비를 보면 소년의 인구비는 12%대로 추리된 것에 비해 성인 인구비는 8%대였다. 소년의 연령과 범죄관계를 보면 양적으로 연소소년(14~15세)이 가장 많다. 중간소년(16~17세)은 횡령·강도, 연장소년(18~19세)은 살인, 강간의 경우가 높았다. 이처럼 미국과 비슷하게 한국에서도 연령과 범죄 간에 일정한 관련성이 나타났다.

최근에는 고령화 사회의 도래에 따라 연령과 범죄 관계에 노년기와 범죄라는 새로운 측면이 지적되었다. 노령자의 범죄다수는 절도, 횡령 등 경미한 재산범죄를 범

하게 되는 배경에 경제적 문제가 존재한다. 전에는 노년기의 범죄에 대한 것들이 크게 주목을 받지 못하였으나 의학의 발전 등으로 말미암아 노령의 인구수가 많아짐에 따라 그에 관련된 범죄가 발생하여 오늘날의 현실에서는 이 주제에 대해서 주목할 필요성이 있는 것이다. 따라서 이후는 이런 타 연령층과 다른 특징을 갖는 노년기와 범죄의 문제에 대해서도 다룰 필요성이 있다고 여겨진다.

연령과 범죄에 일정한 관련성이 존재한다는 것은 확실하다. 오히려 다른 요인들보다 연령이 범죄와의 관련에 있어서 가장 확실한 요인이라고 생각된다. 전체적으로 보면 연령에 부합하여 범죄의 질이나 양이 변화하는 것은 범죄학상 영원한 진실이다. 또한 연령과 범죄문제는 이제까지 지적된 것처럼 신체적, 정신적 변화와 사회적 변화 모두 다 영향을 미친다고 할 수 있다. 단, 그런 영향의 세부적인 것들은 불문명하다.

제2절 사회환경과 범죄

1. 도시화와 범죄

(1) 도시화

사람들을 둘러싼 사회환경 중에서 범죄와 관련하여 범죄학상 최초로 주목받은 것이 도시화이다. 도시와 범죄의 관계에 대해서 종래는 지역사회와 범죄란 형태로 진행되었다. 이것은 시카고학파의 문제의식의 영향을 받은 바가 크다.

(2) 시카고학파의 범죄생태이론

1892년에 개교한 시카고 대학에서는 사회학의 연구가 활발하였다. 미국 회학은 시카고 대학에서 출발한 것이라 해도 과언이 아니다. 초기 미국의 사사회학은 기존의 개인주의와 자유주의적 학문성향과 일치하지 않는 점이 많았기 때문에 동부의 여러 대학은 이를 받아들이지 않았지만, 시카고 대학은 사회와 인간에 대한 다양한 관심을 뚜렷한 학문분과로 만들기 위한 시도를 하였다.

1) 파크(R. Park)의 사회생태학

파크는 생태학의 관점과 방법을 사회분선에 적용한 사회생태학(Social ecology)의 개념을 정립하였다. '인간생태학'이라고도 하는 이 개념은 '사회를 생태학적 관점에서 침입, 경쟁, 계승, 주기적 변화 등이 발생하는 것으로 파악하여 그 질서와 변동을 연구하는 학문분과를 일컫는다.' 시카고 대학 사회학자들은 이러한 생태학적 모형을 사용하여 도시의 사회질서는 생태학적 관점에서 공생(symbiosis), 협동(cooperation), 주기적 변화(cyclical change) 등 다양한 사회적 과정의 산물로 보았다.

2) 버제스(E. W. Burgees)의 동심원이론

파크와 더불어 시카고학파의 창시자로 사회생태학을 도시라는 특수한 사회의 연구에 적용시켜 동심원이론을 발표하였다. 사회생태학을 '도시(city)'라는 특수한 사회의 연구에 적용시킨 사람은 버제스다. 즉 도시는 특정활동이 특정지대에 몰리면서 각 지대가 중심부로부터 변두리로 퍼져 나가는 동심원의 유형을 나타내며 이러한 지대유형은 지가(地價)와 관련을 맺고 있다.

① 제1 지대로서는 가장 중심에 위치하는 중심지대(central zone)는 상업, 공업이 점유하는 중심적 업무 지역이다(원의 가장 중심 즉 가운데).

② 제2 지대인 변이지대(transitional zone)는 도시의 확대발전의 결과 상, 공업에 의하여 잠식되어 퇴화 과정을 걷게 된 지역인 빈민지대로서 빈곤자, 이주자, 이민자 등이 거주하는 지역이다(퇴행변이지역).

③ 제3 지대는 노동자 주거지대(blue collar zone)로써 2~3세대용 주택이 대부분인 지역이다.

④ 제4 지대인 주거지대(residental zone)는 중류층 거주지대로서 단일가구주택으로 구성되어 있다.

⑤ 제5 지대는 통근자 주거지대로(commuter's residental zone)써 교외 거주자(교외지역) 통근지역에 위치한다.

버제스는 미시간호의 반을 차지하고 있는 시카고시를 중심으로 이와 같은 지역적 구별을 하였으며, 각 지역의 범죄를 비교한 결과 '제2 지대인 변이지역'에 범죄가 집중한다는 결론을 내렸다. 이 지역이 전통적 사회통제과정을 약화시키고 생태학적 조건이 두드러진 지역으로 사회통제가 범죄를 억제하에는 역부족인 공간이다.

3) 쇼우와 맥케이(Show & Mckay)의 범죄지대 연구

쇼우와 맥케이는 생태학적 변화과정을 이용하여 버제스의 지대연구를 범죄 및 비행분석에 적용시켜서 명실상부한 범죄생태이론을 만들었다.[6] 특정지역에서 왜 범죄가 다른 지역에 비해서 높게 나타나는지 그 이유를 규명하고자 하였다.

시카고 시의 도시를 중심으로 몇 개의 구역(Zone)으로 나누고 범죄발생률을 조사하였는데 도시상업지역과 주거지역에서 상업지역으로 바뀐 도심과 인접한 변이지역의 범죄발생률이 가장 높았다.

---

6) Clifford R. Show/Henery D. Mckay, Juvenile Delinquency and Urban Ares, University of Chicago Press, Chicago 1942.

변이지대는 유럽의 이민과 흑인 이주자들의 혼재로 문화의 이질성이 높고 이로 인한 사회해체가 촉진된다. 또한 이 지역에서는 빠르게 사회변화가 일어나면서 사회해체를 촉진하는 요인으로 작용함으로 인해 개인해체를 가져오고 나아가 범죄 및 비행으로 연결된다고 본다. 이 지역 내 구성원의 인종이나 국적이 바뀌었음에도 불구하고 계속적으로 높은 범죄율을 보인다는 사실을 통하여 개별적으로 누가 거주하든지 관계없이 지역의 특성과 범죄 발생과는 중요한 연관이 있다는 것을 발견하였다. 이러한 관계들을 분석하기 위하여 이들은 각 지역의 물리적 상태나 경제적 상태에 관한 현장지도를 만들고 범죄발생률과의 관계를 살펴보았다.

(3) 지역 간 범죄율의 격차에 대한 조사와 연구

지역 간 범죄율의 격차에 대해 조사, 연구한 것으로 도시와 농촌의 비교가 많이 있다. 예컨대 1965년 일본에서 농촌과 도시 범죄의 질적 차이로서 농촌에서는 폭행, 상해 등 신체범이나 강간 등의 성범죄발생률이 높고, 도시에서는 절도, 강도, 공갈 등의 재산범이나 사기행위의 발생률이 높다고 보고되었다. 또 양자의 양적인 차이점으로 보면 도시의 범죄발생률이 농촌의 범죄발생률보다 상대적으로 높다고 하였다. 그 이유에 대해서 다음과 같이 지적 하였다 (블루히알트).

경제활동이 활발하기 때문에 이익의 상극, 마찰이 크다. 도시는 익명성이 높다, 청소년 및 성인의 도시유입이 많다, 도시생활은 경제적으로 불안정한 자가 많다. 도시에는 환락가나 상업적 오락이 발달 되어 있어 도덕에 혼란을 준다. 도시는 법 규제가 많아 위반기회도 늘어난다. 도시에는 빈부 격차가 크다. 도시는 지역 전체의 종교적 연결이 희박하고 풍속, 습관, 도덕관의 변화도 심하다.

그러나 오늘날의 경우에는 여러 교통이 발달되고 통신망의 발전으로 인해서 농촌과 도시의 범죄발생률의 격차는 많이 축소되고 있다. 이러한 까닭으로 말미암아 이제까지와 같이 이원적인 파악이 현재에도 그대로 적용 가능한가에 대한 의문점이 생긴다. 최근의 경우에는 도시에 가까운 농촌(농촌의 도시화)과 점점 발전하는 도시(도시의 도시화)의 두 가지 측면에서 지역사회와 범죄의 문제를 파악하는 쪽이 의의가 있을 것으로 생각된다.

(4) 도시화와 범죄

과거부터 범죄학상 논의된 것이 도시화와 범죄이다. 도시화란 일반적으로 교통수단의 발달이나 매스미디어의 보급 등에 의한 사회구조의 변화를 가리킨다. 종래의 도시화와 범죄연구에서는 이것을 지역의 도시화, 개인의 도시화 등 두 가지로 나누어 고찰하였다.

1) 지역의 도시화: 도시 자체가 확장해 도시 주변지역에 도시권을 형성해 나가는 것을 말한다. 사회구조의 변화에 의해 도시화된 지역의 범죄현상에 변화가 보인다는 점에 중점을 두고 있다.

2) 개인의 도시화: 시골인구를 도시가 흡수하여 그 개인을 도시화해 나가는 것을 말한다. 지방출신이 도시에 유입되어 고향의 전통이나 관습과 다른 문화와 접촉, 심리적 갈등에 빠져 범죄를 저지르는 경우가 있다고 하였다. 하지만 개인의 도시화에서는 도시화의 문제라 말하기보다는 다른 문화에 대한 접촉으로 인한 갈등의 문제로 파악하는 쪽이 적절할 것이다.

(5) 지역의 도시화와 범죄문제

이 지역의 도시화와 범죄 문제는 두 가지 다른 측면을 갖고 있다. 하나는 농촌의 도시화, 다른 하나는 도시의 도시화이다.

① 농촌의 도시화

농촌의 도시화란 교통, 통신망의 발달, 매스미디어의 발전 등을 배경으로 농촌지역의 생활양식이나 사회구조 등이 도시와 크게 다르지 않는 것을 말한다. 이런 농촌의 도시화는 범죄증가를 야기하게 된다는 주장이 제기되었다.

일본의 한 연구로서 법무종합연구소가 실시한 '범죄현상과 그 대책'을 들 수 있다. 1962년 정보는 지역의 개발이나 정비 등에 의한 그 지역의 경제적, 사회적, 문화적 발전을 꾸밀 목적으로 전국종합개발계획을 실시하였다. 같은 계획으로 임해공업지역을 건설해 그 배후지에 주택이나 도시근교형 농업지대를 만드는 것이 구상되어 1963년부터 1975년에 걸쳐 개발이 진행되어 1975년에는 연구지역 3곳의 인구가 계획실시 전의 약2배인 10만을 넘었다. 또 산업화도 차례로 진행이 되어 도로, 하수도, 교육설비 등도 급속히 이루어졌다. 법무종합연구소의 조사에 의하면 도시화가 급속히 진행된 지역의 범죄발생률은 이전보다 급속히 발생하여 개발절정기인 1971년에는 1962년의 약 4배라는 수치를 기록하였다. 이런 결과는 '개발의 직전은 범죄현상과 밀접한 상관이 있다는 것과 개발이 된 지역사회에 대한 영향의 크기, 혹은 그 영향이 개발에 직접 관련된 지역 그리고 주변지역 순으로 크게 나타난 다.'는 것이 판명되었다. 그런데 당시 일본에서는 다른 지역에의 경우에도 도시화가 진행되 고 있었으나 이 지역들에서는 범죄가 증가된다는 것이 확실히 입증되지가 않았다. 이러한 이유 때문에 도시화와 범죄의 관계에 대해서 일반적 원칙을 정립시키는 것은 제한이 따른다.

② 도시의 도시화

도시의 도시화는 도시사회 또는 도시의 물리적 환경·공간이 처음보다 확장되어 다양화 되고 고차원화 되어가는 상황 또는 과정을 말한다. 미국의 경우 1920년경부터 도시의 도시화가 급속이 진행되기 시작하였다. 한국의 경우에는 1980년을 전후로 인구나 산업의 도시에 대한 집중이 이루어져 산업경제구조나 사회구조도 큰 변화를 맞이하였다. 이런 도시의 도시화는 공간적 측면, 사회심리학적측면, 경제적·사회적 측면에서 파악이 가능하다. 즉, 도시화의 진전에 따라 다음과 같은 움직임이 보인다. 도시의 공간적 측면은 도시화의 진전에 따른 토지 의 부족이 심화되어 건축물의 고층화가 진행되는 한편 하나의 건축물을 다양한 형태로 이용하 는 경우가 증가되었다. 또한 경제의 발전에 따라 건축물을 이용하는 이용자가 변화하였다. 도시의 사회심리적 측면은 인구의 증가와 1개 도시의 거주기간의 단축에 따라 시민 상호간의 관계가 희박해지고 개인의 프라이버시가 우선된 개인주의적인 경향이 강하다. 또 도시유입 인구의 증가에 의해 상호부조의식이 희박하게 되었다. 도시의 경제적·사회적 측면은 노동 인구가 도시에 집중되었고 이 때문에 생산과 소비가 필연적으로 도시에 집중되기 마련이다. 이러한 도시환경이나 공간의 확대는 범죄 촉진요소의 증대를 야기하게 된다. 도시에 있어 상호간의 책임의 분담과 책임소재가 모호하게 된다. 집단이나 개인의 익명성이 높아 주민의 지역사회에 대한 귀속의식이 약해진다. 범죄 유인물질이 도시에 집적되어 잠재적 범죄자가 증가한다. 예컨대 지하철이나 입체교차로 등 지역환경정비와 방재 등을 목적으로 현대식 숲으로 변모 등의 경우, 이런 도시화의 귀결은 다수 시민의 눈에 띄지 않는 공간을 만들어 범죄자의 행동범위를 넓히는 등의 문제를 만들고 있다.

(6) 도시화에 의한 범죄의 질적 · 양적 변화에 대한 대응책

이제까지 공동체조직화(community organization)가 제기되었다. 공동체 형성은 지역사회의 조직화이고 각 지역이 가진 범죄적 하위문화를 개선하기 위해 지역사회가 하나의 단위가 되어 추진하는 비행방지대책을 말한다. 이런 대책에 의해서 경찰 등의 사법기관이나 교육기관에 의한 공적인 통제와 함께 지역사회의 비공식적인 통제가 가능해지는 것이다.

자료〉 룬덴(Lunden)은 지역사회와 범죄발생과의 관계를 다음과 같이 요약 정리하였다.

① 산업사회와 도시는 전통사회와 농촌보다 범죄발생률이 높다. 즉 생활양식이 전통적 농촌사회에서 도시의 산업사회적 생활로 변화됨으로써 범죄가 증가한다는 것이다.

② 이질적 문화를 가진 사회의 경우에는 동질적 문화를 가진 사회의 경우보다 범죄율이 더 높다.

③ 수평 · 수직적 사회이동이 많은 사회는 사회이동이 적은 사회에 비해서 범죄 발생율이 더 높다.

④ 상호적 공식적 계약에 의한 사회의 경우에는 가족적, 종족적 연대에 의한 사회보다 범죄율이 높다.

⑤ 강제력과 권력에 의하여 통제되는 사회는 계약적이고 가족적 체계에 의한 사회보다 범죄발생율이 더 높다.

⑥ 심리적 고립감, 무규범의 정도가 높은 사회의 경우에는 사회적 통합성과 유대가 높은 사회보다 범죄발생률이 더 높다.

⑦ 계급간의 차이가 큰 사회는 계급간 차이가 작은 사회보다 범죄발생률이 더 높다.

자료〉 우리나라 도시화와 범죄발생의 실태에 대해

해방 이후 우리나라의 가장 큰 특징 중의 하나를 손꼽아 보면 급속한 도시화의 진전이라고 할 것이다. 즉 해방 이후에 도시의 수가 절대적으로 늘었으며 도시인구가 전체인구에서 차지하는 비중이 우리나라의 산업화과정과 맞물려 급속하게 증가하였다. 예컨대, 1960년도의 경우 도시인구비율은 전체인구의 30%에도 미치지 못했지만 1975년에는 50%, 1985년에는 65%, 1990년에는 74%에 도달했다.

이는 평균적으로 우리나라 사람 4명 중 3명이 도시에 거주하고 있음을 의미한다. 우리나라는 30년 사이에 농촌사회에서 완전히 도시화되었다.

---

2. 매스컴(매스미디어)과 범죄

영화, 텔레비전, 신문, 잡지 등은 범죄의 질적 · 양적 변화에 영향을 과연 주는가? 이 문제에 대해서 한국뿐만 아니라 유럽의 경우에도 활발한 논의가 있어 왔다. 특히 드라마나 영화, 범죄보도 등과의 연관성이 의문시되는 잔인한 범죄가 발생할 경우 열띤 논쟁에 휩싸이게 된다.

(1) 매스컴과 범죄의 관계에 대한 이론

이와 관련된 이론으로는 자극성가설, 카타르시스가설, 습관성가설의 이론에 대해서 살펴보도록 하자.

① 자극성가설

캇츠(E. Katz) · 버코위츠(L. Berkowitz) · 윌슨(B. Wilson) 등이 대표적 주장자로서 매스컴이 범죄학습효과를 가짐으로써 직접 범죄를 유발하는 원인 된다는 견해이다(단기효과이론 · 직접효과설). 매스컴은 폭력을 위장하여 묘사, 표출함으로써 시청자의 모방충동을 야기하고 범죄의 수법과 과정 등을 시사해 주며, 폭력을 우상화, 영웅화 하여 미화시킴으로써 직접 범죄를 상상하게 하는 요인이 된다. 또한 부유한 계층의 생활을 보여줌으로써 소외계층의 상대적 박탈감을 자극하고, 성적 표현이 자주 등장함으로써 성범죄를 유발하기도 한다(모방효과).

② 카타르시스가설

매스컴에서 등장하는 범죄 또는 그 범죄자에 대한 처벌은 일반인들에게 카타르시스의 역할을 하여 오히려 범죄를 억제하는 기능을 한다는 이론이다(범죄억제기능).

최소한 매스컴은 범죄와 무관하다는 주장을 펴는데 그 논거를 살펴보면 다음과 같다.

- 사람들은 매스컴이 대량의 정보와 지식을 전달함으로써 현대사회에서 빼놓을 수 없는 중요한 기능을 수행하며 동시에 대화수단으로서 계층을 서로 통합시키는 기능을 한다.
- 반사회적 범죄를 자행한 자의 명단과 범죄내용을 공개함으로써 일반국민들로 하여금 경각심을 불러일으키게 하고, 유사한 범죄가 재발하지 않도록 하는 기능을 할 수 있다고

한다. 이것은 특히 정치적 상류계층의 범죄 또는 정치적 부정•부패와 관련된 범죄에서 효과가 있을 것이다.

③ 습관성가설

쉬람(Shramm), 쿤칙((Kunczik) 등이 대표적 주장자로서, 매스컴의 폭력장면에 끊임없이 노출되다 보면 자기도 모르게 폭력에 길들여질 개연성이 높다는 이론을 말한다.

위의 매스컴이 범죄를 유발하는 원인이 된다는 결론에서는 위의 자극성가설에 의한 학습이 론과 유사하지만 그 과정이 장기적 영향에 의한다는 차이가 있다(장기효과설 또는 간접효과 설). 매스컴과 범죄의 관계를 태도, 성향 내지 감수성의 문제로 보아 매스컴은 취미생활의 변화를 조장하고 건전한 정신발달을 저해하며 취미를 편협하게 만들어 일반적으로 폭력, 범죄, 오락에 탐닉하게 한다. 또한 범죄를 미화하여 범죄를 동경하도록 가치관을 변화시키 거나 범죄에 대한 무비판적, 무감각적 성향으로 변모시키고 심지어는 범죄의 과잉묘사로 엽기적 취향마저 유인할 수 있다(둔감화작용).

반두라의 견해: 반두라는 텔레비전이 소년에게 주는 영향으로 네 가지를 지적하였다.
⇨ ① 공격적인 행위를 가르친다. ② 공격행동의 억제를 가르친다. ③ 폭력에 대한 감각을 마비시켜 습관화한다. ④ 소년의 행위에 대해 사람들이 감싸주는 이미지가 구체화된다.

---

(2) 종교와 범죄

종교는 일반적으로 사회윤리적 도덕성을 강조하기 때문에 범죄의 억압기능을 하는 것이 보통이다. 범죄자를 교화하는 가장 좋은 방법의 하나로 종교생활을 강조하는 것도 그러한 이유에서이다. 그러나 종교인의 전체적인 증가에도 불구하고 사회전반의 범죄정도는 변화 가 없고, 종교를 가진 사람의 범죄 또한 늘어나고 있다는 점은 종교의 범죄억제기능에 대한 회의를 가져오게 한다. 수형자 가운데 종교를 가지고 있다고 답한 사람은 전체의 80%를 넘는다. 그럼에도 석방 후 재범률은 감소할 기미를 보이고 있지 않다. 여기서 문제는 종교를 갖고 있다고 말하는 사람의 개인적 신앙심의 차이에 있다고 한다. 즉 종교의 양적 팽창에 미치지 못하는 질적 저하와 기복적 신앙관 등이 종교가 범죄억제기능을 제대로 하지 못하는 원인이라는 것이다.

최근 종교와 관련하여 문제가 된 부분은 오히려 이단이나 사이비종교 등의 신자가 저지르는 확신범이다. 산업사회와 정보화사회의 진전과 결부된 전통가치의 붕괴, 이에 따른 가치관의 동요 내지 전도현상, 정신적 황폐화 등은 그들을 더욱 나약하게 만들고 반도덕적 종교에 의지해서라도 마음을 붙일 곳을 찾도록 하기 때문에 사이비종교의 사회적 파장은 더욱 확대되고 있는 실정이다.

〈수형자의 종교별 인원 2008.12.31.〉

구분/종교	계	기독교	불교	천주교	기타	무종교
인원	32,197	13,210	8,338	5,248	1,043	4,358
구성비(%)	(100)	(41.0)	(25.9)	(16.3)	(3.3)	(13.5)

(3) 윤리관과 범죄

범죄는 대개 반윤리성을 띠기 때문에 국민의 윤리관은 범죄와 직접적 관련이 있다. 그러나 윤리관과 범죄의 상관관계는 일반적으로 생각하는 것처럼 형사정책적 의미가 그렇게 큰 것은 아니다.

윤리관의 내용과 변화는 그 개념이 너무 넓어서 구체적으로 파악할 수 없을 뿐만 아니라 통계에 의해서도 조사하기 어렵다. 따라서 일정한 윤리의 결과와 범죄의 직접적 관련성을 입증하는 것은 더욱 불가능하다.

종교와 범죄의 문제는 예외적인 경우를 제외한다면 범죄의 원인이라는 측면보다는 범죄방지의 유효한 방안이라는 측면에서 검토할 필요가 있다. 우리나라에서는 1983년부터 종교위원제도를 운영하여 교정시설에서 종파별 종교상담 · 교리지도 · 자매결연 · 교화도서기증 등을 통하여 교화활동을 시행하고 있다.

(4) 인종편견과 범죄

인종 또는 민족과 범죄의 관계를 연구하는 작업은 지금까지 우리나라에서는 큰 의미가 없었

다. 그러나 최근에 외국인 근로자들이 증가하면서 이제 남의 문제로만 볼 수 없는 상황이 되었다.[7]

1) 소수민족과 범죄

미국에서는 흑인범죄율이 높은 것으로 나타나고 있다. 미국 전체인구의 12.7%를 차지하고 있는 흑인이 전체범죄에서 갖는 비율은 25%로서 다소 높게 나타나고 있는 것이다. 특히 폭력범죄는 50%, 재산범죄는 30% 이상이 흑인이라고 한다.

〈외국인범죄 검찰처리인원 2004~2008년[8]〉

인종과 관련한 범죄문제를 사회적 · 문화적 주변성의 문제로 취급하는 경우도 있다(주변성개념). '파크(Park)'가 처음 사용한 주변성(marginality)이란 원래 인종적 범죄원인으로서 두 개 문화권의 한계선에 놓인 상태를 말한다. 그러나 1976년 카라카스 국제사회방위협회에서 비사회적 내지 반사회적인 것도 아니면서 사회의 주류로부터 소외받는 사람들을 일컫는 개념으로 사용하여 그 적용범위를 확대하였다. 이렇게 될 경우 주변성의 개념은 '인종과 범죄뿐만 아니라 도시와 농촌 범죄 등에 대해서도 적용 가능한 개념이 된다.'

2) 이민과 범죄

이민국가인 미국에서는 이민자와 범죄의 관계가 문제될 수 있다. 통계에 따르면 전체적으로 이민자의 범죄율이 높다고 말할 수는 없고 이민은 민족에 따라 차이가 있다고 한다. 이민이 범죄에 영향을 미칠 수 있는 요인은 다음과 같다.

① 이민자의 고국과 차이가 있는 전통성이나 윤리관의 문제
② 이민정책상 특정인종이나 민족 또는 범죄자 등의 이민에 정부가 간섭하는 문제
③ 이민자에 대한 사회적 냉대와 불신이 이민자의 정상적 생활을 어렵게 하는 문제 등을 들 수 있을 것이다.

---

7) 2009년 우리나라의 전체범죄에서 외국인 범죄가 차지하는 비율은 0.9%에 불과하다(범죄분석, 2010, 338~343면).
8) 범죄분석 2008, 150면.

그리고 이민이 빈곤계층을 중심으로 한 노동자들로 구성되는 경우에는 사회적 결속력이 약하고 뚜렷한 가치관의 결여, 주로 도시에 거주하는 사실 등으로 범죄율이 높아질 수 있다.

3) 우리나라

우리나라의 외국인 범죄는 '출입국관리법'에 위반하여 불법으로 입국·체류하는 경우(출입국사범)와 국내에 체류하는 외국인이 다른 형벌법규에 위반하는 경우(좁은 의미의 외국인 범죄)로 구분할 수 있다.

(5) 포르노그라피와 범죄의 연관성

이전에는 매스미디어와 범죄 연구에 있어서 주로 폭력에 관한 매스미디어와 범죄의 관련성이 논의되어 왔다. 최근 미국에서는 더 나아가 포르노그라피와 범죄의 연관성이 주목되고 있다. 이런 문제에 대한 관심이 높아진 것은 '번디사건'의 영향 때문이다. 번디는 워싱턴주, 오리건 주, 플로리다 주 등 5개 주에서 23건의 강간살인을 일으켜 기소돼 1979년에 유죄가 확정되어 사형이 선고되었다. 이처럼 성범죄를 계속적으로 반복해서 행하는 원인에 대해 번디 자신이 포르노그라피의 영향이라 진술해 양자의 관련성 여부가 주목되었다. 단, 포르노그라피와 범죄의 관련성은 이처럼 주목을 받기 전부터 포르노의 규제문제 등이 항상 논의되어져 왔다. 예컨대 슈레츠는 '미디어, 범죄 및 형사사법'에서 숫자적으로 정해진 것이 아니고 여성에 대한 성적 폭행의 묘사가 사회적으로 악영향을 준다는 증거는 증가하고 있다고 진술했다. 하지만 포르노그라피와 범죄의 관련성을 긍정하는 이런 견해에 대해서 이를 반대하는 견해도 주장되고 있다.

예컨대 연방법무성의 보고서 내용에는 데이터의 분석방법에 문제가 있는 것이다. 1970년에 대통령 직속 위원회가 낸 결론에 반대해 위원회 내부에서도 반대론의 주장이 있었다. 이제까지 매스미디어와 범죄 연구에서 양자 간에 일정한 상관관계가 존재함은 인정되고 있다. 단, 그러한 관계를 인정한다 해도 매스미디어가 범죄의 원인이 된다는 것은 별개이다. 예컨대 리드는 미국에서 남성보다 여성 쪽이 텔레비전의 시청시간이 길어도 여성범죄가 남성범죄보다 적은 것과 성인보다 소년 쪽이 텔레비전 시청 기간이 적은데도 재산범의 태반이

소년에 의해 실행되는 것을 설명할 수 없는 것이 아닌가를 지적했다. 마크베스는 폭력적인 텔레비전 프로그램을 본 모든 자가 범죄를 저지르지 않는다는 것에서 텔레비전에서 학습한 공격행동을 실제 행동으로 옮기는가 아닌가는 다른 요인에 의한 것이라 주장하고 있다. 윌슨과 한스테인도 텔레비전과 범죄의 인과관계에 대해서 명확히 증명할 수 없는 것이라 주장했다.

(6) 주사침이론

자기정화설과 촉진설의 두 가지 가설은 미디어에서 얻은 자극이 즉각 행동에 의해서 실행된다고 생각하여 주사침이론(注射針理論)이라고 불리고 있다. 이에 대해서 미디어에 의한 자극과 그 반응으로서의 행동 간에 몇 개의 심리과정을 가정해 자극이 그 단계를 통과하는 중에 범죄행동이 일어난다는 주장도 있다. 이 주장은 '다단계이론'이라 불려 현재 많은 심리학자들의 지지를 받고 있다.

자료) 공격성에 영향을 미치는 요인

① 인구밀집: 인구밀집 지역에서 개인적인 공간은 빈번하게 침해당한다. 한 연구보고서에 따르면 쥐를 대상으로 연구하였는데 쥐들에게 충분한 음식과 물을 제공하고 그들이 마음껏 개체수를 늘리도록 놔두었다. 적정 수준 이상의 수가 되자, 쥐들은 서로 공격하기 시작했고 자신들의 집을 지키기보다는 이웃의 쥐를 공격하였다. 사람에게 위와 같은 명백한 연구는 없지만 그 관련성은 여러 연구를 통해서 증명되어 왔다. 그러한 연구 중에는 인구밀도와 온도가 증가함에 따라 부정적인 감정이 다른 사람에게 더 잘 전이되었다는 보고가 있다. 또한 인구밀집에 따른 공격성에는 성차가 있다는 것도 발견되었다. 여성의 무리보다는 남성의 무리에서 더 공격성이 증가되었다(Calhoun, 1962).

② 온도: 환경온도와 공격성 사이에는 복잡한 관계가 있다고 한다(Baron, 1977). 그는 극단적으로 높고 낮은 온도는 공격성을 억제시키는 경향이 있지만 중간 정도의 온도는 그렇지 않다고 하였다. 그는 집단적인 또는 개인적인 폭력이 극도의 더위나 추위를 경험할 때보다 차라리 불쾌한 중간 온도에서 현저히 나타남을 발견하였다. 또한 미국의 전체적인 폭력범죄의 발생비율이 더운 년도와 더운 여름, 그리고 더운 도시에서 더 높았음을 발견하였다. 따라서 여러 학자들은 높은 온도와 폭력적 범죄들 간에 강한 연관성이 있다고 결론을 짓는다.

---

③ 대중매체의 영향: 일반적인 연구들은 텔레비전의 폭력성이 상당수의 어른과 아동들의 공격행동의 빈도와 종류에 중대한 영향을 미친다는 것을 밝혀냈다. 폭력적 텔레비전과 공격성의 연관성은 특히 자신이 본 폭력적인 캐릭터와 밀접하기 자기를 규정하는 어린 소년들과 대인관계에서 어려움을 겪고 있는 아동들에게서 강하게 나타난다. Bandura(1977)의 '보보인형 실험'은 폭력의 모델링효과를 잘 보여준다. 아동들을 세 그룹으로 나눠서 세 개의 필름을 보여준 후 자유롭게 노는 모습을 관찰하는 실험을 실시하였다. 한 어른이 보보인형을 학대하고 사탕과 음료수를 상으로 받는 모습을 본 그룹의 아동들이 공격적인 행동을 가장 많이 하였고, 아무런 후속조치 없이 학대하는 것만 본 그룹에서보다 그 어른이 맞고 질책을 받는 모습을 본 그룹의 아동들이 가장 적은 공격적인 행동을 보였다. 이 실험은 미디어의 폭력성이 현실생활에서 강한 영향력을 미칠 수 있다는 것을 제시한다. 공격적 아동이 더 많은 미디어 폭력을 시청하고 미디어 폭력에 더 많이 노출되는 것이 공격적 행동을 증가시킨다는 수많은 연구들이 있다(Miller, 1994 등). 미국심리학위(APA)는 폭력행동에 대한 미디어 폭력성의 나쁜 영향에 관한 판단에 동의하며, 이러한 이유에서 미국심리학회는 미디어 폭력을 줄이기 위한 노력에 적극적으로 동참하고 있다.

④ 에로물과 공격성: 폭력적인 에로물의 노출은 남자가 여자에게 폭력을 행사하는 것에 영향을 미쳤다. 이것은 여성에 대한 냉담한 태도를 가져올 수 있고, 따라서 이런 경우 폭력적이고 강제적인 성행위가 더 수용된다(Donnerstein과 Berkowitz(1981). 많은 연구에서 실제로 폭력적인 성행위의 시청은 여성에 대하여 폭력적인 쪽으로 자세를 취하게 한다는 것이 밝혀졌으며, 여성이 다양한 성행위를 하는 것이 강요되는 것을, 또는 심지어 강간당하는 것을 즐긴다는 잘못된 신념을 받아들이는데 기여한다고 밝히고 있다.

⑤ 가정환경: 가정환경은 공격성의 환경적 요인 중 큰 몫으로 작용한다. 부모는 중요한 역할모델이기 때문에 부모가 공격적이면 아이도 공격적일 것이라고 예상할 수 있다. 중요한 사실 중 하나는 부모에 의한 물리적 체벌은 아이들의 공격성과 관련되어 있다는 것이다. 물리적 훈육으로 공격성이 허용될 때 아이들은 공격적이게 된다. 강압적인 가정환경(coercive home environment)도 공격성에 영향을 준다. 강압적인 가정환경이란 인정과 애정을 표현하기보다는 서로 말다툼을 하고, 대화를 이끌어가는 것이 부족하고, 대화를 할 때도 상냥하게 이야기하기보다는 다른 가족 구성원들을 자극하고 위협하거나 아니면 화나게 만드는 경향이 있는 환경을 말한다. 이러한 가정환경의 원인은 가정 내의 많은 상

호력을 행사하는 가족 구성원의 시도 때문이다. 예컨대 시끄럽게 떠드는 아동의 행동을 체벌하거나 고함을 질러 멈추게 하는 일련의 과정이다.

이와 같은 권위적이거나 강압적인 양육방식, 방임적인 양육태도, 가정폭력 등이 아동의 공격성에 부정적인 영향을 미치는 것으로 알려졌다.

⑥ 연령: Moffitt(1993)은 평생 지속적인 비행경력자와 청소년기 일시적인 비행자가 존재한다고 주장하였다. 그러나 비행청소년의 대다수는 청소년기의 일시적인 비행자, 즉 15~25세 사이에 반사회적 행동을 하는 사람들로 구성되어 있다. 이는 공격성이 청소년기에 일시적으로 증가한다는 사실을 시사한다.

Hirschi와 Gottfredson(1983)은 1970년, 1974년, 그리고 1983년에 미국에서 연령에 따른 주거침입 절도 체포율의 조사를 통하여 연령과 범죄와의 관계를 밝혔다. 이들은 범죄를 저지를 수 있는 능력이 신체적으로 가장 활발할 수 있는 시기에 범죄율이 가장 높으며, 그 이후로부터 인생의 종말로 이어지는 시기 동안에는 지속적으로 감소한다고 보고하였다.

3. 자연환경과 범죄

자연환경이란 사람들의 인위적인 조작에 영향을 받는 일이 거의 없이 사람들의 생활에 영향을 미치는 제반환경을 의미한다. 자연환경이 범죄현상에 미치는 영향을 크게 두 가지의 경우로 논의할 수 있다.

① 자연환경의 직접적인 효과로 기상, 기후, 지세, 경관, 밤과 낮의 차이 등에 의해 사람들의 생리나 심리적 상태가 달라짐으로써 범죄현상에 영향을 미칠 수 있는 것이다.

② 간접적인 효과로 자연환경에 따라 정치, 경제, 사회, 문화제도가 서로 다양하게 형성되고 이러한 상이한 제도를 매개로 하여 자연환경이 범죄현상에 그 영향을 미친다는 것이다.

자연환경이 범죄현상에 미치는 영향은 이와 같이 두 가지의 경로가 있을 수 있지만, 지금까지의 연구가 주로 관심을 두었던 부분은 간접적인 경로보다는 '자연환경의 시간적 요인과 공간적 요인이 직접적으로 미치는 영향에 관한 부분들 이었다.'

(1) 시간과 범죄

미국에서 범죄가 가장 많이 발생한 시간대를 연구한 결과 오후 8시에서 새벽 4 시에까지가 전체의 45%를 차지하였고, 특히 오후 10시에서 12시까지 두 시간 동안에 전체범죄의 16%가 발생한다고 한다.

우리나라의 범죄분석에 따르면 죄종별로 범죄발생정도의 차이는 있으나 가장 높은 발생률은 밤 시간대(2시~3시39분)가 34.5%이다. 다음으로 오후(12시~5시59분)이 21.1%, 그리고 저녁(6시부터~7시59분)이 9.2% 순서로 나타나고 있다(범죄분석 2010). 새벽(4시~6시59분)과 아침(7시부터 ~8시59분)은 6.5%, 5.2%로서 범죄발생률이 낮은 편에 속한다. 죄종별로 시간별 범죄발생량에 차이는 있으나, 상당량의 범죄가 오후부터 새벽에 걸쳐 발생한다고 할 수 있고, 이는 당해 시간에 사람들의 활동량이 가장 많다는 것과 밤의 은폐성에 기인하는 것이라고 한다.

일몰 후의 범죄는 주로 타인의 눈을 피하기 쉬운 이점을 이용하는 절도, 강도, 방화, 도박죄, 도로교통위반 등의 범죄인 반면, 낮 시간에 빈번한 범죄는 절도, 상해, 폭행, 업무상과실치사상, 교통사고처리특례위반, 소매치기 등의 범죄이다.

(2) 계절과 범죄

우리나라는 봄, 여름, 가을, 겨울의 사계절이 비교적 뚜렷하다. 이러한 계절적 변화는 사람들의 활동에 많은 영향을 미칠 수 있다.

① 봄철은 3-5월, 여름은 6-8월, 가을철은 9-11월, 겨울철은 12-2월까지인데 전체범죄의 경우 봄에서부터 가을까지 점차 증가하다가 겨울에는 감소하는 경향이다.

② 다음으로 주요범죄별로 계절주기성을 살펴보면, 절도범죄는 봄에 가장 많이 발생하고, 여름과 가을에는 점차 감소하여 겨울에 가장 적게 발생한다. 사기범죄의 경우에는 계절별로 큰 차이가 없으며, 생명 · 신체에 대한 폭력범은 겨울에 적고 여름에 많다.

③ 성범죄는 저온에서 고온으로 이행하는 시기인 봄부터 증가하여 여름에 가장 많고, 겨울에 들어서면서 다시 낮아진다. 왜냐하면 여름철의 노출에 따른 범죄유혹과 상관관계가 있을 뿐만 아니라 외부활동 내지 성욕의 증가와도 무관하지 않기 때문이다. 우리나라의 범죄통계를 살펴보면 2009년 우리나라 성폭력 범죄 발생추이를 보면, 3월부터 증가하기 시작하

여 8월(전체 16,156 건중 1,700건)에 절정을 이루고, 9월부터 다시 감소추세로 돌아선다. 그리하여 12월부터 2월까지는 현저하게 낮은 발생률을 기록한다.

여름철에 성관련 범죄가 증가하는 이유는 봄부터 시작되는 성적 활력이 증대됨에 따라 계절적 위기라는 것이 크게 작용한 결과라고 할 것이다.

④ 강도범죄는 봄에 비교적 높은 수준으로 발생하다가 점차 감소하여 가을에 가장 낮은 수준이 되었다가 다시 겨울에 비교적 높은 수준으로 발생하고 있다.

(3) 기후와 범죄의 관계

지리적인 기후와 범죄의 관계를 살펴보면 재산범은 추운 지방에서 높다. 이것은 일찍이 케들레가 범죄의 기온법칙(thematic law of crime)이라 불렸으며, 드게리는 프랑스에서 추운 북부지방은 대인범죄와 재산범죄의 비율이 100 : 181.5이고, 더운 남부지방은 100:48.8의 비율로 큰 차이가 있음을 발견하였다. 이것은 다른 국가에서도 비슷한 결과들을 보인다. 폭력범(대인범)은 더운 지방에서 많이 발생한다고 한다(범죄의 기온법칙). 그러나 각 지역의 풍속이 범죄에 미치는 영향이 크기 때문에 기후가 범죄종류와 직접적 관계가 있다고 보기 어렵다.

기후 중 고온과 저기압은 특히 범죄성과 관련이 있다. 이른바 불쾌지수라는 것은 건조도로 계산하는데, 여름철은 불쾌지수의 상승으로 각종 범죄가 많이 발생하는 것으로 보이는데 이것을 '짜증범죄'라고도 한다. 기후의 이상으로 특이한 정신적 반응을 나타내는 예로 열대 성정신반응이상이 있다. 증상은 두통, 피로증, 불면, 억울성 기분을 나타내는 현상을 말하며 다른 사람들과 사소한 문제로 충돌하는 경우가 많아 살인과 같은 범죄를 저지를 가능성이 많다.

날씨와 범죄의 관계란 날씨의 흐림과 많음, 눈과 비·바람의 상태가 범죄에 미치는 영향을 말한다. 대체적으로 범죄는 맑은 날에 더 발생하고 만월의 밤보다는 칠흑 같은 어두운 밤에 더 많이 발생하는 것으로 보인다. 그러나 맑은 날, 흐린 날, 비나 눈이 내린 날의 평상일수와 비교한 구체적인 연구결과가 없는 탓으로 분명한 연관성은 알 수는 없다. 지리적 요인과 범죄의 관련성은 예전부터 논의되어 왔다. 게리는 프랑스의 범죄통계를 기초로 적도에서 떨어지면 떨어질수록 재산범이 증가하고 가까울수록 인신범죄가 증가한다고 주장했다.

독일의 아산펜플그나 미국의 서덜랜드의 연구에서도 범죄의 발생률에는 지역격차가 존재한다고 주장했다. 단, 이들의 연구는 게리와 같은 결론을 이끌어 낸 것은 아니다.

(4) 장소적 요인

1) 범죄율의 지역차와 관련하여 ① 케틀레(A. Quetelet)는 인신범죄는 따뜻한 지방에서, 재산범죄는 추운지방에서 상대적으로 많이 일어난다는 소위 '범죄의 기온법칙'을 주장하였다. 그리고 프랑스의 게리(A.M. Guerrey)도 비슷한 조사결과를 얻었다. 그러나 ② 범죄발생은 지역 그 자체의 차이로 인하여 영향을 받는다기보다는 오히려 지역의 산업화·도시화와 같은 부수환경과 밀접한 관계가 있는 것으로 이해해야 한다.

2) 다음으로 도시내에서 장소와 범죄발생과의 관계가 문제된다. 이에 대해서 미국의 범죄학자 쇼우와 맥체이 이후로 많은 학자들이 연구하였다.

   '쇼우와 맥체이'는 1920년대에 미국 시카고 지역을 대상으로 범죄다발지역의 장소적 특징을 파악하고자 하였다. 이들은 시카고시를 1평방 마일씩 나누고 그 지역에 있었던 범죄건수를 기록하고 인구 10만 명에 대한 범죄자의 비율을 구하는 방법으로 범죄다발지역이 갖는 장소적 성격을 규명하고자 하였다.

   ▶ 이러한 과정에 의한 결과로써 '사회중심부일수록 범죄율이 높고, 중심에서 멀어질수록 범죄율은 감소하고, 또한 범죄가 많았던 지역은 대체로 주위환경이나 생활상태가 열악한 장소들이었다.'

3) 1960년대 '태프트(D.R. Taft)는 쇼우와 맥케이의 연구를 발전시켜 범죄다발장소를 빈곤지구, 전이지구, 환락지구 등으로 구분하고 각 장소별로 독특한 범죄들이 발생한다고 지적하였다.

4) 우리나라의 경우에 장소별 범죄유형을 정리해본 결과 다음과 같은 결과가 나타났다(형사정책연구원, 범죄발생의 추세분석 중에서).

   절도범죄는 노상(28.5%), 주택가(27.7%)에서 전체의 과반수이상이 발생하였고, 강도범죄는 노상(41.1%), 주택가(29.6%), 폭행죄나 상해죄는 노상(39.2%), 사무실(5.9%), 요식업소(5.6%)군으로 나타났고 강간의 경우는 주택가(32.1%), 노상(15.5%), 숙박업소(14.7%)의 순이다.

(5) 요일과 범죄

주급제로 봉급을 지급하는 국가는 금, 토, 일요일에 범죄가 많이 발생하는 것이 일반적 경향이다.

① 유흥이 많은 주말에는 폭력범죄나 풍속범죄(간통죄), 교통범죄가 많이 발생한다.[9]

② 휴일이 지난 월요일이나 화요일에는 사람들의 주의력이 떨어져서 과실범죄가 상대적으로 많이 발생하는 것으로 알려져 있다.

③ 범죄발생률을 보면 일요일(13.5%), 월요일(13.7%), 화요일(14.0%), 수요일(14.3%), 목요일(14.2%)이 높은 것으로 나타나고 있다(범죄분석, 2010).

④ 요일과 범죄의 관계는 상관성이 인정된다고 하더라도, 요일 자체의 특징이 아니라 당해 요일의 경제, 사회, 문화적 환경의 영향력에 기인하는 것이라고 보아야 한다.

---

9) 한 때 우리나라는 수요일에서 목요일로 넘어가는 밤에 주택가에서 성범죄가 가장 많이 일어난다는 보고가 눈길을 끌었다(조선일보 1996.7.15). 참고로 강도죄는 목요일에 살인죄와 절도죄는 금요일에, 강간죄와 간통죄는 토요일에 더 발생하는 것으로 나타나 있다. 범죄분석 2010, 210면.

제6장
범죄심리학의 기초이론

제6장 범죄심리학의 기초이론

제1절 갈등론

1. 갈등과 범죄

(1) 범죄에 대한 두 가지 관점

범죄에 대한 관점은 법의 기원과 범죄의 특성, 형사제재에서 국가의 역할 등을 어떻게 보느냐에 따라 두 가지 상반된 관점으로 나누어진다.

① 합의론적 관점은 범죄에 대한 대책에서는 현상유지적, 수정적 경향을 지닌다. 한 사회의 법률은 사회구성원들에 의해 일반적으로 합의된 행위규범을 반영하는 것으로 그 사회의 가치·신념의 주류를 대변하는 것이고, 범죄는 이러한 법률의 위반으로 사회 전체의 일반적 합의에 모순된 행위로 규정한다.

② 갈등론적 관점은 범죄의 대한 대책에서는 개혁적·변혁적 경향을 띠고 있다. 사회의 다양한 집단들 중에서 자신들의 정치적, 경제적 힘을 주장할 수 있는 집단이 자신들의 이익과 기득권을 보호하기 위한 수단으로 만들어 낸 것이 법률이라는 것이다.

(2) 갈등이론이 제기하는 몇 가지 의문

왜 특정 법률은 집행되는 반면, 일부 다른 법률은 집행되지 않아서 특정 법률을 위반한 사람만 범죄자로 만드는가? 왜 법률이 특정 집단이나 계층에 대해서만 집행되고 일부 다른 집단이나 계층에 대해서는 집행되지 않아서 일부 특정 법률의 위반자만 범죄자로 만들어지는가? 위와 같은 질문을 통해 갈등이론은 범죄와 범죄자가 만들어지는 사회적·정치적 과정, 즉 범죄의 정치학을 연구하려 하는 것이다.

2. 갈등이론의 분류

갈등이론은 갈등집단의 속성을 어떻게 파악하는가에 따라 보수적 갈등이론과 급진적 갈등이론으로 구분할 수 있다. 보수적 갈등이론은 사회를 구성하는 다수의 다양한 집단이 그들의 이익을 추구하기 위해 경쟁하고 있다는 견해이다. 급진적 갈등이론은 마르크스의 계급갈등론을 바탕으로 사회에는 두 가지 계급이 존재하며 양자가 서로 사회를 지배하고자 경쟁하고 있다는 견해로서, 비판범죄학이라고도 한다.

3. 보수적 갈등이론

(1) 베버(Weber)의 범죄분석

베버에 의하면 범죄는 사회 내 여러 집단들이 자기의 생활기회를 증진시키기 위해 하는 정치적 투쟁, 즉 권력투쟁의 산물이라고 한다. 따라서 범죄는 사회체제 여하를 떠나서 권력체제, 즉 정치체계가 조직되어 있는 모든 사회에 존재한다고 본다.

(2) 볼드(G. Vold)의 집단갈등론

1) 집단형성의 동기

집단갈등론은 사람이란 원래 집단지향적인 존재이며 이들의 생활은 대부분 집단에 참여함으로써 가능하다는 전제에서 출발한 것이다. 그리고 자신의 독자적인 노력보다는 비슷한 이해관계인들이 집단행동을 통하여 자신들의 요구를 보다 잘 실현할 수 있기 때문에 집단은 형성되며, 따라서 새로운 이해관계가 생길 때마다 집단은 계속 만들어지며 기존집단이 더 이상 구성원들에게 도움을 주지 못하면 집단은 약화되거나 소멸된다는 것이다.

2) 집단갈등의 원인

집단들간에 갈등이 발생하는 까닭은 여러 집단들이 추구하는 이익과 목적이 중첩되고, 경쟁적이기 때문이며 집단들 간의 갈등은 분쟁의 유발이라는 부정적 측면도 있지만 구성원들이 집단에 대한 애착심을 강화시키는 긍정적 측면도 있는 것으로 이해되고 있다. 볼드는 '입법이나 법집행 등의 모든 과정이 집단 간 이해갈등의 결과로 빚어진다고 보았으며 특히 집단간의 이익갈등이 첨예하게 대립되는 영역으로 지적한 것은 입법정책부문이다.' 볼드의 집단갈등론은 이와 같이 법의 제정, 위반 및 법집행의 전 과정에 대한 집단이익의 갈등이나 국가의 권력을 이용하고자 하는 집단 간 투쟁의 결과로 주장한다. 즉, 범죄는 이러한 과정에 참여하였으나 자기의 이익을 반영시키지 못한 집단의 구성원이 일상생활 속에서 법을 위반하여 자기의 이익을 추구하는 행위라고 보았다. 이러한 맥락에서 범죄행위도 집단갈등과정에서 자신들의 이익과 목적을 제대로 방어하지 못한 집단의 행위로 인식하였다.

예컨대, 볼드는 1960년대와 1970년대에 미국에서 있었던 많은 범죄들이 시민권운동과 반전운동과 연관된 것이었으며 이러한 유형의 범죄들은 국가의 정치조직 속에서 권력을 쟁취하려는 집단들 간의 갈등이 빚어낸 것으로 볼 수 있다는 것이다.

3) 공헌 및 비판

① 공헌

인종분쟁, 노사분쟁 등 전통범죄학에서 도외시되었던 특정범죄의 설명에 적합하며, 이후 갈등론적 범죄이론의 발전에 많은 기여를 하였다는 평가를 받는다.

② 비판

이익집단들 간의 갈등과 연관되지 않는 충동적이고 비합리적인 범죄행위(비이성적 · 격정적 범죄)에 대해서는 적용할 수 없다는 근본적인 한계가 있다는 비판을 받는다.

> 범죄란 집단이익의 갈등이나 집단 간 투쟁의 결과이며 범죄행위란 집단갈등과정에서 자신들을 제대로 방어하지 못한 집단의 행위로 보았다.

(3) 터크(A. Turk)의 권력갈등이론(범죄화론)

1) 사회질서의 기초

① 터크는 집단 간에 발생하는 갈등의 원인은 사회를 통제할 수 있는 권위를 추구하는 데에 있다고 본다. 그리고 사회의 권위 구조를 집단의 문화규범 · 행동양식을 타인에게 강제할 수 있는 권위를 가진 지배집단과 그렇지 못한 피지배집단으로 구분하였다.

② 사회질서는 권위를 확보한 지배집단들에 의해 유지되는 합의와 강제 사이에 균형 상태에

기초한다. 지배집단은 이러한 균형이 깨어져 과도하게 강압적인 지배관계나 과도하게 합의지향적인 평등관계로 이해하는 것을 방지함으로써 사람들이 지배집단과 피지배자라는 사회적 역할에 의문을 제기하지 않고 그렇게 조건지어진 삶을 영위하도록 한다.

2) 갈등의 조건

① 터크는 문화규범과 사회규범을 구별하여 문화규범이 법조문에 관계된다면 사회규범은 법이 실제로 집행되는 실제적 행동양식과 관련된다고 보았다.

② 지배집단과 피지배자 사이에 문화적·사회적 규범의 차이가 있다는 점에서 출발한다. 갈등의 개연성은 지배집단과 피지배자, 양자의 조직화의 정도와 세련됨의 수준에 의해 영향을 받는다. 그러나 모든 갈등이 언제나 피지배자의 범죄화를 유발시키는 것은 아니다.

3) 범죄화의 유발요인

① 터크는 법 제도 자체보다는 법이 집행되는 과정에서 특정 집단의 구성원이 범죄자로 규정되는 과정을 중시하였다. 그리하여 어떤 조건하에서 집단 간에 갈등이 발생하고 어떤 사람들이 범죄자로 규정되는 과정과 관련하여서 세 가지 조건을 주장하였다.

법률의 지배집단에 대한 의미	현실의 법이 지배집단의 문화규범 및 행동규범과 일치할수록 그러한 법이 우선적으로 집행될 가능성이 크다
법 집행자와 저항자 사이의 상대적 권력관계	통상적으로 법은 법 집행에 도전할 수 있는 힘을 가진 지배집단보다는 이와 같은 힘을 갖지 못한 피지배집단에 더욱 집요하게 집행된다.
갈등 진행의 현실성	집단 간의 갈등의 산물인 법규 위반이 실현가능성이 낮은 목표를 주장·관철하려는 경우일수록 법 집행이 강화된다.

② 지배집단이 하층계급의 사람들에게 그들의 실제 행동과는 관계없이 범죄자라는 신분을 부여할 수 있다는 측면에서 피지배집단의 범죄현상을 이해한다. 결국 지배집단의 힘이 강하고 갈등이 그들의 행동규범이나 문화규범에 중요한 경우에 피지배집단의 구성원들이 범죄자로 규정되고 처벌될 가능성이 크다고 본다.

(4) 셀린(Sellin)의 문화갈등론

1) 이론적 배경

1930년대 일부 시카고학파의 학자들은 사회해체론에 대한 비판을 하면서, 도심의 빈민지역에서 일어나는 행동을 관습적 질서로부터 이탈한 것으로 보지 않고 그 자체의 내적통합이라는 관점에서 파악하기 시작하였다.

셀린이 사회내의 서로 다른 문화집단들 간의 갈등에 기초한 범죄이론을 소개한 것은 1939년이다. 그는 서로 다른 문화들에는 독특한 '행위규범(conduct norms), 즉 어떤 상황에서 어떤 유형의 사람들이 특정한 방식으로 행동하도록 요구하는 규칙들이 있다'고 주장하였다.

2) 의의 및 유형

1938년 '문화갈등과 범죄'를 저술한 셀린이 체계화한 것이다. 셀린은 법은 그 사회의 다양한 구성원들의 합의를 대변하는 것이 아니라 지배적인 문화의 행위규범을 반영하는 것이라고 주장하였다. '개별집단의 문화적 행동규범과 사회전체의 가치체계 사이에 발생하는 문화적 갈등관계가 범죄원인이 된다.'는 것이다. 문화갈등의 유형을 다음과 같이 나누어 설명하였다.

① '일차적 문화갈등(횡적 문화갈등)'은 이질적 문화의 충돌에 의한 문화갈등의 경우를 말한다. 예컨대, 국가 간 병합, 이민의 경우 등이다.

② '이차적 문화갈등(종적 문화갈등)'은 하나의 단일문화 안에서 사회변화에 의한 문화갈등의 경우를 말한다. 예컨대, 세대 간 갈등, 빈부 간 갈등, 지역 간 갈등 등이다.

3) 문화갈등과 범죄

문화갈등이 존재하는 지역의 사람들은 그 지역의 행위규범이 모호하고 서로 경쟁적이므로, 사회통제가 약화되고 스트레스를 유발하여 보다 용이하게 범죄나 일탈행위에 끌리게 된다. 지배적인 문화의 행위규범만이 법제화됨으로써, 그렇지 못한 문화를 가진 사람들은 자신이 속한 문화의 행위규범을 따르다 보면 법과 마찰을 일으킬 수밖에 없게 된다. 문화갈등에 따른 행위규범의 갈등은 심리적 갈등의 원인이 되고, 나아가 범죄의 원인이 된다.

결론적으로 셀린은 일차적 문화갈등과 이차적 문화갈등 모두가 범죄의 원인이 된다고 지적하였다.

4) 공헌 및 비판

① 공헌

문화갈등이론은 1960년대 계급갈등을 강조하는 비판 범죄학에 이론적 기초를 제공하였다.

② 비판

문화갈등이론은 이민사회의 다양한 민족을 전제로 한 이론이기 때문에 범죄이론으로 보편화하는 데는 처음부터 한계가 있다. 이에 의하면 문화갈등이 없는 집단의 범죄율은 그렇지 않은 집단보다 상대적으로 낮게 나타나야 하나, 이와 같은 사실은 통계적으로 입증되지 않고 있다고 한다.

5) 결론

문화갈등이 존재하는 지역의 사람들은 그 지역의 행위규범이 모호하고 서로 경쟁적이기 때문에 사회통제가 약화되고, 스트레스를 유발하여 보다 용이하게 범죄나 일탈행위에 끌리게 된다.

제2절 아노미이론(=사회적 긴장이론)

> 아노미(Anomie Theory)란 사회의 존속을 가능하게 하는 사회규범이 붕괴된 상태를 말한다. 즉, 사회적 혼란으로 인해 규범이 사라지고 가치관이 붕괴되면서 나타나는 사회적·개인적 불안정 상태를 말하는데, 규범이 더 이상 행동을 규제하는 데 효과적이지 않은 사회의 상태 또는 조건을 의미한다.
> 긴장(strain)이란 심리학에서 흔히 사용하는 용어인 스트레스와 유사한 개념으로, 사회학과 범죄학에서 자주 사용하는 용어이다.

1. 의의

긴장이론(strain theory)은 사람들이 범죄를 저지르는 까닭은 사회적으로 생성된 압력이나 영향에 의해 범죄로 이끌리기 때문에 발생한다는 것이다. 긴장이론의 대표적 학자는 '머튼(R. Mertion)'이다. 머튼은 뒤르껭의 아노미 개념(무규범 상태, 사회통합의 결여)을 도입하여, 미국사회에서 사회적으로 수용 가능한 목표와 합법적인 수단 간의 불일치를 의미하는 것으로 사용한다.

① 머튼은 사람들의 욕구에 대해서 사회의 관습이나 문화적 전통과 같은 '사회환경'에 의해 형성되는 것이라고 보았다.

② '뒤르껭(Durkheim)'[10]은 인간의 욕구에 대해서 생래적인 것이며 아노미란 인간의 끝없는 자기욕망을 사회의 규범이나 도덕으로써 제대로 규제하지 못하는 사회적 상태를 지칭하는 것이라고 보았다. 머튼은 뒤르껭의 이론을 발전시켰으나 그 나름대로의 아노미이론을 전개하였다.

③ 머튼은 뒤르껭과 달리 사람들이 희구하는 목표는 그 사회의 문화적 성격에 의해 영향을 받는다고 보았다. 이와 더불어 머튼은 사람들이 이루고자 하는 목표가 문화적으로 형성될 뿐만 아니라 이를 달성할 수 있는 수단 역시 문화적으로 규정되어 있다고 보았다.

④ 머튼은 사회적 긴장이란 특정사회에서 문화적 목표에 대해서는 지나치게 강조하면서 반면에 사회의 구조적 특성에 의해 특정집단의 사람들이 제도화된 수단으로 문화적 목표를 성취할 수 있는 기회가 제한되었을 때에 발생한다고 보았다. '이처럼 문화적 상황과 사회구조적 상황이 불일치 할 때를 아노미상황이라고 인식하였다.'

⑤ 머튼은 아노미의 발생원인을 '문화적 목표와 제도화된 수단 간의 불일치에서 찾고 있다.' 즉 문화적으로 규정된 목표와 제도화된 수단 간의 관계는 항상 서로 일치하는 것이 아니며 사회에 따라 문화적 목표는 지나치게 강조되는 반면에 제도화된 수단은 간과되는 경우가

---

10) 뒤르껭은 19세기 프랑스의 실증주의 입장을 가장 잘 대변한 학자이다(Durkheim, 1858~1919). 1858년 프랑스 유대인 가정에서 태어난 그는 1892년 파리대학에서 사회학 박사학위를 받았으며 범죄문제를 사회학적 시각에서 고찰한 19세기의 대표적 학자이다. 또한 20세기 미국에서 본격적으로 시도된 범죄원인 연구부문에 가장 중요한 영향을 미친 학자 중의 하나로 거론될 정도로 현대 범죄학연구에 끼친 역할은 지대하다. 그는 개인과 사회의 관계에 대하여 사회가 인간을 만들고 규제하는 측면을 강조하였다. 그리고 사회의 규범해체의 원인을 이기주의와 아노미로 파악하였다. 그의 저서 '자살론'에서 급격한 정치, 경제, 기술적 사회변동이 자살원인이라고 주장하였다. '분업론'에서는 아노미개념을 제시하였다. 아노미란 사회구성원에 대한 도덕적 규제가 제대로 되지 않는 상태, 즉 사회의 도덕적 권위가 무너진 사회구성원들이 지향적인 삶의 기준을 상실한 무규범 상태를 지칭한다. 예컨대, 갑자기 경제적으로 어려워졌거나 혹은 반대로 갑자기 부가 형성되었을 때를 들면서 이러한 경우에 사람들은 자기의 삶을 지도할 수 있는 기준을 상실함으로써 많은 반사회적 행위를 저지르게 된다고 보았다.

목표와 수단 간의 불일치를 야기하며 아노미 상태가 유발될 수 있다는 것이다.

2. 머튼이 제시한 아노미 상황에서 개인의 반응양식의 상태(적응유형)

머튼 이론의 독창성은 비록 기회구조가 차단되었더라도 '각자가 내면화한 문화적 목표와 제도화된 수단에 따라 개인의 적응방식(modes of adaptiation)이 다를 수 있다는 점을 지적한 것이다.' 즉 도시빈민층과 같이 사회적으로 염원하는 목표에 이르는데 필요한 기회가 거의 없는 사람들일지라도 문화적 목표와 제도화된 수단을 어떻게 인식하는가에 따라 이들이 적응해나가는 방법은 서로 다르다는 것이다.

아모미상태에 있어서 개인의 반응양식의 상태(적응유형)

개인의 적응방식	문화적 목표	제도적 수단
동조형(순응형, conformity)	+	+
혁신형(개혁형innovation)	+	−
의식형(의식형, ritualism)	−	+
도피형(은둔형, retreatism)	−	−
반역형(혁명형, rebellion)	∓	∓

참고〉 +는 수용, −는 거부, ∓는 이전의 가치는 거부하고 새로운 가치를 수용하는 경우

위의 〈표〉는 머튼이 사회구조적 아노미, 즉 정상적인 기회구조에 접근하기 어려운 사람들이 본인의 곤경을 해결하기 위한 방법으로 거론한 유형을 도식화한 것이다.

(1) 동조형(순응형, conformity)

정상적인 기회구조에 접근할 수는 없지만, 문화적 목표도 승인하고 제도화된 수단도 승인하는 경우이다. 예컨대, 금전적 성공이 문화적 목표로 강조되고 근면, 검약, 교육 등이 제도화된 수단으로 인정되는 경우 등.

(2) 개혁 · 혁신형(개혁형, innovation)

범죄자들의 전형적인 적응방식으로 문화적 목표는 수용하지만 제도화된 수단은 거부하는 방법이다. 대부분의 범죄가 비합리적인 수단을 통하여 자신들이 원하는 목표를 달성하려고 한다는 점에서 비합법적인 수단을 통하여 자신들이 원하는 목표를 달성하려고 한다는 점에서 이러한 적응방식에 해당된다. 예컨대, 금전획득의 재산범죄가 많고, 매춘, 마약거래, 강도 등도 여기에 분류된다.

(3) 의례 · 의식형(의례형, ritualism)

높은 성공목표는 외면하고 제도적 수단만을 수용하는 적응방식을 말한다. 이러한 적응방식을 택하는 사람들은 아예 목표 자체를 포기했기 때문에 목표를 달성하지 못했다고 실망하지 않으며 모든 제도화된 수단을 따르기 때문에 실제 큰 문제를 야기하지 않는다.
예컨대, 사회적으로 중하층 봉급쟁이나 무사안일하게 절차적 규범이나 규칙만을 준수하는 관료 등이 흔히 볼 수 있는 적응방식이라고 보았다.

(4) 도피형(은둔형, retreatism)

문화적 목표와 제도화된 수단을 거부하고 사회로부터 도피해버리는 적응방식을 말한다. 이러한 적응방식은 주로 합법적 수단을 통한 목표성취 노력의 계속적인 실패와 제도화된 수단에 대한 내면화에 따른 양심의 가책 때문에 불법적인 수단을 사용할 능력이 없는 결과 때문에 나타나는 것이라고 지적하였다. 예컨대, 정신병자, 빈민층, 부랑자, 방랑자, 폭력배, 만성적 알콜 중독자 및 마약상습자 등이다.

(5) 반역형(혁명형, rebellion)

기존의 문화적 목표와 제도화된 수단을 모두 거부하면서 동시에 새로운 목표와 수단으로 대치하려는 형태의 적응방식을 말한다. 범행이 공표되기를 원하는 데모나 혁명을 하는 경우, 정치범 · 확신범 등이 여기에 속한다. 예컨대, 욕구불만의 원인을 현재의 사회구조에서 규명하고 사회주의의 국가의 건설을 목표로 설정하고 이를 위한 수단으로 폭력혁명을 주장하는 경우이다.

적응약식 가운데 머튼이 가장 관심을 둔 것은 개혁형(혁신형)인데, 이 유형은 합법적인 기회가 중상류층에 비하여 차단되었기 때문에 이러한 사회구조적 아노미 현상을 극복하는 방법으로 자신들에게 제한된 제도화된 수단 대신에 불법적인 수단을 개발함으로써 이들은 중상류층에 비해서 더욱 쉽게 범죄에 빠져든다는 것이 머튼의 설명이었다. 이는 하류계층의 높은 범죄율을 설명하는 논리적 근거로 생각되면서 이후 많은 조사와 연구의 기초가 되었다.

'테일러(Taylor)'는 머튼의 아노미 상태를 슬롯머신 게임에서 기계가 잘못되어 일부 사람들만 계속 돈을 버는 것과 같은 것으로 비유하였다.

머튼의 아노미이론은 이와 같이 범죄통계에서 왜 하류계층이 가장 많은지를 잘 설명해 준다는 점에서 이후 많은 조사와 연구의 기초가 되었다.

그러나 머튼은 문화적 목표와 제도화된 수단 사이의 괴리현상에서 사람들마다 적응방식이 다른 이유에 대해서는 구체적으로 논의를 하지 않았다. 또한 머튼의 이론은 기회구조가 차단된 하류계층의 범죄를 설명하는 데는 나름대로 유용한 입장이 될 수 있겠지만 최근에 들어 증가하는 중산층 범죄나 상류계층의 범죄를 설명하는 데는 한계를 표출하는 문제점을 나타내기도 했다.

3. 공헌 및 비판

(1) 공헌

일탈을 사회구조적 측면에서 파악하고, 사회구조적 갈등의 원인을 지적하였다. 하류계층의 높은 범죄율을 설명하는데 도움을 주었다. 성공목표와 합법적 수단 간의 통합수준을 높이는 사회정책을 범죄대책으로 제시하였다.

(2) 비판

모든 인간이 일률적으로 부의 성취라는 목표를 공유하고 있는지 의문스럽다.

어느 사회에서나 문화적 목표나 가치에 대해서 사람들 간에 기본적인 합의가 이루어지고 있다는 공동가치설을 지나치게 강조하고 있다. 특정 사회내의 다양한 문화와 추구하는 목표의 다양성을 무시하고 있다.

문화적 목표와 제도화된 수단 사이의 괴리현상에서 사람들마다 적응방식이 다른 이유를 설명하지 않는다. 재산범죄에 대해서는 타당한 논리지만 목표달성과 무관한 폭력범죄에 대한 설명이 없다. 집단 또는 개인 간의 상호작용이 일탈행위에 미치는 영향을 소홀히 하였다. 최근 증가하는 중산층이나 상류층의 범죄를 설명하는 데는 한계를 나타냄으로써 범죄원인의 일반이론으로 보기는 힘들다.

4. 아노미이론의 발전

(1) 제도적 아노미이론

1) 메스너(S. Messner)와 로젠펠드(R. Rosenfeld))는 머튼의 이론에 동의하면서 범죄 · 비행을 미국 사회의 문화적 · 제도적 영향의 결과로 본다.
2) 문화와 제도에 있어서 경제적 욕망의 지배는 가족, 교회, 학교 등에서 시행하는 비공식적 사회통제를 약화시키고 이는 미국 사회의 높은 범죄율로 연결된다는 것이다.
3) 범죄방지대책으로는 시민들이 경제적 안정망(예컨대, 복지 · 연금 등)을 제공받게 된다면 경제적 박탈감의 영향을 극복할 수 있게 되며 범죄율은 감소한다고 본다.

(2) 애그뉴(R. Agnew)의 일반긴장이론

1) 의의

범죄와 비행은 긴장에 대한 대처방법의 수단이며 사회적으로 받아들여지지 않는 것이지만 스트레스 충만한 생활에 노출된 사람에게는 고통을 경감시키고 만족감을 줄 수도 있다고 한다.

목표달성의 실패, 기대와 성취사이의 괴리, 긍정적 자극의 소멸, 부정적 자극의 발생을 범죄원인으로 제시하고, 경험한 긴장의 강도가 강하고 횟수가 거듭될수록 개인은 충격을 많이 받으며 범죄에 빠질 가능성이 높다고 본다.

머튼	에그뉴
범죄율에서 사회계층의 차이를 설명	스트레스와 긴장을 느끼는 개인이 범죄를 저지르기 쉬운 이유를 설명(긴장의 개인적 영향을 밝히는데 도움을 줌)
하류층의 범죄에 국한	모든 계층(하류, 중, 상류층)의 범죄에 대한 설명 가능

개인 차원의 일탈을 예측할 수 있고, 나아가 공동체의 범죄율의 차이를 설명하기도 한다.

2) 긴장 또는 스트레스의 다양한 원인

긍정적인 가치를 지닌 목표를 달성하는데 실패	머튼의 아노미와 유사
기대와 성취 사이의 불일치	동료와의 비교에서 느끼는 상대적인 감정
긍정적인 자극의 소멸	실연이나 친한 사람의 죽음과 같은 불만스러운 사건의 경험
부정적인 자극에의 직면	아동학대, 범죄피해, 체벌, 가족 또는 또래집단에서의 갈등, 학업 실패 등의 유해한 자극에 노출

제3절 낙인이론(Labeling Theory)

1. 의의

1938년 탄넨바움(Frank Tannenbaum)을 시작으로 1960년대 이후 1970년대 초에 본격적으로 발달한 이론으로 일탈행위와 사회적 낙인화의 동적 관계를 사회적 상호작용의 관점에서 파악하여 이를 사회적 반작용이론 또는 사회반응이론이라 한다.

범죄원인은 범죄인과 사회의 상호작용에 의한 사회적 낙인과 반작용, 특히 낙인의 주체인 법집행기관의 역할에 초점을 맞춘 규범회의주의의 입장에 있다. 즉, 범죄행위에 대한 통제기관의 반작용에 관심을 가진다(사회적 반작용이론, 사회적 반응이론). 범죄가 범죄통제를 야기한다기보다는 범죄통제가 오히려 범죄를 야기한다고 보았다. 사법기관의 결단주의적 요소 및 법관의 법 창조적 활동 그리고 행위자의 반작용에 관심을 두었다.

낙인이론에 따르는 범죄개념은 실정법적인 범죄개념에 한정하지 않고 사회적 일탈을 폭넓게 연구대상으로 삼아야 한다고 주장하고 있다.

일탈행위에 대한 '사회적 반응'에 관심을 두고 있다. 형사사법기관의 역할에 대해 회의적이며, 공식적 낙인은 사회적 약자에게 차별적으로 부여될 가능성이 높다고 본다.

범죄는 일정한 행위속성의 결과가 아니라 통제기관에 의해 범죄로 규정한다고 하였다.

2. 특징

낙인이론이 기존의 이론들과 다른 큰 차이점은 '낙인이론은 행위자의 주관적 사고과정을 중심으로 범죄현상을 설명한다는 것이다.'

낙인이론가들은 현상에 대한 의미부여는 '언어나 용어와 같은 상징을 통한 행위자의 해석능력'을 바탕으로 이루어진다는 견해이다.

'부모와 자식 간의 대화빈도가 한 달에 한 번 밖에 없는 경우'를 예로 들어보자. 사회통제이론은 이러한 경우 부모와 자식 간에 유대관계가 매우 취약하기 때문에 자식이 범죄를 저지를 수 있는 개연성이 높다고 예측할 것이다. 그러나 낙인이론은 '개관적인 대화빈도보다는 이것을 행위자가 어떻게 해석하는지를 더욱 중요시한다(주관적 사고 과정을 중시).' 비록 대화빈도가 적지만, 만일 자식이 '부모님께서 바쁜 와중에도 한 달에 한 번씩 자기를 위해 시간을 할애에 주셨다.'고 부모와의대화 빈도를 해석한다면 사회유대의 정도가 취약한 것으로 볼 수 없다는 것이다. 낙인이론은 전통적인 범죄이론이 등한시 했던 법집행기관(낙인의 주체)을 주요 연구대상으로 하였다. 현상에 대한 의미부여의 기초로 낙인이론가들이 강조하는 사항은 '자아정체감(self-indentity)'이다. 이와 같이 낙인이론가들은 행위자의 해석능력, 언어나 상징을 매개로 하는 사회적 상호작용, 자아정체감 등을 기본으로 범죄현상을 연구하였다.

3. 대표적 주장자와 주장내용

낙인이론의 선두주자는 '탄넨바움(Frank Tannenbaum)'이라고 할 수 있다. 사회에서 범죄자로 규정되는 과정은 일탈강화의 악순환으로 작용하여 오히려 범죄로 비난받는 특성을 자극하여 강화시켜 준다(악의 극화). 즉, 소년범은 우리가 그를 나쁘다고 규정하고, 그를 선하다고 믿지 않기 때문에 오히려 더 나쁘게 된다. 범죄형성의 과정은 낙인의 과정이다. 그러나 낙인이론에 대해서 더욱 체계화시킨 학자는 레머트 등이 있다.

(1) 레머트(E. Lemert)

레머트는 범죄를 포함한 일탈행위를 '일차적 일탈(primary deviance)과 이차적 일탈(secondary deviance)'로 구분하였다. 그는 '사회병리학(1951)'을 저술하였다.

1) 일탈의 유형

① 레머트는 일탈을 개인의 심리구조나 사회적 역할수행에 거의 영향을 주지 않는 일차적 일탈과 사회가 규범위반으로 규정하는 이차적 일탈로 구별하고, 특히 '이차적 일탈을 중시'하였다.

> **▶ 일차적 일탈(일시적)**
>
> 일시적인 것이며, 다양한 사회적, 문화적, 심리적 및 생리적 요인들에 의해 야기되는 규범일탈행위를 말한다. 개인의 자아정체감이 훼손되지 않은 상태에서 발생하는 행위이다. 예컨대, 학생들이 재미로 물건을 훔치는 상점절도 등이다.
>
> **▶ 이차적 일탈(경력적)**
>
> 일차적 일탈에 대하여 사회적 반응으로 야기된 문제들에 대한 행위자의 반응으로서의 행위를 말한다(일탈행위가 타인이나 사회통제기관에 발각되어 낙인찍히게 되고 이는 합법적, 경제적 기회의 감소, 정상인과의 대인관계 감소를 가져와 자기 자신을 일탈자로 자아규정하고, 계속적인 범죄행위로 나아가게 된다는 주장이다). 이는 행위자의 정체성이나 사회적 역할의 수행에 중요한 영향을 미친다. 예컨대, 상점절도를 저지른 학생들이 경찰에 체포된 후에 억울하다는 마음으로 다시 상점절도를 한 경우이다.

② 이차적 일탈은 일차적 일탈에 대한 제재를 공격 · 방어하기 위한 동기에서 발생하거나, 일탈자라는 사회적 낙인이 스스로를 일탈자로 자아규정 하게 함으로써 발생하기도 한다.

2) 공식반응에 의한 낙인효과

① 일탈에 대한 사회적 반응을 사회구성원의 반응과 사법기관의 공식반응으로 나누고, 사법

기관의 공식반응이 가장 영향력이 크다고 본다.

② 일차적 일탈자를 이차적 일탈자로 악화시킴에 공식반응이 미치는 낙인효과를 지적한다.

---

① 오명씌우기(stgmatization)

사법기관에 의한 공식적인 반응이 행해짐으로써 일차적 일탈자에게는 도덕적 열등이라는 오명이 씌워진다. 예컨대, 공식처벌은 대중매체 등을 통하여 알려지게 되고, 전과기록에 의해 장기적으로 기록됨으로써 일차적 일탈자는 이후 정상적인 자아정체성을 회복하고 싶어도 사회적 관계에서 다른 사람들이 자기와는 교류하지 않는다든지 직장을 얻고 싶어도 고용주가 전과자를 고용하지 않으려 하기 때문에 정상적인 사회성원으로서의 역할을 수행하지 못하게 되고 결국 이차적 일탈자가 된다.

② 불공정에 대한 자각(sense of injustice)

공식적인 처벌을 받게 되는 과정에서 일차적 일탈자는 불공정한 사법집행의 여러 측면을 직접 경험함으로써 사법제도의 공정성에 대한 신뢰를 갖지 못한다. 자기가 저지른 범죄와 실제 받게 되는 처벌 정도와의 불균형, 시간과 장소에 따라 일관적이지 못한 처벌, 신분이나 경제적 지위에 따른 불공정한 처벌 등을 직접 경험하게 됨으로써 사회정의에 대한 신뢰감을 상실하게 된다.

③ 제도적 강제의(institutional restraint)수용

공식처벌을 받게 되면 일차적 일탈자는 자신에 대한 사법기관의 판단을 받아들일 수밖에 없게 된다. 예컨대, 교도소에서 범죄자라는 신분 때문에 스스로 합리적 · 독자적인 사고를 할 수 없으며, 교도소내의 규율에 절대적으로 복종해야 한다고 판단하게 된다. 만일 이러한 시설에서 정상적인 사람처럼 자신의 판단에 따라 독자적인 행동을 할 경우 시설 내에서는 '아직 교정교화가 되지 못했'든지 '반항적이다'라고 간주되기 때문에 사법기관에서 내린 판단을 수용하게 된다는 것이다.

이와 같이 레머트는 사회적 반응을 통하여 일차적 일탈자가 보다 심각한 이차적 일탈자로 발전하게 된다고 주장하였다.

(2) 베커(H. Becker)와 슈어(E. M. Schur)

1) 베커

① 베커는 일탈자로 낙인 했을 때엔 그 사람의 '지위변화(사회적 지위로서 일탈)'에 초점을 두었다. 베커는 일탈자라는 낙인은 그 사람의 지위를 대변하는 '주지위(master status)'가 되기 때문에 다른 사람들과의 원활한 상호작용에 부정적인 영향을 미치는 장애요인이 된다는 것이다.

② 범죄자로 낙인을 찍는 것은 사회적 지위와 같은 효과를 낳게 하여, 사회생활에 가장 직접적이고 중요한 '주지위(master status)'의 작용을 한다.

> **주지위**
> 범죄성은 어떤 행태의 행위 그 자체의 본질적인 특성에 의하여 결정되는 것이 아니고, 그 행위에 종사하고 있는 것이 발견된 자에게 사회에 의하여 주어진 지위이다.

일탈자란 낙인이 성공적으로 적용된 자이며, 일탈행위란 사회가 낙인을 찍는 행위이다. 일탈자로 낙인찍히는 과정 그 자체가 그 후에 계속되는 개인의 일탈행위를 결정하는 중요한 요인이 된다. 범죄자라는 사회적 낙인은 일반인들에게 어떤 보조지위도 무력화시킬 만큼 영향력을 가지고 있고, 온갖 편견·질서·냉대의 원인이 된다. 결국 당사자는 자포자기 상태에 이르게 되고 사회가 규정한 대로 행동하게 되는 결과를 가져오게 된다는 것이다(단계적 모델). 이는 전통적 '동시모델'에 대치되는 개념이다.

베커는 기존이론들은 대부분 최초의 범죄발생만을 분석한 동시적 이론이었기 때문에 재범이나 누범과 같이 지속적으로 발생하는 대다수의 범죄현상을 설명하는 데에는 한계가 있다고 보았다.

> **단계적 모델과 동시적 모델**
> ▶ 단계적 모델
> 최초의 일탈에 따른 사회적 낙인이 다른 일탈을 촉진하는 새로운 환경을 낳고, 이것이 다음 단계의 일탈을 낳는 원인이 된다는 입장이다.
> ▶ 동시적 모델
> 최초의 일탈 원인이 일탈행위의 전 과정에 적용한다고 보는 입장이다.

2) 슈어(E. M. Schur)

① 슈어의 경우에는 사회적 낙인에 대해서 개인의 적응을 고려하여 낙인과정의 유동적 속성과 스스로에 의한 자아규정의 중요성을 강조하였다(자기관념으로부터의 일탈). 일탈은 순서적 또는 단계적으로 행해지는 것이 아닌 자아관념이나 동일시의 표현이라고 이해한다.

② 슈어의 견해에 의하면 '사람들이 규범위반을 저질렀다 해서 바로 낙인되는 것이 아니고 낙인이 이루어졌더라도 이차적 일탈자로 되는 과정이 단계적으로 진행되지 않는다는 것이다.' 사회적 반응에 대한 개인의 적응노력에 따라 어떤 사람은 낙인을 수용하며 어떤 사람은 여러 가지 협상이나 타협을 통하여 낙인을 회피할 수도 있다. 혹은 자기의 잘못을 적극적으로 변호한다든지, 경우에 따라서는 자기를 비난하는 사람들을 오히려 비난함으로써 낙인을 회피할 수도 있을 것이다.

③ 슈어는 이차적인 일탈로의 발전이 꼭 주위사람들의 낙인을 통해서만 이루어지는 것은 아니라고 보았다. 슈어는 사회적 낙인보다 본인 스스로 내면화된 사회적 기대에 따라 이차적 일탈에 이르는 경우도 있다(자아낙인)

4. 공헌 및 비판

(1) 공헌

낙인이론은 범죄자에 대한 사회제재에 양면성이 있음을 지적하였다(위하·개선과 낙인으로 인한 악화). 다만 낙인이론에서도 중한 범죄에 대해서는 형벌의 위하적·개선적 효과를 무시하지는 않는다. 기존의 범죄원인론을 비판하고, 비판범죄학과 더불어 인도적 형사정책을 옹호하였다. 소년범죄자, 경미범죄자, 과실범죄자의 경우 재범장지(이차적 일탈의 방지)에 대한 대책의 수립에 영향을 주었다(4D정책).

4D정책(4D원칙)–낙인이론의 목적(목표)

낙인이론의 형사정책적 목적은 비범죄화, 비형벌화, 전환, 비시설처우(탈시설화)이다. 여기에 법의 적정절차를 덧붙여 5D원칙이라고 한다. 다른 견해에 따르면 비범죄화, 전환, 탈시설수용화, 탈낙인화가 낙인이론의 형사정책적 결론으로 주장되기도 한다.

단기자유형을 낙인의 부작용으로 인해 상습범으로 되는 요인이라고 보아, 단기자유형을

반대하였다. 사회 내 처우에 따른 악풍 감염의 방지 및 사회 내 처우의 필요성을 주장하였다.

(2) 비판

일탈자와 사회 간의 상호작용을 지나치게 과장하고 있고, 특히 초범(일차적 일탈)의 경우에는 설명이 부족하다.

'낙인 없으면 일탈도 없다'는 지나친 상대주의에 빠진 결과 일탈자의 주체적 특성이 무시되었다.

최초의 일탈에 대한 원인설명이 부족하며 반교정주의로 발전할 위험성이 크다.

하층계급의 일탈에 논의를 한정하여, 화이트칼라범죄와 같은 지배계층의 범죄에 관대한 결과를 양산할 가능성이 있으며 일탈의 원인으로서 사회통제나 사회반응의 효과를 지나치게 강조하였다.

통제완화 후 범죄감소의 경험적 증거가 부족하며 낙인 이후의 환경적 차이를 고려하지 않았다.

제4절 범죄적 하위문화이론

하위문화(subculture)란 사회에서 각계각층의 성원들이 공유하는 문화와는 별도로 '특정한 집단에서 강조되는 가치나 규범체계'를 의미한다. 해체된 지역사회에서는 하위계층의 독자적인 문화가 발전한다. 범죄적 하위문화이론(Cultural Deviance Theory)은 사회해체이론과 아노미이론을 결합하여, 해체되고 타락한 지역의 거주자들(하위계층)이 사회적 소외와 경제적 박탈에 대해 어떻게 반응하는지를 설명하는 이론이다. 범죄적 하위문화론자들은 사회의 여러 하위문화 중에서 규범의 준수를 경시하거나 반사회적 행동양식을 옹호하는 범죄하위문화가 존재하며, 이와 같은 문화적 환경에서 생활하는 사람들은 마치 일반시민들이 보편적인 문화를 내면화함으로써 사회규범에 따라 행동하듯이 범죄적 하위문화의 영향으로 인하여 범죄행위에 빠져든다는 것이다. 하위문화이론에 속하는 여러 견해들의 공통점은 특정한 집단이 지배집단의 문화와는 상이한 가치나 규범체계에 따라 행동하며, 그 결과가 '범죄와 비행'이라고 보는 것이다.

1. 밀러(W. Miller)의 하위계층(계급) 문화이론(하층계급문화이론)

(1) 하위계층 문화이론 의의

밀러는 경제적 하층계급인 갱단의 비행에 설명의 초점을 맞추어, 셀린이 지적한 이차적 갈등에 의한 범죄발생의 이론을 발전시켰다. 하층계급의 독자적인 문화규범에의 동조가 중류계층문화의 법규범에 위반함으로써 범죄가 발생한다는 것이다.

범죄행위를 독특한 하류계층 하위문화의 가치와 규범에 대한 정상적인 반응으로 본다. 하위계층 청소년들은 하위계층문화의 '주요 관심사'에 따라 학습하고 행동하며 비행청소년 들은 특히 이를 과장된 방법으로 표현하고 행위로 나타낸다. 즉, 하층계급의 범죄 및 일탈은 병리적인 행위가 아니고 중류계층의 규범에 대항하는 것도 아니며, 단지 자기가 소속된 해당 문화에 충실한 행위일 뿐이다.

하류계층의 비행을 '중류계층에 대한 반발에서 비롯된 것'이라는 코헨의 주장에 반대하고 '그들만의 독특한 하류계층문화 자체가 집단비행을 발생'시킨다고 보았다. 하층계급에 독특한 문화규범이 생기는 이유는 그들의 관심의 초점 또는 중심가치가 일반인(중류계층)과 다르기 때문이다.

(2) 하위계층이 주로 관심을 갖는 사항 혹은 중심가치 6가지 경우

① 사고치기 · 말썽 · 걱정(Trouble)

하위계층은 '유난히 사고를 유발하고 이를 원활히 처리하는 데에 많은 관심을 갖고 있다는 것이다.' 하위계층에서 서로의 위세를 평가하는 것은 싸움, 음주, 문란한 성행위 등과 같은 사고를 얼마나 유발하고 사고의 결과로부터 교묘히 피해가는 징도에 따라 결정된다는 것이었다.

이에 따라 주위사람들의 주목을 끌고 높은 평가를 받기 위해서 하위계층에 속한 사람들은 기회가 닿는 대로 사고를 치고 사고의 결과를 회피하는 일에 많은 관심을 두고 있다는 것이다. 사고를 저지르고 경찰에 체포되거나 피해자에게 배상하는 것은 어리석은 것이며, 이를 교묘히 피해가는 것이 주위의 주목을 끌고 높은 평가를 받게 된다.

② 강인함 · 억셈(Toughness)

이들은 '감성적이며 부드러운 것을 거부하고 육체적인 힘, 싸움능력을 중시하고, 두려움을 나타내지 않는다(힘의 과시, 용감성, 대담성).' 이는 여성가장가구에 대한 반작용으로 볼 수 있다.

③ 영리함 · 교활 · 영악(Smarthness)

다른 사람들을 속일 수 있을 정도의 '영리함'이다. 밀러가 지적한 영리함이란 지적인 총명만을 의미하는 것이 아니라 도박, 사기, 탈법 등과 같이 기만적인 방법으로 다른 사람을 속일 수 있는 능력을 말한다.

④ 흥분 · 자극 · 스릴추구(Excitement)

스릴과 위험한 일을 추구하는 것이다. 하위계급이 거주하는 지역에서 도박, 싸움, 음주 등이 많이 발생하는 것은 모두 흥분거리를 찾는 과정에서 발생하는 사건들로 이해할 수 있다. 스릴, 모험 등 권태감을 모면하는데 관심을 둔다.

⑤ 운명 · 숙명주의(Fatalism)

대체로 '숙명주의적 사고'에 빠져 있다는 것이다. 자신의 미래가 스스로의 노력보다는 스스로 통제할 수 없는 운명에 달려 있다는 믿음이다. 따라서 하위계급은 행운이나 불행에 많은 관심을 갖고 있으며 범죄를 저지르고 체포되더라도 이를 운수가 좋지 않았기 때문이라고 판단하는 경향이다. 빈곤한 사람은 때로는 그들의 생활이 숙명이라고 생각하며 현실을 정당화시킨다.

⑥ 자율 · 독자성(Autinomy)

권위로부터 벗어나고, 다른 사람으로부터 간섭을 받는 것을 혐오하는 경향이다. 예컨대, 경찰, 학교선생, 부모 등에 의해 간섭받는 것은 스스로의 나약함을 보이는 것이라고 인식하며 자신의 일을 뜻대로 처리하는 것에 높은 관심을 보인다. 이에 따라 사회의 권위 있는 기구들에 대하여 경멸적인 태도를 취하게 된다.

(3) 범죄의 발생

하층계급에서는 중심가치(관심의 초점)를 높이 평가하고 깊은 관심을 가짐으로써 일정한 지위를 차지하고 갱단에 속하게 된다. 따라서 이러한 문화적 분위기에 순응하는 과정에서 범죄를 저지르게 된다.

(4) 공헌 및 비판

① 공헌

범죄발생의 원인을 문화적 측면에서 검토하였다. 하층계급의 현저한 범죄의 발생과정을 잘 설명하고 있다.

② 비판

미국의 대도시 빈민가의 소년 범죄자를 대상으로 한 것이기 때문에 보편적 범죄형상을 설명하기에는 한계가 있다. 하층계급의 독자적 하위문화가 실제로 존재하는지에 대해 증명되지 않고 있다. 하층계급 문화의 다양성을 고려하지 않아, 모든 경우에 적용할 수 있는 것은 아니다. 관심의 초점이라는 것이 하위문화의 일부 요소일 수는 있으나 유일한 것일 수는 없고, 중류계층의 가치와 문화가 영향을 미칠 수도 있음을 무시하고 있다.

울프강(Wolfgang)과 페라쿠티(Ferracuti)의 폭력하위문화 이론

밀러가 중시한 문화적 영향은 이후 여러 연구에 계승되었다. 그 중 울프강과 페라쿠티는 지배적인 문화와는 별도로 특정지역을 중심으로 폭력사용을 용인하고 권장하는 폭력하위문화가 존재한다고 보았다.

특정지역의 사람들은 일반인들에 비해서 자신의 명예, 집안의 명예, 남자의 명예 등을 지나치게 강조하고 인간의 생명을 가볍게 보는 경향이 있다.

이러한 문화적 특성은 이들의 생활양식, 사회화과정, 대인관계 면에서 폭력사용이 정상적인 행위양식의 하나로 정립되어 있다는 것이다. 필라델피아 지역이 다른 지역에 비해 살인사건이 많은 것은 바로 폭력하위문화의 영향을 보여주는 것이라고 하였다.

---

2. 코헨의 비행하위문화이론(집단문화이론)(Theory of delinquent subculture)

(1) 비행하위문화이론의 의의

코헨(Albert Cohen)은 1955년에 출판된 '비행소년'이라는 저서를 통하여 일반문화체계에서 구별되는 다른 문화에 대한 개념으로 비행집단에 공통된 특정한 가치관이나 신념·지식 등을 포함하는 사고나 그에 기초한 행동양식이 곧 범죄행위로 나타난다고 보았다. 그는 저서를 통하여 '하위계층 청소년들 사이에서 반사회적 가치나 태도를 옹호하는 비행문화가 형성되는 과정'을 집중적으로 다루었다.

코헨은 청소년비행을 저지르는 소년들은 경제적으로 열악한 가정출신들이 많은데 이러한 현상의 원인을 규명하고자 하였다. 이 문제에 대해서 코헨은 중산층의 가치

나 규범을 중심으로 형성된 사회의 중심문화와 빈곤계층 출신 소년들이 익숙한 생활 사이에 긴장이나 갈등이 발생하며 이러한 긴장관계를 해결하려는 시도에서 비행하위문화가 형성되며 많은 비행이 발생한다고 보았다.

예컨대 미국에서 사회생활에서 중요한 덕목으로 강조하는 사항들은 추진력과 야망, 개인의 책임성, 직장이나 일상생활에서 성취와 성공, 장기적인 계획과 합리적 지출, 물리적 행동과 폭력사용의 자제, 건전한 오락의 활용, 타인재산의 존중, 미래를 위하여 즉흥적인 만족의 억제, 대인관계에서 예의범절과 자아통제 등으로 미국사회의 중산층이 추구하는 가치나 규범을 반영하는 것이다. 부모가 중산층인 소년의 경우에는 위와 같은 문화적 덕목들을 가정에서 어려서부터 듣고 배운 것이므로 이들에게는 매우 익숙한 것들이다.

그러나 하위계급의 부모들은 경제적이나 사회적 어려움으로 자녀들에게 중산층의 생활에 필요한 이와 같은 사항을 제대로 교육하는 일이 쉽지만은 않다. 따라서 하위계급 출신들은 이후 사회생활에서 경제적·사회적으로 성공하는 데에 필요한 기본자질이 결핍된 채로 양육될 수밖에 없는 것이다.

'이러한 문제를 극복하는 방안으로 하위계급 학생들은 자아존중감을 회복할 수 있는 방안을 찾게 되며 이에 따라서 중산층의 문화와 반대되는 기준에 바탕을 둔 비행집단을 형성하게 된다고 보았다.' 따라서 코헨 이론의 핵심은 '중산층 문화에 적응하지 못한 하위계급 출신 소년들이 자기를 곤혹에 빠뜨렸던 문화와 가치체계와는 정반대의 문화를 구성하여 자신들의 적응문제를 집단적으로 해결하려고 비행하위문화를 형성'한다는 것이다. 즉 비행하위문

화는 중류계층의 가치와 규범에 대한 반동적 성격을 지닌다고 본다.

> 코헨이 구체적으로 거론했던 하위계급 출신들의 자질부족 문제는 정규교육을 받기 위해 필요한 기초지식이 미비하고, 다른 사람들에게 자신의 의사를 언어로 표현할 수 있는 능력이 부족하며, 장기적인 목표를 설정하고 이를 추구할 수 있는 능력이 부족하다는 등이었다.
> 코헨은 하위계급 출신 소년들이 최초로 자기 지위에 대한 좌절감을 경험하는 곳은 학교라고 보았다. 왜냐하면 학교교육은 대부분 중산층 출신의 교사들에 의해서 이루어지며 중산층의 가치관을 전달하는 것을 강조한다. 이에 대해 하류계급 출신 학생들은 자기들에게는 익숙하지 않은 가치관에 적응하기 어렵고 또한 적응할 능력이 없다는 것을 자각하게 된다.

(2) 비행하위문화의 특징

이렇게 형성된 비행하위문화의 성격을 들면 다음과 같은 것을 지적할 수 있다.

① 행위에 있어 '비합리성(비공리성)'을 추구한다는 것이다. 합리적 계산을 통한 범죄의 이익보다는 타인에게 피해를 입히고 동료로부터 얻는 명예 · 지위 때문에 범죄행위를 한다. 예컨대, 다른 사람의 물건을 훔치는 경우에 그 경제적 효용가치보다는 스릴이나 흥미와 같은 오락적 동기를 주요한 행위목적으로 설정한다는 것이다.

② '악의성'을 중시하는 것으로 다른 사람들에게 불편을 주고 금기를 파괴하려는 행위를 강조하는 것이다. 비행하위문화는 악의성을 강조함으로써 중산층문화로부터 소외된 자신들의 실추된 지위를 회복하려고 시도한다.

③ '부정성(반항성)'이다. 하류계층의 소년들은 사회의 지배적 가치체계를 무조건 거부하고, 사회의 중심문화와 반대방향으로 하위문화의 가치 · 규범을 형성한다.

④ 변덕(다면성)이다. 일정한 체계 없이 매 순간 바뀌는 마음과 가치체계를 말한다. 하류계층 소년들은 여러 방면의 재주, 융통성을 중요시한다.

⑤ 단락적 쾌락주의이다. 장기적 계획이나 목표가 아닌 현실적 쾌감에 급급해 하는 심리를 말한다. 예컨대, 폭주족을 들 수 있다.

⑥ 집단자율성이다. 하류계층 소년들은 기존 사회에서 인정받지 못하는 것에 대한 반작용으로 내적으로 강한 단결력과 외적으로 적대감을 나타낸다.

(3) 공헌 및 비판

① 공헌

하류계층 소년들이 학교 등에서 비행적 폭력조직을 형성하는 이유를 비교적 잘 설명하고 있다.

② 비판

중산계층이나 상류계층 출신들이 저지르는 비행이나 범죄에 대해서는 설명을 하지 못한다는 점이다. 하위계급 출신의 소년 중에서도 비행을 저지르지 않는 소년이 많은데 이를 간과하였다. 하위계급 출신들이 저지르는 비행 중에서 가장 많은 것이 절도범죄인데 이러한 범죄가 비행하위문화의 영향으로 보기는 힘들다는 것이다.

비행을 저지른 하위계급 소년들이 자신들의 문화에 의해 저지른 죄에 대해서 자부심과 만족감을 느끼고 죄의식이나 수치심을 느끼지 않아야 하는데, 실제 체포된 대부분의 비행소년들이 자기가 한 행동에 대해서 수치심을 느끼고 후회하고 참회하는 것은 소년들의 행위가 비행하위문화에 의해서 행동한 것으로 보기 힘들다는 비판이 있다(범죄소년들은 범죄행위에 대해 자부심보다는 대부분 뉘우치고 후회한다는 점을 설명하기 어렵다).

하위계층문화이론과 비행하위문화이론의 차이점

하위계층문화이론(밀러)	비행하위문화이론(코헨)
▶ 우범지역에 거주하는 동일한 계층 사람들 사이에 존재하는 독특한 문화규범이기 때문에 중산계층문화의 법규를 위반하지만 이것은 중산계층의 가치와 행동규범에 대한 악의적인 원한이나 울분을 표시하는 것이 아니라 그들 고유의 집중된 관심에의 추구에서 형성된 것으로 파악한다. ▶ 범죄하위문화가 사회계층이나 특정지역에 전래하는 것으로 가정하고 이러한 문화가 생성되는 과정에 대하여는 특별한 관심을 두지 않았다.	▶ 상류계층과 하류계층이 서로 상존하는 개발지역 내에서 적응하지 못한 청소년들이 형성한 비행집단은 상류집단에 대해 악의적이고 비공리적이다. ▶ 청소년 간에서 반사회적 가치나 태도를 옹호하는 비행문화가 형성되는 과정을 집중적으로 다루었다.

3. 클로워드와 오린의 차별적 기회구조론(Differential Opportunity Theory)

(1) 의의

클로워드(Cloward)와 오린(Ohlin)은 코헨의 비행하위문화이론에 동의하면서, 더 나아가 비행자가 왜 그러한 비행하위문화에 빠져들게 되는지를 설명하고자 하였다. 아노미이론(머튼)과 차별적 접촉이론(서덜랜드)을 통합하여, 성공을 위한 목표로의 수단에는 합법적·비합법적 기회구조가 있음을 전제로 하여, 차별적 기회이론을 제시하였다. 아노미 현상을 비행적 하위문화의 촉발요인으로 본다는 점에서 머튼의 영향을 받았으며, 머튼의 이론을 확대·발전시켰으며, 한계를 보완해주었다. 코헨과 달리 비행하위문화를 촉발시키는 '하위계층의 청소년들의 경우 합법적인 수단을 사용할 수 있는 기회의 불평등한 분포를 들었다.' 아노미이론과 같이 사회에는 문화적 목표와 이를 합법적인 수단으로 달성할 수 있는 가능성 간에 현격한 차이가 있고, 이로 인해 비행하위문화가 형성된다고 하였다.

예컨대 출세나 성공이라는 사회의 공통된 가치는 내면화하였지만 사회의 일부계층에서는 이러한 목표를 달성할 수 있는 기회가 차단됨으로써 좌절감이나 심각한 부적응 문제를 겪게 되어 다른 수단이나 방법을 모색하는 과정에서 비행하위문화가 형성된다는 것이다.

> 조직적인 범죄활동이 많은 지역에서는 비합법적인 방법으로 문화적 목표를 성취할 수 있는 기회가 많이 있다. 이 같은 지역에 거주하는 사람들은 다른 지역에 비해 범죄기술을 배우거나 범죄조직에 가담할 수 있는 기회가 많다. 그러나 조직적인 범죄활동이 없는 경우에 이러한 지역에 거주하는 사람들은 비합법적인 수단을 취할 수 있는 기회도 제한되어 있다.

(2) 비행하위문화의 세 가지 기본형태(유형)

개인이 합법적인 기회구조와 비합법적인 기회구조라는 양자에 걸친 지위에 있다고 가정하고, 두 가지 기회구조 중 어느 수단을 취하는가는 사회구조와의 관계에서 어떠한 수단을 취할 수 있는 위치에 있는가에 달려 있다고 보고 범죄는 개인의 심리적 결단의 문제가 아니라 어떤 하위문화(범죄적·갈등적·도피적)에 속해 있느냐의 문제로 보았다.

그들이 주장한 비행적 하위문화에 대해서 다음 세 가지 기본형태에 대해서 살펴보면 다음과 같다.

① 범죄적 하위문화(criminal subculture): 개혁형

비합법적 기회구조가 많은 지역에서 형성되는 하위문화로서, 범죄적 가치 및 지식이 체계적으로 전승되어 성인범죄자들과 미성년자들 혹은 각 연령층간에 매우 강한 통합을 보인다는 것이다. 여기서 소년들은 범죄로 성공한 성인범죄자를 자신의 미래상으로 인식하고 어려서부터 범죄조직에 관련된 잡일들을 함으로써 범죄적 가치나 지식을 습득하게 된다는 것이다. 절도 등의 재산범죄가 일상화되어 범죄가 가장 많이 발생한다.

② 갈등적 하위문화(conflict subculture): 공격형

좌절이 공격성으로 나타나는 현상을 말하는 것으로써 성인들의 범죄가 조직화되지 않아 비합법적인 수단들에 소년들이 접근할 수 없는 지역에서 형성되는 하위문화를 말한다. 이러한 지역에서는 비합법적인 수단을 가르쳐 주는 성공적인 범죄 집단이 없지만 그렇다고 범죄가 없지도 않다. 이 지역에서 발생하는 범죄는 대체로 개인적인 것이고, 조직화되지 않았으며, 가벼운(경미한) 범죄들이다. 예컨대, 과시적 폭력범죄 등이다. 따라서 범죄기술을 전술할 수 있는 환경이나 기회가 없기 때문에 이러한 지역에는 범죄적 하위문화가 형성되지 못한다.

합법적 기회뿐만 아니라 비합법적 기회에도 접근하지 않고 자신들의 욕구불만을 폭력적으로 표현하는 투쟁적인 하위문화형이다. 범죄조직에 대한 통제가 확고하지 않다.

③ 도피적 하위문화(retreatist subculture): 도피형

문화적 목표의 가치는 인정하지만 이를 달성하기 위한 수단이 모두 봉쇄되어 있고 이를 해소할 폭력도 사용하지 못하는 자포자기 집단의 하위문화유형이다. 예컨대, 약물중독자 · 정신장애자 · 알코올중독자 등이다.

(3) 거주지역의 상태

클로워드와 오린은 도피적 하위문화가 형성되고 유지되는 것도 결국은 거주지역의 상태와 밀접한 연관이 있다고 보았다. 예컨대, 문화적 목표를 추구하는 데에 필요한 합법적인 수단을 이용하기도 어렵고, 그렇다고 불법적인 기회도 없는 상황에서 도피적 하위문화가 흔히

형성된다는 것이다. 클로워드와 오린은 합법적 기회와 비합법적 기회가 모두 결여된 사람들을 '이중실패자'로 분류하였다.

다만, 일반적으로 이중실패자는 도피적 하위문화에 적응하여 반사회적 행위를 하는 사람들을 지칭한다.

> 일부는 좌절을 폭력으로 표출하는 경우(갈등적 하위문화)가 있고, 다른 일부는 내면화된 규범의식 또는 신체적 능력의 결여 때문에 폭력을 사용하지 못하고 좌절하게 된다(도피적 하위문화).

(4) 공헌 및 비판

① 공헌

특정 지역에서 발생하는 일탈유형을 그 지역의 하위문화의 특성과 관련하여 설명하고, 하위문화의 형성과정을 합법적 기회구조와 비합법적 기회구조를 통하여 설명함으로써 이후 사회정책의 개발에도 많은 기여를 하였다. 실제 미국의 1960년대에 지역사회 교정과 비행예방 프로그램 등의 사회정책에 크게 영향을 주었다(존슨정부 하에서 빈곤과의 전쟁을 통해 범죄방지대책의 이론적 기초제공).

수형자에 대한 교정교육은 합법적 기회구조에 접근할 수 있는 기회를 부여 할 수 있으므로 범죄예방에 도움이 된다고 본다.

② 비판

상이한 하류계층 간에 존재하는 가족구조와 인종적 요소 등 배경적인 차이를 체계적으로 취급하지 않고 있다. 하위계급의 소년들이 비행을 저지르는 원인에 대해서는 나름대로 정확한 분석이 되었지만, 중산층 이상의 비행발생에 대해서는 적용하기 어려우며 또한 하위문화를 세 가지로 분류하였지만 분류 자체가 불명확하여 특정유형의 비행이 어떤 하위문화에 의해 유발된 것인지를 분명히 구별할 수 없다는 등의 문제점이 지적되고 있다. 동일한 기회구조 속에서도 왜 사람마다 서로 다르게 반응하는지에 대해서 설명할 수 없다. 다른 조사결과에 의하면 높은 청소년 비행률을 나타내고 있는 지역사회들에는 어느 특정한 한 가지의 하위문화가 아니라 복수의 하위문화가 존재한다고 한다.

제5절 차별적 접촉이론

1. 기본명제

(1) 차별적 접촉이론의 9가지 명제

① 범죄행동은 학습된다.

② 범죄행동의 타인과의 상호작용으로 의사소통과정에서 학습된다.

③ 범죄행동 학습의 중요한 핵심은 친밀한 사적 집단에서 발생한다.

④ 학습된 내용은 범죄수행의 기술 외에도 특수한 동기, 충동, 합리화 및 태도가 포함된다.

⑤ 동기나 충동 등은 법률을 호의적으로 또는 비호의적으로 보는가와 같은 다양한 관점으로부터 학습된다. 즉 법률에 대한 관념에 따라 학습의 형태는 다양하다.

⑥ 법률위반을 즐기는 정의가 즐기지 않는 정의를 압도할 때 범죄자가 발생한다.

⑦ 차별적 접촉은 빈도, 기간, 우선순위 및 강도 등에 있어서 다양할 수 있다.

⑧ 범죄행동의 학습과정은 다른 모든 학문에 포함되어 있는 메커니즘과 같이 모든 학습기제를 포함한다.

⑨ 범죄행동과 비슷하게 비범죄행동도 욕구나 가치관의 표현에 있는 것이기 때문에 욕구나 가치관에 의해 범죄행동을 설명할 수는 없다.

(2) 서덜랜드(E. H. Sutherland)이론의 내용

1) 이론의 출발

서덜랜드는 범죄란 개인이 타인과 접촉하는 과정에서 서로 다르게 타인을 접촉하면서 상대방의 행동을 학습하는 결과로서 생기게 된다고 파악한다. 범죄행위의 학습은 비범죄 행위의 학습과 비교하여 '좋다' 또는 '나쁘다'의 평가를 할 수 있는 것이 아니라, 단지 다른 학습으로 파악된다.

2) 차별적 접촉이론의 명제

학습이론을 가장 대표하는 것은 개인이 사회적 그룹에 대해 갖는 관계에 중점을 두는 서덜랜드(Sutherland)의 '차별적 접촉(교제)이론(differental association theory)'이다. 이 이론은 사회조직은 범죄집단, 중립집단, 준법집단 등 서로 다른 특성을 가진 이질적 이익과 이질적 목표를 가진 잡다한 조직으로 분화되어 있는데 그 가운데 어느 집단과 친밀감을 가지고 차별적 접촉을 갖느냐에 따라 특정집단의 행동양식을 배우고 익혀나간다는 이론이다. 서덜랜드는 타르드의 모방법칙(범죄행위는 학습의 결과라는 입장)을 수용하면서 보다 정교화 된 학습과정을 바탕으로 차별적 접촉이론을 발표하였다. 차별적 접촉이론은 다음과 같은 명제로 구성되어 있다.

① 범죄자도 정상인과 다름없는 성격과 사고방식을 갖는다는 데서 출발하였다.

② 범죄(일탈)행위는 학습된다.

③ 범죄행위 학습의 중요한 부분들은 친밀한 관계를 맺고 있는 개인집단 안에서 일어난다.

③ 범죄행위는 다른 사람들과의 접촉과정을 통해서 학습된다. 최우선적인 접촉대상은 부모, 가족, 친구 등이다.

④ 범죄행위란 범죄적인 행동양식에 동의하고 이를 지지하는 집단 내에서 정상적인 학습을 통해서 터득한 행동양식의 표현이다.

⑤ 범죄행위를 학습할 때에 학습되는 내용은 범죄기술, 범죄행위에 유리한 범행동기, 충동, 합리화 방법, 태도 등이다.

⑥ 범행동기나 충동은 법규범을 긍정적으로 정의하는가 아니면 부정적으로 정의하는가에 따라 학습된다.

⑦ 어떤 사람이 범죄자가 되는 것은 법률위반을 긍정적으로 생각하는 정도가 부정적으로 생각하는 정도보다 크기 때문이다. 이것이 바로 차별적 접촉이론이다.

⑧ 차별적 접촉은 교제의 빈도, 기간, 우선성, 강도에 따라 다양하게 나타날 수 있다.

⑨ 범죄자와 비범죄자 간의 차이는 학습과정의 차이가 아니라 접촉유형의 차이이다.

⑩ 범죄행위는 일반적인 욕구나 가치관의 표현이지만 일반적 욕구와 가치관으로 범죄행위는 설명할 수 없다. 왜냐하면 어떠한 사람들은 비범죄적 행동을 통해서도 범죄행위를 하는 사람과 동일한 욕구와 가치관을 표현하기 때문이다.

3) 차별적 접촉이론의 특징

서덜랜드의 차별적 접촉이론은 두 가지 기본적인 특징을 지니고 있다.

① 학습되는 것의 내용을 구체적으로 적시하였다는 것이다. 범죄를 저지르는 데 있어서 학습되는 내용으로 지적된 것은 범행기술, 범행동기, 범행의욕, 합리화, 태도 등이다.

② 학습이 일어나는 과정을 구체화하였다는 것이다. 이에 대하여 서덜랜드는 자신과 친밀한 집단들과의 접촉을 통하여 범죄에 관한 관념들이 학습되는 것으로 지적하였다. 그리고 범죄관념을 학습하는 정도는 접촉의 빈도, 접촉기간, 접촉의 우선순위, 접촉의 강도 면에서 다르다.

차별적 접촉의 유형

1. 빈도: 특정개인이 범죄에 호의적 또는 범죄거부적 정의들과 접촉한 횟수.
2. 기간: 범죄에 호의적 또는 거부적 정의와 접속한 시간적 길이.
3. 시기: 범죄에 호의적 또는 거부적 정의와 접촉할 당시의 나이
4. 강도: 특정개인과 범죄 호의적 · 범죄 거부적 정의를 제공하는 자 사이의 애착정도.

차별적 접촉이론은 화이트칼라 범죄에 해당하는 기업가의 범죄행위를 설명하는 데에 유용하다. 기업인들이 사회 주류로부터 소외되거나 가난 때문에 범행을 하는 것이 아니라 오히려 이들의 범죄원인은 사회적 학습방법에 있다고 본다(범죄행위를 부정적으로 규정하는 정직한 기업인들보다 범죄행위를 긍정적으로 규정하는 기업인들과 더 많은 접촉을 가져 학습). 즉, 이윤추구를 위해서는 규범위반을 대수롭지 않게 여기거나 오로지 사업만을 생각하고 기업이익의 추구를 제한하는 법규범에는 무관심한 태도에서 비롯되는 것이다.

---

4) 차별적 접촉이론에 대한 공헌 및 비판

① 공헌

집단현상으로서 범죄의 설명에 유용하다. 청소년 비행의 설명에 설득력이 있다.

② 비판

동일한 교제접촉의 환경하에서 사람들이 서로 다른 반응을 행하는 사실을 간과하고 있다(이질적 반응을 간과). 그리고 범죄원인으로는 접촉의 경험뿐만 아니라 선천적 · 생물학적 소질 조건도 큰 역할을 한다.

범죄학습이 신문·영화 등 비개인적인 접촉수단으로부터 큰 영향을 받는다는 점을 간과하고 있다. 또한 과실범죄나 격정에 의한 폭력 및 충동범죄 등 개별현상으로서의 범죄행위(단독범행)에 대한 설명이 곤란하다. 개인의 지적 능력에 의한 화이트칼라 범죄 등을 설명할 수 없다.

2. 차별적 접촉이론의 수정·보완

최근의 학습이론은 친밀한 관계를 맺고 있는 집단이 범죄를 학습하는데 있어서 중추적 역할을 담당한다는 서덜랜드의 이론에 대해서 다른 견해를 보였다. 즉 최근의 이론들은 다른 학습들과의 접촉이 없어도 물리적 환경과 직접 관계를 맺음으로써 학습할 수 있다고 보았다. 또한 학습의 내용에 대해서도 서덜랜드는 학습되는 내용이 관념이라고 보았다. 반면에 최근 이론들은 관념뿐만 아니라 구체적인 행위 자체가 조작적 조건화나 사회학습에 의해 직접적으로 학습될 수 있다고 주장하였다.

(1) 차별적인 동일시이론(differential identification theory)

글래저(Daniel Giaser)는 서덜랜드와는 달리 '직접적인 대면접촉보다는 누구와 자신을 동일시하느냐 혹은 자기의 행동을 평가하는 준거집단의 성격이 범죄를 학습하는 과정에 있어서 더욱 중요하게 작용한다.'고 보았다.

> 동일시(identification)는 일종의 모방으로서, 한 개인이 다른 사람을 믿고 좋아한다고 본받아 그 사람의 특성을 받아들여서 자신의 일부분으로 만드는 과정을 말한다. 따라서 동일시는 좋아하는 사람의 행동을 무의식적으로 모방하면서 자신의 긴장을 해소해 가는 일종의 학습과정이다.

차별적 동일시이론은 사람들이 범죄에 대해 어떠한 관념이나 인식을 학습하는가하는 문제에 있어서 본인들이 직접 접촉하는 사람들이 누구인가뿐만 아니라 공간적으로 멀리 떨어져 있는 준거집단이나 준거인까지도 학습의 대상으로 고려함으로써 학습이론의 범위를 보다 탄력적이고 광범위하게 확장하였다(매스미디어의 중요성을 강조, 간접적 접촉의 문제 해결).
범죄행위는 범죄자의 직접적인 접촉을 통해서도 가능하지만 대중매체(TV나 영화)로부터 보고 듣던 사람과의 동일화를 통해서 또는 범죄반대세력에 대한 부정적 반응으로서 이루어질 수도 있다고 주장하였다.

문화전달의 범위를 확장하고 범행경로에 심리학적 요소를 도입하였다는 평가를 받고 있다.

범행학습과정

서덜랜드의 차별적 접촉이론은 범행의 학습은 주로 친밀한 사적 집단 안에서 이루어진다고 보았으나, 글레이저의 차별적 접촉이론은 범죄를 학습할 수 있는 대상이 텔레비전이나 영화의 주인공처럼 관념상의 인간으로까지 확장될 수 있다고 보았다.

제6절 표류이론

1960년대를 맞이할 무렵까지 주류였던 사회학 결정론에 반기를 든 것은 맛차(Matza)의 표류이론(drift theory)이다. 맛차에 의하면 비행은 외재적인 환경요인이나 사회적 압력에 의해 필연적으로 일어나는 것이 아니라 비행자의 자유의지에 근거하여 일어나는 것이다. 물론 표류이론도 완전히 환경적인 요인을 무시한 것은 아니다. 즉 맛차는 '유전, 환경에 의해 결정되기보다 자신의 의지에 의해 결정한다.'라고 주장하였다.

1. 표류이론의 기본개념

맛차는 1964년에 발표한 '비행과 표류(Delinquency and Drift)'라는 저서에서 기존의 범죄원인을 밝히는 이론들이 비행소년은 일반소년과 근본적인 차이가 있다고 보고 차별화와 강제를 지나치게 강조했다는 것이다. 만일 비행소년과 일반소년들 사이에 현격한 차이가 존재하고 그러한 차이로 인해서 비행이 발생한 경우에는 비행소년들은 항상 비행을 저질러야 할 것이다. 그러나 실제로는 '비록 비행소년일지라도 대부분의 경우에는 다른 사람들과 마찬가지로 일상적이고 준법적인 행위를 하며 특별한 경우에 한하여 위법적인 행위에 빠져든다. 뿐만 아니라 맛차는 비행소년일지라도 나이가 들어 성인기에 이르게 되면 대부분

비행을 그만두고 정상적인 생활을 하는 것이 일반적인 현상인데 기존의 이론들은 왜 이러한 현상이 발생했는지를 설명할 수 없다고 지적하였다.'

기존이론의 이러한 문제에 대해서 사이크스와 맛차가 비행소년의 올바른 모습으로 지적한 것은 '표류(drift)'이다. 표류란 사회통제가 약화되었을 때엔 소년들이 합법적인 규범이나 가치에 전념하지 못하고 그렇다고 위법적인 행위양식에도 몰입하지 않는 '합법과 위법의 중간단계'에 있는 상태를 의미한다. 대부분의 비행소년들은 사회통제가 느슨한 상태에서 합법과 위법의 사이를 표류하는 표류자일 뿐이다. 중요한 것은 소년들을 표류하게 하는 여건, 즉 사회통제가 느슨하게 되는 조건이 무엇인지를 밝히는 것이다. 맛차(Matza)는 기존의 범죄이론이 범죄원인에 대한 설명에서 강제와 차별화를 지나치게 강조한다고 비판한다. 즉 비행소년은 일반소년들과 근본적인 차이가 있으며, 그 차이로 인하여 비행소년들은 어쩔 수 없이 비행에 빠져들 수밖에 없다는 점을 기본적인 접근방법으로 하고 있다는 것이다.

비행소년도 대부분의 경우에는 규범에 순응하지만 특별한 경우에 한하여 위법행위에 빠져들게 되며, 성년이 되면 대부분 정상적인 생활을 하게 된다(성장효력이론).

2. 중화기술[사이크스(Sykers)와 맛차(Matza)의 표류이론 및 중화기술이론]

(1) 표류원인으로서의 중화기술

소년들이 표류상태에 빠져드는 과정에서 맛차가 중시했던 사항은 '중화기술(techiniques of neutralization)'이다. 이러한 기술은 범죄행위를 정당화하고 이를 옹호하는 방법으로 소년들은 중화기술을 습득함으로써 사회통제로부터 벗어나 합법과 위법의 중간단계인 표류상태에 빠져든다는 것이다. 즉 마비되면서 비행에 나아가게 된다. 비행소년도 전통적 가치와 문화를 인정하지만, 그들이 범죄자와의 차별적 접촉에서 배우는 것은 규범을 중화(비행을 정당화)시키는 기술·방법이다. 중화기술을 습득한 자들은 사회속에서 표류하여 범죄와 일탈 행위의 영역으로 들어가게 된다.

(2) 다섯 가지 유형.

① 책임의 부정(denial of responsibility): 범죄·비행에 대한 자신의 책임을 인정하지

않고 오히려 자신을 사회상황의 피해자로 여기는 것을 말한다. 예컨대, 비행의 책임을 열악한 가정환경, 빈약한 부모훈육, 빈곤 등의 외부적 요인으로 전가시키는 식으로 합리화하는 것이다.

② 가해의 부정(denial of injury): 자기의 행위로 손상을 입거나 재산상의 피해를 본 사람이 없다고 함으로써 자기의 비행을 합리화하는 기술을 말한다. 예컨대, 절도범죄를 저지르면서 물건을 잠시 빌리는 것이라고 생각한다든지, 방화를 저지르면 보험회사가 피해를 모두 보상해 줄 것이라는 등으로 자신의 행위에 대해서 변호하는 것이다.

③ 피해자의 부정(denial of victim): 피해자는 응당 당해야 마땅한 일을 당했을 뿐이라고 자기행위를 합리화하는 기술을 말한다. 예컨대, 자기 선생을 구타하면서 이 선생은 학생들에게 공평하게 대하지 않았기 때문에 당연하다든지, 다른 사람을 폭행하면서 이 사람이 먼저 때리려고 했기 때문에 선수를 치지 않을 수 없었다든지 등으로 자기를 합리화 시키는 것이다.

④ 비난자에 대한 비난(condemnation of the condemnners): 사회통제기관들은 부패한 자들로서 자기를 심판할 자격이 없다고 하면서 그들의 위선을 비난하는 것을 말한다. 예컨대, 경찰·법관은 부패하였고, 선생은 촌지의 노예이며, 부모들은 본인들의 무능을 자식들을 대상으로 분풀이하는 사람들이기 때문에 이들이 비행소년을 비난할 수 있는 자격이 없다고 비난함으로써 본인들의 죄책감이나 수치감을 억누르는 방법이다.

⑤ 상위가치에 대한 호소(appeal to higher authorities): 사회의 일반적인 가치나 규범의 정당성을 인정하면서도 보다 더 높은 가치(의리·조직)에 기반하여 비행을 합리화하는 것을 말한다. 예컨대, 폭력시위 현장에서 화염병 사용이 법규에 위반되지만 자유와 평등을 위해서 할 수 없는 일이라고 하는 등의 상위가치를 들어 본인의 행위를 합리화하는 경우 등이다.

제7절 통제이론(control theory)

1. 사회적 통제이론(personal control and social control theory)

범죄연구의 초점을 '개인이 왜 범죄를 행하게 되는가?'의 측면이 아니라 '개인이 왜 범죄로 나아가지 않게 되는가?'의 측면에 맞추는 이론을 말한다(관점의 전환). 즉 사람들은 '왜 대부분의 사람들은 일탈하지 않고 사회규범에 동조하는가?'의 물음에 관한 이론으로 누구나 범죄 또는 일탈동기를 가지고 있으나 개인이나 사회적 통제에 의해 제지되고 있다는 이론이다. 통제학파는 범죄행위의 동기는 인간본성의 일부이고, 사람들은 그대로 두면 누구든지 범죄를 저지를 것이라는 가정을 두고 있다.

이 이론에서 주목했던 내용은 '개인에게 부여된 통제력 혹은 억제력'이었다. 즉 '범죄를 저지르는 사람은 통제력이 약화되었기 때문인 것이지, 기존의 이론들처럼 범죄를 충동하는 힘이 강해졌기 때문은 아니'라는 것이다. 범죄촉진요소는 사회적 압력과 사회적 유인력으로 살펴볼 수 있다. 사회적 압력은 생활의 빈궁, 가정불화, 기회의 결여 등이 있다. 가족을 시작으로 인간관계 등에서 자라나는 윤리관이나 소속의식, 주위의 기대, 끈기 등이 있다. 사회적 유인력은 친구, 비행하위문화, 매스미디어 등이 있다. 자기통제, 자아, 책임감, 목적의식, 상승지향 등을 가리킨다. 범죄의 촉진요소에 착안한 경우 자기관념이 비행절연체가 되어 스스로를 준법적이라 평가하는 자는 비행을 일으키지 않는다. 범죄의 제지요소는 외적 통제력과 내적 통제력이 있다.

(1) 라이스(A. Reiss)의 연구

개인의 자기통제력과 범죄와의 관계를 처음으로 지적한 사람은 라이스(A. Reiss)이다.

1951년 라이스는 보호관찰하에 있는 소년들이 어떠한 까닭으로 또 다른 비행을 범해서 보호관찰이 취소당하는지를 연구하였다. 이를 위해 라이스는 보호관찰을 받고 있던 1,100명의 법원기록을 검토하였다. 이때에 나타난 결과는 보호관찰 취소처분을 받게 된 소년들의 대부분은 심리진단을 하였을 때에 자아통제 등의 통제능력이 떨어지는 것으로 평가되었다는 것이다. 또한 이들은 학교에 무단결석하는 횟수가 많았으며 학교 내에서도 많은 일탈행위를 함으로써 문제아로 지목되었다는 것을 알 수 있었다.

라이스는 '개인적·사회적 통제실패로 인한 일탈(1951)'에서 소년들이 비행을 저지르는 계기를 두 가지 측면에서 분석하였다.

소년비행은 개인통제력(personal control)의 미비(사회의 규범이나 규칙들과 마찰을 일으키지 않고 자기가 하고 싶은 일을 할 수 있는 능력을 갖추지 못함으로써 비행에 빠진다)와 학교와 같은 교육을 담당하는 사회화기관들이 소년들을 제대로 통제하지 못하는 사회통제력(social control)의 부족에서 찾고 있다(학교와 같이 교육을 담당하는 사회화 기관들이 소년들을 제대로 수용•순응시키지 못함으로써 비행 성향이 분출하는 것을 통제하지 못한다).

(2) 나이스의 연구

나이(Nye)는 라이스의 견해를 발전시켜 청소년들의 비행을 예방할 수 있는 사회통제방법의 종류를 세 가지로 분류하였다.

① 직접통제란 아이가 잘못을 했을 때에 부모가 억압적인 수단의 사용과 처벌을 부과함으로써 이후의 비행을 예방하는 방법을 말한다.
② 간접통제란 소년들이 자신들의 잘못이 부모나 주위사람들에게 고통과 실망을 줄 것이라는 점 때문에 비행을 자제하는 것을 말한다.
③ 내부통제란 청소년 스스로의 양심이나 죄의식 때문에 비행을 하지 않도록 하는 방법을 말한다.

나이는 직접통제의 경우를 경찰이나 국가사법기관이 담당하는 '공식통제(formal control)'와 가정이나 학교에서 담당하는 '비공식통제(informal control)'로 세분화하였다. 여러 종류의 사회통제 중에서 나이가 소년비행을 예방할 수 있는 가장 효율적인 방법으로 지적했던 것은 '비공식적 간접 통제'이었다.

이와 더불어 나이는 '욕구의 불충족'을 소년비행이 유발되는 계기로 지적하였다. 소년들은 기본적으로 애정, 인정, 보호, 새로운 경험 등에 대한 욕구가 있는데 이러한 욕구들이 가정내에서 충족되지 못함으로써 가정외에서 비정상적인 방법으로 욕구를 해소하려는 과정에서의 소년비행이 발생한다는 것이다.

(3) 레크리스의 봉쇄이론(containment theory)

1) 의의

레크리스(Reckless)는 자아관념을 비행에 대한 절연체라고 주장하면서 선량한 소년들로 하여금 비행을 멀리하게 하는 중요한 절연체의 역할을 하는 요소는 가족관계에 있으며 이를 바탕으로 형성된 무비행적 태도의 내면화, 즉 사회적으로 용인된 적정한 자기관념의 획득과 유지가 범죄로부터 멀어지게 되는 요인이 된다고 한다. 이후 레크리스는 자기관념이론을 발전시켜 강력한 내면적 통제와 이를 보강하는 외면적 통제가 사회적 · 법적 행위규범의 위반에 대한 절연체를 구성하는 견제(봉쇄)이론으로 발전시켰다.

2) 범죄나 비행을 유발하는 요인

1961년 레크리스(Reckless)는 이전까지 논의된 내용들을 종합하여 봉쇄이론을 발표하였다. 레크리스의 이론은 내부적 · 외부적 통제개념에 기초하고 있다. 범죄나 비행을 유발하는 힘으로는 다음과 같다.

반사회적 행위를 저지르도록 이끄는 힘=범죄유발 요인

① 압력(pressures)

사람들을 불만족한 상태에 빠지게 하는 조건을 지칭한 것이다. 예컨대, 열악한 생활조건, 가족갈등, 열등한 신분적 지위, 성공기회의 박탈 등을 거론하였다.

② 유인(pulls)

정상적인 생활로부터 이탈하도록 유인하는 요소들로 나쁜 친구들, 비행이나 범죄하위문화, 범죄조직, 불건전한 대중매체 등이 지적되었다.

③ 배출(pushes)

범죄나 비행을 저지르도록 하는 각 개인의 생물학적 혹은 심리적 요소들을 지칭하는 것이다. 불안감, 불만감, 내적 긴장감, 증오심, 공격성, 즉흥성, 반역성 등

반사회적 행위를 차단하는 힘=범죄억제요소

① 내적 봉쇄요인(inner containment)=내적 억제요소

사회의 규범이나 도덕을 내면화함으로써 각자 내부적으로 형성한 범죄 차단에 관한 요인들이다. 레크리스가 봉쇄요인으로 든 것은 자기통제력, 좌절감을 인내할 수 있는 능력, 책임감, 집중력, 성취지향력, 대안을 찾을 수 있는 능력 등이다.

② 외적 봉쇄요인(external containment)=외적 억제요소

가족이나 주위사람들과 같이 외부적으로 범죄를 차단하는 요인들을 말한다. 레크리스가 지적한 사항들은 일관된 도덕교육, 교육기관의 관심, 합리적 규범과 기대체계, 집단의 포용성, 효율적인 감독과 훈육, 소속감과 일체감의 배양 등.

▶ 결론적으로 레크리스는 내적 또는 외적 봉쇄요인 중에서 어느 한 가지라도 제대로 작용하면 범죄나 비행을 예방할 수 있다고 보았다. 특히 내적 봉쇄요인을 강조한다(내적 억제요소). 고도로 개인화된 사회에서 범죄대책은 각 개인의 내적 봉쇄요인(내적 억제요소)를 강화하는 것에 맞추어질 수밖에 없다는 것이다.

3) 자아관념이론(자기관념이론)

봉쇄요인들 이외에 레크리스가 특히 관심을 둔 사항은 '자아관념(self-concept)'이었다. 자아관념이란 소년이 자기 자신에 대해서 갖는 인식으로 레크리스는 내적 봉쇄요인들이 적절히 형성되는지의 여부는 자아관념에 달려있다고 보았다.

범죄지역에서와 같이 범죄나 비행으로 이끄는 압력요인, 유인요인, 배출요인 등이 강하고, 열악한 가정환경으로 외부통제가 취약함에도 불구하고 많은 소년들이 비행을 저지르지 않고 정상적인 사회구성원으로 성장할 수 있는 것은 바로 '올바른' 자아관념이 이러한 비행에의 유혹이나 압력을 단절시킬 수 있기 때문이라고 보았다.

레크리스를 비롯하여 여러 학자들이 비행과 자아관념과의 관계를 연구한 결과에 의하면 12살 때에 '올바른' 자아관념을 가진 것으로 분류된 소년들을 16세까지 추적 조사하였는데 대체로 비행을 저지르지 않는 경향이었다. 레크리스는 올바른 자아관념이 비행에 대한 절연체라고 보았다. 그러나 레크리스의 이러한 견해는 이미 기존 범죄학이론들에서 이미 논의된 사항들에 대해서 종합적으로 정리한 것일 뿐 새로운 내용의 이론들이 추가적으로 주장된 것은 아니었다는 비판이 제기되고 있다. 또한 개념들이 구체적이지 않다. 자기관념이론 (Self-Cncept Theory)의 학자 중에 디니츠(Dinitz)는 레크리스와 함께 차별적 접촉이론에서 왜 어떤 사람은 범죄에 빠지지 않는가에 관한 차별적 반응에 대한 해명을 자기관념으로 해명하였다. 이러한 자기관념은 가정에서 담당하는 사회화교육에 크게 영향을 받아 12세 이전에 형성된다고 한다.

(4) 허쉬의 사회통제(연대, 유대, 결속)이론

1) 의의

통제이론들 중에서 널리 알려진 이론은 1969년에 허쉬(Hirschi)가 발표한 사회통제이론이다. 흔히 '사회유대이론(social bonding theory)'이라고도 한다.

사람은 일탈의 잠재적 가능성을 가지고 있는데, 이것을 통제하는 시스템에 기능장애가 생기면 통제가 이완되고 일탈가능성이 발현되어 범죄가 발생한다고 한다.

비행이나 범죄를 유발하는 원인에 대한 허쉬의 견해는 매우 간략하다. 그는 1969년에 저술한 '비행의 원인(Causes of Delinquency)'에서 '우리는 모두 동물이며 자연적으로 누구든지 범죄를 저지를 수 있다'고 단언하여 반사회적 행위를 자행케 하는 근본적인 원인은 '인간의 본성'에 있다고 보았다.

허쉬는 사람은 누구나 범죄를 저지를 가능성을 가지고 있으나 가족, 학교, 동료 등의 사회집단과 밀접한 유대를 맺고 있는 사람은 범죄를 저지를 가능성이 낮다고 보았다. 개인적 통제보다 사회적 통제를 강조하여 범죄는 개인의 사회에 대한 유대가 약해지거나 끊어졌을 때 발생하며 가족, 학교, 동료 등과 같은 사회집단에 밀접하게 연대되어 있는 사람은 여간해서 비행행위를 하지 않는다는 것이다. 범죄자의 전형적인 특성으로 젊은 남성, 도시빈민가의 결손가정출신, 제대로 학교교육을 이수하지 못한 자, 실업자 등을 들고 있다.

개인이 사회와 유대를 맺는 방법인 애착, 전념, 참여, 믿음의 정도에 따라 비행을 저지를지 여부가 결정된다고 보았다.

2) 개인이 사회와 유대를 맺는 방법(사회연대의 요소)

허쉬는 개인이 사회와 유대관계를 맺는 방법으로 애착, 전념, 참여, 믿음 등 네 가지를 지적하였다. 이에 대해서 살펴보도록 하자.

① 애착(attachment)

애정과 정서적 관심을 통하여 개인이 사회와 맺고 있는 유대관계를 의미한다. 특히 부모·교사·친구 등에 대한 애착이 큰 영향을 미친다. 예컨대, 부자지간의 정, 친구사이의 우정, 학교선생에 대한 존경심, 자신이 비행을 저지르려 하다가도 부모가 실망하고 슬퍼할 것을 우려해서 그만 둔 경우.

② 전념(commitment)=수행

규범준수에 따른 사회적 보상에 얼마나 관심을 갖는가에 관한 것이다. 규범적인 생활에 많은 관심을 두었던 사람은 그렇지 않은 사람에 비해 잃을 것이 많기 때문에 비행이나 범죄를 저지를 가능성이 낮다. 예컨대, 소년들이 미래를 생각해서 공부에 전념하는 것은 비행에 빠지면 자신에게 큰 손실이 있으리라고 판단하기 때문이다. 각자의 합리적인 판단을 바탕으로 개인과 사회의 유대가 형성되고 유지되는 형태이다.

③ 참여(involvement)

행위적 측면에서 개인이 사회와 맺고 있는 유대의 형태를 말한다. 이와 같은 형태의 유대는 개인이 사회적인 활동에 얼마나 많은 시간을 투여하고 있는가에 따라 평가할 수 있다. 학교,

여가, 가정에서 많은 시간을 보내게 되면 범죄행위의 유혹에서 멀어진다는 것을 의미한다. 즉, 일상적 행위에 참여가 높을수록 비행의 가능성이 적고, 참여가 낮으면 일탈의 기회가 증가되어 비행의 가능성이 높다는 것이다. 예컨대, 학교 수업을 태만히 하고 거리를 배회를 하는 소년들에서 비행의 정도가 높은 것은 참여에 의한 사회통제가 되지 못한 대표적 예이다.

④ 믿음(belief)=신념
관습적인 규범의 내면화를 통하여 개인이 사회와 맺고 있는 유대의 형태로 관습적인 도덕적 가치에 대한 믿음을 의미한다. 이러한 면에서 믿음이란 내적 통제를 다른 말로 표현한 것이라고 할 수 있다.

허쉬는 사람들마다 사회규범을 준수해야 한다고 믿는 정도에 차이가 있고 규범에 대한 믿음이 약할수록 비행이나 범죄를 저지를 가능성이 높다고 보았다. 예컨대, 음주운전은 안 된다는 믿음을 가진 사람이 그렇지 않은 사람보다 음주운전을 자제하는 것은 믿음을 통한 사회통제의 구체적인 것이다.

2. 자기통제이론

허쉬는 1990년대에 들어와 '사회적 통제이론에서 자기통제이론으로'란 슬로건을 내세워 고트프레드슨과 함께 자기통제이론을 주창하였다. 그들은 1990년에 '범죄의 일반이론'에서 범죄의 요인을 '자기통제력(자기억제력)의 결여, 약화'에서 찾았다. 여기서 자기통제력이 약한 자란 누구인가? 그들에 의하면 자기통제력이 약한 자는 '충동적이고 무감각하고, 신체적 위험을 갖고 있고 또 근시안적, 비언어적인 성향을 가진 자'를 의미한다. 허위와 고트프레드슨은 범죄를 저지르는 것은 이런 특징을 가진 자라고 생각했다.

(1) 자기통제이론의 개요
1) 범죄는 순간의 욕망을 만족시키는 것이다(자기통제력이 약한 자는 순간적인 욕망을 만족시키려 한다).
2) 범죄는 안이하고 단순한 욕망을 채우는 것이다(자기통제력이 약한 자는 근면성이나 인내심이 부족하다.

3) 범죄는 자극적이고 스릴을 즐기는 것이다(자기통제력이 약한 자는 모험을 좋아한다).

4) 범죄는 총체적으로 보면 이익이 적다(자기통제력이 약한 자는 기술을 쉽게 포기한다).

5) 범죄는 피해자에게 고통을 준다(자기통제력이 약한 자는 자기중심적이고 피해자의 고통을 생각지 않는다).

6) 범죄는 즉시적인 쾌락을 추구한다(자기통제력이 약한 자는 범죄 이외에도 흡연, 음주, 도박의 중독 또는 습관성을 가지고 있다).

7) 범죄는 범죄자나 재물 간의 상호작용의 결과이다(자기통제력이 약한 자는 사회성이 없다).

8) 범죄는 초조함에 대한 해방이다(자기통제력이 약한 자는 인내력이 없고 갈등을 야기하고 말보다 폭력을 잘 사용한다).

(2) 고트프레드슨(M. Gottfredson)과 허쉬(T. Hirschi)의 범죄일반이론

1) 고트프레드슨과 허쉬는 범죄의 일반적 원인을 낮은 자기 통제력이라고 본다. 즉, 어렸을 때 부정적으로 형성된 자기 통제력이라는 내적 성향 요소가 이후 청소년기나 성인기의 문제행동의 원인이 된다는 것이다.

2) 낮은 자기통제의 형성에 가장 많은 영향을 끼치는 것은 부모의 잘못된 자녀양육이며, 그에 대한 대책은 아이들의 행동을 항상 관찰하고 비행을 저질렀을 때 즉시 확인하여 벌주는 외적통제라고 한다(가정에서의 부모의 역할을 강조).

(3) 통제이론에 대한 평가

1) 통제이론은 이론의 검증을 위해 자기보고조사라는 새로운 조사방법을 사용하였다.

2) 평범한 소년들의 사소한 범죄를 대상으로 하기 때문에 대표성이 낮다. 따라서 강력범죄 등 중대범죄에 대해서는 설득력이 떨어진다는 한계가 있다.

제8절 범죄피해자학이론

1. 피해자

(1) 피해자의 의의

1) 피해자의 형사 정책적 의미

제2차 세계대전 이후에는 피해자에 대한 연구가 활발하게 진행되었고, 나아가 피해자에 대한 연구를 범죄학에 대응하는 독자적인 학문분야로 인정하는 경향까지 나타났다. 형사정책에서 피해자에 대한 논의는 크게 두 가지 영역으로 보고 있다. 첫 번째 피해자가 범죄발생에 미친 영향과 관련되는 문제이고, 두 번째 피해자에 대한 적절한 보호대책과 관련되는 문제인 것이다. 특히 두 가지 중 중요한 영역은 후자인 피해자에 대한 적절한 보호대책과 관련되는 문제인 것이다.

지금까지 형사정책에서는 첫 번째에 중점을 두었었고 범죄피해자에 대해서는 무관심 했던 것이 사실이다. 이에 대한 각성의 소리가 점점 커짐에 따라 피해자 연구가 활발히 진행 되고 있다.

2) 피해자의 개념에 대해

피해자의 개념은 한 마디로 정의내리기 쉽지 않다. 매우 다양하게 제시되고 있기 때문이다. 일상적으로 보면 범죄에 의해 손해를 입고 피해를 당한 사람으로 이해하고 있고, 학술용어로는 다소간 그 뜻이 달라지기도 한다. 예컨대, 일반적으로 형법학에서는 범죄에 의해 침해당한 법익의 주체가 피해자가 된다. 이 때 형법적 의미의 범죄는 구성요건에 해당하고 위법·유책한 행위를 말한다. 그러나 범죄피해자구조법의 경우에는 구성요건해당성과 위법성만 갖추면 범죄가 인정되기 때문에 그 피해자의 범위가 더 넓어질 수밖에 없는 것이다.

① 최협의설

형식적 범죄개념에 입각하여, 범죄행위에 의해 피해를 입은 사람만을 피해자로 본다.

② 협의설

실질적 범죄개념에 입각하여, 실정법상 처벌할 수 없는 행위에 의해 법익을 침해당한 사람까지도 피해자에 포함된다.

③ 광의설

피해자를 범죄와 분리하여 독자성을 강조하며, 직접 피해자 외에 피해자의 가족 등의 간접 피해자까지 범위를 확장한다.

④ 최광의설

피해를 범죄와 분리하여, 피해자의 원인이 범죄가 아닌 경우까지 포함하여 모든 유해한 결과가 발생된 경우로 확장한다.

3) 피해자 중립화

전통적 형법에서는 피해자의 중립성을 강조해 왔다. 형법규범이 존재하기 전에는 다른 사람이 자신이나 친족의 권리를 침해할 경우 이를 해결하는 방법은 '보복'을 하는 것이었다. 문제는 이러한 행위가 자신의 권리침해를 만회하는 데 그치지 않고 더 나아가 무자비한 보복으로 이어졌다는 것이다. 그러나 형법규범에 의한 공형벌(公刑罰)이 등장하면서 피해자는 중립적 지위를 가지게 되었고 따라서 보복의 악순환도 차단되었다(피해자의 중립성 강조).

피해자 대신 형법이 행위자를 처벌함으로써 일반인의 권리를 보호하고 사회를 보호하는 임무를 수행하게 된 것으로, 근대형법의 피해자 중립이념은 지금도 여전히 타당하다고 할 수 있다.

2. 피해자학

(1) 피해자학의 의의

1) 피해자학의 개념과 형사정책적 의의

피해자학(Viktimologie)이란 '범죄피해자를 받거나 받을 위험이 있는 자에 대해 그 생물학적·사회학적 특징을 과학적으로 연구하고 이를 기초로 범죄에 있어서 피해자의 역할과

형사사법에서 피해자보호 등을 연구하는 학문분과를 말한다.'

2) 피해자학의 역사

피해자학의 기원은 18세기말 삐타발(Pitaval)과 포이어바흐 등이 범죄에서 피해자가 구체적으로 어떤 태도를 보였는가 하는 것을 연구한 것으로 시작되었다.

20세기 전반 가로팔로는 범죄피해자가 가해자의 공격을 유발하는 측면이 있다는 것을 주목하였다. 그러나 피해자에 대한 체계적 연구는 제2차 세계대전 이후에 비로소 '멘델존(Mendelsohn)과 헨티히(Hentig)[11], 엘렌베르거' 등에 의하여 비로소 시작되었다고 본다.

ⓐ 멘델존(B. Mendelsohn)

멘델존은 강간범죄의 피해자를 연구하였고, 피해자학이 범죄학과 인접해 있는 독자적인 학문분야라는 점을 강조하였다(독립과학성 인정).

1956년 '피해자학'을 저술하여 처음으로 피해자학이라는 말이 사용되기 시작하였다. 피해자가 피해 상태에서 무의식적으로 순응하는 개인적 능력인 '피해수용성'이란 개념을 도구로 하여, 범죄피해자가 범죄에 대해 책임이 있는 정도를 분류하였다.

ⓑ 헨티히(H. V. Hentig)

1941년 '행위자와 피해자 사이의 상호작용에 관한 연구'라는 논문에서 최초로 동적 관점에 근접하여 범죄자와 피해자의 상호작용에 의하여 범죄가 발생한다고 주장하였다. 헨티히는 피해자에 대한 연구를 범죄학에 대한 보조과학으로서의 성격을 가진다고 보고(독립과학성의 부정), 피해자를 범죄의 발생 원인이 될 수 있다고 주장하였다.

1948년 '범죄자와 그 피해자'를 발간함으로써 피해자학은 결정적으로 발전되기 시작하였다. 그는 범죄피해자가 되기 쉬운 성격을 연구함으로써 죄를 범한 자와 그로 인해 고통을 받는 자라는 도식을 통하여 '피해자의 존재가 오히려 범죄자를 만들어 낸다.'고 지적하였다.

범죄피해자의 특성을 중심으로 하여 피해자유형(일반적 유형과 심리적 유형)을 나누는 것에 중점을 두었다.

---

11) 헨티히는 1948년 '범죄자와 그 피해자'라는 책을 저술하였다. 그는 이 책에서 범죄피해자의 특성을 중심으로 하여 피해유형을 나누는 것에 중점을 두었다. 특히 범죄피해자가 되기 쉬운 성격을 연구함으로써 피해자학을 범죄학에 대한 실질적이고 체계적 보조과학으로서 자리 잡게 하였다.

3) 기타

① 엘렌베르거(H. Ellenberger)는 '피해원인'의 개념을 제시하고, 범죄예방을 위해서는 피해원인이 범죄원인 못지않게 중요하다고 보았다.

② 프라이 여사(M. Fry)는 '피해자를 위한 정의'라는 논문을 통하여 피해자의 공적 구제에 대한 관심을 촉구하였다.

③ 1963년 뉴질랜드에서 '범죄피해자보상법'을 처음 제정하고 실시한 후 영연방국가들과 미국 그리고 다른 유럽국가의 순서로 범죄피해자에 대한 공적 구제를 위한 입법이 이루어졌다. 미국에서는 1982년 피해자 및 증인보호법이 제정되고, 독일도 1986년 12월 형사소송법을 개정하면서 피해자의 소송법상의 지위를 강화하였다.

④ 범죄피해자에 대한 국제적 논의로는 1973년 이스라엘에서 제1회 국제피해자학 심포지엄이 개최된 이래 3년마다 개최되었으며, 1979년 제3회 심포지엄에서는 슈나이더의 주도로 피해자학 연구와 국제적인 학문정보 교환을 위해 세계피해자학회가 설립되었다.

4) 우리나라의 경우

우리나라의 경우 1987년 '범죄피해자구조법', 1990년 '특정강력범죄의처벌에관한 특례법', 1993년 '성폭력범죄의처벌및피해자보호등에관한법률', 1992년부터 피해자학회가 설립되어 '피해자학 연구'를 간행하고 있다. '범죄피해자구조법'은 2010년 '범죄피해자보호법'으로 통합되었다. 또한 '성폭력범죄의 처벌 및 피해자 보호 등에 관한 법률'은 2010년에 '성폭력범죄의 처벌 등에 관한 특례법', '성폭력방지 및 피해자보호 등에 관한 법률'의 제정으로 연결된다.

(2) 피해자학의 연구방법

1) 피해자 유형의 연구에는 범죄학의 경우와 마찬가지로 그것이 가지고 있는 학문적 성격을 고려하여 인접과학의 연구 성과를 활용하는데 관심을 가져야 한다.

2) 피해현상에 대한 올바른 파악을 위해서는 공식통계에 머무르지 않고 피해자 조사 등이 활발히 이루어져야 한다.

3) 피해자의 보호나 공적 구제를 위한 제도와 관련해서는 실태의 올바른 파악을 토대로 규범내용에 대한 정확한 분석 및 형법이론과의 조화 등의 규범적 접근이 중요하다.

(3) 피해자학의 과제

1) 범죄원인과 피해원인의 규명

피해자가 되기 쉬운 사람들을 연구하여 그 심리상태를 조사하고 아울러 피해자를 만들어내는 사회구조 및 사회현상을 연구하는데 목적이 있다.

2) 형사절차의 피해자보호

현행 형사절차는 실체적 진실발견과 피고인의 보호를 위한 적정절차라는 두 개의 축을 가지고 운영되고 있으나, 피해자의 권리보호라는 제3의 측면이 함께 고려되어야 한다. 예컨대, 피해자의 진술권보장, 배상명령제도, 변호인의 조력을 받을 권리, 증인의 보호, 원상회복 등이다.

3) 피해자에 대한 공적 구조

범죄에 의한 피해자보상은 현실적으로 한계가 있으므로 국가가 위험분담의 차원에서 공적구제수단을 현실적으로 마련해야 한다. 이러한 과제를 담당하기 위해서는 피해자의 적극적인 참여와 함께 심리학, 의학, 통계학 등 인접학문에 대한 연계가 필요하다. 우리나라에서는 1987년 '범죄피해자구조법'이 제정되었고, 2010년 '범죄피해자 보호법'으로 통합되었다.

(4) 피해자 분류

피해자학의 발전은 피해자의 과학적 분류에서 출발을 하였다. 이러한 피해자의 유형을 나눠서 살펴보는 것은 범죄원인연구에 도움을 주기 위한 목적이지 이를 바탕으로 범죄대책을 세운다는 것과는 무관한 일이다.

1) 피해자 유형(범죄발생에 있어서 피해자의 유책성의 정도에 따른 분류)

피해자의 유형 중 멘델존(Mendelsohn)유형, 헨티히(Hentig)의 유형, 칼멘(Karmen), 엘렌베르거(Ellenberger)의 유형의 분류에 대해 살펴보기로 하자.

① 멘델존(Mendelsohn)의 유형

범죄에 대한 피해자의 유책성(피해자 유책성설)의 정도에 따라 피해자를 분류하였다.

분 류	내 용
책임이 없는 피해자 (엄중 처벌 요구)	범죄발생에 책임이 없는 피해자(무자각의 피해자). 예컨대, 미성년자약취 유인죄의 미성년자, 영아살해죄의 영아 등.
책임이 조금 있는 피해자 (형벌 경감 가능)	이 유형은 대개 무지로 인해 피해자가 되는 경우이다(무지에 의한 피해자). 예컨대, 낙태로 사망한 임산부의 경우
가해자와동등한 책임이 있는 피해자(형벌 경감 가능)	자발적으로 피해자가 된 경우가 적용된다(자발적 피해자). 예컨대, 동반자살의 경우, 자살을 촉탁·승낙한 자.
가장 유책한 피해자 (형벌 면제 가능)	가해자보다 범죄발생에 더 큰 영향을 미친 피해자(공격적 피해자, 기망적 피해자, 환상적 피해자) 예컨대, 정당방위의 상대방, 무고죄의 범인, 피해망상증 호소자 등.

② 헨티히(Hentig)의 유형

피해자 유형을 일반적 피해자유형과 심리학적 피해자유형으로 분류하지만 형사정책적인 의미는 없다.

유 형	내 용
일반적 피해자 유형	피해자의 외적 특성을 기준으로 한 구별이다. 예컨대, 여성, 어린이, 노인, 심신장애자 등.
심리학적 피해자 유형	피해자의 심리적 공통점을 기준으로 한 구별이다. 예컨대, 의기소침자, 무관심자, 탐욕자, 호색가, 비탄에 빠진 사람, 학대자, 파멸된 자 등.

③ 울프강의 피해자유발설

미국의 범죄학자 울프강은 '살인죄의 패턴'에서 피해자유발의 이론을 정교하게 공식화했다. 피해자유발이란 피해자가 직접적이고 적극적으로 범죄를 유발시키는 것을 말한다. 피해자 유발의 구체적 사례로 피해자가 먼저 살상능력이 있는 무기를 보이거나 사용하거나 대화중 상대를 치는 폭력을 써서 상대방의 반격을 받아 사망하는 경우를 들 수 있다.

울프강은 경찰통계를 이용해 조사한 결과 표본을 추출한 588건의 살인사건 중 150(26%)건 이 피해자유발의 사례였다고 보고했다. 이런 조사결과에서 울프강은 헨티히의 주장을 지지 하여 피해자가 범죄결정요인의 하나라는 결론을 이끌어냈다.

④ 세퍼의 기능적 책임설

멘델존의 피해자학 이론을 계승한 것이 미국의 범죄학자 세퍼였다. 세퍼는 미국에서 한 발 빨리 피해자학을 다루어 기능적 책임설을 제창하였다. 이 이론은 멘델존의 피해자 유책성설을 발전시킨 것으로 범죄발생에 주어진 책임을 기준으로 피해자를 7가지로 분류하였다.

무관계한 피해자

도발적 피해자

유발적 피해자

생물학적으로 결여된 피해자

사회학적으로 결여된 피해자

스스로 피해를 초래하는 피해자

정치적 피해자

세퍼에 의한 이런 피해자의 유형화는 멘델존과 같이 범죄의 발생에 대해 피해자 측에 책임을 돌리는 경우를 지적한 것이다.

⑤ 스파크의 피해자화설

스파크는 피해자학의 이론으로 중요하게 생각하는 피해자화과정의 특징으로 다음과 같은 6가지로 분류하였다.

ⓐ 유발(precipitation): 대인폭력범죄는 피해자 측이 유발하는 경우가 있다. 특히 가해자와 피해자가 면식이 있는 경우나 친한 경우에는 피해자 측에 범죄를 유발하는 원인이 존재할 가능성이 높다. 예컨대 아내가 남편의 폭력으로 인해 남편을 살해한 경우이다.

ⓑ 촉진화(facilitation): 피해자 자신은 범죄의 일부를 적극적으로 행하지 않아도 집 열쇠를 분실하는 등 부주의 혹은 무의식중에 스스로 위험한 상황에 빠져 범죄 발생을 부르는 경우가 있다. 때문에 결과적으로 스스로 위험에 빠지게 하는 경우이다.

ⓓ 기회(opportunity): 범죄가 발생하는가 하지 않는가는 범죄가 생길 기회가 있는가 없는가에 따라 크게 좌우된다. 야간외출 등 특정 행동양식 등을 취하는 여부에 따라 범죄 피해 가능성이 크게 변한다.

ⓔ 매력(attractiveness): 예컨대 범죄자가 접근하기 쉬운가 아닌가 혹은 감시가 미치지 않

는 곳인가 등 범죄자에게 있어 범죄를 행하기 쉬운 경우가 있다.

ⓕ 무벌성(impunity): 피해를 경찰에 넘기거나 공식화할 가능성이 적은 자는 범죄의 피해를 입기가 쉽다.

ⓒ 취약성(vulnerability): 피해자는 스스로를 위험에 빠지게 하는 행동은 하지 않는다 하더라도 신체적 혹은 정신적으로 허약하거나 스스로 갖고 있는 취약성에 따라 범죄의 피해를 입기가 쉽다.

2) 기타

① 카멘(Karmen)의 유형: 현대사회의 규범과 피해자의 책임을 연계하여 피해자를 분류

비행적 피해자	반사회적 행위로 인하여 다른 사람의 범행표적이 된 경우	그들이 받는 고통과 상처는 그들 자신의 잘못된 행위에 대한 응보에 지나지 않는다고 봄
	다른 사람을 속이려다 오히려 사기의 표적이 된 경우	예컨대, 일확천금이나 부당한 이득을 노리는 자
	피해자 자신이 범죄를 유발 내지 촉진하는 경우	예컨대, 지속적인 남편의 폭행을 참다 남편을 살해한 아내
유인 피해자	피해자가 유인·유혹하여 가해자가 범행한 경우. 예컨대, 일부 강간피해자.	
조심성이 없는 피해자	피해자의 부주의로 인해 범죄자를 유인하게 되어 피해를 입은 경우	
보호받을 가치가 없는 피해자	부의 축적과정과 방법이 비도덕적인 졸부의 경우 약탈범죄의 대상이 된 경우.	

② 엘렌베르거(Ellenberger): 심리학적 기준

잠재적 피해자	피학대자, 자기도취자, 막연하게 불안감을 느끼는 자. 공포증 환자. 죄책감에 빠진 자 등.
일반적 피해자	위와 같은 특수한 원인을 갖고 있지 않은 그 외의 사람들.

③ 레클리스(Reckless)

순수한 피해자	기해자– 피해자 모델
도발한 피해자	피해자–가해자–피해자모델

(5) 범죄피해의 발생원인

1) 주요개념

① 거시적 요소

범죄 근접성	범죄와 물리적으로 근접한 경우에는 피해자가 되기 쉽다. 범죄가 다발하는 장소의 문제뿐만 아니라, 범죄 가능성이 높은 경제적·대인적 환경을 포함한다.
범죄 노출성	범죄를 당할 위험성이 높은 상태에 노출되어 있는 경우는 범죄피해자가 될 확률이 높다.

② 미시적 요소

표적의 매력성	범죄피해자(표적)는 가해자에게 상징적·경제적 가치가 있기 때문에 선택된다. 매력의 기준은 적극적 가치뿐만 아니라 소극적 가치(예컨대, 표적의 크기, 물리적 저항)도 될 수 있다.
보호 능력	피해자가 범죄를 방지할 수 있는 능력을 의미하며, 보호능력이 적을수록 범죄의 피해자가 될 확률은 높아진다.

3. 최근의 범죄피해자학이론

현대 피해자학은 인간은 합리적 존재라는 점을 전제하고, 범죄는 정상인과 구별되는 범죄성을 가진 범죄자에 의해 발생하는 것이 아니라 누구나 우연히 저지를 수 있다는 점에서 범죄통제 여부가 범죄원인의 규명보다 중요하다고 보고 있다.

현대 피해자학은 범죄인의 교정, 교화보다 범죄기회를 사전에 차단시키는 것이 중요하다고 보고 있다.

(1) 생활양식노출이론

하이드랑(M. Hindelang)과 고트프레드슨(M. Gottfredson)은 개인의 직업적 활동, 여가활동 등 모든 일상적 활동의 생활양식이 그 사람의 범죄피해위험성을 높이는 중요한 요인이 된다는 이론을 말한다. 즉, 범죄와 접촉할 가능성이 높은 생활양식을 취하고 있는 사람은 범죄의 피해자가 되기 쉽다는 것이다. 피해를 입을 가능성이 큰 경우는 특히 야간에 드문 공간을 지나는 경우가 많은 자, 또 가족 이외의 자와 지내는 시간이 많은 자는 피해를 입을 가능성이 크다. 이런 주장은 공식적인 범죄통계를 기초로 한 조사에서 일반적으로 지지된다. 이 통계자료들은 피해자가 될 위험이 혼자 살고, 비행소년과의 교제, 심야외출, 도시의 생활 등에 의해 증가하는 것을 지적하고 있다. 이 연구는 처음에는 사회계층별 폭력범죄의 위험성을 밝히려는 시도로 시작되었다가 나중에 재산범죄까지 확대되었다. 연구결과 젊은 이, 남자, 미혼자, 저소득층 등이 다른 계층보다 범죄피해자가 될 확률이 상대적으로 높은 것으로 나타났다. 왜냐하면 이 계층이 가족과 보내는 시간이 적은 반면에 외부에서 활동하는 시간은 많으며 따라서 범죄자와 접촉할 기회 또한 증대되기 때문이다.

(2) 일상활동이론(일상생활이론)

일상활동이론은 피해자의 라이프 스타일 외에 범죄자의 라이프 스타일도 포함해서 범죄가 발생한 원인을 파악한다.

코헨(L. Cohen)과 펠슨(M. Felson)의 '사회변화와 범죄발생률의 경향: 일상활동적 접근' 이라는 논문에서 제기했다. 일상생활이나 생활양식의 일정한 유형이 범죄를 유발하는데 적합한 사람이 그렇지 않은 사람보다 범죄피해자가 되기 쉽다는 이론을 말한다. 이 이론은 '시간의 흐름에 따라 범죄율의 변화를 설명'하기 위해 등장하였다(동기를 지닌 범죄자, 합당한 표적, 보호능력의 부재라는 시간적·공간적인 영향을 미쳐서 범죄가 발생). 시대·사회를 막론하고 잠재적 범죄자의 수에는 변화가 거의 없으나, 과다한 가정외적 활동 등으로 잠재적 범죄자에 대한 가시성과 접근성이 용이하고 범죄표적의 매력성이 있으며, 보호능력의 부재(무방비)상태일수록 범죄피해의 위험성은 그만큼 높아지게 된다.

생활양식노출이론과 일상활동이론의 비교

① 공통점

두 이론은 사회생활 중 일상활동이나 생활양식의 유형이 범죄를 위한 기회구조 형성에 어떻게 기여하는가를 분석하는 기회이론이라는 점에서 공통점을 갔고 있다.

② 차이점

일상활동이론은 시간의 흐름에 따른 범죄율의 변화를 설명하기 위한 이론으로, 사회적 계층에 따른 범죄피해 위험성의 차이를 설명하기 위한 생활양식노출이론과 구별된다. 일상활동이론은 미시적·상황적 요소인 '대상의 매력성'과 '감시의 부재'를 강조하지만, 생활양식노출이론은 범죄기회 구조의 내용으로 '범죄자와의 근접성'과 '범죄위험에의 노출'이라는 거시적 요소를 강조한다.

(3) 동일집단이론

생활양식노출이론에서 파생한 또 다른 하나의 이론으로 동일집단이론이 있다. 이 이론은 가해자인 범죄자와 피해자는 비슷한 가치관을 가진 그룹에 속해 있어 같은 특성을 가지고 있다고 지적한다. 이 이론은 실증적인 조사에서도 확인되었다. 예컨대 싱거는 미국의 필라델피아에서 행해진 코호트 연구에서 폭행피해자의 다수가 다른 사건에서 가해자인 것이 확인되었다고 보고되었다. 또 로렛센, 샌프슨 및 라우브는 자기보고식 연구에서 비행소년과 피해자 간에 상관관계가 존재한다고 설명한다.

이러한 동일집단이론은 범죄자와 피해자를 다른 범주로 나눈 것은 무의미하고 범죄자가 될 수 있는 환경은 모든 사람의 인생에 있어 존재한다고 설명한다.

(4) 대안이론

생활양식·노출이론과 일상활동이론의 결합한 형태의 이론을 말한다. 여기에는 구조적 선택모형과 표적 선택과정이론이 있다.

1) 구조적 선택모형

미테(T. Miethe)와 메이어(R. Meier)는 생활양식노출이론과 일상활동이론을 통합하여 범죄발생의 네 가지 요인을 범행기회와 대상선택이라는 두 가지 관점으로 이루어져 있다고 했다. 범행기회는 '범죄근접성'과 '범죄위험에의 노출'로 이루어져 있고, 대상의 선택('대상의 매력성'과 '감시의 부재') 이라는 두 가지 관점으로 압축하여 설명하고 있다. 구조적 선택모형이론은 일상활동이론의 범죄기회 구조에 관한 거시적인 영향과 생활양식노출이론의 특정 범죄에 대한 선택이라는 미시적 관점을 모두 고려하는 절충적 입장이다.

2) 표적선택과정이론

사고하는 범죄자의 범죄선택이라는 측면에 초점을 두고, 범죄자가 범행을 결정하고 실제 범행을 저지르는 범행동기에 관심을 두고 있다. 범죄자도 범죄행위를 통한 최소한의 위험과 비용으로 최대의 효과를 얻을 수 있는 피해자를 선택한다는 것을 밝히는 범죄발생원인을 중시한다. 이러한 범행대상 선택과정에 영향을 미칠 수 있는 요인으로는 피해자의 특성, 환경, 체포위험, 범행의 용이성, 보상정도 등이 있다. 휴(Hough)의 선정모형에 의하면, 나이·성별·사회적 계급 등의 인구학적 특성이 직접·소득·거주지역 등 사람의 생활양식의 구조적 특징을 결정하고 나아가서 이것이 그 사람의 일상생활에도 영향을 미친다. 그리하여 동기 부여된 범죄자에게 쉽게 노출되고(근접성), 범행대상으로 잠재적 수확가능성이 높으며(보상), 접근 또한 용이하여 범행대상으로 매력이 있을 뿐만 아니라 충분한 방어수단이 갖추어져 있지 않으면(보호성 부재) 범행대상으로 선정될 위험성이 높다고 본다.

(5) 제2차 피해자화 · 제3자 피해자이론

초기피해자학의 대상으로서의 피해자는 범죄에 있어 직접적으로 피해를 입은 자에 한정되어졌다. 하지만 피해자학이 문제가 되는 피해자화는 이런 직접적인 피해에 그치지 않고 간접적인 것도 포함되지 않는가란 주장이 1980년대 중반부터 높아졌다. 이러한 문제의식에서 제기된 것이 제2차 피해자화, 제3자 피해자화이다.

제2차 피해자화는 형사사법기관 등의 배려가 부족한 대응에 의해 피해자의 범죄피해를 재차 유발하게 한다고 지적했다. 범죄조사나 형사재판에서는 사실의 추구를 중시하고 피해자에 대한 배려가 부족하다. 특히 성범죄에는 그 피해자의 이성관계 등 사생활이 노출되어 피해자의 인권이 침해될 가능성이 농후하다. 최근 일본, 유럽, 미국뿐 아니라 한국에서도 형사절차에 있어 피해자와 인권보호문제가 화두에 오르고 있는 배경도 이런 이유인 것이다.

제1차와 제2차 피해자화보다 심리적으로나 정신적으로 더 힘든 피해자에 대한 적절한 대응이 되지 않고 방치하면 피해자는 재차 자기 파멸적인 길로 가는 경우가 적지 않다. 이런 형상이 제3차 피해자화라고 부르는 것이다. 재판에서 유죄판결이 확정된 것에 의해 사건이 완전히 해결되었다고 생각하는 경우가 많다. 하지만 그런 일반적인 인식과는 달리 피해자의 마음의 상처는 치료되지 않고 계속 남는다. 강간 피해자의 경우 이런 제3차 피해자화를 'second rape'라 부른다. 미국에서는 이런 강간 피해자에 대한 차료를 목적으로 한 위기개선센터에서 카운슬링이나 전화에 의한 정보제공 등 적극적인 활동을 하고 있다.

제9절 비판 범죄학

1. 의의

비판범죄학은 마르크스주의를 이론적 기초로 하여, 범죄를 개인의 반사회성에 기인하는 것으로 보고 재사회화를 형벌 목적으로 삼는 종래의 이론(실증주의)을 강하게 비판한다. 자본주의 사회의 모순에 관심을 가지고 일탈의 문제도 자본주의 사회의 모순에 대한 총체적 해명 가운데 이해한다.

일탈 및 범죄문제의 해결에 대해서도 현상유지와 개혁주의적 해결을 거부하고 전반적인 체계변동과 억압에 대한 투쟁에의 정치적 참여를 주장한다.

2. 유물론적 비판범죄학(신범죄학)

테일러(I. Taylor), 왈튼(P. Walton), 영(J. Young) 등은 범죄의 정치경제성과 사회심리성을 중시하여, 권력층의 범죄를 폭로하고 형사사법체계의 불평등을 주장한다.

3. 급진적 갈등이론(계급주의 범죄학)

(1) 의의

급진적 갈등이론에서는 마르크스의 계급갈등론을 바탕으로 범죄를 자본주의 사회의 경제모순에서 야기되는 산물로 파악한다.

형법은 지배계급이 사회지배를 위해 사용하는 도구이며, 형벌은 경제적 지배계급(부르주아)이 피지배계급(플로레타리아트)을 억압하고 착취하기 위해서 사용하는 물리력이라고 본다. 자본주의 사회의 범죄통제는 법 외에도 일정한 이념(지배계급의 이해)을 기초로 하는 제도·기관을 통해 수행되며, 피지배계급은 계속 억압된다.

자본주의 모순은 법체계의 억압성으로 은폐되고, 자본주의 사회의 붕괴와 사회주의에 의한 새로운 사회건설을 통해서만 범죄문제는 해결될 수 있다고 주장한다.

(2) 마르크스(K. Marx)의 계급투쟁과 범죄

1) 범죄원인

자본주의사회에서는 부르주아가 생산의 수단을 소유하고 통제하며 프로레타리아를 약탈함으로써 그들의 이익을 극대화시키려고 한다. 마르크스는 근본적인 사회과정을 '경제계급간에 발생하는 갈등'에 기초하는 것으로 본다. 그리고 이러한 갈등은 정치적이거나 사회적이거나 다른 사회과정을 이해하는 데에 핵심적인 사항이라고 주장하였다. 사유재산을 인정하는 자본주의 사회에서 대표적인 경제계급으로 마르크스는 두 가지를 지적하였다.

① 생산수단을 소유하는 사람들 즉 '자본가계급'이다.

자본가들의 경우에 이들의 이익은 노동자의 노동을 통하여 상품을 생산하고 이를 판매함으로써 생겨난다. 따라서 이들은 가능한 한 노동자들에게 적은 임금을 지불하고 자신들의 이익을 확보하려고 하는 것이다.

② 소유자에 의해 고용된 사람들 즉 '노동계급'이다.

노동자들은 임금이 자신들의 생존기반이기 때문에 가능한 한 노동비용을 증가시키고자 한다.

이러한 면에서 마르크스는 자본주의 사회에서 자본가계급은 노동자계급보다 지배적인 위치를 차지하고, 상호 대립된 경제적 이해관계로 인하여 이들 간의 계급갈등은 필연적이라고 보았다. 또한 마르크스는 자본가들의 노동자에 대한 지배는 경제부문에 그치지 않고 정치, 문화, 사회생활 등에 반영되어 다른 부문들도 자본가들의 입장에서 이들의 이익을 보호하여 준다고 지적하였다. 예컨대, 기업가들의 로비에 의해서 이들의 이익을 도모할 수 있는 방향으로 법률이 제정되는 경우 등은 자본가 계급의 지배가 다른 사회영역에서도 반영된 경우라고 볼 수 있다.

2) 범죄대책

마르크스가 제시하는 근본적인 범죄대책은 범죄를 야기하는 계급갈등을 없애는 것이다. 아울러 형벌로써 범죄를 감소시키려는 정책의 허구성을 지적하고, 특히 공리주의적 형벌관은 발상자체가 다른 사람들을 위해 개인의 희생을 강요하는 비인도성을 지니고 있다고 공박한다.

(3) 엥겔스

엥겔스는 자본주의의 내재적인 경쟁이 다수의 잉여인구를 생산하게 되며, 노동계급의 열악한 조건 때문에 도덕적 타락의 결과를 가져오고 범죄가 광범위하게 발생된다고 보았다.

(4) 봉거(W. Bonger)의 경제결정론

1) 범죄원인

마르크스의 입장에서 범죄원인론을 처음으로 체계화한 학자는 독일의 범죄학자 봉거(W. Bonger)를 들 수 있다. '범죄성과 경제적 조건'에서 범죄의 원인이 경제적 이유에 있다고 주장한다. 자본주의 사회는 경제영역에서 소수가 다수를 지배하는 체계로서, 이러한 억압적 체계는 인간이 본질적으로 지니는 사회적 본성을 질식시켜 모든 사람들을 탐욕스럽고 이기적으로 만들며, 오로지 자신의 이익을 추구하도록 조장한다. 사법체계는 가진 자에게는 그들의 욕망을 달성할 수 있는 합법적 수단을 허용하는 반면, 가난한 자에게는 이러한 기회를 허용하지 않기 때문에 범죄는 하위계급에 집중된다. 범죄에 영향을 미치는 것은 부의 불평등한 분배의 문제이다. 하류계층의 범죄는 그들의 경제적 종속과 빈곤의 산물이다. 반면 지배계층의 범죄는 자본주의 사회의 비도덕화로서 설명할 수 있다.

2) 범죄대책

봉거는 자본주의 사회에서는 범죄를 예방할 수 없기 때문에 범죄문제가 항상 심각할 것이라고 예측하였다.

봉거가 제시하는 범죄문제에 대한 정책은 사회주의 사회의 달성이다. 만약 사회주의 사회에서 범죄가 있다고 하여도 이는 정신질환에 의한 것 밖에 없을 것이며, 이러한 범죄도 법에 의해 처벌받는 것이 아니라 의학적으로 치료될 것이라고 보았다.

(5) 퀴니(R. Qunney)의 경제계급론

1) 의의

퀴니(R. Qunney)의 초기연구(1971)는 터크와 비슷한 측면에서 다양한 집단들의 갈등현상에 대해 연구하였으나, 후기 연구(1974, 1977, 1980)에서는 보다 '마르크스주의적인 관점'을 취하였다.

마르크스 이후 발전된 경제계급론을 총체적으로 흡수하여 자본주의 사회에서의 범죄 및 범죄통제를 분석하였다.

범죄발생은 개안의 소질이 아니라 자본주의 모순으로 인해 자연적으로 발생하는 사회현상이라고 보았다. 후기 저서들에 나타난 범죄에 대한 퀴니의 견해는 '자본주의의 물질적 상황에 의해 어쩔 수 없이 유발되는 반응양태'라는 것이었다. 이와 같은 맥락에서 그는 노동자계급의 범죄를 자본주의체계에 대한 '적응범죄(crime of accommodation)와 대항범죄(crime of resistance)'로 구분하였다.

2) 자본주의 사회의 범죄의 유형

① 적응과 저항의 범죄

노동자 계급의 범죄로서 생산수단을 소유·통제하지 못하는 노동자계급이 개별적으로 자본주의의 기본모순에 반응하는 형태를 지칭한다.

> a) 적응범죄(화해의 범죄)
> 생존의 필요에 의한 약탈범죄(예컨대, 절도, 강도, 마약거래 등), 기본모순의 심화 속에서 야기된 난폭성의 표현인 대인범죄(예컨대, 살인, 폭행, 강간 등)로 구성된다.
>
> b) 대항범죄(저항의 범죄)
> 자본가들의 지배에 대항하는 범죄유형을 말한다. 이와 같은 범죄로 퀴니는 비폭력적이거나 잠재적인 불법행위와 자본주의에 직접적으로 대항하는 혁명적인 행위들을 포함시키는 것이라 하였다.

② 지배와 억압의 범죄

퀴니는 자본가들이 자신의 이익을 보호하기 위해서 저지르는 범죄를 '지배와 억압의 범죄

(crime of domination and repression)'로 지칭하였으며 이를 다시 여러 종류의 범죄로 구분하였다. 그 중에서 '기업범죄(corporate crime), 통제범죄(crime of control)와 정부범죄(crime of government)'에 대해서 간략히 정의하면 다음과 같다.

> 자본가 계급의 변화는 그들이 자본주의 기본모순을 안고 체제유지를 해나가는 과정에서 자신의 이익을 보호하기 위해 불가피하게 자신이 만든 법을 스스로 위반하는 경우를 말한다.
> a) 기업범죄
> 예컨대, 부당내부거래, 가격담합, 입찰담합, 환경오염에서부터 기업구성원 및 전문직업인의 화이트칼라 범죄 등 경제적 지배를 도모하기 위해 유발되는 범죄를 말한다.
> b) 통제범죄
> 예컨대, 형사사법기관이 시민의 인권을 탄압하는 행위
> c) 정부범죄
> 예컨대, 공무원이나 정부관리들이 저지르는 부정부패범죄, 정치적 테러와 전쟁범죄 등을 말한다.

(6) 스핏쩌(S. Spizer)의 후기자본주의 갈등론

1) 후기자본주의 문제

스핏쩌(S. Spizer)는 대량생산과 대량소비를 주축으로 하는 후기자본주의 시대의 경제활동이나 계급갈등을 중심으로 범죄발생이나 사회통제에 관심을 두었다. 과학기술의 발전과 자본이 집중되는 후기자본주의에서 가장 중요한 사회문제 중의 하나로 그가 지적한 것은 '문제인구의 생산(production of problem populations)'이었다.

이와 같이 '문제인구가 양산됨으로써 후기자본주의 사회에서 이들은 부유한 사람들의 재물을 탈취하거나, 태업에 동참하거나, 아니면 자본주의를 지탱하는 이념에 도전하는 정치적 혁명을 도모함으로써 범죄행위를 포함한 많은 일탈적 행위가 야기될 것이라고 예견하였다.' 이에 따라 후기자본주의 사회는 증가되는 위협에 대처하기 위해서 사회통제의 방법 자체를 변화시킬 필요가 있다고 보았다.

2) 사회통제의 방법의 전환

'점차 늘어나는 문제인구에 대해서 사회정의나 질서유지 방법보다는 자본가계급의 이익을

위하여 '비용을 축소시키는 방법'으로 사회통제방법을 바꾼다는 것이다.'

후기자본주의 사회에서 대두할 '사회통제의 방향'으로 스핏쩌는 크게 네 가지를 지적하였다.

① 범죄의 정상화(normalization)

범죄자를 교도소나 교정시설에 수용하지 않고 바로 지역사회에 방치하여 범죄자에 대한 국가권리를 포기하는 것이다.

② 전환(conversion)

비용절감방법은 범죄를 저지를 개연성이 높은 사람이나 재활을 끝낸 범죄자를 보호관찰 보조자, 교도소의 상담인과 같이 국가사법기관의 활동을 보좌하는 보조자로 전환하는 것이다.

③ 억류(containment)

문제가 될 수 있는 인구들을 특정 지역에 집중시키고 지역 외부로 나오지 않는 한 이들의 범죄행위를 묵인하는 것이다.

④ 범죄적 사업의 묵인(support of criminal enterprise)

문제인구들이 나름대로 수입과 직업을 창출하도록 하여 국가가 이들에 대한 관리비용을 절감하는 방법을 말한다.

4. 슈벤딩거 부부의 비판범죄학

슈벤딩거 부부(Herman Schwendinger & Julia Schwendinger)는 왜 일탈연구가들이나 범죄학자들이 국가에 의해 규정되고 국가에 의해 제재를 받는 기존의 법적 범죄개념규정에 도전하지 않는가를 비판하고, 새로운 범죄학은 새로운 범죄개념의 정립에서 출발할 것을 주장한다.

새로운 범죄학은 범죄의 개념규정에서 가치판단을 분명히 해야 한다. 그들에 의하면 범죄를 규정하는 사회적해(social injury), 혹은 반사회적 행동(anti-social action)에 입각한 윤리적 기준에 의해 규정되어야 한다. 즉, 새로운 범죄학자들은 역사적으로 확장되어 온

인권(human right)의 개념에 입각하여 이러한 권리를 침해하는 개인적, 제도적 행동을 범죄로 규정한다.

슈벤딩거 등에 따르면 새로운 범죄학의 영역에서 기존의 법적 범죄개념을 파기하고 새로운 범죄개념을 받아들이면 범죄학자들의 연구영역 및 실천적 역할 또는 재규정되게 되는 바, 일탈연구가 및 범죄학자들은 기존질서의 수호자로서가 아니라 인권의 옹호자로 기능을 할 수 있게 된다.

5. 고든의 비판범죄학

고든(D. M Gordon)은 대부분의 범죄, 특히 화이트칼라의 기업범죄는 자본주의 경제에 내재적인 경쟁과 불평등에 대한 합리적인 반응으로서 자본주의적 경제제도에 깊게 뿌리내리고 있는 것이라고 주장한다.

다른 새로운 범죄학자들과 마찬가지로 범죄문제의 해결은 범죄의 구조적 원인의 근본적 제거를 통하지 않고는 쉽게 해결이 될 수는 없다고 본다. 그러나 그는 다른 급진범죄학자들과 달리 공산주의 사회에서도 범죄는 사라지지 않는다고 보며, 범죄연구는 그 사회의 상이한 제도나 이념과 관련지어 분석이 되어야 할 것을 강조하였다.

6. 비판범죄학에 대한 평가

① 공헌

규범의 정당성에 의문을 제기하였고, 권력형 범죄의 분석에 유용하다. 공식범죄통계의 신뢰성에 의문을 제기하고, 암수범죄의 인식이 중요함을 지적하였다.

② 비판

지나치게 이데올로기적 기반이 강하다. 범죄통제에만 관심을 두어 범죄원인의 측면에는 소홀하다.

범죄통제정책이 빈약하고, 중류계층·상류계층의 범죄를 설명함에는 부족하다. 형사사법체계의 개선 및 범죄방지를 위한 구체적 대안을 제시하지 못한다.

제7장
정신장애와 범죄심리

제7장 정신장애와 범죄심리

제1절 스트레스와 범죄심리

1. 모우슨(A. R. Mawson)의 연구

모우슨(A. R. Mawson: 1987)은 일시적 범죄의 원인을 각성과 인지와의 관계를 통해서 설명하였다. 그는 그림의 모델에서 보는 바와 같이 스트레스 자극을 통해서 교감신경계의 각성이 증가하고 이로 인해 인지적 지도의 장애발생으로 인하여 정상적인 사고와 판단능력의 일시적 혼란으로 범죄행동이 발생된다고 주장하였다.

특히 인지적 지도의 장애는 내면화된 도덕성, 법규범 상실의 원인이 된다. 인지적 지도의 해체, 높은 각성수준, 개인의 감각추구행동은 이미 내면화된 도덕에 의해 지배를 받지 않는 상태가 되는 것이다. 이러한 조건하에서 범죄행동의 가능성은 더욱 증가한다고 할 수 있다.

스트레스에 의한 일과성 범죄행동 모델(A. R. Mawson, Transient Criminality: A Model Stress-Induced Crime, 1987, p63)

외적환경적		교감		민감성		일과성
	⇨	신경계	⇨	인지적 지도의 장애	⇨	범죄
내적환경적		각성		감각추구행동		

---

2. 긴(Geen, 1970)의 연구

현대사회에서 볼 수 있는 대다수의 폭력범죄는 일상생활의 스트레스로부터 유발된 높은 각성수준과 대중매체를 통한 다양한 폭력물의 관찰 간의 상호작용의 결과라고 하였다.

3. 큘릭과 브라운(Kulli & Brown, 1979)의 연구

큘릭과 브라운은 상황적으로 서로 관련이 있는 불공평한 감정, 책임감, 사회적 확신, 분노에 관련된 지각 등은 폭력행동에 영향을 미친다고 주장하였다. 이러한 관점에서 살펴보면 폭력행동은 단순하게 힘의 사용을 통해서 즉시적인 만족을 얻고자 시도하는 것이라고 할 수 있다. 예컨대 전화를 걸기 위해 줄을 서 있다가 장시간 전화를 한다고 폭행을 하는 경우, 남편이 아내와 말다툼을 하다가 언쟁을 끝내기 위해서 폭행을 하는 경우 등이다.

이러한 행동들은 계획적인 것은 아니고 비이성적이고 충동적인 행위들이다. 즉 폭력범죄는 대부분 이성적인 판단에 의해 이익과 비용을 고려한 계획적인 범죄가 아닌 감정적이고 즉각적이며 무계획적인 우발적 범죄가 대부분인 것이다.

4. 조은경의 연구

분노표현양식과 범죄유형별 차이를 살펴보면 폭행범이 주로 화가 날 경우 물리적인 공격이나 화를 내는 반응을 가장 잘 표출하고 있다. 또 범행의 사전계획 여부를 살펴보면 폭행범이 무계획적인 범행을 가장 많이 저지른다. 그리고 범행의 동기면에서 살펴보면 '화가 나서'가 살인범 다음으로 폭행범이 가장 많았다.

이 연구결과는 살인, 폭행, 강간 등의 폭력성 대인범죄의 발생원인이 '홧김'에 범행을 많이 하는 감정적 폭력행동의 주원인임을 시사하는 것이다.

과거의 범죄연구에서 간과한 연구부야 중에 하나는 자신의 행동의 원인에 대한 범죄자 자신의 인식이다. 범죄자의 귀인특성을 파악함으로써 누범유형에 대한 통찰을 제공받을 수 있으며, 폭력에 대한 정확한 예측을 높일 수 있을 것이다.

제2절 정신장애와 범죄

정신장애인들이 일반 인구에 비하여 범죄와 더 연관이 많은가라는 질문에 대해서, 정신장애인들이 폭력과 범죄를 저지르는 집단 중에서 덜 위험하다는 의견, 비슷하다는 의견, 더 위험하다는 의견이 있어서 아직까지 일치된 의견은 없는 상태이다.

미국에서는 범법행위로 체포된 사람의 2%가 심각한 정신장애, 10%가 중증도의 정신장애, 그리고 18%가 경한 정신장애를 앓고 있다는 보고가 있다. 여기에서 심각한 정신장애는 정신병이라고 해석하여, 2%라면 일반인구에서의 정신병 발병의 빈도와 대략적으로 비슷하다고 할 수 있으므로 범죄집단이라고 특별히 정신병의 빈도가 높다고는 볼 수 없을 것이다. 우리나라의 정신장애인의 범죄율에 대한 연구(1992)에서 일반인의 범죄율이 정신장애인보다 17배 많다고 보고하고 있다. 정신장애인에 의한 살인은 일반인에 의한 것보다 두 배 많았으나 다른 범죄는 훨씬 적었다. 범죄유형별로 살펴보면 일반범죄자는 절도 등 재산범이 전체에서 약 80%를 차지했으며, 정신장애인의 범죄는 살인 35%, 폭행 및 상해가 30%를 차지하여 강력범이 전체의 약 83%를 차지하였다.

살인을 많이 저지르는 정신과적 장애는 정신분열증, 정서장애, 정신지체, 뇌증후군, 간질 등이었다. 피치료감호자의 재범률은 대략적으로 15% 정도로 강력범죄자의 재범률 50%와 보호감호자의 재범률 30%보다 낮았다. 진달별로 본 재범률은 망상장애 40%, 인격장애 33%, 정신분열병 9.5% 순으로 나타났다. 범죄유형별 재범률은 절도 46%, 방화 36%, 살인 5.5%로 절도가 살인에 비해 월등히 많았으며 범행동기는 살인의 경우 충동성(35%), 망상(34%), 환각(24%)의 순이었다고 보고되어 진다.

제3절 정신병과 범죄

정신병은 정신기능의 이상으로 정상적 사회생활이 어려운 경우를 말한다. 대표적인 것으로는 정신신경증(노이로제)·정신분열증(자폐증)·정서정신병(퇴행기 우울증, 조울정신병)·산후정신병 등이 있다.

정신분열증이 있는 사람의 경우 피해망상·환각 등의 증세로 인해 살인·방화 등을 저지르는 사례가 있으며, 조울증이나 간질환자의 경우에는 두려움이 없어짐으로써 몽환적 상태에서 범죄를 저지르는 경우가 있다고 한다.

통계를 고려하면 정신병 환자의 위험성이 일반인보다 월등하게 높다고 보기는 어렵다. 정신병 환자에 대한 사회적 편견이 더욱 큰 영향이 있는 것으로 판단할 수도 있다. 따라서 정신병을 범죄의 단일한 원인이라고 보기는 어렵고, 오히려 정신병으로 인해 범죄를 저지르거나 저지를 위험성이 큰 자에 대한 대책이 중요한 문제가 된다. 범죄위험성이 있는 정신질환자를 분류하여 위험성이 없다고 인정되는 경우에는 재활의 기회를 주고, 위험성이 있는 경우에는 치료감호 처분 등의 보안처분제도를 활용하는 대책이 제시된다. 정신병의 유형에 대해서 펴보면 다음과 같다.

1. 정신신경증

신경계통의 병리적 장애가 아닌 '단순한 심리적 장애'로 일상생활에 지장을 초래하는 경우를 말한다. 일반 정신병처럼 환상·망각에 시달리지 않고 정상적 사고가 가능하다. 이 질환은 내심의 욕구를 과도하게 억제할 때 발생하며, 정도가 심하면 정신병으로 발전하여 범죄의 원인이 될 수도 있다. 정신신경증의 중요한 유형을 열거하면 다음과 같다.

(1) 강박신경증

불합리한 강박관념에 사로잡혀 특정행동을 반복하고, 중단하면 더욱 심한 불안감에 휩싸이게 되는 정신장애를 말한다.

강박신경증은 양극적 성격의 소유자나 지나치게 자기비판적인 사람에게 흔히 나타난다. 강박에 의한 반복행위 자체가 반사회적 행위일 경우에는 강박신경증이 범죄원인이 된다. 방화·살인광이나 도벽에 사로잡힌 자, 성도착증의 범죄행위는 내적 긴장이나 불안을 발산하기 위한 방법 내지 억압된 성적 충동·기억이 강박증으로 발전하여 일어나는 것으로 알려져 있다.

(2) 불안신경증

근거 없는 극도의 불안감에 휩싸여 정신·신체적으로 여러 가지 장애가 발생하는 경우를 말한다. 모든 정신신경증의 기본증세로서 다른 신경증의 출발점이 되거나 중복하여 나타나는 특징을 가지고 있다. 이른바 '신경쇠약'이라는 것도 이 유형에 가깝다. 호흡곤란, 식욕감퇴, 두통, 불면증, 극도의 피로감 등을 호소하는 경우가 많다.

(3) 히스테리신경증

내적으로 억압된 충동이 야기하는 심적 갈등이 정신·신체적 장애로 발전하여 이상한 증세로 전환되어 나타나는 신경증을 말한다. 히스테리 환자는 격정상태에 빠지기 때문에 이성적 행동통제가 불가능하고 따라서 범죄행위 등 일탈행위로 발전할 수 있는 가능성이 있다.

2. 정서정신병

특별한 이유 없이 우울하거나 들뜬 기분상태를 보이는 정서장애를 말한다. 정서정신병으로 분류될 수 있는 것에는 퇴행기우울증과 조울정신병(조울증)이 있다

(1) 퇴행기우울증

융통성이 없고 매사에 지나치게 꼼꼼하며 규범에 과민한 성격으로 나타난다. 주로 가정이나 직장의 큰 문제에 충격을 받아서 이런 증세를 보이게 되는 경우가 많다. 특히 여성의 경우 폐경기에 퇴행성우울증이 많이 나타나는 것으로 알려져 있다. 임상적으로는 우울증적인 성격을 보이면서 자기책망, 자기멸시, 질병에 대한 공포심 등을 갖게 되며, 자살을 기도할 가능성도 높다고 한다.

(2) 조울정신병(조울증)

이유 없이 우울하거나 들뜬 양극단의 기분상태가 계속적으로 일어나는 정신장애로서 전자를 우울증 또는 울증(depression)이라 하고, 후자를 조증(mania)이라고 한다. 조울정신병의 유병률은 0.1~0.5% 정도이고, 조증보다 울증이 범죄와 연관이 많은 것으로 나타났다. 우울증은 남자보다 여자에게 많이 발생하고, 성직과 같은 권위적 직업이나 매우 경건한 집한 분위기 그리고 다소간 여유 있는 연령층(40~50대)등과도 무관하지 않은 것으로 알려져 있다. 나타나는 정신적 증상은 비탄, 분노의 폭발, 죄책감, 불안 등이 있고, 신체증상으로는 피로 권태감, 급격한 체중감소, 불면증 등이 있다. 우울증이 심하면 사망하는 경우도 있으며, 범죄에 대한 관계는 대표적인 것으로 절도가 있고, 살인도 드물긴 하지만 관련이 있다고 한다.

헤프너(Häfner)와 뵈커(Böker)의 연구에 의하면 100,000명의 우울증환자 가운데 6명 정도가 살인을 저지른 것으로 조사되었다. 우울증환자에는 스트레스를 많이 받는 소외된 젊은 여성, 만성우울증에 시달리는 중년여성, 가족의 갑작스러운 사망•이별과 급성 상실감에 쌓인 사람, 우울증을 앓는 인경장애자 등 4가지 유형이 있다.

3. 정신분열증

뇌의 기질적 손상이 원인이 되어 심각한 사고 · 언어장애, 감정불안, 인식과 행동장애, 극도의 현실기피증 등 다양한 증세를 보이는 질병이다. 발병연령이 대개 20세 전후에 나타난다. 이병은 방치해두면 점점 바보가 되고, 합병증으로 조기에 사망하는 경우도 있다. 정신분열증은 내향적 성격의 소유자에게 자주 나타나고, 가정에서 발생하는 살인 등의 중범죄는 이러한 환자의 돌발적 공격행위로 이루어지는 경우가 적지 않다고 한다.

스위스의 임상병리학자인 Bleuler는 정신분열증에 대해서 사고과정의 심대한 분열을 보여주는 사람이라고 지칭하였다.

원인에 대해서는 아직 명확하게 밝혀진 것은 없다. 정신분열증은 그 증상에 따라 단순형, 파괴형, 긴장형, 망상형의 네 가지로 나눌 수 있다.

(1) 단순형

가장 빈번한 경우에 속하고, 무기력, 무관심상태에서 쓸데없이 방황하는 경우가 많으며 부랑자, 창녀 등에서 자주 발견된다.

(2) 파괴형

사춘기에 주로 나타나는 증상으로서 특별한 인물의 환상 가운데 급속히 빠져서 극도로 비현실적인 생각과 행동을 서슴지 않은 유형이다. 비행으로 연결되는 경우도 있다.

(3) 긴장형

자신의 의지가 상실된 채 다른 사람의 지시를 맹목적으로 추종하는 유형이다. 타인에 대한 범죄보다 자살·자손 등 자신을 향한 범죄위험이 높은 유형이다.

(4) 망상형

중년기에 주로 발병하며 범죄와 관련이 있다. 피해망상이나 과대망상에 빠져서 누군가 자기를 죽이려고 한다거나 또는 자기가 부활한 예수라고 하는 경우 등이 여기에 속한다.

정신분열증이 있는 사람의 경우에는 피해망상, 환각 등의 증세로 인해 살인·방화 등을 저지르는 사례가 있으며, 조울증이나 간질환자의 경우에는 두려움이 없어짐으로써 몽환적 상태에서 범죄를 저지르는 경우가 있다고 한다.

범죄와의 관련성을 살펴보면 다음과 같다. 경험적 통계는 일반적 예상과는 달리 정신병환자의 범죄비율은 오히려 낮은 것으로 보고하고 있기 때문이다. 정신병환자가 범하기 쉬운 범죄유형에 대한 연구도 '위험성이 일반인의 경우보다 크게 높은 것은 아니므로 정신병을 범죄의 단일한 원인으로 보는 것은 무리가 있다.' 그리고 정신병환자에 대해서는 일반적으로 '사회적 편견'이 지배적이기 때문에 그와 같은 사회적 환경이 더욱 큰 영향이 있는 것으로 판단할 수도 있다. 이에 대한 대책으로서는 범죄위험성이 있는 정신질환자를 분류하여 위험성이 없다고 인정되는 경우에는 재활의 기회를 주고, 위험성이 있는 경우에는 치료감호처분 등의 보안처분제도를 활용해야 할 필요가 있다.

4. 강박신경증

(1) 강박신경증의 증상

강박신경증(obsessive-compulsive neuroses)이란 강박적 사고나 강박행동으로서 이 증상들은 개인으로 하여금 많은 시간을 소모하게 하거나 현저한 고통이나 지장을 초래할 만큼 심각한 것이 보통이다.

1) 강박관념(obsession): 본인도 불합리하고 지속적으로 떠오르는 것을 말한다.

2) 강박행동(compulsion): 어떤 의식적 행동(예컨대 손씻기, 정돈하기, 확인하기)이나 정

신적 활동(예컨대 기도하기, 숫자세기)을 몇 번이고 되풀이하여 반복하려는 억제할 수 없는 충동에 따른 행동으로서, 보통 강박관념에 대한 반응으로서 나타난다. 강박행동은 고통을 예방하거나 감소하고 두려운 사건이나 상황을 방지하거나 완화하려는 시도로서 나타난다. 이 환자들은 그들의 강박관념이나 행동이 지나치거나 불합리하다는 것을 인식한다.

(2) 강박신경증과 범죄

특정상황이나 대상에 대해서 강박관념을 가지고 여기에 집착한 강박행동을 계속한다는데 있다. 방화광, 절도광, 음주광 등에 강박신경증 환자가 많다고 한다. 의식적 또는 무의식적으로 불을 지르는 행동은 방화벽이 있는 사람이 방화행동을 반복한다고 한다. 방화범의 예에 대해서 살펴보면 성적장애에 기인하여 방화행동을 반복한다고 한다. 방화의 원인적 뿌리는 성적장애와 소변장해(urinary malfunction)라는 사람도 있고, 성적흥분을 경험하기 위한 시도라는 주장도 있으며, 불의 파괴성이 가학성을 자극하므로 방화자의 성적 요구의 반영이라는 학자들의 주장도 있다. 성적 흥분과 방화와의 관계는 매우 밀접한 것으로 알려져 있다. 방화범들 중에는 과거에 성범죄로 체포된 경력을 갖고 있는 사람이 다수를 차지했고, 방화광들을 조사하였는데 처음 발화되어 불꽃이 점점 강해질수록 스릴, 성적인 흥분과 자극 그리고 성적 충동에 휩싸인다고 하는 대답이 이를 뒷받침하고 있는 것이다.

절도범의 예에 대해서 살펴보면 절도광은 끊임없이 무언가를 훔쳐서 자신의 방이나 사무실에 진열하는 습성을 보인다고 한다. 아무 물건이나 훔치는 것이 아니라 자신의 성적 욕구를 충족시켜줄 수 있는 물건들만 골라서 훔쳐 가지고는 이를 보고 그동안 해소할 수 없었던 자신의 성적 욕구를 충족시키려고 하거나, 여성이나 남성의 내의, 속옷가지 등을 훔쳐 보관한다고 한다.

방화범과 절도범의 정신장애에서 이 두 분류는 모두 절도나 방화 그 자체만을 위해서가 아니라 우회적이고 간접적인 방법으로 자신의 내면의 불만이나 긴장 또는 성적 욕구를 해소하기 위해서 절도나 방화행동을 계속한다는 점에서는 같은 성격을 보여주고 있다. 대체적으로 이들은 내성적인 성격을 갖고 있는 경우가 많고 성적으로나 사회적으로 고립된 사람들이 많다고 한다. 강박신경증은 위와 같은 특수한 경우뿐만 아니라 살인충동을 이기지 못하여 사람을 살해하거나, 강박적으로 물건을 훔치거나, 변태적 성접촉에 집착하는 등 다양한 형태의 다른 범죄들과 연관성이 있을 수 있는 것이다.

5. 불안신경증

(1) 불안신경증의 정의

불안신경증(anxiety neuroses)은 여러 가지 공황장애나 일반화된 불안장애를 갖고 있는 불안장애의 일종에 해당된다.

1) 공황장애(panic disorder)

예기치 못한 갑작스러운 두려움이 몰려오고 그 두려움이 너무 극심해서 견디기 힘든 상황에까지 이르는 경험을 말하는 것으로써 일과성이 아닌 반복경험이 특징이다.

2) 일반화된 불안장애(generalized anxiety disorder)

실제로는 위협이 되지 않는 대상이나 상황에 대해서 심한 공포와 두려움을 보이는 것이고, 이런 공포자극을 비합리적인 줄 알면서도 회피하고자 하는 것이다. 이와 같이 불안신경증은 공황장애, 광장공포증, 대인공포증, 특정공포증 그리고 일반화된 불안장애를 포함하는 것이다.

(2) 불안싱경증과 범죄와의 관련성

불안을 이기지 못해 또는 불안에서 벗어나고자 범죄를 범하고 이러한 경우로 인해서 체포되어 처벌받음으로써 해방감을 만끽하고자 한다. 그들이 느끼는 해방감은 일시적인 것이고, 계속적으로 불안이 엄습함으로 또 범법행위에 빠져들게 된다.

범죄학자들은 이를 '죄책감 콤플렉스에 의한 범죄'라고도 한다. 불안신경증에 의한 범죄로 판명이 된 경우에는 처벌을 하는 것보다는 치료를 선행할 필요성이 있다.

6. 정신병질과 범죄

(1) 의의

정신병질은 '계속적인 성격이상 내지 병적 성격으로 외부 자극에 부자연스러운 반응을 보이고 신체기능이 협동적으로 이루어지지 않음으로써 사회적으로 적응하기 힘든 상태를 말한다.' 그간 이러한 성격유형에 대하여 정신의학자들을 중심으로 많은 논의가 있었다.

독일의 정신의학자인 '크래펠린(Kraepelin)'은 정신병질자의 유형을 ① 흥분인, ② 의지부정인, ③ 욕동인, ④ 기교인, ⑤ 허언과 기만인, ⑥ 반사회인, ⑦ 싸움을 즐기는 유형 등 일곱 가지 성격상 결함을 지적하였다.

> 크래펠린(Kraepelin)은 정신병질자를 흥분인, 의지부정인, 욕동인, 기교인, 허언기만인, 반사회인, 호쟁인으로 분류하였다.

(2) 슈나이더(Schneider)의 10분법

슈나이더는 정신병질은 성격이 크게 왜곡되어 사회에 적응하기 어렵고 비사회적 · 반사회적 행동을 보이지만, 정신병이나 정신지체와 구별되는 개념이라고 하였다. 정신병질의 가장 보편적 분류이다. 심하지는 않더라도 이러한 정신병질을 앓는 것으로 추정되는 사람은 전체의 5~10%에 달한다고 한다. 정신병질의 원인은 외부적 생활인자로부터 많은 영향을 받아 일어날 수 있다. 슈나이더는 정신병질적 성격유형을 10가지 유형으로 구분하고 이러한 성격유형이 주로 저지르는 범죄와 관련되어 있다고 보았다. 그의 10가지 성격유형을 개별적으로 간략히 살펴보면 다음과 같다.

1) 발양성 정신병질자

자기 자신의 능력과 운명에 대하여 과도하게 낙천적이며, 이로 인해 경솔하고 불안정적인 면, 감정제어 능력의 결여를 갖는 성격자이다. 이들은 다혈질적이고 활동적이어서 어디서나 떠들고 야단법석을 벌이며, 죄의식이 결여되어 있다. 실현가능성이 없는 약속도 깊은 고려 없이 남발함으로써 상습사기범이 되기 쉽다. 무전취식자로 돌아다니기도 하며 닥치는 대로 훔치기도 한다(절도). 반성을 하지 않으며, 찰나적인 충동에 따라 움직이고, 누구와도 쉽게 흉금을 털어놓고 이야기를 나누다가 범죄의 유혹에 빠지기도 한다. 특히 '상습범 · 누범자' 중에 상당 수 있는 것으로 나타났다.

2) 우울성 정신병질자

비관적인 인생관에 빠져 항상 우울하게 지내며 자책적이다. 그들은 항상 최악의 상황을 생각하고 과거를 후회하며 장래를 걱정한다(회의적 인생관). 일을 다음으로 미루기를 잘하며, 불평이 매우 심하다. 이들은 자살충동이 강하며, 적극적으로 범죄에 가담하지 않는 편(범죄와 관련성이 적음)이지만 어떤 강박관념에 의한 살상과 성범죄를 자행하는 경우가 간혹 있다(자살자, 살인범).

3) 의지박약성 정신병질자

의지에는 적극적으로 어떤 목적을 추진하는 능력으로서의 외향적 의지와 외부로부터 공격 · 유혹 앞에서 자기의 소신을 지키는 내면적 의지가 있는데, 의지박약성 정신병질자의 경우 이 양자의 모두에서 박약성을 지녀 주변상황과 주변 사람들의 태도에 따라 우왕좌왕한다. 이들은 대개 지능이 낮은 편(저지능)이다. 그리고 좋은 환경조건 아래에서는 아무런 일도 저지름이 없이 온순하고 모범적으로 생활하나 일단 나쁜 환경 속에서 범죄의 유혹에 직면하게 되면 쉽게 거기에 빠지고 그 후에는 헤어나지를 못한다. 역시 누범자 중에 많고(60%), 창녀(매춘부), 알콜 · 마약중독자 중에 많다. 인내심이나 저항력이 약한 것이 특징이다.

4) 무정성정신병질자

인간이 고유하게 갖는 고등감정인 타인에 대한 동정심이나 연민의 정이 박약(고등감정 결여)하고 수치심, 명예심, 공동의식, 양심의 가책 등이 결핍되어 방자하게 행동한다. 즉 자기의 목적을 달성하기 위해서는 냉혹하고 잔인하게 이를 추진하고, 이때 죄책심을 느낄 줄을 모른다. 한편 복수심이 강하고 완고하며 교활하다. 사이코패스인 사람이 여기에 속한다. 범죄학상 가장 주목할 만한 것은 역시 이 유형의 사람들이다. 이들은 양심이 거의 발달되지 않으며 정신분석학자들이 말하는 '본능지배(id-dominated)'의 심리상태하에서 생활하는 자들이라 할 수 있다. 그들은 자신의 본능을 충족시키고자 함에 있어 그들의 모든 지적 능력을 다 사용하고 다른 사람이 당할 고통같은 것은 전혀 고려하지 않거나 할 줄도 모른다. 이들은 가족과 친지까지도 쉽게 희생시킨다. 목적당성을 위한 흉악범(살인, 강도, 강간 등), 범죄단 체조직, 누범 등에 많다.

5) 폭발성 정신병질자

사소한 자극에 대해 병적으로 과도하게 격렬한 반응(자극에 민감)을 일으키고, 전후를 고려함이 없이 닥치는 대로 던지고 때리고 폭언하기를 주저하지 않는다. 이때 타인을 향해 공격하는 것 외에 충동적인 자살을 할 수 있다. 이러한 경향은 알콜 음용 후에 더욱 잘 나타난다. 따라서 이들은 살상, 폭행, 모욕, 손괴 등 충동범죄의 대부분과 관련이 있다. 이들은 뇌파검사에서 간질성기질을 나타내는 경우가 많다. 그러나 이들은 평소에는 조용하고 친절하며 분별력 있게 지낸다. 다만 알콜 등의 음주시 무정성·의지박약성과 결합되면 매우 위험하다.

6) 기분이변성 정신병질환

기분의 동요가 심하여 예측할 수 없는 것이 특징이다. 갑자기 어떤 감동을 발하여 이상한 행동과 기분을 내다가 곧 주저 않는 등 변화가 심하다. 이들은 방랑과 폭음·낭비를 일삼는 경우가 많고, 방화범과 상해범 중에 이러한 성향이 많다.

7) 과장성(자기현시성) 정신병질환

자기를 사물의 중심으로 생각하는 등 자기를 실제 이상으로 높이 인식하는 성격자이다(자기중심적). 이들은 정신병자의 50%로 가장 많다. 다른 사람의 주목과 평판의 대상이 되고자 하여 기망적 성격에 따른 고급사기범(화이트칼라범죄)이 되기 쉽다. 구금수형자 중 꾀병자가 많다. 자기를 고위층의 누구라는 식으로 속이며, 사기행각을 일삼는 자들 중에 이런 유형의 사람이 많다. 이들은 그 욕구가 좌절되면 흔히 신체적 질환으로 도피하는 히스테리성 반응을 나타낸다.

8) 자신결핍성 정신병질자

자기의 우월성을 나타내고자 하는 마음이 가득하나 자기의 능력부족을 늘 의식하여 주변

사정에 민감(내적 열등감, 불확실성)하고, 어떤 강박현상에 쫓기는 듯 하는 복잡한 심경의 소유자이다. 주변 사정에 민감하여 도덕성을 지키기가 쉽기 때문에 범죄와는 거리가 멀다고 본다. 그러나 그 강박관념으로 인해 살상, 성범죄 등을 자행하는 수도 있다(범죄의 가능성 존재).

9) 광신성(열광성) 정신병질자

개인적 · 이념적 사항에 열중하고 타인에 대한 불신에 따라서만 행동하는 강한 성격의 소유자이다. 정의감에 따라 소송을 즐긴다. 비현실적인 주장을 펴기도 한다. 종교적 광시자나 정치적 확신범 중에 많을 것으로 본다.

10) 무력성 정신병질자

이들은 심신의 부조화 상태를 늘 호소하면서 관심을 자기에게만 돌리고 동정을 바라는 성격이다. 이로 인해 인격성의 상실에 빠져 번민하기도 하며 신경질적이다. 그러나 범죄와는 관계가 적은 것으로 본다.

7. 정신박약과 범죄

(1) 의의

정신박약은 지능발달에 결함이 있거나 지능발달이 일반인에 비해 현저하게 늦은 것을 의미한다(정신지체).

(2) 연구내용

고다드(H. Goddard)는 범죄 · 비행의 원인 가운데 가장 중요(약 50% 정도)한 것이 정신박약이라고 하면서, 정신박약자는 특별한 억제조건이 주어지지 않는 한 범죄자로 된다고 본다. 또한 정신박약자들은 판단력 · 통찰력이 약하여 충동적으로 행동하고 범죄성이 커져 일반적으로 성범죄 · 방화죄 등에서 높은 비율을 보인다고 한다.

(3) 검토

최근에는 지능과 범죄는 큰 상관관계가 없다는 것이 일반적이다. 정신박약자에 대해서는 일반적인 치료가 큰 효과를 거두지 못하는 것으로 알려져 있다. 따라서 필요한 보호와 함께 그 능력에 따른 직업훈련을 행하여 자립을 촉진시킬 필요가 있다.

8. 간질과 범죄

간질이란 뇌의 기질적 장애로 인해 지속적이고 반복적으로 발작 현상을 일으키는 것을 말한다. 군(Gunn)의 연구에 의하면, 교도소 수용자의 간질비율(1000명당 7~8명)이 일반적인 비율(1000명당 4~5명)보다 다소 높다고 하나, 간질로 인한 범죄에 대해서는 어떠한 상관관계에 대해서는 확실한 증거가 없다.

9. 슈나이더 분류법 이후의 연구

슈나이더 분류 이후에 이를 중심으로 범죄자 가운데 정신병질자의 비율을 밝히거나 죄종별 범죄자 유형을 규명하고자 하는 많은 시도가 있었다.

⑴ 슈툼플이나 빌링거 등은 '기분이변성'이 범죄자에게 가장 많이 나타나며 상습범의 경우에 정신병질적 성격자가 전체의 40%~100%정도를 차지할 정도로 많다는 등의 조사결과가 발표되기도 하였다.

⑵ 클렉크리(Cleckley)는 정신병리적 성격에 관한 연구들에 대해 매우 비판적이었다. 그는 정신병리적 성격이라는 개념 자체가 거의 모든 범죄자들에게 적용할 수 있을 정도로 포괄적이어서 개념의 엄밀성이 결여되었다고 보았다. 다음으로 그는 정신병질과 범죄와는 근본적으로 차이가 있다는 점을 정신의학자들이 간과하고 있다고 지적하였다. 정신병질자의 대다수는 범죄자가 아니며 차라리 기업가, 과학자, 의사, 정신과 의사 등 일반적인 전문직 종사자들에게서도 많이 발견할 수 있으므로 정신질환과 범죄행위를 직접적으로 연결 지을 수 없다는 것이다. 특히 '전형적인 정신병질자는 범죄자들과는 달리 자신들의 행동이 의도적이지 않고, 왜 그 같은 행동을 했는지 하는 행동의 목표도 상식적으로는 이해하기 어려우며, 또한 불필요한 정도로 슬퍼하거나 자신을 질책하는 등 전형적인

범죄자들과는 큰 차이를 보이고 있다는 것이다.'

(3) 볼트와 버나드는 정신질환적 성격이란 '정신과 의사들이 다양한 종류의 정신과 환자를 치료하고자 했을 때 성격적 비정상 징후의 환자를 정신병질자로 구분하고 치료방법을 개발하는 등 나름대로 유용한 구분이 될 수 있겠지만, 범죄자들을 대상으로 왜 이들이 반사회적 행위를 하였는지를 이해하고자 하는 범죄학적 노력에는 큰 유용성이 없다.'고 지적하였다.

제8장
사이코패스와 범죄심리

제8장 사이코패스와 범죄심리

1. 사이코패스와 범죄

19세기 말에 나타난 사이코패스(Psychopath)란 용어는 어떤 명백한 이유나 목적 없이 충동적으로 행동하는 공격적인 범죄자를 의미하는 것으로 사용되었다. 최근 사이코패스는 심리학의 연구 영역에서 집중적인 관심을 받는 주제 중의 하나가 되었다.

사이코패스는 반사회적 성격장애를 가진 사람과는 다르다고 주장하는 학자들이 있는가 하면 두 가지 용어를 호환적으로 사용하는 연구자들도 있다. 사이코패스는 소시오패스(sociopathy) 또는 반사회적 성격(antisocial personality)과 동의어로 받아들여지고 호환적으로 사용된다. 사이코패스는 다른 사람에게 비정상적으로 공격적이거나 심각하게 무책임한 행동을 하는 지속적인 성격장애 또는 정신적인 장애자로서, 이로 인해 잔인한 범죄행위를 범하여 다른 사람과 사회를 괴롭히는 정신병질자로 정의된다. 한편, 사이코패스는 정신병자가 아니고 반사회적 성격상태의 성격장애자로서 죄의식과 불안감을 거의 느끼지 못하고 지속적으로 다른 사람들의 권리를 침해하는 자라고 주장되기도 한다.

사이코패스

사이코패스 연쇄살인범은 '죽음'이 무엇인지를 알고 있으며, 살인할 능력을 갖고 있는 자이다. 사이코패스는 의학적으로 반사회적 인격장애(ADP)로 분류된다.

이들은 사회규범을 따르지 않으며, 책임감도 없으며, 과민하고 공격적이며, 양심의 가책을 느끼지도 않는다. 또 교활하게 상대를 속이며, 계획성 없이 충동적이며, 타인의 안전을 전혀 고려하지 않는다. 이 7가지 가운데 3개 이상의 성향을 갖고 있다면 반사회적 인격장애(ADP)로 볼 수 있다. 사이코패스 연쇄살인범들은 자신의 잘못을 분별할 줄 안다는 점에서 정신분열 환자와는 분명히 다르다.

연쇄살인범 유영철은 피해자 4명의 인육을 먹었다고 검찰에 진술했다. 그는 아버지(교통사고 사망)와 둘째 형(비관자살)이 모두 간질 때문에 죽었다고 여겼고, 자신만은 간질로 죽을 수 없다고 생각해 '살해한 4명의 시체에서 간을 도려내 바로 먹었다.'고 주장했다. 정신분열

증 환자 같은 행동이었다. 사이코패스에 대해서 FBI프로파일링 결과에 대해 살펴보면 연쇄살인범은 특별한 괴물이 아니라 '평범한 이웃'에 가깝다고 말한다. 연쇄살인범들은 되레 여성의 호감을 불러일으킬 만한 외모를 갖고 있다. 신장이나 몸무게 역시 평균인의 범주에 속한다. 극소수의 연쇄살인범만이 눈에 띌 정도의 신체적 장애를 갖고 있을 뿐이다. 연쇄살인범을 '평범한 인간'으로 생각하는 것은 그들이 실질적으로 '평범'해서가 아니다. 이웃에 무관심하다 보니 그들의 '비정상'을 미처 알아차리지 못한 것뿐이다.

2. 사이코패스에 대한 개념 정의와 특징 그리고 범죄와의 관련성

(1) 헤어(R. Hare)

사이코패스란 매력적이고 교활한 생활방식 그리고 냉혹하게 자신의 생활방식을 추구하고, 광범한 낙담의 흔적과 좌절된 기대 그리고 빈지갑을 숨기고 있는 사회의 약탈자라고 규정한다. 사이코패스는 양심의 완전한 결여와 감정이입 능력이 전혀 없으며 이기주의와 쾌락을 추구하는 존재로서 죄의식이나 후회감이 전혀 없이 사회적 규범과 기대를 위반한다. 헤어는 사이코패스는 1차적 사이코패스(Prinary Psychopath), 2차적 사이코패스와 병리사회 사이코패스(dyssocial psychopath)로 나누어 설명하였다.

1차적 사이코패스	1차적 사이코패스는 일반인이나 범죄인 집단들과는 구분되는 어떤 확인 가능한 심리학적, 정서적, 인지적 그리고 생물학적 차이를 가지고 있는 자를 말한다. 보통 우리가 말하는 사이코패스는 1차적 사이코패스만이 본질적인 사이코패스에 해당된다. 1차적 사이코패스는 화산처럼 폭발하거나 폭력적이거나 극히 파괴적인 것이 아니라 더 사교적이고 매력적이며, 말솜씨가 아주 능수능란하다. 그들은 일반적으로 영원히 법의 반대편에 서 있다는 점에서 범죄자일 수도 있지만 그렇다고 해서 사이코패스인 사람 모두가 범죄자인 것은 아니다.
2차적 사이코패스	2차적 사이코패스는 심각한 정서적 문제나 내부갈등으로 인해 반사회적 행동이나 폭력적 행동을 범하는 자를 말한다. 그들은 때때로 신경증환자, 신경증적인 일탈자, 징후적인 사이코패스 또는 단순히 정서적으로 혼란스러운 범죄자 등으로 불린다. 대중매체들은 대체로 이러한 사람들을 사이코패스적인 살인자로서 언급하거나 만나는 모든 사람들을 무차별적으로 살인하는 사람으로 묘사한다.

병리사회적인 사이코패스	병리사회 사이코패스는 비행집단이나 가족들이 추종하고 있는 그들의 하위문화로부터 학습한 공격적이고 반사회적 행동을 보여주는 자들을 말한다. 2차적 사이코패스와 병리사회 사이코패스는 1차적 사이코패스의 행동패턴 그리고 배경과는 전혀 무관하므로 사이코패스란 이름은 잘못 붙여진 것이다. 그러나 이 두형의 경우는 그들의 높은 재범률로 인해서 사이코패스로 잘못 지칭된 것이다.

(2) 래프터(N. Rafter)

사이코패스란 정신적 무능력이라는 의미로 정의한다는 것이 보다 타당하다고 주장하면서도, 사실상 성격장애자라는 의미로 정의한다.

사이코패스는 일반적으로 감정과 정서의 왜곡이나 악용상태에 빠져 있으면, 이상 욕망과 이상 도덕감, 정서와 기분의 빈번하고 현저한 변화 같은 특이한 행동유형, 충동적인 행동 그리고 폭력적인 행동의 소유자를 말한다.

약탈적이고 남을 희생시키는 생활스타일이 특징이며, 자신의 행동에 대한 후회, 양심의 가책, 타인의 감정 이입 불능 또는 자신의 잘못에 대한 불안감을 느끼지 못한다.

(3) 리켄(Lykken)

사이코패스란 처벌의 두려움을 느끼지 못하게 하는 '낮은 공포지수(low quotient)'를 가지고 태어난다고 주장한다. 모든 사람들은 태어나면서 거미, 뱀, 불 또는 이상한 사람들과 같은 어떤 자극에 대한 두려움을 느끼지만, 사이코패스는 그러한 두려움이 없다.

(4) 클랙클리(H. Cleckley)

사이코패스는 경험이나 처벌에 의해서도 결코 개선될 수 없는 항상 문제를 야기하는 반사회적인 성격의 소유자들이다.

어떤 개인이나 집단 또는 법규에 대한 참된 충성심이 전혀 없는 사람들로서 흔히 냉담하고 쾌락주의적이며, 현저한 감정적인 미성숙 상태를 보여준다.

책임감과 판단능력은 결여되고, 자신의 행동을 정당한 것처럼 보이게 하기 위해 합리화하는 것이다.

> **반사회적 성격장애(APD)**
>
> 정신병리학자와 많은 임상심리학자들은 아동기나 청소년기에 시작하여 성인이 되어도 지속되는 타인의 권리무시와 침해를 하는 광범위한 형태를 반사회적 성격장애라고 정의한다. 합법적인 행동에 관한 사회규범에 순응하지 못하고, 절도나 폭력범죄 등으로 인해 반복적으로 체포되는 행동을 한다.
>
> 반사회적 성격장애는 사이코패스와 아주 유사하지만, 외형적으로 나타나는 행동만을 지표로 삼아 정의된다는 측면에서 정서적 · 인지적 측면을 포함하는 1차적 사이코패스보다는 개념적으로 좁다. 그러나 미국 정신장애에 대한 '미국정신의학협회의 진단과 통계지침서 DSM'은 반사회적 성격장애를 헤어의 1차적 사이코패스의 개념과 유사하게 정의내리고 있다.

3. 특징

① 외관상의 매력과 유창한 말솜씨

② 심리학적 검증 차이

③ 전통적인 기준에 의한 정신적 장애 부정

④ 이기주의와 타인에 대한 사랑 무능력

⑤ 병적인 거짓말쟁이

⑥ 충동성

⑦ 후회 또는 죄의식 결여

⑧ 과도한 도구적 공격성

⑨ 병적인 자극 추구

4. 범죄적 사이코패스

(1) 개념

사이코패스는 범죄학 분야에서 가장 많은 관심과 흥미를 불러일으키는 용어이다. 최근에 법심리학자들은 만성적인 범죄행동의 설명을 위해 범죄적 사이코패스에 집중적인 관심을 기울이고 있다.

사이코패스가 반드시 범죄자인가에 대해서는 이견이 있지만, 일반적으로 사이코패스와 범죄자는 동의어로 받아들여진다. 사이코패스가 정신병이냐에 관계없이, 대부분의 학자들은 그것을 범죄성향과 결합시킨다. 특히 사이코패스나 반사회적 성격은 상습범죄의 개념과 일치하는 것으로 주장되기도 한다.

그러나 사이코패스들이 심각한 반사회적 역사를 가지고 있는 것은 아니며 지속적이고 심각한 범죄자들이 반드시 사이코패스인 것은 아니다. 따라서 범죄적 사이코패스는 사이코패스들 중에 지속적이고 심각한 반사회적 행동을 광범위하게 보여주는 사이코패스들만을 의미한다.

(2) 범죄적 사이코패스의 확산

헤어는 전체인구 중에 약 1%가 사이코패스에 해당하고 성인의 경우에 15~20%의 범위에 해당한다고 추정한다.

시모드와 호게(Simoure & Hoge)는 수형자 집단의 단지 11%만이 범죄적 사이코패스로 확인되었다고 보고했다. 고도의 상습범 중의 80%가 사이코패스 행동유형을 보여준다. 전체 남성인구의 약4%와 전체 여성인구의 1% 이하가 사이코패스에 해당하지만, 그들은 매년 심각한 강력범죄를 저지르는 것으로 분석되고 있다. 고도의 상습범 모두가 사이코패스는 아니지만, 성격장애와 장기적 범죄경력 사이에 강력한 상관성이 있다는 것은 분명하다. 연쇄살인범은 거의 대부분 사이코패스다. 출소 후 재범률이 80%에 달할 정도로 재범률이 높고 강력범죄의 재범률이 40%로서 일반범죄자의 8배에 해당한다. 그러나 어떤 특정 집단, 특히 수형자 집단 내의 범죄적 사이코패스에 대한 추정치는 문화적 · 인종적 그리고 대상 집단의 나이분포와 시설의 유형에 따라서 달라진다는 문제점이 있다.

5. 사이코패스의 심리적 척도

(1) PCL 척도(psychopathy checklist)

헤어박사(1980)는 정신병질적 특성을 보다 객관적으로 측정해낼 수 있는 도구의 개발에 집중하였다. 그것이 바로 PCL이다 PCL은 범죄적 사이코패스를 측정하기 위해 가장 많이 사용되는 22개 항목으로 구성된 도구이다.

이 척도는 사이코패스에 관한 클랙클리의 개념에 기초하고 있으며, 특히 남성 교도소에 수감된 사이코패스, 법의학적 또는 정신병리학적 집단에 속하는 사이코패스를 확인하기 위해 설계된 척도이다.

(2) PCL-R(psychopathy checklist revision)

헤어는(1991)는 이후 타당도 연구를 통해 두 항목을 줄여 단축형 도구인 PCL-R을 만들었다. PCL을 수정한 PCL-R은 20개 항목으로 구성되어 있으며, 법의학 분야와 조사환경에 적용 가능한 새로운 정보를 포함하고 있다. 따라서 오늘날 PCL-R은 연구와 임상 부문에서 가장 빈번하게 사용되는 사이코패스 측정 도구이다. 특히 평가자는 20가지의 기준요건에 대해 평가를 내릴 때, 피검사자와의 면담결과에만 의존하기보다는 가능한 모든 노력을 다 동원해 객관적인 정보의 확보에 총력을 기여야 한다. 이 척도는 자기보고, 행동관찰 그리고 부모, 가족, 친구 같은 2차원적인 원천을 포함하는 다양한 원천으로부터 범죄적 사이코패스의 정서적, 대인적, 행동적, 사회적 일탈 측면을 평가할 수 있다. 예컨대 학교 생활기록부, 체포와 법원 기록, 교도소 혹은 구치소에서의 생활태도, 경찰기록, 소년전과 역시 사이코패스의 평가를 위한 자료가 된다. 예컨대 PCL-R의 항목별 점수평가는 직장이나 학교에서의 행동, 가족과 친구 및 성적 상대방에 대한 행동 그리고 범죄행동을 포함하는 다수의 영역에 걸친 정보의 어떤 통합을 요구한다.

연구자들은 모든 이러한 정보를 이용하여 연구대상이 검사표의 각 항목에 대답한 성향에 따라서 각 항목에 0-2의 점수를 부여한다. 0은 사이코패스 성향의 일관적인 부존재, 1은 비일관성, 2는 일관적인 존재를 의미한다.

PCL-R의 문항내용 및 2요인 구조

	대인관계	반사회적 행동
1. 그럴싸함/피상적 매력	1요인	
2. 과도한 자존감	1요인	
3. 자극추구/쉽게 지루해함		2요인
4. 병적인 거짓말	1요인	
5. 사기성/교활함	1요인	

6. 후회 혹은 죄책감 결여	1요인	
7. 얕은 감정	1요인	
8. 냉담/공감능력의 결여	1요인	
9. 기생적인 생활방식	1요인	
10. 행동통제력 부족		2요인
11. 문란한 성생활		
12. 아동기 문제행동		2요인
13. 현실적이고 장기적인 목표부재		2요인
14. 충동성		2요인
15. 무책임성		2요인
16. 자신의 행동에 대한 책임의식 결여	1요인	
17. 단기간의 잦은 혼인관계		
18. 청소년 비행		2요인
19. 조건부 석방(유예)의 취소		2요인
20. 다양한 범죄력		

참고 ⇨ 해당 요인이 명시되지 않은 것은 어떤 요인에도 해당되지 않는 문항임.

헤어와 동료들(1991)은 이런 식으로 평가된 PCL-R 검사의 하위 요인구조를 탐색하였다. 925명의 수감자와 256명의 치료감호 대상자들의 PCL-R 점수를 요인분석 한 결과, 17문항 2요인구조가 가장 적합하다는 결론에 도달하였으며 두 개의 요인이었던 대인관계 요인과 반사회적 행동요인에 대한 각 문항들의 요인부하량은 위의 표에서 제시되어 있다. 두 요인 중 그 어디에도 높은 부하량을 지니지 못하였던 문항은 문란한 성생활, 단기간의 잦은 혼인관계, 다양한 범죄력 문항이었다.

6. 국내 형사사법 현장에서의 PCL-R 활용가능성

국내의 경우에도 형사사법 현장에서 피고나 교도소 수감자, 혹은 보호관찰 대상자들의 위험성을 평가하는 일은 상당히 일상적인 업무로 시행되고 있다. 예방단계, 수사단계, 재판단계, 그리고 교정단계 등 거의 모든 형사사법 단계에서 피의자 면담, 판결전조사, 수형자 분류심사, 가석방심사, 재범예측 등 수많은 형사사법적 결정은 사실상 특정범죄자에 대한 위험성 평가를 토대로 이루어지는 것이다. 따라서 위험성평가에 도움이 되는 평가절차의 개발은 국내의 형사사법 현장에서도 역시 주요과제에 해당될 수 있다. 특히 MMPI 등 자기보고식 종합심리검사 이외에 재범의 위험성을 평가 할 수 있는 별다른 도구가 없는 현 실정을 고려해 볼 경우 PCL-R과 같은 재범에 대한 예언타당도가 확보된 도구의 도입은 그 필요가 절실하다.

제9장
폭력의 범죄심리

제9장 폭력의 범죄심리

제1절 생물학적 원인

(1) 생물학적 연구

생물학적 연구는 '신체구조가 기능을 결정한다.'라는 기본적 논리에 근거하고 있다. 초기의
생물학적 연구는 롬브로조의 격세유전적 범죄, 라바터, 갈의 골상학, 후튼의 체형론 등
외형적인 유전적 요인과 범죄의 관계를 주로 연구하였다.

골상학

18세기 말의 라바터(C. Lavater)가 발전시키고 그 후 갈(J. Gall)이 확립한 골상학에 따르면,
대뇌의 발달은 뇌 기능과 밀접한 관련성이 있고 두개골의 모습을 변화시킨다고 한다. 이러한
두개골의 모양(외형)과 안면의 모습은 그의 성격, 지능상태, 범죄성 등과 상관관계를 갖는다
고 본다.

후튼(A. Hooton): 고링의 견해에 대하여 재비판을 가한 미국 하버드대학의 인류학교수로 12
년간에 걸쳐 인류학적(골상학적) 조사연구(약 17,000 명을 대상으로 107개의 신체부위의 특
징을 조사) 를 바탕으로 롬브로조 이론을 지지하였다.

연구결과에 의하면 범죄는 신체의 많은 부분이 크게 구별되며, 구별되는 특징은 신체적 열등
성 내지 생물학적(신체적) 열등성이라고 보고, 이러한 열등성은 현실의 경쟁사회에서 성공적
으로 적응하는데 장애가 되어 범죄자의 길로 전락할 수밖에 없다고 하였다.

20세기가 시작되면서 과학, 의료기술과 연구방법론의 발달로 생물학적 연구들이 심리학자
와 의학자를 중심으로 활발히 진행되었다.

(2) 생물학적 결정권자들의 주장

인간의 행동과 심리적 현상들이 신경계, 호르몬, 유전자 등에 의해 이미 결정되어 있다는
것이 생물학적 결정론자들이 주장하는 내용의 핵심이다. 이러한 생물학적 결정론을 따르는

학자들은 인간의 폭력에 관한 생물학적 결정요인들을 발견하고자 노력하고 있다. 인간의 폭력에 관한 유전적 효과의 발견은 연구방법이 발전하면서 비롯되었다. 그것은 바로 가계(가족)연구, 양자연구, 유전적 이상을 가진 사람들의 행동에 관한 연구들이 그것들이다(전술 참조).

(3) 초기의 연구

주로 가족연구방법을 많이 사용하였다. 즉 아동이 부모, 형제와 행동적인 면과 범죄 성향면에서 얼마나 유사한가를 연구하였다. 세대간의 유사성이 그 증거이지만 부모로부터 얼마나 전이를 받았는지는 설명하기가 쉽지는 않다. 왜냐하면 가족구성원들은 유전과 환경적 경험이라는 두 가지 요소를 공유하고 있기 때문이다.

1) 쌍생아 연구는 가족연구보다는 유전적 효과에 대한 정보를 더 많이 받을 수 있다.
① 랑게(J. Lange)의 연구
쌍생아 연구를 체계화하고 쌍생아 연구방법을 범죄생물학(범죄학)에 도입하였다. 랑게는 1929년 '숙명으로서의 범죄(Verbrechen ist Schicksal)'라는 저서에서 30쌍의 쌍둥이를 대상으로 한 연구결과를 발표하였다. 30쌍 중에서 13쌍은 일란성이었으며 나머지 17쌍은 이란성이었다. 연구에서 양쪽 모두 범죄를 저지른 경우를 유전적 소질에 의한 영향을 분석하였을 때에 일란성 쌍둥이의 경우는 전부 13쌍 중에서 10쌍이 범죄를 저질렀으며 반면에 이란성 쌍둥이의 경우는 17쌍 중에 단지 2쌍만이 양쪽 모두 범죄를 저지른 것으로 나타났다(일란성 쌍생아들이 이란성 쌍생아들보다 범죄일치율이 현저히 높다). 랑게의 연구는 기회범죄(예컨대, 교통범죄)와 소질범죄(예컨대, 성범죄)를 같은 일치율의 개념으로 포섭하였다는 점에서 비판을 받는다. 또한 그의 연구는 이미 범죄를 저지른 쌍둥이를 대상으로 다른 쌍둥이 형제가 범죄 했는지 여부를 조사했기 때문에 자신의 가설을 증명하기 위한 제한적인 경우들만을 조사대상으로 삼았다는 문제점을 가지고 있다.

② 뉴만(Newmann)의 연구
랑게의 연구에 비해 보다 확실한 결과는 그 후 미국에서 실시된 연구에서 찾아볼 수 있다.

뉴만 등은 42쌍의 일란성 쌍둥이와 25쌍의 이란성 쌍둥이 등 모두 67쌍의 쌍둥이들을 연구대상으로 하였다.

일란성 쌍둥이에서는 양쪽 모두가 범죄를 저지른 경우가 92%나 되었으나 반면에 이란성의 경우는 20%에 불과하여 랑게와 마찬가지로 '유전적 소질의 영향'이 강하게 나타났다.

③ 크리스챤센(K. O. Christiansen)의 연구

쌍생아 연구를 통해 유전적 소질이 범죄원인으로 작용하는지를 탐구하였다. 크리스챤센은 랑게의 연구가 갖는 한계를 극복하기 위해 '광범위한 표본'을 대상으로 연구를 시행하였다. 그는 가장 광범위한 표본을 대상으로 연구를 시행하고, 연구성과의 정확성을 기하기 위하여 쌍생아 계수를 사용하였다. 크리스챤센은 1881년부터 1910년까지 덴마크에서 태어난 다수의 쌍둥이 600쌍을 조사하여 1968년 그 결과를 발표하였다. 남자 일란성 쌍둥이 중에 어느 한 쪽이라도 범죄를 저지른 경우는 67쌍이었는데 그 중 24쌍(35.8%)은 다른 한 쪽도 범죄를 저지른 반면, 이란성 쌍둥이 중에는 그런 경우가 114쌍 중에 14쌍(12.3%)에 불과하였다. 그후 크리스챤센은 심각한 범죄만을 추출해 일란성 쌍둥이의 경우와 이란성 쌍둥이의 경우를 비교하였는데 이때에 양쪽 모두가 범죄자였던 일란성 쌍생아의 비율은 더욱 높은 것으로 나타났다. 결국 범죄원인은 유전적 요인이 중요하지만 사회적 변수에 따라서 많은 영향을 받는다고 본다.

④ 달가드(Dalgard)와 크링글렌(Kringlen)의 연구

쌍둥이 연구에서 유전적 요인 이외에 환경적 요인(양육 과정의 차이)도 함께 고려하여 연구하였다. 달가드와 크링렌의 연구는 쌍둥이 연구에서 유전적 요인 이외에 환경적 요인을 함께 고려하여 연구한 경우이다. 그들은 139쌍의 노르웨이 남자쌍둥이를 대상으로 일치율을 연구하여 1975년 결과를 발표 하였다. 이 연구에서 일란성 쌍둥이의 경우에 범죄일치율은 25.8%이고 이란성 쌍둥이의 경우는 14.9%로 일란성의 일치율이 다소 높았다. 일란성 쌍둥이들이 다소 높은 범죄일치율을 보인 것을 유전적 요인이 아닌 양육과정상의 유사성에 기인하는 것으로 보았다. 실제 양육과정별로 분석을 하였을 때에는 일란성 쌍생아의 일치율은 이란성 쌍생아의 일치율과 큰 차이가 없었다.

이러한 경과로부터 얻은 결과는 '범죄발생에 있어 유전적 요소의 중요성이란 존재하지 않는 것'이라고 단언하였다.

⑤ 슈툼플(Stumpfl)
슈툼플은 일란성 쌍생아가 유전적 동일성에도 불구하고 왜 범죄율이 완전히 일치하지 않는가에 대해 연구하여, 종래 연구가 소질적인 요소가 많은 개선 불가능한 누범이나 단순한 기회적인 교통사범을 모두 일치로 취급한 점을 비판하면서 일치개념(쌍생아가 모두 처벌되는 경우, 범죄의 비중이 일치하는 경우, 일상의 사회적 태도가 일치하는 경우, 성격구조까지 일치하는 경우로 나눔)을 구체화 하였다.

2) 양자연구(입양아 연구)는 유전의 영향과 환경의 효과에 대한 해결에 많은 도움을 주는 방법이다. 양자의 행동을 그들의 친부모와 양부모의 행동과 비교하는 방법을 이용하기도 한다. 하지만 이 연구에도 약간의 문제가 없는 것은 아니다. 반사회적 또는 범죄행동의 경력이 있는 부모는 통상적으로 아동의 입양이 허용되지 않는다. 입양된 아동의 가정환경과 아동의 행동에 대한 영향은 한계가 있을 수밖에 없는 것이다.

① 슐징거(F. Schulsinger)의 연구
처음으로 양자연구를 통하여 범죄의 유전성을 밝히고자 한 학자는 슐징거이다. 슐징거가 연구대상으로 하였던 사람들은 충동적인 행동의 '정신질환자'들이었다. 그는 '정신질환: 유전과 환경'이라는 논문을 통해 발표하였다. 이들 중에서 어렸을 때에 양자로 입적되었던 사람은 모두 57명이었다. 슐징거는 우선 정신질환을 갖고 있는 양자들의 연령, 성별, 입양할 당시의 나이, 양부모의 생활수준 등을 기준으로 같은 조건에 있는 정신질환이 없는 57명의 정상적인 양자들을 임의로 선정하였다. 이후 그는 정신질환 양자들 및 정상적인 양자들과 혈연관계에 있는 모든 사람들의 병원기록을 추적하였다. 그 결과 알코올중독, 약물중독, 범죄경험 등의 문제가 있는 혈연관계의 비율이 정신질환 양자들 중에서는 14.4%나 되었으나 정상적인 양자들 중에서는 6.7%밖에 되지 않았다. 이러한 결과를 토대로 하여 그는 '정신적 결함이 혈연관계를 통해 전수된다.'는 주장을 하였다.

② 크로우(Crowe)의 연구

어머니가 범죄자였던 입양아와 정상적인 입양아를 비교하여 조사하였다. 1974년 '반사회적 인물들에 대한 입양 연구'라는 논문에서 1925년부터 1956년까지 미국 아이오와 주에서 어머니가 범죄자였던 입양아 52명을 대상으로 조사한 결과를 발표하였다. 그에 의하면 52명 중에서 18명이 체포되고 7명이 유죄판결을 받은 반면에 비교대상이 된 정상적인 입양아 52명 중에 서는 두 명만 체포되었고 유죄판결을 받은 사람은 한 명 뿐이었다고 한다.

③ 허칭스(Hutchings)와 메드닉(Mednick)의 연구

추가적 연구를 통하여 범죄유발은 유전적 요인뿐만 아니라 환경적 요인도 중요하다는 결과를 얻었다(범죄란 유전과 환경의 복합적인 결과). 이들은 1927년부터 1941년까지 코펜하겐에서 양자로 입적되었던 4,068명의 사람들을 대상으로 생부의 범죄기록, 양부의 범죄기록, 본인의 범죄기록 모두를 조사하였다. 생부가 범죄를 저지른 경우에 양자들도 범죄를 저지른 경우는 20.0%와 24.5%이고 반면에 생부가 범죄를 저지르지 않은 경우는 13.5%와 14.7%로 생부의 범죄경험에 따라 양자들이 범죄를 저지른 경우가 월등히 높다는 것이다. 양부가 범죄를 저지른 경우는 생부의 범죄성보다 영향력이 약하다. 특히 '생부와 양부가 모두 범죄를 저지른 경우에 양자가 범죄를 저지른 비율은 24.5%로 다른 경우들에 비해서 가장 높게 분포되어 있다.' 그들은 이러한 결과를 '범죄유발에 유전적 요인뿐만 아니라 환경적 요인 역시 중요한 역할을 하는 것'으로 보았다.

생부의 범죄경험, 양부의 범죄경험에 따른 양자의 범죄 경험률

구 분	부의 범죄경험	양자총수	범죄경험자	비율(%)
생부 · 양부모두 양부만	없음 있음	2,499 200	336 30	13.5 14.7
생부만 생부 · 양부모두	있음 있음	1,2266 143	245 35	20.0 24.5

(4) 범죄행동의 유전적 요인

남자 쌍생아의 범죄에 관한 6개의 다른 연구결과를 개관해 본 결과 일란성 쌍생아 216 쌍에서 범죄행동이 34~76%의 일치율을 나타냈고, 이는 이란성 쌍생아 301쌍의 18~54%보다 훨씬 높은 일치율을 보였다(학자 관련이론 전술참조).

그러나 폭력범죄에는 다른 요인의 영향이 더 중요한 부분을 차지하고 두 집단에서 유전적 선유(先有)경향성은 중복되는 요인이 적다. 몇몇 연구에서 반사회적 행동(비행과 범죄를 포함한)을 극대화시키는데 유전적 요인과 환경적 요인의 상대적 기여정도를 조사하였다. Jsry와 Stewart(1985)는 입양아동의 공격적 행동장애는 친부모의 반사회적 성격장애와 관련이 있지만 양부모와는 관련이 없다고 하였다.

비행에서는 유전적 소인이 별로 영향을 미치지 못하는 것 같다. 예컨대 Bohman(1972)은 입양된 아동의 행동에 대한 친부모의 범죄성의 유전적 영향은 명백하지 않다고 보고하였다. 반면에, 대부분의 비행은 소년들의 주변환경적 요인인 또래의 태도와 행동 등에 영향을 더 많이 받는다고 할 수 있다고 하였다.

비록 아동의 비행과 청소년 범죄는 그 원인이 아주 상이하지만, 비행에 비해서 남성들의 범죄는 실체적으로 유전적 성향을 많이 포함하고 있는 것 같다. 기소된 양자와 친부모와의 관계는 습관성 범죄자 중에서 강한 관계가 있으며, 특히 누범의 아버지와 누범의 아들과는 상관이 매우 높게 나타났다.

(5) 유전자가 폭력에 미치는 요인

유전인자가 폭력에 어떠한 여향을 미치는지를 알아보고자 한다.

1) 폭력의 과정은 말초 및 충주신경계와 뇌화학적 요인이 유전인자에 영향을 미치기 때문에 나타난다.
2) 신경계와 생리적 요인들 중에서 일부 유전적 요소를 가지고 있는 것들은 비행과 범죄행동과 관련이 있다.
3) 테스토스테론이 공격행동에 미치는 영향에 관한 연구
   ① Archer(1991): 테스토스테론이 공격행동에 약하지만 정적인 상관이 있고, 이것의

수준은 인내력 부족과 성급함과도 역시 정적인 상관이 있다고 하였다.

② Olwes(1987): 테스토스테론의 수준이 높은 소년들은 좌절상황에서 참을성이 부족하고 반사회적인 행동을 할 가능성이 많다고 하였다.

③ 여러 연구결과의 종합을 살펴보면 공격성과 테스토스테론 수준과의 관계에 대한 회귀분석결과에서 분명한 관계를 발견하지 못했다. 그러나 폭력범죄자와 비폭력범죄자 또는 일반인과의 비교를 포함한 연구들은 테스토스테론의 수준과 폭력경험과는 보다 일관성이 있는 관계가 있음이 밝혀졌다.

④ 호르몬이 폭력에 미치는 효과에 관한 연구에서 가장 중요한 문제는 폭력적 또는 폭력행동을 경험한 결과가 호르몬의 수준에 영향을 미칠 수 있다는 것이다. 예컨대 테스토스테론과 적대감의 관계는 어느 것이 원인이고 결과인지 구분하기가 곤란하다. 높은 수준의 호르몬이 폭력의 원인이라기보다는 폭력경험의 결과로 인하여 호르몬의 생성에 변화가 생기는 것이다.

4) 여러 연구결과에 대해서 간략히 정리하면 다음과 같다. 반사회적·공격적 행동과 공격성과도 관련성이 있는 것으로 논의되고 있다. 특히 성사회화 교육으로 남성역할이나 여성역할을 배우기 이전에 이미 남자 아이들이 여자아이보다 폭력적인 사실은 테스토스테론 호르몬과 관계된 것으로 흔히 지적하고 있다. 실제 여러 연구결과에서도 나타나듯이 "테스토스테론 호르몬의 수치가 높은 사람들일수록 폭력적이라는 사실이 밝혀졌다." 그러나 이러한 연구결과만으로 인간에게 있어서 호르몬의 공격행동에 미치는 효과에 대한 여러 영향들에 대해서 단정적으로 결론을 내리기란 쉽지가 않다. 왜냐하면 유전·호르몬·환경의 영향들이 복잡한 상호작용관계를 가지고 있기 때문이다. 또한 과거의 연구들이 개념적으로나 방법론적으로 여러 문제점을 가지고 있고, 연구방법에 있어서도 부족하지만 유전인자가 폭력과 반사회적 행동의 예측인자로서 유용한 것은 부인할 수는 없다.

5) 인간에게 있어서 호르몬의 공격행동에 미치는 효과에 대한 증거는 역시 희박하고 단정적인 결론을 내리기가 곤란하다. 왜냐하면 유전, 호르몬, 환경이 복잡한 상호작용관계를 가지고 있기 때문이다. 과거의 연구들이 개념적, 방법론적으로 문제를 가지고 있는 것은 분명하다. 그러나 명백한 한계를 그을 수 있는 결과는 없는 것 같다. 하지만 연구방법이

미흡하다 할지라도, 유전인자가 폭력과 반사회적 행동의 예측인사로서 유용하다는 것은 부인할 수 없는 것이다.

제2절 사회학적 원인

(1) 사회화의 정의

사회화란 개인이 자기가 속한 집단의 가치와 규범을 내면화해 가는 과정을 말한다. 인간은 이러한 사회화과정을 통해서 타인과 그가 속한 집단에 동조, 이해할 수 있는 공통문화를 학습하는 것과 동시에 자기를 둘러싸고 있는 환경과의 상호작용과정을 통해서 타인과 상이한 자기만의 독특한 자아를 형성하게 된다.

(2) 사회화이론의 정의

사회화이론이란 폭력의 사회화과정을 중심으로 설명하는 이론을 말한다. 전통적 사회화이론을 대표하는 이론인 정신분석이론, 좌절·공격이론, 사회학습이론에 대해서 살펴보기로 한다.

1) 정신분석이론: 폭력은 폭력적 대응을 유도하는 자연스런 추동(drive)이라고 한다(프로이드가 주장한 내용 전술 참조).
   ① 히얼리(Healy)와 브론너(Bronner)는 어렸을 적에 부모와의 관계를 조사한 결과 이들 범죄를 저지른 자들의 경우 대체적으로 부모들과 정상적인 애정관계를 갖지 못했다는 것을 알 수 있었다. 이러한 결과를 통하여 범죄란 결국 '범죄자들이 자신의 가족으로부터 충족하지 못한 욕구를 대신하여 충족시키려는 잠재적 의도에 의해 저질러지는 것이라고 주장하였다.'
   ② 레들(Redl)과 와인맨(Wineman)은 증오심이 강한 소년들에 대한 공통된 특성에 대해서 찾아보았다. 그 결과 증오심이 강한 소년들은 대체로 어른들이 자기를 사랑하고, 원하고, 보호하고 격려한다는 느낌을 가지지 못한 것으로 파악하였다.

③ 자아의 발달은 부적절하게 발달된 자아와 잘 발달된 자아로 단순한 양면적 관계가 아니다. 면전폭력과 기타 범죄행동은 덜 통제된 개인으로부터 발생할 경우가 많다. 하지만 덜 통제된(undercontroled) 또는 과통제된(overcontroled) 자아가 폭력을 일으킬 수 있다. 즉, 극단적인 폭력범죄자들은 다른 범죄자나 보통 사람들보다 과통제된 경우가 많다. 그러므로 부적절한 자아의 발달에 대한 단순한 설명으로 폭력행동을 이해할 수는 없다.

2) 좌절 · 공격이론

본능이론과 달리 공격성이 외부조건에 의해 유발된 동기로 생긴다는 이론이다.

그 주된 명제는 좌절이 크면 그에 따라 타인에 대한 공격성(범죄성)도 커진다는 것이다(이 이론을 입증하려는 매우 흥미 있는 실험이 있다. 극장에서 표를 사려고 줄을 서 있는 사람을 관찰한 결과, 맨 앞으로 끼어들기(새치기)를 한 사람에 대한 분노표시는 열두 번째 줄에 서 있던 사람보다 두 번째 줄에 서 있던 사람에게서 더 크게 나타난다는 것이다. 그는 자신이 곧 표를 살 수 있으리라는 기대가 열두 번째 사람보다 더 컸고 따라서 좌절도 컸기 때문이라는 것이 이 이론의 설명이다.).

Berkowiz(1989)은 좌절경험이 공격행동의 촉진인자라고 하였으며, 그것이 추동수준과 공격적 행동의 촉발을 증가시킨다는 것이다. 정신분석적 접근법에 의해서 개인의 내재적인 공격적 강제력보다는 외재적인 좌절로 유발된 추동에 의해 공격적으로 동기화된다는 것이다. 비록 좌절이 본질적으로 공격의 필요조건이지만 좌절 외에 여러 가지 다른 상황들이 수반되는 것은 분명하다. 공격은 단지 좌절의 여러 가지 반응들 중에 하나일 뿐이다. 그는 초기이론을 발전시켜 공격단서(예컨대 총기, 칼 등), 감정들이 또한 좌절에 흔히 선행요인으로 필요한 경우도 있음에 주의를 환기시켰다. 좌절 · 공격이론의 또 다른 면은 공격의 억제가 대치된 공격의 원인이 된다는 것이다. 그래서 다른 대상(예컨대 배우자, 자녀)에게 지향하여 처벌의 위협을 감소시킨다. 이 이론은 직접 또는 대리적 공격이 정화의 과정을 통해서 감소된다는 것을 주장하고 있으나 이 관점을 지지하는 증거는 미약하다.

3) 사회학습이론(social learning theory)

서덜랜드의 이론을 수정한 다른 이론은 버지스(Burgess, R.)와 에이커스(Akers, R.)가 발표한 사회학습이론이다. 이 이론은 '범죄행위를 학습하는 방법이나 학습환경에 대해서 정교하게 기술'을 하였다. 즉 범죄행위는 그것을 강화하고 두드러지게 하는 사회 외적 분위기 또는 사람들과의 사회적 상호작용을 통해 학습된다고 한다.

> 차별적 강화(differential reinforcement)는 어떤 행위의 결과로 예상되는 것과 실제적인 보상과 처벌 간의 균형이라고 할 수 있다. 비행행위가 저질러지고 반복될 가능성은 친한 동료로부터의 인정, 돈, 음식, 즐거운 감정 등의 보상이 체포, 범죄자로 낙인, 발각될 가능성 등과 같은 처벌보다 더 클 경우에 일어난다. 이때 보상이 처벌보다 더 클 경우를 '긍정적 강화(positive reinforcement)'라 하고, 반대로 처벌이 보상보다 더 클 경우를 '부정적 강화(negative renforvement)'라고 한다.

① 학습방법에 대해서 사회학습이론은 범죄행위를 학습하는 과정은 과거에 이러한 행위를 했을 경우에 주위사람들로부터 칭찬을 받거나, 인정을 받거나, 더 나은 대우를 받거나 하는 등의 보상이 따랐기 때문이라는 것이다.

② 차별적 접촉의 내용으로 사람들 간의 직접적 의사소통(사회적 상호작용)뿐만 아니라, 다소 떨어져 있는 사람들 간의 간접적 생각의 전달까지 포함한다(간접적 접촉).

③ 학습환경에 대해서도 사회적 상호작용뿐만 아니라 비사회적 환경 모두를 고려하였다. 사회학습이론은 사회적 상호작용과 함께 더불어 물리적 만족감과 같은 비사회적인 사항에 대해서도 범죄행위가 학습될 수 있다고 보았다.

④ 범죄학습의 한 방법으로 본인에 의한 직접적인 범죄경험이 아니더라도 범죄행위의 결과가 다른 사람들에게 미치는 영향을 관찰함으로써 이것을 학습할 수 있다는 것이다. 즉 자신의 직접적인 경험이 아니라도 다른 사람들이 하는 행동을 관찰하여 모방하는 것도 학습의 내용이 된다는 것이다.

⑤ 사회적 상호작용과 함께 비사회적 사항(예컨대, 굶주림 · 성욕의 해소)에 의해서도 범죄행위가 학습될 수 있다.

⑥ 학습과정의 4가지 주요 초점

차별적 접촉	대부분 서덜랜드의 명제를 받아들이지만 차별적 접촉의 내용으로 사람들 간의 직접적인 의사소통까지 포함시킨다는 점에서 차이가 있다.
정의	사람들이 자신의 행위에 대해 부여하는 의미를 말한다.
차별적 강화	행위에 대해 기대되는 결과가 다를 수 있다는 것으로 즉 자기 행위에 대한 보답이나 처벌에 대한 생각의 차이가 사회적 학습에서 나름의 의미를 지닌 다는 것을 말한다.
모방	다른 사람들이 하는 행동을 관찰하고 모방하는 것을 말한다.

비행의 과정에 대해서 사람들은 주로 자기와 친밀한 관계에 있는 비행집단과의 교제를 통해 규범에 대해 비호의적으로 규정짓게 되고(정의), 범행태도·범행기술 등을 모방·학습한다. 최초 범행은 모방에 기인하지만, 그 후에는 자신의 범행에 보상이 따르면 범죄성향을 강화시키고 처벌이 뒤따르면 약화시킨다(조작적 조건화의 논리로 범죄 과정을 설명).

> 조작적 조건화
> 행동주의 심리학의 이론으로, 어떤 반응에 대해 선택적 보상(강화와 처벌)을 함으로써 그 반응이 일어날 확률을 증가시키거나 감소시키는 방법을 말한다.

공헌은 사회학적 변수와 심리학적 변수를 연계하였다. 사회학습이론의 행태주의적, 인지적, 사회적 상호작용적 원리는 청소년 범죄자뿐만 아니라 성인범죄자를 대상으로 한 예방·치료프로그램에도 적용된다.

비판은 사회학적 강화나 자극만을 강조한 나머지 비사회적 자극과 강화의 면을 상대적으로 소홀히 하는 문제점을 나타냈다.

반드라(Bandura)는 강화(처벌)가 관찰되고 학습된다는 것을 강조한다. 강화는 행동에 중요한 요인으로, 만일 어떤 특정의 행동이 다른 사람의 긍정적인 반응에 의해 강화가 된다면, 그 행동은 지속될 것이다. 반면에 어떤 행동이 다른 사람에 의해 지지되거나 강화되지 않고, 오히려 벌을 받게 되면 그러한 행동은 점점 줄어들거나 완전히 없어진다는 것이다. 범죄자의 행동수정에 원용되는 학습이론은 비록 선의라 하더라도 타인의 행위를 변화시키도록 조작한다는 비판을 받기도 한다. 반드라는 범죄행동에 영향을 미치는 요인에는 가족, 또래집단, 문화(예컨대 텔레비전과 영화 등 상징물) 등 세 가지가 있음을 지적하였다. 사회학습이론은 폭력을 개인의 내적요인(자기규제와 자기효능감)과 상황적 특성의 상호보완적 관계라고 강조한다. 연구자들은 사회학습이론의 이러한 일반원칙을 어느 정도 지지하고 있다. 예컨대 남편이 부인을 폭행하는 가정에서 성장한 아동의 물리적 공격행동의 빈도가 증가한다는 연구결과가 나타났다.

제3절 사회심리학적 원인

(1) 사회심리학의 정의

사회심리학이란 사회적 행동에 관한 여러 현상을 심리학적으로 연구하는 학문을 말한다.

1) Allport(1968)의 고전적 정의에 의하면 '실제의, 상상의, 혹은 묵시적인 타인의 존재에 의하여 개인의 사고, 감정 및 행동이 영향을 받는 양식을 이해하고 설명하려는 노력이라고 표현될 수 있다.

2) 1990년대에 들어와 미국의 Gorgen을 중심으로 사회심리학의 전통적 패러다임에 대한 비판과 더불어 새 패러다임을 정립하려는 노력이 활발해지고 있다. 이에 따라 사회심리학 자들의 관심영역이 범죄, 사회차별, 마약, 알코올, 환경 등에도 확장되어 가고 있는 경향을 보이고 있다.

(2) 최근의 사회심리학적 연구

최근의 사회심리학적 연구들은 폭력의 사회적 영향을 강조하고 있다. 그러나 이러한 연구들은 주로 개인적 요인들에 초점을 두고 있는 것이 사실이다. 일부의 사회심리학자들은 폭력을 사회적 맥락과 동시에 고려해야 이해될 수 있다고 한다.

1) Felson(1978)은 폭력은 인상관리의 수단이며, 그것은 위협받고 있는 자신의 정체성을 회복하기 위한 것이라고 주장한다.

2) Tedeschi(1983)은 강제력의 사용에 대한 사회적 원인을 강조한다. 강제력은 다른 사회적 영향력이 성공적이지 못한 경우 마지막 수단이다. 강제력은 위협의 의사소통을 반영한 것이거나 처벌의 전달을 나타내는 것이다. 강제력은 보상의 갈등, 힘과 지위에서의 위법

등의 상황에서 현저히 나타나는 현상이다. 강제력의 공격적인 사용은 보통 법적인 보호를 받지 못하거나 비정상적인 것이다. 강제력은 통상적으로 방어 또는 보복, 그리고 사회적 규범에 의해 규정된 것들이다. 강제력의 사용결정은 성공과 실패에 따른 비용의 가치와 가능성에 좌우된다. 그리고 이것은 자기이미지의 보존 또는 권위유지의 필요성과 두려움에 의해 고양된다. 역시 그러한 것은 개인의 자존심이 결핍되어 있고 어떠한 사건에 영향을 미칠 만한 힘이 부족하다고 느낄 때나 또는 사람들이 왜곡된 시간조망, 자아중심성, 또는 알코올이나 마약 등의 중독을 통하여 비용을 잘못 인식하였을 경우 더욱더 그러한 현상이 나타나는 것이다.

(3) 계층 · 근거이론

계층 · 근거이론에서는 폭력에 규범이라는 것을 부가시킨 것이다. 이것은 흥분, 지위, 명예, 남성다움을 찬성하는 태도 등의 '강한 남성의식 유형(machismo)'의 일부이다. 예컨대 살인율이 가장 높은 계층은 젊고 남자이며 낮은 계층집단에서 나타난다는 것을 알 수 있다. 이것은 이런 집단들이 폭력하위문화의 가치를 지지한다는 것을 시사하는 것이다.

> **울프강(Wolfgang)과 페라쿠티(Ferracuti)의 폭력하위문화 이론**
> 밀러가 중시한 문화적 영향은 이후 여러 연구에 계승되었다. 그 중 울프강과 페라쿠티는 지배적인 문화와는 별도로 특정지역을 중심으로 폭력사용을 용인하고 권장하는 폭력하위문화가 존재한다고 보았다. 특정지역의 사람들은 일반인들에 비해서 자신의 명예, 집안의 명예, 남자의 명예 등을 지나치게 강조하고 인간의 생명을 가볍게 보는 경향이 있다. 이러한 문화적 특성은 이들의 생활양식, 사회화과정, 대인관계 면에서 폭력사용이 정상적인 행위양식의 하나로 정립되어 있다는 것이다. 필라델피아 지역이 다른 지역에 비해 살인사건이 많은 것은 바로 폭력하위문화의 영향을 보여주는 것이라고 하였다.

하지만 이것을 검증하기 위한 여러 가지 노력들은 만족할 만한 결과를 얻지 못하였다.

1) Ball and Rokeach(1973)는 교육수준과 수입정도 등과 관계없이 폭력남성들 사이에서 선호하는 '남성적 의식'이라는 가치유형이 특별히 보이지 않는다고 하였다.
2) Erlanger(1974)는 역시 남성의 폭력이 자신이 속한 집단에 의해 보다 많이 수용될 것이라

고 느끼는 것이 남성일 것이라는 예측을 지지하는 연구결과에 대해서 발견하지 못하였다. 그는 '남성다움의 하위문화'에서 폭력은 여러 가지 많은 문화 중에서 단지 하나에 불과하다고 주장하였다.

(4) 권력과 남성폭력의 관계라는 관점에서의 폭력

1) Clegg(1989)는 힘을 개인의 권위에 의한 직접적인 통제라고 정의하였다. 여성에 대한 남성의 폭력을 권력의 관계로 설명하는 것은 명확한 설명이 되지 못하며, 그것은 보다 더 특별히 폭력적인 남성들의 특성을 조사하는 방향으로 맞추어져야 할 것이다.

2) Dobash & Dobash는 아내를 구타하는 원인을 그의 행동이 다른 사람에게 받아들여지지 않을 경우 그의 아내를 힘으로 억압하거나 가장의 권위를 유지하기 위해 시도되는 하나의 수단이라고 하였다. 이들의 주장이 가장 정평이 있는 주장이라고 할 수 있다. 왜냐하면 그것이 가부장권력가설(patriarchal power hypothesis)에 가장 근접한 이론이며 설득력이 있는 설명이기 때문이다.

3) Yllo & Strauss(1984)는 사회적 권력가설(social power hypothesis)을 폭력과 여성의 전반적인 지위와의 관계조사를 통해 연구하였다. 여성의 지위를 법적, 경제적, 교육적 그리고 정치적 권력의 요소로 측정하였다. 그 결과 전반적으로 이것은 아내폭행과 선형적인 관계를 보였다. 예컨대 여성의 지위가 낮을수록 폭력피해를 많이 입었으며, 반대로 여성의 지위가 높을수록 폭력피해는 감소하였다.

(5) 남성의 세계에서 폭력의 의미

남자의 세계에서 폭력이 의미하는 바는 과연 무엇인가? 전체 폭력범죄 중에서 남자가 80%~90% 이상을 차지하고 있다. 아직도 여성은 분노와 폭력에 대해서 참아야 하는 것이 한국사회의 전통적 유교문화이다(현재는 꼭 그렇다고 볼 수는 없음). 남성폭력은 놀라울 정도로 이질적이고 다양한 형태를 보이고 있다 폭력의 형태에는 살인, 강도, 폭행(요즘 데이트 폭력 문제), 학교폭력 등 실로 다양하다. 이렇게 다양한 행동으로 폭력이 행사되고 있지만 그것들에는 공통적인 특징이 있다.

폭력은 전반적으로 명백한 도구적 목적과 대인간 목적을 달성하는 데 있다는 공통된 특징을 보인다. 예컨대 강도는 금전적인 이익을 획득하고자 하는 목적을 가지고 있으며, 그것은 또한 대인 통제수단으로서 위협의 효과적인 사용을 위한 것일 수 있다. 또 폭행은 체면손상의 두려움을 제거하고자 하는 목적으로 이용되는 특징을 가지고 있다. 이렇듯 폭력은 어떤 한 남자가 다른 사람을 자신의 통제하에 두고 힘을 통해서 타인을 지배하고 동시에 자기존중 감을 고양시키기 위한 하나의 효과적인 수단으로 이용된다고 볼 수 있는 것이다.

제10장
절도의 범죄심리

제10장 절도의 범죄심리

제1절 절도와 관련된 연구

현대사회의 범죄는 날이 갈수록 다양한 유형을 보이고 있고, 수법에 있어서도 잔인하고, 교묘하고 지능적 범죄가 늘었으며, 범행동기에 있어서도 어떠한 목적이 없이 즉흥적인 범죄들의 양상을 보이고 있다. 그 중에서도 두드러진 범죄양상은 범행의 치밀함과 잔인함이다. 일반적으로 대인범죄인 폭행, 상해, 강간, 살인 등의 강력범죄는 더욱 잔인한 경향을 보이고 있으며, 절도 등 재산범죄는 더욱 치밀하고 지능화하여 범인검거를 어렵게 하고 있다. 특히 절도, 사기, 횡령 등 재산범죄의 경우 더욱더 계획적이 되었다. 어느 정도 나름대로의 의사결정과정을 거치는 것으로 알려져 있다

> 이른바 합리적 선택이론에서 주장하고 있는 범죄로부터 얻는 이익과 손실을 나름대로의 정보분석과 판단을 통하여 이익이 많다고 생각되는 경우 범죄행동을 한다. 클라크(Clarke)와 코니쉬(Cornish)의 합리적 선택이론은 ① 경제이론에서의 기대효용의 법칙에 기초하여 인간은 범죄로 인하여 얻게 될 효용(이익)과 손실의 크기를 비교하여 범행여부를 결정한다고 본다. ② 범죄행위는 결국 각 개인이 선택한 결과이고 이러한 선택과정에서 고려하는 요인들로는 행위자 자신의 개인적 요인과 상황적 요인을 지적하였다.

(1) 범죄행동을 연구하는 많은 학자들은 불법적인 행동도 선택이라는 나름대로의 의사결정과정의 산물이라고 설명한다(Brown and Bently, 1933; Wright and Decker, 1994 등).

(2) 침입절도에 대한 연구에서 범죄자들이 그들의 일상활동에서 어떻게 범죄의 목표물을 선택하고 범행을 실행하는지를 잘 보여 주고 있다. 이런 점에서 침입절도는 범죄행동의 의사결정과정을 연구하는데 적당한 주제라고 할 수 있다.
1) Bennet(1986), Bennet and Wright(1984), 그리고 Reppetto(1974)는 침입절도범은

범죄를 시도할 시간과 장소를 명백히 선택한다고 하였다.

2) 다른 연구들(Brown and Bently, 1993; Nee and Taylor, 1988 등)은 범죄자는 범행지역의 사진과 지도를 이용하여 사전에 분석하고 이를 토대로 하여 접근로와 은폐물이 있는 집, 다른 집으로부터 격리된 집, 그리고 이웃의 감시가 부족한 집을 선호한다는 것을 밝혀냈다.

3) 범죄자들은 목표물을 사전답사 한다(Rengert and Wasilchick, 1985).

4) 적당한 목표물을 물색하기 위해 이미 확보된 일련의 기회의 단서에 의존하기도 한다고 하였다.

5) 많은 선행연구들은 침입절도 범죄는 다른 대인 폭력범죄와 달리 범죄자 개인의 합리적 선택의 결과라는 사실을 시사하고 있다. 최근 미국 등 선진국에서는 범죄를 이해하는데 심리학적 프로파일링과 더불어 지리학적 프로파일링의 방법이 많이 사용되고 있다. 왜냐하면 범인의 주거지와 범행지 간에 일정한 관계를 파악하는 방법을 통하여 범인의 주거지 추정이 가능하고 이를 통해서 범인검거와 범죄예방의 효과를 달성할 수 있기 때문이다. 우리나라의 경우 지리학적 프로파일링을 적용한 연구성과가 축적되어 있지 않아, 지리학적 프로파일링을 이용한 수사기법은 아직 기초적 단계라고 할 수 있다. 우리나라 경우에도 심리학적 프로파일링이나 지리학적 프로파일링을 이용한 다양한 연구성과가 축적되어야 할 필요성이 있고, 특히 침입절도 등은 공간적 패턴을 분석한 자료의 축적이 범죄수사와 예방에 많은 기여를 할 수 있을 것으로 본다.

> 프로파일링은 선진국의 연쇄강력범죄수사를 위한 전문프로그램이다. 우리나라도 2000년 연쇄살인범의 체포 이후에 경찰청을 중심으로 한국범죄분석팀(VICAT)을 설치하여 운영하고 있다. 그러나 너무 제한적으로 경찰에 근무하는 사람으로 구성되어 있어 민간인도 전문적으로 프로파일러를 할 수 있는 그러한 과정 등을 공부할 수 있는 전문적인 교육기관이 필요하다.

제2절 관련이론

환경범죄학의 원류는 1920년대의 '시카고학파'에서 찾을 수 있다.

1) 시카고학파의 범죄생태이론

1892년에 개교한 시카고 대학에서는 사회학의 연구가 활발하였다. 미국 사회학은 시카고 대학에서 출발한 것이라 해도 과언이 아니다. 초기 미국의 사회학은 기존의 개인주의와 자유주의적 학문성향과 일치하지 않는 점이 많았기 때문에 동부의 여러 대학은 이를 받아들이지 않았지만, 시카고 대학은 사회와 인간에 대한 다양한 관심을 뚜렷한 학문분과로 만들기 위한 시도를 하였다.

2) 파크(R. Park)의 사회생태학

파크는 생태학의 관점과 방법을 사회분석에 적용한 사회생태학(Social ecology)의 개념을 정립하였다. '인간생태학'이라고도 하는 이 개념은 '사회를 생태학적 관점에서 침입, 경쟁, 계승, 주기적 변화 등이 발생하는 것으로 파악하여 그 질서와 변동을 연구하는 학문분과를 일컫는다.' 시카고 대학 사회학자들은 이러한 생태학적 모형을 사용하여 도시의 사회질서는 생태학적 관점에서 공생(symbiosis), 협동(cooperation), 주기적 변화(cyclical change)등 다양한 사회적 과정의 산물로 보았다.

3) 버제스(E. W. Burgees)의 동심원이론

파크와 더불어 시가코학파의 창시자로 사회생태학을 '도시'라는 특수한 사회의 연구에 적용시켜 동심원이론을 발표하였다. 사회생태학을 '도시(city)'라는 특수한 사회의 연구에 적용시킨 사람은 버제스다. 즉 도시는 특정활동이 특정지대에 몰리면서 각 지대가 중심부로부터 변두리로 퍼져 나가는 동심원의 유형을 나타내며 이러한 지대유형은 지가(地價)와 관련을 맺고 있다.

① 제1지대로서는 가장 중심에 위치하는 중심지대(central zone)는 상업, 공업이 점유하는 중심적 업무 지역이다(원의 가장 중심 즉 가운데).

② 제2지대인 변이지대(transitional zone)는 도시의 확대발전의 결과 상, 공업에 의하여 잠식되어 퇴화 과정을 걷게 된 지역인 빈민지대로서 빈곤자, 이주자, 이민자 등이 거주하는 지역이다(퇴행변이지역).

③ 제3지대는 노동자 주거지대(blue collar zone)로써 2~3세대용 주택이 대부분인 지역이다.

④ 제4지대인 주거지대(residental zone)는 중류층 거주지대로서 단일가구주택으로 구성되어 있다.

⑤ 제5지대는 통근자 주거지대(commuter's residental zone)로써 교외 거주자(교외지역) 통근지역에 위치한다.

버제스는 미시간호의 반을 차지하고 있는 시카고시를 중심으로 이와 같은 지역적 구별을 하였으며, 각 지역의 범죄를 비교한 결과 '제2 지대인 변이지역'에 범죄가 집중한다는 결론을 내렸다. 이 지역이 전통적 사회통제과정을 약화시키고 생태학적 조건이 두드러진 지역으로 사회통제가 범죄를 억제하기에는 역부족인 공간이다.

4) 쇼우와 맥케이(Show & Mckay)의 범죄지대 연구

쇼우와 맥케이는 생태학적 변화과정을 이용하여 버제스의 지대연구를 범죄 및 비행분석에 적용시켜서 명실상부한 범죄생태이론을 만들었다.[12] 특정지역에서 왜 범죄가 다른 지역에 비해서 높게 나타나는지 그 이유를 규명하고자 하였다.

시카고 시의 도시를 중심으로 몇 개의 구역(Zone)으로 나누고 범죄발생률을 조사하였는데 도시상업지역과 주거지역에서 상업지역으로 바뀐 도심과 인접한 변이지역의 범죄발생률이 가장 높았다.

변이지대는 유럽의 이민과 흑인 이주자들의 혼재로 문화의 이질성이 높고 이로 인한 사회해체가 촉진된다. 또한 이 지역에서는 빠르게 사회변화가 일어나면서 사회해체를 촉진하는 요인으로 작용함으로 인해 개인해체를 가져오고 나아가 범죄 및 비행으로 연결된다고 본다.

이 지역 내 구성원의 인종이나 국적이 바뀌었음에도 불구하고 계속적으로 높은 범죄율을 보인다는 사실을 통하여 개별적으로 누가 거주하든지 관계없이 지역의 특성과 범죄 발생과는 중요한 연관이 있다는 것을 발견하였다. 이러한 관계들을 분석하기 위하여 이들은 각 지역의 물리적 상태나 경제적 상태에 관한 현장지도를 만들고 범죄발생률과의 관계를 살펴보았다.

---

12) Clifford R, Show/Henery D. Mckay, Juvernile Delinquency and Urban Ares, University of Chicago Press, Chicago 1942.

1. 일상활동이론

코헨(Cohen) & 펠슨(Felson)에 의해 주장된 일상활동적 관점은 잠재적인 범죄자와 피해자의 평범한 이동과 활동이 범죄의 발생에 어떠한 역할을 한다는 점이다. 코헨과 펠슨은 범죄가 발생하는 세 가지 기준을 제시하였다. 범죄가 발생하기 위해서는 ① 적당한 목표물(목표물의 가치, 목표물의 가시성, 목표물에의 접근성(또는 도주), 목표물의 이동성), ② 동기화된 범죄자, ③ 감시의 부재가 있어야 한다고 하였다. 그들은 많은 범죄가 기회의 탓이라고 믿고 있다. 그들은 사람들의 일상활동이 경제성장과 더불어 많이 변해 왔고, 이러한 변화가 재산범죄의 증가에 영향을 미치고 있다고 주장한다.

일상활동에서의 가장 중요한 변화 중의 하나는 집 밖에서 생활하는 시간의 증가이다. 그들은 많은 가정이 맞벌이 가구가 되어 왔다는 점을 지적한다. 이것은 많은 집들이 낮에 사람이 없기 때문에 보호되지 않는다. 인구의 이동성 증가는 베드타운이 형성되는 계기를 마련하였고, 이는 감시의 눈(거리의 감시자개념은 일반개인의 외부활동이 감시자의 역할을 수행한다는 의미)을 감소하게 하였다. 집에서 떨어진 곳에서 지내는 시간은 범죄의 기회를 조장하게 된다. 이동성의 증가는 잠재적 범죄자를 양산하고 감시받지 않는 목표물을 물색하는 기회를 조장하게 된다.

범죄를 위한 적절한 목표물의 이용가능성에 관한 것이다. 현금을 대체할 수 있는 신용카드 등은 절도의 중요한 목표가 되는데, 이것은 휴대가 간편하고 처분할 수 있는 시장이 많기 때문이다.

이처럼 감시의 상대적인 부재와 즉시 이용과 처분이 가능한 목표물을 잠재적 범죄자들을 동기화시키는 요인으로 지적되고 있다. 코헨과 펠슨(1979)은 집 밖에서 많은 시간을 보내는 사람일수록 범죄(또는 범죄피해)의 수준과 관련이 있음을 보고한 바 있다. 최근에는 인터넷을 통한 상거래가 활성화되면서 장물을 인터넷 경매사이트나 쇼핑물을 통하여 처분하는 경우가 증가하고 있다.

2. 합리적 선택이론

(1) 일상활동적 접근과 관련하여 또 다른 이론적 접근은 범죄에 대한 합리적 선택이론이다. 합리적 선택이론에 의하면 행위자는 자신의 경험이나 학습한 지식을 기초자료로 활용하여

범죄를 선택한다.

(2) 클라크(R. Clarkr)와 코니쉬(D. Cornish)의 합리적 선택이론은 경제학에서의 기대효용의 법칙에 기초 하고 있다. 인간은 범죄로 인하여 얻게 될 효용과 손실의 크기를 비교하여 범행 여부를 결정한다. 따라서 범죄는 각 개인의 선택의 결과이다.

범죄자는 자신의 경험이나 학습한 지식을 기초로 범죄를 선택한다고 보아, 범죄선택의 단계를 구분하였다.

① 1단계(범죄행동의 선택)

행위자는 범죄로 인한 이익, 체포의 위험성, 형벌의 부담을 비교하여 범죄실행의 여부를 결정한다.

② 2단계(범죄종류의 선택)

행위자는 입수한 정보를 바탕으로 어떤 범죄를 행할 것인지 결정한다.

③ 3단계(범죄대상의 선택)

행위자는 무작위가 아닌 합리적인 계산에 의해 범죄대상을 결정한다.

(3) 합리적 선택이론을 기초로 한 연구가 진행되었으니 범죄는 무계획적으로 일어나는 것이 아님이 밝혀졌다. 즉, 화이트칼라 범죄 또는 약탈범 등도 주의깊게 비용과 이익을 비교한 후에 실행으로 옮길 것인가 말 것인가를 판단한다는 주장이 설득력을 얻게 되었다. 또 범죄의 기회를 갖는 여부가 범죄의 실행에 있어 매우 중요한 요소임이 밝혀지게 되었으며 준법의식이 강한 자도 범죄기회가 있으면 범죄를 실행할 가능성이 있음이 지적되었다. 합리적 선택이론은 또한 인간행동의 상호작용적, 교차적, 선택적 본질을 강조한다.

3. 범죄패턴이론

(1) 범죄패턴이론

합리적 선택이론, 일상활동이론, 환경설계를 통한 범죄예방이론 등에서 발견된 범죄와 범죄성에 대한 학제적 접근 방법에 의해서 탄생된 이론이다(Brantingham & Brantingham(1978, 1981). 범죄의 성공확률은 환경적 요인뿐만 아니라 위치, 상황, 범죄자의 범행준비, 일상활동패턴, 목표물의 분포 등에 의해 좌우 된다.

Brantingham & Brantingham에 의해 개발된 범죄지선택의 역동모델은 범죄행동의 지리학적 패턴을 이해하는데 기여하고 있다.

(2) 범죄지선택의 역동모델

사람은 어떤 특정유형의 범죄를 하는데 동기화되어 있다. 어떤 범죄는 범행을 도모하는 개인의 준비나 의지로 인하여 증폭된다. 그런 동기는 과거의 범죄행동, 위치, 상황과 관련이 있으면 환류효과(feedback effect)를 검증시키는 역할을 한다. 전형(prototype) 또는 장소도식(feedback effect)이라 불리는 템플레이트(template)는 일련의 단서, 단서연속 또는 전체 단서군을 통하여 적절한 목표물을 파악하는데 이용된다. 그것들은 복잡한 환경 내에서 대상에 대한 과정중심적 지각을 표현하는 인지적 이미지와 그림을 형성하게 한다(Brantingham & Brantingham). 템플레이트가 구축되었을 경우에 그것은 비교적 교정적이고 장래의 탐색적 행동에도 영향을 미치게 되며 지속적으로 강화된다. 범죄는 다단계 의사결정과정(잠재적 목표물의 확인, 시간과 장소의 확정을 목적으로 하는)의 최종적인 산물이다. 이 의사결정은 격정범죄에는 최소한에 그치고 도구적 범죄에는 더 많은 과정을 거치게 된다.

범죄목표물 또는 피해자는 범죄자의 인식공간(awareness space)으로부터 선택된다. 인식공간은 활동공간(대부분의 사람들의 활동이 이루어지는 영역, 개인이 다른 사람과 자주 접촉하는 영역 등의 환경적 특징을 가지고 있는)을 내포하고 있으며, 새로운 지역으로 확장되는 영역은 수집된 새로운 정보에 의해서 이루어진다(Clark, 1990). 목표물은 안정성과 위험의 정도에 의해서 측정되고, 범죄자의 템플레이트에 의해 평가된다.

> **범죄자의 인식공간:** 인식공간이란 어떤 장소에 대한 현장답사 없이 최소수준 이상의 지식을 가진 사람에 관한 모든 장소를 말한다.

끝으로 합리적 선택은 범죄자에 의해서 만들어지고 특정한 목표물이 선택되어진다 (Rossmo, 2000). Brantingham에 의해서 주장된 이런 연구방법은 '거리감퇴함수 (distance decay function)'라고 한다. 인간의 공간행동에서의 거리감퇴함수에 의하면 사람은 멀리 떨어진 사람이나 사물과의 상호접촉보다는 자신과 근접해 있는 사람이나 사물에 더 많이 상호작용한다고 한다(Brantingham & Brantingham, 1984). 거리의 증가와 활동의 감소의 연관성은 경제적 비용과 관련이 있으며 먼 거리에 도달하는 데 걸리는 시간과 관련성이 있다.

4. 인지적 지도(cognitive mapping)와 지리학적 프로파일링

일반적으로 사람들은 별 생각 없이 판단을 하고 행동을 하는 경우가 많고(Langer, 1987), 자료의 면밀한 처리보다는 자신이 지닌 도식을 즉각적으로 활용하여 판단하는 경우가 많다 (Schank & Abelson, 1977). 또한 사람들은 게으른 지각자(lazy perceivers)이며 인지적 구두쇠(cognitive misers)로서 변화를 추구하기보다는 자신이 지니고 있는 정보만을 활용하기를 원하는 인지적 보수성을 가지고 있다고 한다(Leyens & Codol; Taylor, 1981).

(1) 인지적 지도

범죄자들이 범죄를 계획하는 정도와 범죄와의 행위의 선택은 인지적 지도에 의해 크게 영향을 받는다. 인지적 지도는 어떤 환경이나 지역에 대한 개인의 심적인 이미지를 말한다 (Smith & Patterson, 1980). 이 지도는 개인의 매일의 활동을 통해서 만들어진다. 스미스와 패터슨은 어떤 지역에 대한 심적 이미지를 만들고 유지하는 데 필요한 네 가지 요소에 대해서 제시하였다.

① 인식(recognition): 자신이 있는 장소와 그 지역의 다양한 특징들을 구별할 수 있게 되는 것을 말한다. 일단 어떠한 개인이 이러한 인식을 만들 수 있게 된다면, 그는 무슨

일이 일어날지에 대한 예측을 할 수 있다.

② 예측(prediction): 그 지역의 익숙한 물체와 가능한 행동 간에 연결한다. 그 지역에서의 행동은 중요한 지형지물, 거리의 형태에 따라 어떻게 행동할 것인지를 미리 예측한다.

③ 평가(evaluation): 여기서 개인들은 실제로 초기단계에서 수집한 정보를 사용하며, 어떤 선택지들이 받아들일 만한 행동양식인지를 결정한다.

④ 결과로서 생기는 행동(action): 이처럼 인지적 지도를 만드는 과정은 그 개인에게 공포와 불확실성을 제거하고, 정보에 근거하여 선택을 하게 하는 과정이다. 개인이 어떠한 지역에 대해 보다 많이 알수록 공포를 덜 느끼고 의사결정에서 보다 자신감을 갖게 된다.

인지적 지도: 블랭팅험은 톨만(Tolman, 1948)의 연구성과를 인용하여, 인지적 지도란 개인이 어떠한 지역에 대하여 학습을 하고, 기억하고 지역에 관한 지식을 활용하는 일련의 과정이라 정의내리고 있다. 블랭팅험은 인지적 지도는 다차원(즉 색상, 소리, 상징물)으로 이루어져 있으며, 개인의 어떠한 지역에 대한 전체적인 지리적 지식을 반영하는 것이라고 설명하였다.

인지적 지도를 만드는 아이디어로부터 생기는 논리적 문제는 개인이 어떻게 예측과 평가를 하고 행동의 목적을 위하여 또 다른 지역에 대한 인식을 획득하는지에 관한 것이다.

이러한 통찰력을 얻는 방법은 다양한 지역에 대한 사려 깊고 계획된 조사와 연구를 통해서이다. 이것이 실행 가능한 접근방법이라고 할지라도, 이것은 그 자체로 이용자들의 의심과 미래의 인식을 자극할 수도 있다. 이러한 지도를 만드는 한 대안적 방법은 다양한 지역에 가서 돌아다니는 평범한 일상의 활동을 통해서이다.

(2) 잠재적 범죄자들의 일상의 활동은 인식, 예측, 평가 그리고 행동을 위한 유용한 정보를 획득하는 데 도움이 될 수 있다. 지역으로의 그리고 지역을 지나가는 평범한 여행은 이 의사결정과정의 토대를 제공한다. 현대의 다핵심지역사회(multi-nuclei community)는 개인들이 이러한 심적 지도를 평범한 매일의 일상을 통해 만들어 낼 수 있는 넓은 기회를 제공하는 역할을 한다. 현대사회는 단순히 직장이나 필수품의 구매가 용이한 지역에서만 살 필요가 없다. 교통수단의 이용이 거주와 활동에 많은 변화를 주고 있다. 사람들은 다양한 지역에 거점을 두고 통근하면서 생활하게 된다(Brantingham & Brantingham, 1993, 1996). 다핵심사회는 이처럼 활동의 축(node)과 이동루트인 통로(path)로 형성되어져 있다.

(3) 개인들은 분산된 매일의 활동을 통해서 바로 인접한 지역(축)과 축들 간의 통로에 대한 정보를 얻게 된다. 개인이 각각의 축을 이용하는 정도와 축들 간에 이용되는 통로의 변경은 그 지역에 대한 개인이 갖고 있는 인지적 지도의 범위를 결정하는데 도움을 준다. 지역이 축이나 통로로부터 멀수록 그 지역에 대해 잘 알지 못하고, 따라서 범죄적 또는 합법적인 행동의 기회는 줄어들게 된다. 잠재적인 범죄자는 그들에게 익숙한 축과 통로를 유심히 살피는 경향이 있다. 축과 통로 외에 지역의 가장자리는 일탈행동을 하기에 최적의 지점이다. 물리적 가장자리의 다양성이 감시가능성을 제한하고 익명성을 조장하게 됨에 따라 범행은 더욱 용이하게 된다(Brantingham & Brantingham, 1993).

(4) 펠슨(1987)은 현대의 대도시지역을 메트로리프(metroreef)로 명명하였다. 그는 이웃이나 지역의 성장의 근거가 되는 주요기준은 접근가능성일 것이라고 주장한다. 메트로리프(넓게 배치된 거리들을 가로질러 사람과 상품의 흐름에 의해 연결되는 주택, 상점, 학교, 여러 시설물들의 집적체를 말함)와 각 지역에서 일어나는 행동들 내에서 행동의 한 축에서 다른 축으로의 이동은 잠재적 범죄자들을 위한 일상활동을 만들어 낸다. 자주 가지 않는 지역보다는 자주 가는 지역에 대해 더 많은 정보를 알게 된다는 것은 상식적이다. 인지적, 지도적 접근에 기초하여 보면 목표물의 선택은 자연스럽게 개인이 가장 잘 아는 목표물 주변에서 선택하게 된다. 익숙하지 않은 지역에서 범행을 저지르기 보다는 지역 내 주택 등을 범행대상자로 목표화하는 것이 보다 위험을 덜 느끼게 된다. 피해자와 가해자의 일상적인 활동은 범죄의 목표물을 선택하는데 큰 역할을 할 수 있다.

제3절 관련 선행연구

1. 범죄자들의 선택

일상활동에서의 암묵적인 가정은 범죄자들이 범행의 시기와 장소에 대해서 선택을 한다는 것이다. 범죄예방활동이 효과를 가지기 위해서는 범죄자들이 그들의 지각된 욕구, 위험, 이익 그리고 다른 요소들에 기초하여 어느 정도 합리적으로 선택을 해야 한다. 범죄자들이 그들의 목표물을 선택하는지 그렇지 않은지 그리고 마침내 그들이 어떻게 선택하는지에 대한 문제는 최근의 중요한 연구인 것이다. 범죄자들이 그들의 범죄를 선택하는지는 직관적으로, 그리고 문헌들을 통해서 모두 알 수 있다.

2. 범죄의 계획

Bennet(1986), Bennet & Wright(1984), Reppetto(1974)는 유죄평결을 받은 침입절도범들이 그들이 범죄를 저지를 시간, 장소를 명백히 선택한다는 사실을 검증한 바 있다. 조사에 응한 범죄자들은 그들이 범죄를 계획할 때 조명의 수준, 잠금장치, 문, 창문의 종류, 경보기의 설치여부, 이웃과 행인들에 의해 발각될 가능성 등 다양한 요인들을 고려한다고 하였다. 이러한 연구결과는 침입절도범의 목표물 선택에 대한 다양한 실험적 조사에 의해 지지되었다.

3. 범죄대상지 설정

Rengert & Wasilchick(1985)은 필라델피아 근처의 한 작은 군(county)에서 침입절도범의 목표물 선택의 시간적, 공간적 요인들을 조사하였는데, 범행을 할 경우 분명한 계획과 선택을 한다는 것이 밝혀졌다. 실제 계획은 최소한에 그쳤고, 보통 범행 전 2시간 정도 이내에 계획이 이루어졌지만, 범죄자들은 목표물을 사전에 답사하여 범행계획을 정하고 있다. 일반적으로 침입절도범은 적당한 목표물을 물색하기 위해 이미 확보된 일련의 기회의 단서(opportunity cues)에 의존한다.

> **기회의 단서:** 그 단서들로는 더운 날씨에 에어컨 없이 창문이 닫힌 집, 집에 차가 없는 집, 전 가족이 장기간 비운집, 이용가능한 은폐처 등이 중요한 단서로 작용한다.

또 그들은 범죄자들이 이미 익숙해져, 특별하게 자세한 계획이 덜 필요한 자신들의 이웃에서 범행대상지를 선택하는 경향이 있다고 지적한다.

4. 범행의 계획성과 자발성

Wrighr & Decker(1994)는 세인트루이스에서의 침입절도범에 대한 대규모 연구에서, 범

제10장
절도의 범죄심리 | 257

행에서의 계획성과 자발성이 섞여 있다는 것을 발견한 그들은 많은 침입절도범들이 실제로 침입절도를 하기 전에 잠재적인 목표물을 마음속에 두고 있다고 한다. 이러한 많은 목표물들은 범죄자들에게 피해자와의 개인적 접촉을 통해서 또는 다른 사람들에게 들은 지식을 통해서 알려진다.

5. 폭력범죄와 합리적 선택

합리적 선택에 대한 비판 중의 하나는 그 생각을 대인범죄, 특히 상호간의 폭력에 대해서 적용을 할 수 없다는 것이다. 펠슨(1993)은 합리적 선택이 폭력범죄의 수행을 이해하는 데 중요하다고 주장한다. 그는 폭력에 대한 사회적 상호작용론자들의 입장을 취하여, 많은 폭력이 목표지향적이고 가해자의 목적에 도움이 된다고 지적한다. 약탈적 폭력의 수행은 상대방의 복종을 강제할 수 있으며, 복수와 응징의 역할을 하며, 가해자의 자기이미지 (self-image)를 향상시킬 수 있다. 범죄자들은 몇몇 지각된 잘못을 바로잡기 위해서 폭력을 사용한다. 따라서 재산범죄와 마찬가지로 목표지향적이다. 다양한 연구결과들은 범죄자의 행동 대부분이 그들이 지각하는 이익과 비용하에서 결정이 되며, 범죄자들을 합리적 의사결정자로서 묘사한다. 범죄자들이 각각의, 그리고 모든 범죄에서 필수적으로 복잡한 계획을 수립하지는 않는다고 주장한다. 오히려 합리적 선택과 미리 생각된 계획들은 범죄자들의 적당한 목표물에 대한 그들의 일방적인 묘사에 맞는 상황이나 목표물이 나타났을 경우에 취할 수 있는 동작일지 모른다. 시간, 장소, 목표물, 감시가능성, 그리고 다른 요소들 또한 합리적 선택의 고려요소들인 것이다.

6. 범죄자의 이동거리

범죄자가 범죄를 행하기 위해서 이동하는 거리는 범죄유형과 개인의 인구사회학적 특성에 따라 변화된다. 일반적으로는 거리감퇴의 패턴이 나타난다. 이것은 범죄의 수준이 범죄자의 집으로부터 거리가 멀어질수록 감소된다는 사실을 말한다. 범죄자가 이동하는 평균거리는 범죄의 유형에 따라서 달라진다. 재산범죄의 경우에는 계획적인 범행이 될 가능성이 많으며, 보다 먼 평균거리를 가지고 있을 가능성이 많다.

1) Pyle(1974), Rhodes & Conley(1981)는 강도의 경우 3.4km의 거리임을 밝혀냈다.

2) Wgite(1932)는 강도, 횡령, 자동차절도와 같은 재산범죄는 3.2km의 평균거리를 보인다고 했다.

3) Amir(1971), Bullock(1955)는 살인, 폭행, 강간이 가해자의 집에서 1.6km 내에서 일어나는 것을 보여준다.

4) Nichols(1980), Phillips(1980)는 거리는 연령에 따라서 증가하는 경향이 있다고 한다. 이러한 경향은 나이가 들고, 학교를 졸업하고, 분가하여 자신의 집에서 살고, 몇몇 운송수단을 소유함으로써 이동성이 증가하기 때문이라고 한다.

5) Rand(1986)는 범죄행동에서 이동의 삼각지대(범행장소, 범죄자의 주거지, 피해자의 주거지의 위치)를 조사하였는데, 대부분의 범죄는 세 가지 요소가 서로 다른 지역에 위치하는 경우가 많고(40% 정도), 지역이 일치하는 경우(14% 정도)는 매우 드물다고 주장하였다.

6) Cotanzo(1986) 등은 인접지역에 거주하는 범죄자들은 유사한 범죄를 행할 경우 유사한 방향으로 움직이는 경향이 있다고 주장하였다. 이에 대해서는 명확히 알려져 있지는 않으나 범죄로의 이동은 유사한 범죄자들이 유사한 정보와 입력된 자료를 이용하기 때문일 것이라고 보고 있다.

이러한 거리의 지각에 영향을 미치는 요인들은 개인의 특성에 따라서 다르며, 일반적으로 고려되는 이러한 요인들은 대부분의 경우에 유사하며, 따라서 용의자의 주거지를 추정하는 데 많은 도움이 된다(Rossmo, 2001).

7. 공간적 범죄패턴

Rossmo(2001)는 지리적 프로파일링에서 고려해야 할 사항으로 다음과 같은 예를 들고 있다.

① 범죄장소 유형(crime loackion type)

② 주 연결 도로(aeterial roads and highways)

③ 물리적 · 심리적 경계(physical and psychological boundaries)

④ 도로의 사용(land use)

⑤ 주민의 인구학적 특성(neighborhood demographic)

⑥ 피해자의 일상활동(routine activites of victims)

⑦ 범죄의 대치(displacement)

침입절도의 경우에 공간적 범죄행동에서 어느 정도 규칙적인 범죄패턴을 보여주고 있다.

따라서 침입설도의 연구에서 지리학석 프로파일링의 연구가 범죄자의 공간석 패턴을 분석하는 데 유용할 것이라고 생각된다. 범죄행동의 공간적 패턴을 분석함에 있어서 지리학적 프로파일링의 기법을 적용하는 데 있어서 다음의 주장을 고려할 필요성이 있다.

Holmes & Stepen(1996)는 지리적 프로파일링을 적용함에 있어서 사람들에게 거리에 대한 지각에 영향을 주는 요인들은 물리적인 거리 외에 ① 교통수단(method of transportion), ② 출발지, 도착지 그리고 길의 매력(attractiveness of origins, destinations, and travel ways), ③ 길의 친숙도(familliarity of roads and highways), ④ 장애물의 유형과 개수(number and types of barries), ⑤ 대체경로의 우무(altermative routes) 등이 거리를 지각하는 데 고려된다고 주장하였다.

제11장
강   도

제11장 강 도

강도는 일반적으로 물리력을 사용하거나 위협을 가해 재산을 빼앗는 범죄를 의미한다 (Burrell, Bull & Bomd, 2012), 국내 공식 통계를 살펴보면, 2017년 발생한 강도범죄는 총 990건으로, 하루 평균 약 2.7건, 즉 시간 당 0.1건에 달하는 것으로 나타났다(대검찰청, 2018), 또한 인구 10만 명당 발생건수도 살인(1.7건)에 비하여 강도범죄는 약 1.9건으로 높은 비율을 나타내고 있다. 강도범죄는 재산상 피해뿐만 아니라 신체적 피해도 동시에 유발하기 때문에 피해자 및 일반 시민들에게도 상당한 두려움을 불러일으키는 범죄이다. 따라서 강도범죄의 실체 및 강도범죄자의 특성, 범죄자 유형 등에 대한 심층적 분석을 통해, 강도범죄 예방을 위한 노력이 절실히 필요하다.

제1절 강도의 정의 및 종류

1. 강도의 정의

우리 형법 제33조에 강도죄에 대한 조항이 있다. 강도죄는 폭행 또는 협박으로 타인의 재물을 강취하거나 기타 재산상의 이익을 취득하거나 제삼자로 하여금 이를 취득하게 함으로써 성립하는 범죄를 말한다. 미국의 경우에는 강도의 핵심 구성 요소는 무역을 사용하거나 그에 대한 협박으로 피해자에 공포심을 불러일으켜 피해자의 물건을 빼앗아 달아나는 행위를 포함한다(Swanson, Chamelin & Taylor, 2006).

미국 FBI에서 매년 발간하는 범죄 통계인 UCR(Uniform Crime Reports)에서는 강도를 '강압을 사용하거나 강압 혹은 폭력에 대한 협박을 하여, 피해자를 공포에 떨게 함으로써 값나가는 물건을 빼앗거나 빼앗으려는 시도'로 정의하고 있다.

강도범죄에는 여러 가지 종류가 있다. 강도는 일반적으로 크게 상업(commecial)강도와 대인(personal)강도의 두 가지 유형으로 분류된다(Home Office, 2011).

상업 강도는 은행이나 주유소, 상점 등 사업장에서 재물을 목적으로 저지르는 강도범죄를 말하며, 대인 강도는 길에 걸어가는 행인 등 개인에 대한 해를 가하는 노상강도 등 사람을 대상으로 저지르는 여러 강도범죄를 포함한다(Piotrowski, 2011). 상업 강도와 대인 강도의 공통점은 두 가지 다 여러 명의 공범이 있다거나, 혹은 돈, 스릴 추구 등의 공통되는 범행동기로 저지른다는 점이다(Smith, 2003). 그러나 범행동기에 대해서 자세히 살펴보면, 상업 강도는 거의 순전히 경제적인 동기로 범행을 하는 경우가 많은 반면(Kapardis, 1988), 노상강도의 범행동기는 훨씬 더 다양하다고 알려져 있다(Piotrowski, 2011). 다른 차이점도 존재하는데, 상업 강도는 더 계획적이고 전문적인 경우가 많으며, 금전적 보상이 보통 더 크고, 칼보다는 총기를 선택하는 경우가 많다(Bartol & Bartol, 2008; Gill, 2000, McCluskey, 2013). 특히 상업 강도에서 범죄자는 노상강도에 비해 목격자 등 여러 명을 제압할 필요성이 있기 때문에, 자신을 감추기 위해서 마스크, 유니폼 등을 착용하고 무장할 가능성이 노상강도에 비해 더 높다(Porter & Alison, 2006). 반면 노상강도는 가해자와 피해자 간의 접촉이 직접적이며 공격이 재빠르지만, 대부분 기회주의적으로 발생하는데다가 피해자들이 저항할 가능성이 상대적으로 더 높아 범행이 예상과는 다르게 전개될 가능성이 높다(Bartol & Bartol, 2008; Warner, 2007; Wright & Decker, 1997). 미국 UCR(Uniform Crime Reports)에 의하면, 미국에서 발생되는 상업 강도 중 편의점에서 일어나는 범행이 가장 많은 숫자를 차지했으며, 그 다음으로는 주유소에서의 범행이 두 번째로 많이 발생하였다. 한편 대인 강도의 경우, 미국에서는 노상에서 발생하는 강도가 가장 많은 수를 차지한다. 노상강도는 주로 현금이나 휴대폰 등 작고 이동 가능한 고가의 물건이 주요목표가 된다(Monk, Heinonen & Eck, 2010). 대인강도의 범행동기는 물질적 이득에서부터 스릴이나 쾌락 추구 등 다양하다. 대인강도는 일반적으로 계획적이기보다는 즉흥적이며, 따라서 상황에 따라 범행의 성공 여부가 확연히 달라지기도 한다(Woodhama & Toye, 2007). 많은 대인강도의 경우에는 가해자와 피해자간의 물리적 접촉이 적기 때문에 범행 후 범인 추적의 단서가 되는 법과학적 증거를 찾지 못하는 경우가 많다(Burrel et al., 2012). 영국의 경우 전체 대인강도 중 3분의 1 가량이 무기를 사용하거나 보여주며, 주로 칼이 가장 많이 사용되기 때문에 피해자들이 부상을 입는 경우가 많다(Flatley, Kershaw, Smith, Chaplin & Moon, 2010).

이처럼 대인강도는 피해자에게 금전적 손실뿐만 아니라 상해와 두려움 등 나양한 충격을 발생시키며, 때로는 장기간의 심리적 외상을 유발한다.

2. 종류

(1) 편의점 강도

편의점은 다량의 현금을 보유하고 있으며, 불특정 다수에게 공개되어 있어 범죄자들에게는 적합한 범행대상으로 여겨진다. 편의점 강도는 미국에서 발생되는 모든 강도사건 가운데 대략적으로 5~6%를 차지하는 것으로 알려져 있으며, 이러한 비율은 약 40년간 거의 변화 없이 유지되어 오고 있다(U.S.Department of Justice, 2013). 일반적인 강도범죄자들과 마찬가지로, 편의점 강도는 보통 충동적이고 기회주의적이며, 대부분 현금을 빠르게 구하기 위한 목적으로 범행을 저지른다(Petrosino & Brensilber, 1997). 상당수가 술이나 마약에 취한 상태로 범행을 실행하며, 범행을 저지르기 전 미미한 수준의 계획을 세운다(Petrosino & Brensilber, 1997). 그러나 Wellford, MacDonald & Weiss(1997)는 편의점 강도의 약 3분의 1가량이 6시간 전부터 범행을 계획하였으며, 특히 강도전과가 있는 사람들의 경우 하루 이상 범행을 계획했다고 보고하였다. 편의점 강도의 예방 전략에 대해, Eck(2020)는 카메라나 무음 경보를 설치하는 것은 큰 효과가 없으나, CCTV의 설치는 강도를 약 3분의 1정도 감소시키는 효과가 있다고 보고했다.

(2) 은행강도

미국 FBI에서 수집하는 은행 범죄 통계인 BCS(Bank Crime Statistics)에 따르면, 은행강도는 금요일에 가장 많아 발생하며, 특히 오전 9시에서 11시 사이가 가장 발생율이 높았다. 대부분 10대 후반에서 20대 후반 사이인 단독범에 의해 발생하였는데, 영화 등 미디어에서 그려지는 모습과는 달리 이들은 대부분 아마추어이며, 별다른 계획 없이 즉흥적으로 범행을 저지르는 경우가 많다(Bartol & Bartol, 2008).

(3) 택시강도

택시 운전자들은 대개 혼자 일하며 현금을 다루고, 특히 범인이 손님을 가장하여 목적지로

운전자를 이끌어갈 수 있기 때문에 강도범죄의 대상이 되기 쉽다(Swanson et al., 2006). 범행은 주로 저녁에 발생하고, 범인이 흉기로 위협을 하는 경우가 많다(Swanson et al., 2006).

(4) 주거침입 강도

주거침입 강도는 시정되지 않은 문이나 창문을 통해서 집으로 들어가기도 하고, 아니면 무력을 사용하여 강제로 문을 열기도 한다(Swanson et al., 2006). 이들은 대상을 정할 때 일반적으로 거주지보다는 사람을 고려하여, 주로 여성이나 노인들을 범행대상으로 선정한다(Hurely, 1995). 때로는 침입을 위해 속임수를 쓰는데, 주로 경찰관이나 꽃배달, 가스 또는 전기회사 등으로 위장한다(Swanson et al., 2006).

(5) ATM 강도

ATM(Automatic teller machines)은 미국에서 1960년대 후반에 도입된 이래 사용량이 급증해왔는데, 이와 관련하여 ATM 강도의 피해자가 될 수 있다는 대중의 범죄 두려움이 상당한 수준이다(Scott, 2002). ATM 강도범죄자들은 단독으로 범행을 저지르는 경우가 많고, 주로 무장한 채로 ATM기 가까이에 피해자들이 나타나기를 기다린다(Hudak, 1988; Scott, 2002). ATM 강도 피해자는 주로 자정에서 새벽 4시 사이에 혼자서 ATM기를 이용하는 여성들로, 일부 강도범죄자들은 피해자에게 출금을 하도록 압박하는 대신 피해자들이 인출을 마칠 때까지 기다려 피해자와 보내는 시간을 최소화한다(DeYoung, 1995; Hudak, 1988). 다른 강도범죄자들은 피해자가 거래를 시작하기 전 맞닥뜨려, 피해자로 하여금 더 많은 금액을 인출하도록 강요한다(Swanson, et al., 2006). ATM 강도를 막기 위해 ATM 기기를 가시성이 좋은 환경에 설치하고, 밤에 ATM기 주변을 조명으로 밝게 유지하는 등의 전략이 사용되고 있다(Scott, 2002).

(6) 차량 강도

차량 강도는 운전 중이거나 잠시 정차 중인 차량의 운전자를 대상으로 강도를 저지르는 경우를 일컫는데, 대부분 총기 등 무기가 사용되며 보통 2명에서 많게는 5명의 공범이 저지르는 경우도 존재한다(Klauss, 1999). 전형적인 범행수법 중 하나는 뒤에서 일부러 피해자의 차를 들이 받아, 운전자가 하차하면 총으로 위협하여 피해자의 차량을 운전해서 달아나는 수법이다(Swanson et al., 2006).

(7) 트럭 강도

트럭 강도는 주로 운행 시간이나 트럭 안의 적재 물품이 무엇인지 등의 내부정보를 가진 전문 강도에 의해 발생하고, 때로는 운전자가 뇌물을 받는 등 공모하는 경우가 많다 (Swanson et al., 2006). 트럭 강도는 주로 적재 물품을 처리하기 쉬운 대도시 근처에서 많이 발생하며, 이들은 도로에서 공사 혹은 우회표시를 설치하거나 도움을 요청하는 등의 방법으로 운전자에게 접근하기도 한다(Swanson et al., 2006).

제2절 국내강도범죄 관련 통계

다음에서 살펴볼 때 국내 강도범죄의 특성 및 추세는 대검찰청에서 발간하는 범죄분석에 나타난 퇴근 십여 년 간의 강도범죄 관련 통계상의 수치에 근거한 것이다. 범죄분석은 매년 한 해 동안 전국의 검찰과 경찰 등의 수사기관에서 기록한 범죄통계원표를 바탕으로 작성되었다.

전체 범죄와 강도범죄의 연도별 발생건수 및 발생비

연도	강도		전체범죄	
	발생건수	발생비	발생	발생비
2008	4,827	9.7	2,189,452	4,419
2009	6,379	13	2,168,185	4,356
2010	4,395	9	1,917,300	3,795
2011	4,021	8	1,902,720	3,750

2012	2,643	5	1,944,906	3,817
2013	2,001	3.9	1,996,389	3,903
2014	1,618	3.2	1,933,835	3,767
2015	1,472	2.9	2,020,731	3,921
2016	1,181	2.3	2,008,290	3,884
2017	990	1.9	1,824,876	3,524

출처: 대검찰청 범죄분석

국내 강도범죄의 최근 십 년간 발생건수 및 발생비(인구 10만 명당 발생건수)를 살펴보았다. 우선 2008년에서 2009년 사이에는 발생건수가 큰 폭으로 증가했다가, 이후 2010년 이래로 계속적으로 감소 추세를 보여 왔다. 2017년 발생한 강도범죄는 총 990건으로, 하루 평균 발생건수가 약 2.7건에 달하는 것으로 집계되었다. 특히 2012~2013년 전체 범죄의 발생비 는 전년도에 비해 다소 증가한 반면, 강도범죄의 경우에는 발생비가 현저히 하강한 것으로 나타났다.

2017년 강도범죄자의 연령 분포

연령	빈도	백분율(%)
18세 이하	244	16.6
19~30세	414	28.2
31~40세	338	23.0
41~50세	255	17.4
51~60세	163	11.1
61세 이상	55	3.7
계	1469	100.0

출처: 대검찰청 범죄분석

표에서 국내 강도범죄자의 연령분포에 대해 살펴보았다. 결과 2017년 발생한 강도범죄 가운데 19세~30세 사이의 범죄자에 의한 범행이 약 28%로 가장 많았다.

그 다음으로는 31세~40세 사이의 범죄자에 의한 범행이 23%로 두 번째로 많았다. 이를 종합해보면 국내 발생 강도범죄의 약 반 정도가 20~30대 강도범죄자에 의해 저질러진다고 볼 수 있다. 그 외에도 강도범죄자의 연령은 41세~50세 사이 및 18세 이하 등에 걸쳐 비교적 고른 분포를 나타내고 있다.

2017년 강도범죄자의 성별, 혼인관계, 교육 정도 및 직업에 대해서 대검찰청 범죄분석에 의하면 성별의 경우 남성이 89%로 거의 대부분을 차지한다. 혼인관계를 보면, 미혼인 범죄자가 과반수를 차지한다. 교육수준은 고등학교가 약 반 정도를 차지하며, 직업적으로는 무직이 약 반 정도로 가장 많고, 그 다음으로 4분의 1정도가 피고용자로 두 번째로 많았으며, 세 번째는 학생의 순으로 나타났다.

2017년 한 해 강도범죄의 발생특성에 대해 살펴보면 다음과 같다(대검찰청, 2018). 범행이 가장 많이 발생되는 시간대는 밤20시에서 새벽 03:59분으로, 46.2%가 발생하였다. 그 외 오후 12시~17시:59분이 20.2%, 새벽 04시~06:59분이 14.4% 순으로 나타났다. 더불어 2017년 한 해 강도범죄가 가장 많이 발생한 장소는 노상으로 26.5%가 발생하였고, 주거지가 17.2%로 두 번째로 많은 것으로 나타났다. 세 번째는 상점에서 12.5%가 발생하였다.

다음으로 강도범죄 발생특성 중 침입방법에 대해 살펴보면, 침입 강도 중에서 문단속이 되어 있지 않은 장소에 침입하는 경우가 41% 정도이고, 유리를 깨거나 문이나 시정장치를 범죄자가 부수는 경우는 극소수에 불과 한 것으로 나타났다. 더불어 강도범죄의 유형을 살펴보면, 침입강도가 약42%로 가장 많은 수를 차지했으며, 그 다음으로 노상강도가 약 11%로 두 번째로 나타났다. 한편, 범행시 도구를 소지한 경우가 총 464건, 도구를 소지하지 않은 경우가 529건으로 도구를 소지하지 않는 경우가 상대적으로 더 많은 것으로 나타났다. 도구에 있어서 가장 많은 수를 차지한 것은 칼로, 전체 강도 범행 중에서 약 4분의1을 차지하며, 도구를 사용한 범행 가운데서는 반 이상을 차지하는 것으로 나타났다.

연도	계(%)	전과 없음	전과					미상
			소계	1범	2범 ~3범	4범 ~5범	6범 이상	
2017	1,470 (100.0)	321 (21.4)	1,003 (67.0)	162 (10.8)	214 (14.3)	149 (10.0)	478 (31.9)	173 (11.6)

출처: 대검찰청 범죄분석

국내 강도범죄자의 범죄 전력을 살펴보면 다음과 같다. 2017년에는 전과가 없는 범죄자가 약 5분의1 가량을 차지한 반면, 전과가 있는 범죄자가 대다수를 차지하는 것으로 나타났다. 전과가 있는 강도범죄자들 중에서는 전과 1범이 약 11%로 가장 많으나, 전과 6범 이상의 범죄자들의 비율의 합이 약 32%에 달하여, 2017년 전체 강도범죄자의 약 3분의1에 해당되는 것으로 나타났다.

요약을 하면 다음과 같다. 강도범죄는 최근 들어 계속적으로 감소 추세를 보이고 있으며, 살인이나 방화 등의 범죄에 비해서도 최근 10년 간 그 감소폭이 비교적 높은 것으로 나타났다. 공식 통계상에 나타난 국내 강도범죄자의 전형적인 특성은 19세~30세 사이인 미혼의 남성으로, 고등학교를 졸업하고 범행 당시 무직인 상태이다. 전과가 있으며, 주로 밤20시~새벽 03시 59분에 문단속이 되어 있지 않은 장소에 범행 도구를 소지하지 않고 침입하여 범행을 행한다. 특히 전과 6범 이상의 범죄자들의 비율이 약 3분의 1에 달하는 것도 주목해야 할 특성이다.

제3절 강도범죄의 특성

(1) 범죄자의 연령 및 가해자와 피해자 사이의 관계

영국의 대인 강도의 경우 주로 20세 이하의 젊은이들로 구성된 소규모 집단이 남성을 대상으로 저지르는 경우가 많다(Smith, 2003). 호주의 경우에도 대부분 35세 미만의 남성들이 주로 범죄를 저지르며, 피해자는 대부분 낯선 사람인 경우가 많다(Borzycki, 2008; Willis,

2006). 피해자와 가해자 간 관계에 따라 범행의 양상이 매우 다양해지는데, 피해자가 가해자와 아는 사이일 경우 서로 모르는 사이일 경우보다 부상을 입거나 살해당할 가능성이 상대적으로 더 높다(Cook, 1987; McClusket, 2013).

(2) 강도의 연쇄성과 전문성

강도범죄자들은 상당수가 연쇄 강도범죄를 저지르는 경향이 있다(김지영 외 2014; Wright & Decker, 1997). 같은 지역에서 여러 번 범죄를 저지르는 연쇄 강도범들은 접근방식에 있어서 더 전문적이고 단호하다(Gill & Pease, 1998). 이들은 전과가 있고, 총기를 소지할 가능성이 훨씬 크며, 특정 범행시간을 선택하여 변장을 하고 범행을 저지르고, 폭력성이 두드러져 피해자들에게 부상을 입힐 가능성도 더 높다. 또한 공범의 숫자가 많아지는 것은 범행의 계획성이 높아지는 것과 관련성이 높다(Alarid et al., 2009).

전문적인 강도와 기회주의적인 강도의 차이점 중 하나는 범행을 저지르는 시간에 있다. 전문적인 강도는 은행거래 업무와 같이 보상을 최대화하기 위해서 낮 시간을 활용하는 반면, 기회주의적 강도는 어둠을 활용하여 충동적인 공격을 하는 경향이 있다. 전문 강도는 피해자를 잘 다루고 그에 대한 통제를 범행 내내 유지해야 하기 때문에 스트레스 상황에서 사람들을 통제하는 능력과 자신감이 필요하다(Letkeman, 1973). 실제로 전문 강도는 다른 유형의 강도에 비해 범행현장에서 피해자에 대해 더 강력한 통제력을 발휘한다(Bartol & Bartol, 2008).

(3) 물리적 강압과 폭력성

피해자에게 보이는 물리적 강압의 정도는 피해자의 저항, 무기사용 여부와 유형, 가해자의 성별, 피해자의 성별 및 연령 등 복합적인 요인에 의해 달라진다(Cookm 1987; McCluskey, 2013) 예컨대 McCluskey(2013)는 강도가 밤보다는 낮에 발생하는 경우, 여성을 대상으로 한 경우, 총기를 소지한 경우가 그렇지 않은 경우보다 물리력을 사용할 가능성이 더 낮다고 보고하였다. 일부 강도범죄자들은 무방비 상태의 피해자들에게 난폭한 행동과 거친 말투를 사용하며 죽이겠다고 협박함으로써 협조를 강요한다(Goodwill, Stephens, Oziel, Yapp & Bowes, 2012). 특히 이들은 무조건적인 순응을 이끌어내기 위해 피해자를 잡고 치명적인

제4절 강도범죄의 범행대상 선정 기준

강도범죄자들은 범행대상을 무작위로 선정하기 보다는, 자신의 경험들을 활용하여 강도범죄 장소로 적합하다고 생각되는 곳을 판단하고, 범행으로 얻을 수 있는 보상과 함께 그에 수반되는 잠재적인 위험성을 가늠한다(Wright & Decker, 1997). 이처럼 강도범들이 잠재적인 범행 장소의 위험성을 평가할 때, 도주 가능성이나 보행자에게 목격될 가능성을 고려하는 등의 실용적인 접근방법을 사용한다(Murray, 1984). 미 법무부에서는 편의점 강도의 범행대상 선정기준을 파악하기 위한 체크리스트를 다음과 같이 정리하였다(Altizio & York, 2007).

1) 상점이 문을 닫는 시간은?
2) 상점이 외딴 지역에 있는가?
3) 주유소와 함께 있는 상점인가?
4) 편의점이 얼마나 오래 영업을 해왔는지?
5) 상점의 크기는 어떠하며, 체인점의 일부인지?
6) 체인점의 일부라면, 해당 체인점들 사이에서 강도범죄 발생율에 차이가 있는지? 다른 체인점들의 강도범죄 발생율과는 다른지?
7) 편의점 종업원의 공모 증거가 있는가?
8) 반복적으로 강도피해를 당한 상점들의 공통점은 무엇이며, 범죄위험성이 낮은 편의점들과의 차이점은 무엇인가?

이처럼, 강도의 범행대상 선정에는 다양한 사항들이 고려된다. 다음은 편의점 강도범죄자뿐만 아니라, 일반적 강도범죄자들이 범행대상을 선정할 때 고려하는 몇 가지 기준들에 대해서 정리하여 보았다.

1. 가까운 거리

대부분의 범죄자들은 자신들이 이미 잘 알고 있기 때문에 훨씬 더 편안하고 안전함을 느끼는 장소를 선택한다(Feeney, 1986; Matthews, 2002). 일부 강도들은 목표물을 선정하기 위해서 자신들이 자란 지역으로 돌아오기도 한다(Matthews, 2002).

국내에서도 강도범죄를 저지르고 교도소에 수감 중인 재소자들을 대상으로 조사한 결과, 침입 강도범들의 반 이상이 자신의 거주지에서 비교적 근거리에 있으며, 최소 한두 번 이상 가본 적이 있어 친숙한 장소에서 범행을 저지르는 것으로 나타났다(황지태, 2004).

2. 접근성

대상의 위치는 접근성과 도주가능성 측면에서 중요한 고려사항이다(Matthews, 2002). 일반적으로 강도들은 비교적 번화한 지역에서 위치한 장소를 노리고, 범행 전 사전 답사를 해보는 경우도 많다(Matthews, 2002). 거리에서 안이 들여다보이는 장소의 경우, 들어가기 전에 내부의 배치를 볼 수 있기 때문에 범행대상으로 적합하다고 생각하는 범죄자도 존재하는 반면, 다른 범죄자들은 범죄를 저지르는 동안에 바깥사람들에게 적발될 가능성이 있기 때문에 불리하다고 보기도 한다(Matthews, 2002).

3. 취약성

대상의 취약성은 보안 수준, 직원들의 특성과 손님의 숫자, 유형 등에 의해서 결정된다(Matthews, 2002). 예컨대 편의점 강도의 경우, 범죄자들은 카메라나 보안 장치의 설치 여부, 도로 접근성, 점원이나 손님의 수 등 여러 요건을 고려하여 범행대상을 정한다(Bartol & Bartol, 2008; Swanson et al., 2006). 국내에서도 침입 강도범죄자들이 대상을 선정할 경우, 장소 주변에 경비원이나 CCTV가 없는 곳을 선택하는 경우가 대다수인 것으로 나타났다(황지태, 2004). 그러나 Wright & Decker(1997)는 경찰이나 보안순찰의 수준이 범행 장소를 선정하는데 중요한 고려사항이 된다고 말하는 강도는 소수에 불과하다고 보고하였다. 영상장비와 관련하여 모자나 안경 등으로 위장하거나 카메라를 직접적으로 응시하지 않으면 안전할 것이라고 생각하고 있는 것으로 드러났다(Matthews, 2002).

4. 보상

범행장소 결정에 있어서 강도범들은 금전적 가치가 높은 목표물을 충분히 얻을 수 있는 장소를 찾길 원한다(Wright & Decker, 1997). 전문적인 강도범들은 보통 더 비싼 목표물을 찾기 위해서 집에서 더 멀리 떨어진 곳으로 이동하는 반면, 경험이 적은 강도범들은 집에서 상대적으로 가까운 장소를 선택하는 경향이 있는 것으로 나타난다(vam Koppen & Jensen, 1998). 심지어 범죄자의 일부는 체포될 가능성이 있다고 인식되는 상황에서도, 기대되는 보상이 현저히 클 경우에는 이에 굴하지 않고 범행을 저지른다(Wright & Decker, 1997). 노상강도의 경우, 가해자들은 가능한 한 많은 보상을 제공하는 피해자를 찾게 된다(Lejeune, 1977). 이들 대부분은 상당한 금액의 현금을 소지한 사람을 가장 먼저 우선적으로 고려하는데, 이는 주로 피해자가 입고 있는 옷이나 보석, 품행과 같이 쉽게 관찰 가능한 외적인 단서에 의존하여 판단하게 된다(Wright & Decker, 1997). 국내 대인강도범죄자들의 경우, 특히 범죄 경력이 있고 범행을 사전에 계획한 범죄자일수록 명품을 소지하거나 화려한 옷차림을 한 피해자를 선택하는 경향이 높다는 것이 드러났다(황지태, 2004).

5. 피해자 저항 가능성

특히 노상강도의 피해자 선정에 있어 금전적 보상도 중요하지만, 동시에 강도들은 저항 없이 돈을 순순히 건네줄 것 같은 피해자를 선택하여 위험성을 낮추고 싶어 한다(Wright & Decker, 1997). 피해자들이 저항하면, 더 많은 시간이 소요되며 위험 부담이 늘고, 그 과정에서 체포될 가능성이 높아질 수 있기 때문이다(Shover, 1996). 즉, 가해자들은 범행대상으로 삼은 피해자가 얼마의 금전을 소지했든지 관계없이, 본인들이 체포되거나 부상을 입고, 죽을 수도 있다는 가능성을 높게 인식할 경우에는 범행을 저지르기 꺼려한다(Wright & Decker, 1997). 따라서 이들은 반격할 가능성이 상대적으로 낮은 여성을 더 나은 범행대상이라고 생각하며(Miller, 1988), 연령과 관련해서도 저항할 가능성이 더 낮은 노인에 대한 강한 선호를 보이기도 한다(Wright & Decker, 1997). 또한 술에 취해보이는 사람도 같은 맥락에서 종종 노상강도의 타깃이 된다(Wright & Decker, 1997).

6. 도주 용이성

강도범들은 흔히 대상 선정에서 도주의 용이성을 중요한 요인으로 고려한다(Lins & Erickson, 1998). 차량을 이용하는 경우, 주요 도로에서 가까운 장소를 선정하여 도주로를 확보하고자 한다(Wright & Decker, 1997). 반대로 도보로 이동하는 경우에는, 차량으로 추격해오는 경찰관에게서 도망칠 수 있는 가능성을 높이기 위해, 주로 자동차 통행에 적합하지 않은 도주로가 있는 곳에서 노상강도를 저지른다(Wright & Decker, 1997). 특히 전문적인 강도는 일반적으로 범행이전에 한 개 이상의 도주로를 확보하는 경향이 있다(Matthews, 2002).

7. 발각 위험성

많은 범죄자들이 장소 선정에 있어 행인에 의해서 발견될 위험성을 고려하는데, 이를 최소화하기 위해서 대부분은 밤에 조명이 어두운 곳에서 노상강도를 저지른다(Wright & Decker, 1997). 낮에 범죄를 저지르는 경우에도, 그늘이 있어 남의 눈에 잘 띄지 않는 장소를 선호한다(Wright & Decker, 1997). 국내에서도 교도소 수감 중인 침입강도범죄자들을 대상으로 장소 주변 경찰 순찰 정도 및 보안설비 유무를 질문한 결과 모르겠다는 대답이 3분의1가량으로 나타나, 범죄자들이 이에 대해 크게 신경 쓰지 않았던 것으로 드러났다(황지태, 2004). 특히 초범인 강도범죄자들은 위험성이 낮은 목표와 높은 목표를 구별할 가능성이 낮다(Hunter, 1999).

제5절 강도범죄의 유형

강도범죄의 유형분류에 관한 연구는 1960년대 이래로 그 수가 적으나마 꾸준히 존재해왔다. 이러한 연구들은 분류기준에 따라 다르다.

1. 피해 대상에 따른 McClintok & Gibson(1961)의 분류

피해 대상에 주목하여 강도범죄유형을 크게 다섯 가지 유형으로 분류하였다. ① 상점이나 은행 등 주로 금전 획득이 용이한 상업적 장소에서 발생하는 유형이고, ② 노상에서 갑자기 피해자를 공격하여 금품을 갈취하는 유형이다. 특히 노상강도범죄자들은 주로 아동이나 여성 등 취약한 피해자를 대상으로 하여 우연한 기회에 범죄를 저지르고, 피해자를 대상으로 높은 폭력성을 보인다. ③ 주거지 등 사적인 장소를 침입해서 저지르는 침입 강도이고, ④ 술집이나 파티에서 등 피해자와의 가벼운 접촉 후 강도를 저지르는 유형이며, ⑤ 친구나 애인, 직장 동료 등 서로 잘 아는 사이에서 발생하는 유형이다.

2. Conklin(1987)의 가해자 중심 분류

범죄자의 특성에 초점을 두고 강도범죄의 유형을 네 가지로 분류하였다. ① 전문 강도는 범죄를 반복하여 온 이들로, 보통 2명 이상 공범이 함께 모여 자신의 범죄 관련 전문기술을 바탕으로 범행을 사전에 공모하여 범행의 계획성이 두드러지며, 금전적 보상이 많은 대상을 사전에 선정하여 범행을 저지르기 때문에 피해액의 규모도 상대적으로 큰 특징이 있다. ② 기회주의적 강도는 주로 밤에 주취상태로 혼자 걸어가는 사람이나 택시기사, 혼자 있는 여성 등의 취약한 피해자를 상대로 하여, 일시적인 경제적 곤궁 등의 이유로 주로 우발적으로 강도범죄를 저지른다. 범행의 계획성이나 치밀함은 전문강도에 비해 상당히 떨어지며 주변 환경 등 범죄 기회에 반응하여 즉흥적으로 범죄를 저지르는 경향이 있다. ③ 주로 마약을 살 돈을 구하기 위해 즉흥적으로 강도범죄를 저지르는 약물중독 유형인데, 이들은 때로 마약에 취한 상태에서 범행을 저지르기도 한다. ④ 주취상태로 범행을 저지른 음주 강도범죄 자들로, 범행이 우발적인 특성이 있다.

3. 심영희(1991)의 범행동기 중심 분류

Conkin(1972)의 가해자 중심 분류가 강도 범행동기를 모두 아우르지는 못하는 한계점을 지적하고, 범행동기를 중심으로 범죄를 총 네 가지 유형으로 나누었다. ① 주로 경제적인 이유로 범죄를 저지르는 탈취적 강도, ② 경제적인 이유보다는 범죄 과정에서 얻게 되는 쾌락과 또래 집단으로부터의 인정 및 과시를 목적으로 저지르는 만용적 강도, ③ 분노 때문에 순간적으로 자아통제력을 잃거나 술이나 약물로 인해 자제력을 잃고 저지르는 통제력 결핍 에 의한 강도, ④ 부모나 타인, 사회에 대한 반발심리로 저지르는 도전적 강도 유형이다.

4. 금전 요구 특성에 따른 유형분류(Faulkner et al., 2001)

편의점 강도의 유형을 가해자들의 범행수법에 따라서 다음과 같이 두 가지로 나누었다.

① 즉각적(Straight)인 유형은 편의점에 들어가자마자 금전을 요구하는 반면, ② 손님 행세 유형(Customer)은 편의점에 들어가서 물건을 구입하는 행동을 취하던 중에 갑자기 돌변하여 금전을 요구하는 유형이다.

5. 국내 범죄자들을 대상으로 한 박지선 & 최낙범(2010)의 유형분류

국내 대인강도범죄자들을 크게 '계획형'과 '기회형'의 두 가지로 분류하였다. 우선, 계획형은 사전에 장소를 답사하거나 범행절차를 구체적으로 계획하는 등 상당히 높은 수준의 치밀함을 범행 시작 전부터 보인다. 즉, 범행대상 선정부터 도주 용이성까지 사전에 고려한다. 범행은 상당수가 2인 이상이 공모하여 저지르며, 각자의 전문기술을 고려하여 역할 분담이 이루어진다. 칼 등 무기를 소지하는 경우가 많고, 폭력적으로 피해자를 제압한다. 범행에 차량을 사용하며, 피해액의 평균이 기회형 보다 훨씬 높고, 체포에 대한 두려움이 없는 경우가 많다. 기회형은 주취 상태에서 길거리에서 임의적으로 택한 피해자를 대상으로 우발적으로 범행을 저지르는 경우가 많다. 이들은 주로 조명이 어둡거나 인적이 드물고, 순찰이 잘 이루어지지 않는 장소에서 범행을 저지른다. 이들은 맨손으로 피해자를 구타하거나, 무기를 사용하지는 않되 보여주며 피해자를 위협하는 경우가 많다. 이들의 범행에는 차량이 동원되는 경우가 거의 없고, 범행 장소는 대중교통 접근이 용이하고 대로변에서 가까운 곳일 경우가 많다. 이들 가운데 일부는 현장에서 체포되기도 한다.

6. 이성을 중심으로 한 Piotrowski(2011)의 유형분류

노상강도의 유형을 이성적(rational), 제한된 이성적(bounded rationality), 비이성적 (irrational) 유형의 세 가지로 나누었다. 이성적 유형은 사전계획을 갖고 신중하게 공격을 계획하며, 비용—보상 분석을 통해 체계적으로 행동한다. 이들은 그간 주로 물질적인 동기로 반사회적 행위를 전문적으로 해왔다. 제한된 이성적 유형은 대부분 주취 상태에서 범행하는데, 범행에 대해 습관적으로 합리화하는 것이 이들의 특징이다. 비이성적 유형은 갑작스런 충동이나 쾌락의 지배를 받아 공격적인 행동을 보이는 유형이다.

제12장
성범죄

제12장 성범죄

우리는 신문기사 등을 통해서 성폭력 관련 기사를 접하고 한다. 이러한 성범죄는 연령과 대상을 가리지 않고 발생이 되고 있다. 성범죄는 사람을 대상으로 발생하는 가장 심각하고 타격이 큰 범죄 가운데 하나에 해당되고, 피해자에게 신체적, 심리적, 정서적으로 장기적인 영향을 미친다.

국내 공식 통계를 살펴보면 2017년에 살인, 강도, 방화, 성폭력 등을 포함한 총 36,030건의 강력범죄 중 성폭력 범죄(강간, 강제추행, 카메라등이용촬영, 공중밀집장소추행 등 포함)가 32,824건을 차지하는 것으로 나타났다(대검찰청, 2018).

이는 실제로 발생하는 전체 성범죄 가운데 일부만을 나타내는 것이다. 예컨대 미국의 경우 1992년부터 2000년까지 발생한 성폭력 범죄 가운데 단지 31%만이 경찰에 신고 되었다는 보고가 있을 정도로 성범죄는 가장 신고 되지 않는 범죄 중 하나이다(Hart & Rennison, 2003).

제1절 성범죄의 정의

성범죄의 개념은 다양한 성적 행위에 대해서 이를 상대방의 동의와 상관없이 강제적으로 행해지는 것을 말한다. 여기에는 범행 당시 강요된 성적 행위의 본질이나 상호 합의의 여부, 피해자의 나이와 성별 등이 포함된다(Groth & Birnbaum, 1979; Polaschek, Ward & Hudson, 1997). 예컨대 미국 FBI에서 매년 발간하는 범죄 통계인 UCR(Uniform Crime Reports)에서는 강간을 여성의 의지에 반하여 강제로 간음하는 것으로 정의하고 있다.

제2절 성폭력 범죄 관련 통계

다음에서 살펴 볼 국내 성폭력 범죄의 특성은 대검찰청에서 발간하는 범죄분석에 나타난 최근 십 년 간의 성폭력 범죄관련 통계상의 수치에 근거한 것이다. 범죄분석은 매년 한 해 동안 전국의 검찰과 경찰 등의 수사기관에서 기록한 범죄통계원표를 바탕으로 작성되었다. 그러나 성폭력 범죄의 경우 숨겨진 범죄(암수범죄)의 비율이 높기 때문에 통계에 안 나타난 부분도 감안해야 한다.

성폭력 범죄의 하위유형별 발생건수

	강간	강제추행	카메라등이용촬영	공중밀집장소추행	기타	계
발생건수	5,555	15,981	6,615	2,085	2,588	32,824
비율(%)	16.9	48.7	20.2	6.4	7.8	100%

자료출처: 대검찰청 범죄분석(2018년)

먼저 국내 성폭력 범죄의 2017년 하위유형별 발생건수에 대해서 살펴보면 강제추행이 15,981건으로 약 49%를 차지하며, 그 다음으로는 카메라 등 이용촬영 범죄가 6,615건으로 약 20%에 달하는 것으로 집계되었다. 강간은 5,555건으로 약 17%로 나타났으며, 공중 밀집 장소 추행이 2,085건으로 약 6%에 달하는 것으로 나타났다. 그 외에도 통신매체 이용 음란 등의 기타 성폭력 범죄가 2,588건으로 약 8%에 해당되는 것으로 나타났다. 국내 성폭력 범죄자의 배경특성과 성폭력 범죄 발생특성은 대검찰청에서 발간하는 범죄분석 2018에 의하면 19세 이상부터 50대에 이르기까지 다양한 연령대에 걸쳐 비교적 고르게 분포되어 있다. 직업적으로는 피고용자가 가장 많고, 그 다음이 무직의 순이다. 교육 수준은 고졸이 약 3분의 1정도이고, 미혼인 범죄자가 47%를 차지한다. 범행 시 정신상태를 보면 정상인 경우가 약 반 정도를 차지하나, 주취 상태였던 비율도 약 30%에 달하는 것으로 나타났다. 전과에 대해서 살펴보면, 전과가 없는 범죄자가 약 37%로 가장 많았으나, 6회 이상인 범죄자가 13%에 달한다. 재범기간을 살펴보면, 동종과 이종 모두 출소한 뒤 3년이 지난 시점에서 재범을 하는 경우가 가장 많았다. 범죄자와 피해자 간 관계는 서로 모르는 관계가 약 56%를 차지하였다.

성폭력 범죄자의 배경특성(2017)

(1) 연령		32,837	100%
소년	18세 이하	3,083	9.4%
성인	19–25	5,661	17.2%
	26–30	3,788	11.5%
	31–35	3,499	10.7%
	36–40	3,109	9.5%
	41–50	5,882	17.9%
	51–60	4,771	14.5%
	61–70	2,021	6.1%
	71세 이상	820	2.5%
	미상	203	0.6%
(2) 직업		32,837	100%
자영업		4,445	13.5%
피고용자		11,986	36.5%
전문직		1,462	4.5%
공무원		419	1.3%
기타		4,755	14.5%
무직		6,903	21.0%
미상		2,867	8.7%
(3) 교육정도		32,837	100%
무학		152	0.5%
초등학교		1,353	4.1%

고등학교	10,380	31.6%
대학교	9,806	29.8%
대학원 이상	1,149	3.5%
기타	437	1.3%
미상	7,080	21.6%
(4) 전과 횟수	32,837	100%
없음	12,214	37.2%
1회	4,209	12.3%
2회	2,472	7.5%
3회	1,571	4.8%
4회	1,181	3.6%
5회	974	2.9%
6회 이상	4,390	13.4%
미상	6,006	18.3%
(5) 동종 재범	1,788	100%
1개월 이내	66	3.7%
3개월 이내	100	5.6%
6개월 이내	111	6.2%
1년 이내	380	21.3%
2년 이내	304	17.0%
3년 이내	259	14.5%
(6) 이종 재범	13,045	100%
1개월 이내	259	2.0%
3개월 이내	424	3.2%
6개월 이내	591	4.5%
1년 이내	2,038	15.6%

2년 이내	1,422	10.9%
3년 이내	1,482	11.4%
3년 초과	6,829	52.3%
(7) 피해자와의 관계	32,837	100%
모르는 사람	18,457	56.2%
친족	784	2.4%
지인	2,006	6.1%
이웃	529	1.6%
친구 및 애인	2,172	6.6%
직장	1,053	3.2%
고용자(피고용자)	607	1.8%
국가(공무원)	17	0.1%
기타	1,283	3.9%
미상	5,929	18.1%
(8) 성별	32,837	100%
남성	31,905	97.2%
여성	829	2.5%
미상	103	03%

성폭력 범죄 발생특성(2017)

(1) 계절별 발생	32,824	100%
봄(3월–5월)	8,893	27.1%
여름(6월–8월)	10,610	32.3%
가을(9월–11월)	7,635	22.3%
겨울(12월–2월)	5,686	17.3%
(2) 범죄 발생장소	32,824	100%

아파트 · 주택	5276	16.1%
도로 · 노상	4468	13.6%
상점 · 숙박업소 등	3656	11.1%
유흥업소	2588	7.9%
사무실 · 공장 등	683	2.1%
의료 · 종교 · 금융기관	373	1.1%
산야 · 해상	42	0.1%
지하철 등 교통수단	4208	12.8%
학교 · 유원지	854	2.6%
기타	10,676	32.5%
(3) 범죄 발생 시간	32,824	100%
00:00–02:59	3,200	9.7%
03:00–05:59	3,296	10.0%
06:00–08:59	2,615	7.9%
09:00–11:59	2,559	7.8%
12:00–14:59	2,651	8.1%
15:00–17:59	3,442	10.5%
18:00–20:59	4,335	13.2%
21:00–23:59	5,303	16.2%
미상	5,423	16.5%
(4) 발생부터 검거까지	31,585	100%
1일 이내	12,540	39.7%
2–3일 이내	907	2.9%
4–10일 이내	2,699	8.5%
11일–1개월 이내	5,758	18.2%
1–3개월 이내	5,220	16.5%

3–6개월 이내	1,650	5.2%
6–12개월 이내	1,182	3.7%
1년 초과	1,629	5.2%

우선 계절별로는 여름에 상대적으로 많이 발생되며, 시간대로는 저녁 18시에서 밤 24시 사이에 집중되어 있고, 발생장소는 다양하나 아파트나 주택에서 발생하는 경우가 가장 많다. 성폭력 사건발생 하루 안에 범죄자를 검거하는 경우가 약 40%

로 가장 많고, 늦어도 사건발생 10일 이내에 검거하는 경우가 대략 51%에 달한다.

요약해서 설명하면 공식 통계상에 나타난 국내 성폭력 범죄자의 전형적인 특성은 고등학교를 졸업하고 미혼인 남성으로, 범행 당시 피고용자로 일하고 있다. 여름 밤에 아파트나 주택에서 전혀 모르는 사람인 피해자에게 접근하여 범행을 저지른다. 약 반 정도가 사건발생 10일 이내에 검거되고, 재범을 한다면 3년 후에 저지르는 경우가 많다. 사실 많은 강간범들은 절도, 폭행, 강도 등 다양한 종류의 범죄를 저지른다(Baxter, Marshall, Barbaree 등). 이는 성폭력 범죄자가 성범죄를 저지르지 않도록 하는 노력도 중요하지만, 그에 앞서 어떠한 종류의 범죄이든 간에 일반적으로 반사회적 행위를 저지르지 않도록 하는 것이 보다 근본적으로 선결해야 할 과제임을 가리킨다고 할 수 있다.

제3절 성범죄의 특성

성범죄 가해자 혹은 피해자 모두 특정한 연령대나 사회경제적 지위, 교육 수준과 같은 사회인구학적 특성에 국한되지 않는, 다양한 배경을 가지고 있는 사람들이다(Amir, 1971). 즉, 어떤 특수한 특성을 가지고 있는 사람만이 성범죄 피해를 당하는 것은 아니며, 이는 가해자의 경우에도 마찬가지이다. 또한 범행 당시 나타내는 범죄행동 면에서도 상당히 넓은 범위의 다양성이 존재한다(Groth & Birnbaum, 1979). 그러나 성범죄자들의 경우 어느 정도의 공통점을 찾을 수 있는데, 대체적으로 이들은 대인 관계의 기술이 부족하고, 일반적으로 여성에 대해 부정적인 시각을 가지고 있으며, 폭력에 대한 허용도가 높다(Marshall, Laws

& Barbaree, 1990; Scully, 1990). 또한 스스로가 무가치하다는 느낌과 낮은 자존감, 만성적으로 부정적인 기분을 느끼는 상태(분노, 공포, 우울 등), 그리고 공격성 통제의 미숙과 같은 성격적인 문제를 가지고 있는 경향이 있다(Groth, 1983). 대부분의 성범죄자들은 사회적인 부적응의 문제 때문에 이러한 부정적인 감정 상태를 보이게 되고, 결국 이는 낮은 자존감, 높은 스트레스와 불안, 그리고 공격적 행동의 원인이 된다(Marshall & Barbaree, 1990). 많은 성범죄자들은 여성들이 보내는 거절의 신호를 자신에게 유리한 쪽으로 왜곡되게 해석하는 경향이 있다(Lipton, McDonel & McFall, 1987 등).

일반적으로 대부분의 성범죄자들은 피해자의 어떠한 특정한 유형을 선별하지 않고, 가능한 상황에 있는 누구라도 공격의 대상으로 삼는다(Groth & Burgess, 1980). 성범죄자들은 자신이 확실히 통제할 수 있는, 상황적으로나 혹은 감정적으로 취약한 피해자들을 찾아낸다(Conte, Wolf & Smith, 1989). 이들은 피해자에게 접근하기 위해 거짓말이나 위장 등의 속임수를 쓰거나 신체적으로 공격하고, 혹은 피해자를 숨어서 기다리다가 갑작스럽게 놀라게 하는 방법 등 여러 가지를 사용한다(Hazelwood, 1983).

제4절 성범죄의 원인

어떠한 사람들이 성범죄를 저지르는지에 대해서 생물학적, 심리학적, 사회학적 이론 등 다양한 설명이 존재한다. 과거에는 성범죄의 원인에 대해서 생물학적 이상 혹은 장애를 통해서 설명하는 이론들이 대세를 이루었다. 1960년대 말에 행동주의나 인지행동적인 접근들이 나타났으며, 페미니스트 이론가들은 성폭력을 사회학적 관점에서 설명하였다. 즉, 그들은 개인적인 원인에 초점을 맞추는 것이 아니라 남성우월적, 사회문화적 배경에 대해 비판적으로 접근을 하였다(Brownmiller, 1975; Darke, 1990). 현재의 이론들은 성범죄에 영향을 미치는 여러 가지 변수들(대인 관계적, 성격적, 사회학적, 상황적)을 강조하는 경험적인 연구에 근거를 둔다(Lanyon, 1991). 결국 성범죄에 대한 원인을 제대로 이해하려면, 한 가지 단일한 이론에 의지하기 보다는 여러 다양한 관점들의 조합으로 이를 총체적으로 이해하려는 노력이 필요하다(Terry, 2006).

1. 생물학적 이론

생물학적 변이를 통해서 성범죄를 설명하는 이론의 대부분은 비정상적인 호르몬 수준이 성에 악영향을 미친다는 가정에 근거를 둔다. 예컨대 테스토스테론은 남성의 성적 충동에 기여하는 주된 생물학적 요소인데, 공격성과 테스토스테론 수준 사이에 실제로 상관관계가 존재하며, 폭력적인 범죄자들이 비폭력적 범죄자들보다 테스토스테론 수준이 더 높다는 결과도 보고된 바 있다(Kreutz & Rose, 1972).

테스토스테론이 남성들에게 성적 충동의 근원이 되는 것으로 추정되지만, 성적 일탈행동과 비정상적 호르몬 수준 사이에 명확한 관련성을 찾는 연구는 거의 없다(Hucker & Bain, 1990). 또한 테스토스테론은 행동을 중재하는데 있어 유일하게 중요한 호르몬은 아니며 (Marshall & Barbaree, 1990), 비록 공격성이 테스토스테론 수준과 연관 있을지라도 테스토스테론이 사실상 공격성을 직접적으로 야기하는 지, 혹은 단순히 근육량과 힘을 증가시켜 사람들이 공격성을 더 효과적으로 나타내게 하는 역할만을 하는지 분명치 않다(Hucker & Bain, 1990). 또한 성범죄자들과 그렇지 않은 사람들의 호르몬의 수준에 있어 아무런 차이점이 나타나지 않음을 보고한 연구도 존재한다(Rada et al., 1983). 실제로 많은 생물학적 이론가들은 성이 다차원적이며 호르몬 수준이라는 한 가지 요인에만 영향을 받는 것이 아니라는 점에서 생물학적 이상이 성범죄의 여러 원인 중 한 가지에 불과하다고 주장한다 (Kreutz & Rose, 1972).

2. 애착이론

애착이론은 인간이 기본적으로 타인과 정서적 유대를 형성하려 하며, 아동기에 형성한 애착 관계가 나중에 성인기의 애착양식에 영향을 미친다는 가정에 기반을 둔다(Seidman, Marshall, Hudson & Robertson, 1994). 즉 어린시절 부모와 안정적인 애착관계를 형성한 청소년들은 공격성이나 성적 행동에 대한 억제력을 갖추고 친사회적 행동을 습득하며, 자신감을 기르고 타인과도 정서적인 애착을 형성하는 능력을 배운다. 반면 정서적 애착을 제대로 형성하지 못한 사람들은 대인관계 기술이 부족하고 친밀한 성적관계를 갖기가 힘들기 때문에 이성과의 관계에 있어서도 성범죄를 저지를 가능성이 상대적으로 더 높다 (Marshall, 1993; Seidman et al., 1994).

3. 행동이론, 인지-행동이론

행동이론가들은 1970년대 후반부터 성범죄의 원인을 설명하기 시작했다(Abel, Blanchard & Becker, 1978). 행동이론은 주로 성적 일탈행동의 평화와 치료에 중점을 두고, 성적 일탈행동을 치료할 수 있는 장애로 본다(Abel et al., 1987). 인지-행동이론은 행동이론에 기초하여 범죄자의 행동을 평가하고, 더 나아가 이와 관련된 범죄자의 사고과정을 고려한다. 성범죄자들은 인지적 왜곡을 통해 자신의 행동을 정당화시키는데, 여기에는 성범죄가 피해자에게 미칠 악영향을 부정하거나 최소화시켜 생각하고, 범행에 대한 스스로의 책임을 회피하며, 피해자를 탓하며 자신의 행동을 정당화하는 것 등이 포함된다(Ward & Keenan, 1999). 이러한 인지적 왜곡의 기제는 성범죄자들로 하여금 범행에 대한 아무런 후회나 죄책감 없이 계속적으로 재범을 하는데 일조한다(Stermac et al., 1990).

4. 페미니스트 이론

Brownmiller(1975)는 성범죄를 문화, 정치, 역사적 맥락에서 살펴보고, 성범죄는 남성우월주의의 가부장적 사회에서 나타나는 남성의 여성에 대한 억압의 한 형태라고 주장한다. 페미니스 이론가들의 주장은 성폭력이 반드시 성적 만족을 위해서라기보다는, 여성을 지배하고 통제하기 위해 남성이 사용하는 여러 수단 중 하나라고 주장한다(Allison & Wrightman, 1993).

페미니스트 이론은 성범죄를 개인적 문제보다는 사회적인 문제로 바라보는 경향이 있다(Terry, 2006). 이에 의하면 성폭력은 남성지배적인 사회에서 남성과 여성 사이의 관계를 둘러싼 태도와 관습이 연장되어 나타나는 것이다(Darke, 1990).

성범죄를 예방하기 위해서는 여성을 적대시하고 폭력을 용인하는 강간 통념이나 성역할 고정관념과 같은 사회문화적 특성에서도 변화가 있어야 하는 것이다(Medea & Thompson, 1974 ; West, 1987).

5. 심리사회적 이론

성범죄는 부적절한 사회화의 결과이다. 성범죄자들은 대체로 낮은 자존감과 빈약한 자아상을 가지고 있고, 대인관계 기술의 부재로 인해 다른 사람과 정상적인 관계를 형성하는데 어려움이 있다(Marshall et al., 1990). 성범죄자들은 성적 만족이라는 그들의 목표를 성취하기 위한 유일한 수단은 폭력의 사용이라고 생각한다(Marshall & Barbaree, 1990).

제5절 성범죄 피해자

성범죄 피해자들은 범죄피해의 후유증으로 다양한 종류의 신체적, 심리적 증상을 나타낸다. 우선 신체적인 면을 살펴보면, 성범죄는 강제적인 성행위 그자체로 인한 상처로 골절이나 타박상, 자상 등 신체적으로 심각한 부상을 야기시킨다. 설령 겉으로 드러나는 신체적 외상의 징후가 없는 경우라도, 이들이 정신적 외상을 전혀 겪지 않는 것은 아니다(Raoe Crisis Federation, 2002). 때로는 정서적인 고통이 신체적 증상으로 나타나기도 하는데(Nelson, 2001), 요통이나 두통 등 따로 명백한 원인이 없는 통증을 겪기도 한다(Calhoun & Atkeson, 1991; Walker et al., 1992).

신체적 부상뿐만 아니라, 성병이나 원치 않는 임신과 같은 다른 의학적 문제도 성범죄의 결과로 발생할 수 있다(Homes, Resnick, Kilpatric & Best, 1992; Resnick, Acierno & Kipatrick, 1997). 성범죄 피해자는 또한 성기능 장애를 초래할 수 있는데, 비록 신체적인 기능 장애가 없다고 할지라도 성관계의 회피나 성관계로부터의 만족감의 상실 등을 야기할 수 있다(Ellis Atkeson & Calhoun, 1981).

이 외에도 피해자들은 성범죄 피해로 인해 장기적인 심리학적 증상들로 고통 받기도 한다. 피해자들은 죄책감, 수치심, 두려움, 불안을 느끼며(Burgess, 1995), 섭식장애나 우울증, 해리증상을 겪거나 자살 충동을 느낄 수도 있다(Bass & Davis, 1988 등). 피해자들은 인생 전반에 대한 두려움을 갖게 될 수 있으며, 이는 과다 각성 상태나 신경증적 불안, 미래 성범죄 발생에 관한 구체적인 불안과 함께 매사에 만성적인 불안을 초래하기도 한다(Calhoun & Atkeson, 1991). 우울증은 가장 일반적으로 나타나는 증상 중 하나인데, 특히 가해자가 피해자와 가까운 사람일 경우 더욱 심하게 나타난다(Lundberg-Love, 1999). 예컨대 우울증 관련 증상으로 죄책감과 무가치감, 절망감, 자살에 대한 생각, 대인관계의 위축 등이다. Burgess & Holstrom(1974)은 강간 피해자의 스트레스 반응 패턴을 일컬어 강간 후 외상

증후군(Rape Trauma Syndrome)이라 지칭하였다. 이것은 외상 후 스트레스 장애(Post-Traumatic Stress Disorder)와 유사한데, 특히 성범죄사건의 반복되는 회상, 과다 각성상태의 지속, 수면패턴 장애, 사건에 대한 죄책감 등을 포함한다(Burgess, 1995). 여기에는 크게 두 단계가 존재한다. 첫 번째 단계는 범죄 피해 직후 슬픔이나 분노 등의 다양한 정서적인 반응들을 보이는 단계이고, 두 번째는 성범죄 피해를 어떻게 받아들이고 삶에 대처할지를 고민하는 단계이다(Burgess & Holstrom, 1974).

성범죄 피해에 대한 대처와 적응은 장기적인 과정이다. 이러한 과정은 가족이나 친구들로부터의 사회적 지지나 치료와 상담 등의 대응 기제들, 그리고 나이나 사회인구학적 특성 등 다양한 요소들에 의해 영향을 받으며(Calhoun & Atkeson, 1991). 이외에도 성범죄의 유형과 심각함, 치료의유형과 시기에 의해서도 영향을 받는다(Koss & Harvey, 1991). 2차 피해자들(피해자의 가족, 배우자, 친구, 이웃 등) 또한 상당한 영향을 받는다(Ward & Inserto, 1990). 우선 피해자의 가족들은 성범죄 피해에 대해 부정, 불신, 회한 등 다양한 정서적인 반응을 경험할 가능성이 있다(Terry, 2006). 만약 성범죄가 가족 구성원 사이에서 발생했다면 가족의 붕괴가 일어날 가능성이 있고, 이는 피해자로 하여금 그에 대해 책임감을 느끼게 하는 등 정서적 트라우마를 일으킬 수도 있다(Ward & Inserto, 1990).

제6절 범죄자 분류체계

성범죄자들의 다양성과 이질성 때문에 보편적 타당성을 지닌 성범죄자 분류법이란 존재하지 않으나, 성범죄자들 특유의 공통점이나 행동특성을 이해하고 그들을 효과적으로 치료하고 관리하기 위해서 타당한 성범죄자 분류체계는 막대한 중요성을 갖는다.

1. 범행동기에 따른 분류(Groth, Burgess & Holmstrom, 1977)

강간범들의 범행동기에 주목하여 강간범들을 크게 네 가지 유형으로 나누어 살펴보았다. 1) 권력 재확인형, 2) 권력 독단형, 3) 분노 보복형, 4) 분노 흥분형으로 분류하였다. 주의할 점은 오직 한 가지 유형으로 분류 가능한 범행은 존재하지 않으며, 강간범이 범죄를 저지를 때는 보통 하나의 범행 안에 여러 가지 유형들이 복합적으로 작용되어 나타난다는 점이다 (Hazelwood, 2001).

(1) 권력 독단형(power assertive rapist)

이 유형의 강간범은 강간을 자신의 남성다움과 통제력을 보이기 위한 수단으로 사용한다. 이들은 강간이 단순히 남성의 권리를 행사하는 것이라고 생각하여 자신의 남자다움과 여성들에 대한 지배력을 과시하기 위해 강간을 저지른다. 이들은 피해자의 안위에 무관심하며, 여성을 자신의 성적 만족을 위한 도구로 생각한다. 이들은 범행 기회가 생기면 거짓말로 피해자들을 속이며 접근하고, 피해자들이 긴장을 풀고 마음을 놓으면 갑자기 태도를 바꾼다. 이들은 스스로 생각하기에 편하고 안전하다고 여겨지는 장소라면 어디서든 범행을 저지른다. 성도착적인 행동은 발견되지 않는다.

(2) 권력 재확인형(power reassurance rapist)

이 유형의 강간범은 여성과 사회적으로나 성적으로 상호작용하는 능력에 있어서 자신감이 결여되어 있고, 이러한 성적 무능력에 대한 의심과 불안을 해소하기 위해 강간을 저지른다. 이들은 범행에 있어 피해자와의 관계적 측면을 통해 자신의 성적 환상을 충족시키는 것에 중점을 두기 때문에 다른 강간범들보다 덜 폭력적이다. 이들은 여성에 대한 힘과 권력의 사용을 통해 자신의 남성성을 확인하려고 한다.

이들은 주로 피해자들을 감시하거나 창문을 통해 훔쳐보면서 피해자를 물색한다. 이러한 행동을 통해서 여성에 대한 정보(가족관계, 귀가 시간 등)를 알게 되고, 주변환경(대략적인 이웃 상황, 조명, 감시카메라 등)에 대한 정보도 얻는다. 이들은 강간을 한 이후, 피해자에게 사과를 하거나 용서를 구하기도 한다. 때때로 범행의 기념품으로 피해자의 물건(속옷이나 사진 등)을 가져가기도 하며, 범행 후에 피해자에게 연락을 취할 수도 있다. 이들은 때때로 자신의 범행을 기록해 놓기도 한다.

(3) 분노 보복형(anger retaliatory rapist)

이 유형의 강간범은 피해자가 고통 받는 것을 즐기는 가학형(sexual sadist)으로도 일컫는다. 이들은 피해자의 육체적, 정신적 고통에 대한 반응, 특히 두려움이나 완전한 복종을 보고 성적으로 흥분한다. 이들의 범행은 상당히 정교해서 흉기, 도구, 이동경로 등 범행의 세세한 부분까지 하나하나 미리 계획되어 있고, 실제로 성적 환상 속에서 끊임없는 예행연습을 거친다. 피해자는 대부분 전혀 모르는 낯선 사람이며, 만약 범인의 피해자 기준에 맞으면 끌려가게 된다.

이들은 피해자에게 말을 거는 등 신뢰를 얻는 방법으로 접근하여, 순식간에 피해자를 속박하고 자신이 미리 정해놓은 장소로 데리고 간다. 이들은 상당한 시간동안 피해자에게 신체적으로 여러 도구를 이용해 고문을 하고, 죽음의 공포를 느낄 만큼 정신적으로 끔직한 고통을 준다.

이물질을 피해자의 질 내부에 매우 고통스럽게 삽입하기도 하고, 관음증적 행위, 가학적 행위 등 성도착적 행동 또한 많이 나타난다. 이들은 자신의 이러한 행동들을 사진, 비디오카메라, 그림 등을 이용하여 기록해 놓는다. 이들의 범행에는 특정한 시간이나 지리적 패턴이 없으나, 여러 가지 고유한 성도착적 증세나 행위 때문에 동일범에 의해 저질러진 범행에서 유사성이 나타나기도 한다.

2. Terry(2006)의 통합적 분류

성범죄는 일반적으로 성적욕구충족을 위해서만 저질러진다고 생각하기 쉽다. 그러나 통제욕이나 권력욕과 같은, 성적동기 이외의 욕구충족을 위해 저질러지기도 한다(Brownmiller, 1975). 범행의 주된 동기가 성적인지 아닌지에 따라 성범죄자가 가장 폭넓게 분류될 수 있다고 주장한다.

(1) 성적 동기로 인한 범행

강간이 전적으로 성적인 욕구에 의해서만 동기화되는 것은 매우 드문 일이다. 오로지 성적인 욕구 때문에 강간을 저지르는 범죄자들은 일반적으로 정상적인 관계를 맺는데 어려움을 갖는다.

일부 성범죄자들은 피해자들의 고통이나 공포로부터 성적만족(가학적)을 느낀다(Dietz, Hazelwood & Warren, 1990). 이들은 극도로 폭력적이고, 낯선 사람을 범행대상으로 하며, 특히 출소를 한 후 재범률이 높게 나타나고, 피해자에 대한 감정 이입을 거의 보이지 않는 경향이 있다(Hare & Jutai, 1983). 가학적 강간범들은 반사회적 성격장애 혹은 정신병질 성향이 높은 사람들과 많은 특성을 공유(예컨대 충동성과 무책임성, 장기적인 계획 없는 불안정한 삶을 사는 경향, 후회나 죄책감의 부재 등)하지만, 가학적 성범죄자들이 모두 그 진단 기준을 충족시키는 것은 아니다(Abel, Becker & Skinner, 1980). 그러나 가학적 강간범들이 반사회적 성격장애 혹은 정신병질 성향이 높은 사람들과 특히 구분되는 속성은, 가학적 강간범은 단순히 피해자에 대해 공감을 보이지 않는 것을 넘어서서, 자신이 피해자에게 야기하는 고통에 의해 성적으로 흥분된다는 것이다(Quinsey, Rise & Harris, 1990). 이들은 성적으로 흥분하기 위하여 적극적으로 피해자에게 고통과 수치심, 공포를 유발하며, 이들이 사용하는 폭력의 수준은 범행을 할수록 증가한다.

(2) 성적 동기 이외의 욕구 충족을 위한 범행

Groth(1983)는 성적인 만족보다는 권력과 지배력을 성취하려는 범죄자들의 욕망을 강조하면서, 강간이 '성욕의 공격적 표현이라기보다는 공격성의 성적인 표현이
다'라고 기술하였다(Groth, 1983). 일부 이론가들은 성폭행이 여성을 통제하고 굴욕감을 느끼게 하려는 시도라고 설명한다(Darke, 1990; West, 1987). 실제로 많은 강간범들이 범행을 저지르는 동안에 모욕적인 말을 하고, 피해자들이 특히 수치스럽다고 생각하는 성적 행동을 하도록 강요한다(West, 1987).
기회주의적인 성범죄자들은 대체로 충동적이고, 모험이나 자극을 추구하며, 반사회적 생활 방식을 영위하는 사람들이다(Scully & Marolla, 1985). 이들은 흔히 강도 등의 기타 범죄를 저지르는 과정에서 추가적으로 성범죄를 저지른다(Knight, Prentky, 1983 등).

제7절 성범죄자 치료

성범죄는 직접 당한 피해자뿐만 아니라 피해자 가족 등 주변에 있는 사람들, 더 나아가서는 우리사회 전체에 미치는 충격과 공포를 고려할 경우, 성범죄자가 다시 범행을 저지르지

않도록 하는 여러 가지 노력이 요구된다. 성범죄자가 자신의 죄에 대한 처벌을 다 받고 다시 사회로 복귀한 경우에 대비하여 재범을 방지하는 다양한 치료 프로그램을 필요로 한다. 이에는 다음과 같은 종류가 있다.

1. 심리치료

성범죄자를 범죄자의 여러 가지 내적 갈등의 결과로 여기며, 범죄자의 과거 다양한 인생 경험에 초점을 맞추어 범죄자가 이러한 자신의 내적 갈등을 인지하고 삶의 문제들을 더 적절한 방식으로 다루기 위해 행동을 어떻게 변화시킬 필요가 있는지 더 잘 이해하도록 도움으로써 그러한 문제들을 해소하는 것을 목적으로 한다(Groth & Birnbaum, 1979; Perkins, 1991).

2. 교육과 훈련

성범죄자들을 치료하기 위한 또 다른 접근법은 직업훈련이나 대인관계기술 등 인생 전반에 걸쳐 부족한 인생관리 기술에 대하여 다각도로 교육하고 훈련시키는 것이다(Marshall, Anderson & Fernandez, 1999). 예컨대 공감능력을 높이기 위한 감수성 훈련은 다른 사람의 감정을 더 잘 이해하고 그에 반응하는 방법을 배움으로써 범죄자가 다른 사람들과 더 잘 소통하도록 돕는다(Pithers, 1994). 범죄자들이 적절한 대화 기술이나 사회성 기술을 발달시키지 않으면 대인관계, 혹은 이성관계에서 불안을 경험할 가능성이 있고, 이는 범행의 위험성에 대한 증가로 나타날 수 있기 때문이다(Marshall & Barbaree, 1990).

3. 인지행동치료(Cognitive-Behavioral Treatments: CBT)

인지행동치료 프로그램은 오늘날 성범죄자 치료기법 가운데 가장 흔하게 사용한다(Terry, 2006). 인지행동치료 프로그램의 목표는 범죄자들이 자신의 문제와 행동을 인지하고, 반사회적 행위를 저지르는데 영향을 미치는 부정적 감정을 이해하며, 자신의 인지적 왜곡에 대해 알고 이를 없애며, 자신의 행동에 대한 책임을 지도록 하는 것이다(Houstom, Wrench & Hosking, 1995). 또한 사회적으로 허용되는 성의 표현 방식에 따르고 전반적인 사회적 능력을 강화시켜 범행을 다시 저지르지 않도록 하는 것이 궁극적인 목표이다(Marshall et al., 1999).

일반적으로 인지행동 프로그램은 집단과정을 통해서 실행된다(Pithers, 1994). 집단과정을 통한 치료는 성범죄자들에게 흔히 나타나는 인지적 왜곡을 극복하는 한편, 범행에 대한 책임을 인정하게 하는데 가장 효과적인 것으로 알려져 있다(Marshall et, al., 1999). 치료 프로그램 동안 성범죄자들은 다양한 변화의 단계를 경험한다(Prochaska & DiClemente, 1982). 성범죄자가 겪는 변화에 대해서 이를 다섯 단계로 나누어 설명하였다. (1) 부정의 단계이다. 성범죄자들은 아직 자신의 문제를 인정하지 않으며, 변화하려는 동기가 없다. (2) 숙고의 단계다. 자신이 문제가 있다는 것은 인정하지만 그 문제를 최소화하거나 그 문제로 인한 피해의 정도를 최소화시켜 생각하는 단계이다. (3) 준비의 단계이다. 자신이 가진 문제의 중요성을 인지하고 마침내 행동을 바꾸도록 동기화하는 단계이다. (4) 행동의 단계이다. 행동을 바꾸기 위해 치료 프로그램에 참여하는 단계이다. (5) 유지의 단계이다. 이러한 변화를 프로그램의 종료까지 계속되게 하는 단계이다.

집단과정은 범행에 대한 부정이나 범행의 결과로 나타나는 피해의 최소화, 여성을 향한 부정적인 태도 등의 인지적 왜곡을 극복하는 데도 중요한데, 집단 치료의 맥락에서 성에 대한 다른 범죄자들의 태도를 듣고, 사회적으로 용인되는 형태의 성적 표현에 대해 고려하게 되면서 범죄자들은 이러한 인지적 왜곡을 인정하고 이해하게 되는 것이다.

제13장
묻지마 범죄

제13장 묻지마 범죄

2012년 여름경 , 서울 여의도의 한 노상에서 30세의 남성이 자신의 이전 직장 동료뿐만 아니라 처음 본 사람들에게도 흉기를 마구 휘두른 이른바 여의도 칼부림 사건이 발생하였다. 2019년에도 강남역에서도 시민을 향해 칼을 마구 휘둘러서 지나가던 한 여성을 숨지게 한 사건이 발생하였다. 묻지마 범죄가 시민들에게 공포와 불안의 대상이 되고 있는 것은 이처럼 범죄자와 어떠한 관계성도 없는 불특정 다수인에게 부차별적으로 범죄의 대상이 될 수 있다는 예측 불가능성에 있는 것이다. 또한 나의 행동과는 아무런 관계도 불분명한 이유로 범죄 피해를 입을 수 있다는 통제 불가능성과도 관련성이 있는 것이다. 최근 10년간 살인범죄 발생 추이를 살펴보면 범행동기에 있어 어떠한 목적이 있는 것보다는 우발적으로 저지르거나 현실에 대한 불만으로 저지르는 경우가 증가하고 있다. 범죄수사에 있어서도 범죄자의 범행동기가 뚜렷이 드러나지 않고, 불특정 대상을 공격하는 묻지마 범죄의 특성 때문에 피해자와의 관계추론을 통해 용의자에 대한 수사망을 좁히기가 쉽지 않기 때문에, 범인을 검거함에 있어서 애로사항이 많은 것이다.

더구나 '묻지마'라는 용어 자체가 범행에 대한 범죄자의 책임을 부정하는 것처럼 오도하는 문제점이 있고, 범행 예측성이 떨어지기 때문에 예방 가능성에 대해 비관적으로 생각하게 만들 수 있는 점, 또한 어떠한 면식도 없는 범죄자로부터 무방비 상태로 피해를 입을 수 있다는 통제 불가능성 등이 묻지마 범죄에 대한 두려움 확산에 기여하고 있다. 이하에서는 최근 심각한 문제로 시민들의 불안과 공포의 대상이 되고 있는 묻지마 범죄와 관련하여 살펴보기로 한다.

제1절 묻지마 범죄의 정의

처음 묻지마 범죄에 대한 용어를 사용한 것은 2003년 2월 부산에서 발생한 한 사건에서

모 신문사가 '불특정 다수 겨냥', '묻지마 범죄 늘어'라는 제목에서 처음 사용되어졌다. 통상적으로 '묻지마 범죄'는 어떠한 이유나 목적 없이, 자신과 전혀 상관이 없는 불특정 다수를 상대로 하여 무차별적으로 저지르는 범죄를 말한다. 그러나 일반적인 정의는 가해자—피해자 간에 필연적 관계가 없으며 범행동기가 명확하지 않은 사건을 묻지마 범죄로 지칭한다. 범행대상이 불특정적이고 범행동기가 명확하지 않은 경우 묻지마 범죄라는 용어 이외에도 무차별 범죄, 이상동기 범죄, 무동기 범죄 등의 여러 용어가 혼재되어 사용되고 있는 실정이다. 이처럼 학계와 실무기관에서 합의되지 않은 여러 개념들이 혼용되어 사용될 경우, 일관된 정의로 통계 수집이 이루어지지 않고 있다. 가해자와 특별한 관계를 갖지 못한 낯선 사람에 대한 공격을 의미하며 공격 대상이 되는 사람(피해자)의 수가 다수인 경우를 지칭하는 용어로 불특정 다수를 향한 범죄를 말한다. 박형민(2012)은 '무차별 범죄'라는 용어를 통해 가해자가 뚜렷한 이유 없이 부정적인 감정을 무작위로 선택된 대상에 폭력적으로 표출시키는 범죄를 지칭하였다. 형사사법 기관인 대검찰청(2013)에서는 가해자와 아무런 관계가 없는 불특정 피해자에 대해서 가해자의 일방적 의사로 흉기 등 위험한 물건을 사용하여 폭행, 손괴 등 유형력을 행사하는 방법으로 피해자의 생명, 신체 재산을 침해하는 범죄, 즉 살인, 상해, 폭행, 방화, 방화치사, 손괴 등으로 묻지마 범죄를 정의하고 있다. 박지선 · 최낙범(2013)은 범행동기가 명확하지 않거나 상식적인 수준에서 납득하기 어렵고, 범행대상의 선택에 있어 필연적인 인과관계가 없이 불특정적이며, 폭력이나 살인 등 다른 사람을 해치려는 적대적인 의도로 저지른 범죄를 묻지마 범죄로 정의하고 있다

이상의 논의를 종합하여 살펴볼 때, 묻지마 범죄는 다음과 같이 정의 될 수 있다, 다. 즉 묻지마 범죄는 1) 범행의 동기가 불분명하거나 상식적으로 이해하기 어렵고, 2) 가해자나 범죄의 원인과 필연적인 관련성이 없는 1인 이상의 불특정 범행대상이 존재하며, 3) 도구적 목적으로 저지른 범행은 제외하고, 부정적인 감정(예컨대 분노, 불안, 우울 등)의 공격적 표출이 두드러지며, 4) 흉기 등 도구를 사용해 폭력이나 상해, 살인 등의 범죄를 저지른 경우를 지칭한다(박지선, 2013). 외국의 경우에도 국내의 묻지마 범죄와 유사한 속성을 가진 범죄들에 대해 여러 가지로 정의하고, 해당 범죄자들의 특성과 범죄의 원인에 대해 여러 방면으로 분석을 하였다. 일본의 경우 묻지마 범죄와 관련하여, '거리에서 지나가는 악마'라는 뜻의 일본어인 '도라마치켄'의 약어인 '도라마'로 사건이라는 표현을 사용한다.

도라마 사건이란 '사람들이 자유롭게 지나다니는 공간에서 순간적으로 지나가며 마주친 불특정한 다수를 대상으로, 명확한 동기 없이 흉기를 사용하여 살인, 폭행, 상해, 기물파손 등의 위해를 입힌 사건'을 지칭한다(일본 경찰청, 1981; 박형민, 2012 재인용, 박지선 2019 재인용 등).

영국에서는 '장애나 인종, 종교, 성 정체성 관련 특정 대상에의 적대감에 기인한 범죄'로 증오범죄를 규정하고 있다(Home OFFICE, 2012). 미국의 증오범죄는 피해자에 대한 혐오가 주된 범행동기로, 이러한 혐오 감정은 인종, 성별, 종교, 성적 지향성(동성애 등) 등과 관련 있는 편견에서 비롯된다. 미국 FBI에서 매년 발간하는 범죄 통계인 UCR에서 미국의 증오범죄통계법(The Hate Crime Statistics Act)에 따라 매년 수집되는 통계를 살펴보면 다음과 같다. 살인, 폭행, 강간, 방화, 손괴 등을 포함하여 2013년 한 해 동안 총 6,933건의 증오범죄가 발생되었다.

제2절 묻지마 범죄자의 특성

묻지마 범죄자의 특성에 대한 연구에 있어 연구 대상을 누구로 정할 것인지에 대한 일치된 기준이 존재하지 않는다. 왜냐하면 묻지마 범죄에 대한 명확한 정의가 정해져 있지 않고, 기준에 대한 학술적인 합의가 명확히 이루어져 있지 않기 때문이다.

1. 범죄자 배경특성 및 범죄 발생특성

(1) 고선영(2010)은 연구 대상을 '범인과 피해자 간 사이에 아무런 관련성이 없고, 범죄위험에 노출될 가능성이 낮은 피해자가 선택되었을 경우'로 한정하고, 범죄자들의 특성을 배경 정보 및 범행수법 등을 중심으로 분석을 하였다.

연령대는 평균 30 초반, 남성이며, 미혼이고, 상당수가 고졸이상의 학력을 가졌다. 대부분 무직이고, 경제적으로 빈곤한 상태이며, 협소한 대인관계 폭을 보여 이성 친구를 포함하여 친구가 거의 없는 편이다. 범행 특성 면에서 보면 범행에서의 계획성이나 치밀함은 상당히 결여되어 있고, 증거인멸에 대한 노력이나 시도도 거의 나타나지 않는다. 대부분 아무나

다치게 하고 싶다는 마음으로 집에서 흉기(칼)를 들고 나와 길거리에서 범행을 저지르며, 술을 마시지 않은 상태에서 주로 범행을 저지르는 경우가 많다.

(2) 대검찰청(2014)에서는 '가해자와 아무런 관계가 없는 불특정 피해자에 대해서 가해자의 일방적 의사로 흉기 등 위험한 물건을 사용하여 폭행, 손괴 등 유형력을 행사하는 방법으로 피해자의 생명, 신체, 재산을 침해하는 범죄, 즉 살인, 상해, 폭행, 협박, 방화, 방화치사, 손괴 등이라고 규정한 묻지마 범죄의 정의에 따라 범죄자, 피해자 및 발생특성, 범행수법을 조사하였다. 2012년부터 2013년까지 2년간 발생한 사건 중에서 위의 정의와 부합되는 총 109개의 사건을 대상으로 범죄자의 전형적인 특징을 요약해보면 다음과 같다. 대부분 30대 -40대 남성으로 전과가 있고 직업이 없으며, 반 이상이 칼 등의 흉기를 써서 범행을 저지른다. 발생특성으로는 수도권 지역에서 8월에 야간 시간대에 발생하는 사건 빈도가 상대적으로 가장 많았고, 주로 노상에서 피해자를 대상으로 한 살인이나 상해의 경우가 많았다. 특히 정신질환 중에서도 조현병(정신분열증)의 주된 증상 중 하나인 피해망상이나 환청이 범행과 관련 있는 경우가 상대적으로 많았으며, 일정한 수입이 없는 사회 소외 계층이 현실에 대한 불만으로 범죄를 저지르는 경우, 범죄 전력이 있는 전과자에 의해서 주로 발생하는 특징들을 보였다(대검찰청, 2014).

2. 대인관계에서의 고립

묻지마 범죄자들에게서 범행 당시 공통적으로 발견되는 특성 중 하나는 주변에 친한 친구나 심지어 가족들과의 관계도 단절된 채로 고립된 특성을 보이는 경우가 정상적인 사람보다 많다는 것이다. 사회적 고립 자체만으로도 스트레스 취약성을 높이고 부정적 정서를 유발하게 되어, 사회에서 직면하는 다양한 좌절 상황에서 이러한 문제에 대해서 적극적으로 대처하기 보다는 회피나 감정적 대처를 주로 보이게 된다(Buckley 2004 등). 이러한 사회적 상황에서의 반복된 좌절은 사회의 전반적인 구성 등 불특정 다수에 대한 막연한 적대감으로 이어지기도 한다. 이들은 범행 전 가족과 물리적으로, 정서적으로 고립되어 있는 특성을 보이는 경우가 많고, 사회적 지지나 격려를 보내줄 친구 등 주변 관계가 단절되어 있다. 그 결과 직장에서 해고를 당하거나 사회적, 경제적인 좌절 상황에 직면했을 때, 스트레스에 대처할 주변으로부터의 정서적 지지라는 자원이 부재하게 되며, 이는 결국 자존감에 상처를 입고 열등감이나 분노, 우울 등 부정적 감정이 계속적으로 해소되지 못한 채로 남아 있다가 종국에는 타인에 대한 공격으로 표출되는데 기여하게 된다(Buckley et al., 2004; Mawson, 1987).

3. 인지적 왜곡

상당수 묻지마 범죄자들에게서 관찰되는 또 다른 특성은 상대방의 행동이나 말, 그 의도에 대해 해석할 경우 중립적인 자극도 적대적으로 해석하는 등 인지적 편향을 드러낸다는 것이다. 이들이 나타내는 인지적 왜곡의 경우 근본적으로 인간에 대한 신뢰가 결여되어 있는 것과 밀접한 관련성이 있는데, 이는 어린시절 안정적이지 못했던 부모와의 관계가 크게 영향을 받는 것이다.

특히 만성적인 스트레스 상황에 자신이 노출되고 현실에 대한 비관이 극에 달하게 되면, 상황에 대한 객관적이고 합리적안 판단이 약화되고 인지적 왜곡이 더욱 심화되어, 타인과의 일상적인 대화나 행동에서도 상대방이 부정적인 의도를 가진 것으로 편향되게 해석하는 경향이 있다(Huesmann, 1944). 묻지마 범죄자들의 경우 자신의 실패나 좌절 상황에 대해 그 원인을 타인이나 사회에 돌리는 외부 귀인의 경향성이 두드러진다. 이러한 외부 귀인을 통해 자신의 부정적인 일(예컨대 이혼, 실직 등)을 남 탓, 사회 탓으로 편향되게 해석함으로써 묻지마 범죄라는 무차별적 폭력의 분출이 가능해지게 되는 것이다.

4. 반복적 좌절과 실패로 인한 무력감과 낮은 자존감

취업, 직장, 경제적 수준, 지위나 권력 등 사회적 비교가 가능한 다양한 상황에서 여러 번 좌절로 인해 열등감을 느끼고 무력감에 빠지게 되면 인간은 자아존중감에 상처를 입게 되어 그로 인해서 심한 우울과 불안 등 좋지 않은 감정을 경험하게 되는 것이고, 이러한 감정이 적절히 해소되지 못하면 장기적으로 법과 도덕 등 사회적 규범 체계에 혼란을 겪게 되어 결과적으로 반사회적 행동에 취약해지기 마련이다. 묻지마 범죄는 이처럼 낮아진 자존감을, 자신보다 취약한 불특정 대상을 상대로 폭력으로 제압하면서 회복하려는 수단으로 이를 해석하게 되는 것이다.

국내 묻지마 범죄 사례

2012년 8월 경기도 수원에서 실제로 발생된 묻지마 살인사건
사건개요: 강○○(39세, 남)가 술집에 들어가 문을 잠그고 주인을 성폭행하려다가, 손님이 문을
두드리자 술집 주인 유○○(39세, 여)의 목과 손님 임○○(42세, 남)의 배를 칼로 찌르고 도망감.
도망치던 중 막다른 골목에 이르자 대문이 열려 있던 집안으로 들어가, 자고 있던 일가족 3명에
흉기를 휘둘러 인기척에 놀란 집주인 고○○(65세, 남)의 가슴을 10여 차례 찌르고, 소란이 일어
나자 방에서 나온 집주인의 부인(60세, 여)과 아들(34, 남)도 잇달아 찌른 뒤 집을 나와 도망쳤
다. 범행에 사용한 흉기는 범행 전 편의점에서 미리 구입하여 준비하였다.

범죄자 특성: 범죄자 강○○: 범행 당시 39세, 무직이고 전과 11범이다. 2005년에 특수강간혐
의로 구속돼 7년형을 선고 받고, 2012년 7월 9일 만기 출소. 그는 전자발찌 착용대상자이나, 검
찰의 미청구로 착용을 하지 않음, 출소 뒤 수원의 갱생보호소에 입소해 숙식을 해결하며 일용직
노동자로 일해 옴, 부모에게 용돈을 요구하다 상해를 가하는 등 패륜적 행위 전력이 있다. 검거
후에도 계속 진술을 거부하다가 '이번에 들어가면 다시는 빛을 볼 수 없을 것 같다. 3~4시간만
잤다가 일어나서 속 시원하게 말하겠다'며 유치장에서 정오까지 잠을 자고 조사를 받았다(경향
신문 '성폭행 실패, 가정집서 묻지마 살인' 2012년 8월 21일자).

본 범죄자의 범행에서 드러난 묻지마 살인범의 특성 및 원인분석
본 사건의 경우에는 다른 묻지마 범죄자들처럼 좌절 상황으로 인해 사회적 규범과 도덕적 가치
체계에 혼란을 겪어 반사회적 행동에 취약해 진 것이라기보다는, 만성적이고 반복적으로 행해진
반사회성의 표출이 이번에는 묻지마 범죄의 형태로 나타났다고 보는 것이 더 정확할 것이다. 특
히 어린시절 부모에게 상해를 가하는 등 패륜적인 행위를 한 전력이 있는 것처럼, 비교적 어린
나이에 반사회적 행동을 나타내어 이후 반복적으로 범죄행위를 보이는 만성적 범죄자(career
criminal)의 경우, 처벌이나 제재의 효과 없이 출소 후에도 재범을 반복하는 경향이 있다
(Wolfgang, Figlil & Sellin, 1972) 이러한 묻지마 범죄자들의 경우에는, 여의도 사건처럼 사회
에 대한 불만이나 자신의 처지에 대한 비관으로 인해 불특정 다수를 공격한 묻지마 범죄자들과
는 다른, 재범 위험성을 낮추기 위한 차별적인 전략이 요구된다.

제3절 묻지마 범죄의 원인

묻지마 범죄의 특성은 주로 개인의 인지적, 성격적, 심리적 특성이 묻지마 범죄의 발생에 어떠한 영향을 미치는지를 밝히는 개인적 원인과 밀접한 관련성이 있다. 그러나 묻지마 범죄는 이러한 개인적 원인 이외에도, 개인이 처해 있는 환경 혹은 상황적 특성과, 개인이 속해 있는 사회의 경제, 문화적 특성이나 권력 구조 등 사회적 원인에 의해 상당한 영향을 받는다. 인간에게 공격적 행동을 촉발하는 데는 개인적 특성 이외에도 인구밀도나 경제적 수준, 사회적 권력이나 지위 등의 사회환경적 요인이 생리적 각성을 유발하여 사고방식에 영향을 미친다(Bernard, 1990).

묻지마 범죄는 경제적 불평등이 심각한 사회문제로 부각되어, 저소득층의 경우 생계를 유지하기 어려울 정도의 곤궁한 생활 속에서 부익부빈익빈이 심화되고, 전반적인 경기불황으로 실직이 장기화되는 사회적 배경에 극도로 취약한 양상을 보인다. 결국 이러한 분노를 묻지마 범죄라는 극단적인 양상으로 불특정 다수를 향해 분출시키게 되는 것이다.

제4절 묻지마 범죄자 유형분류

아직 묻지마 범죄에 대한 연구는 초기 단계이기 때문에 묻지마 범죄자의 특성에 대해서 이를 심층적으로 분석하여 그 유형을 체계적으로 정리한 연구는 소수에 불과하다. 2010년 이후로 묻지마 범죄가 심각한 사회문제화 되었다. 경찰청이나 대검찰청 등 형사사법 기관 및 학계에서는 묻지마 범죄자의 유형을 나누어 연구하고 있다.

1. 서울 지방경찰청(2010): 현실불만 유형, 우발적 유형, 정신장애 유형

본 연구에서는 국내에서 발생한 사례들을 중심으로 묻지마 범죄의 유형을 세 가지로 나누었으나, 그 분류 기준 및 특성에 대한 소개 없이 해당 사례만을 제시하는 데 그쳤다.

2. 대검찰청(2013, 2014): 정신질환형, 현실불만형, 약물남용형

대검찰청에서는 2012~2013년 사이 발생한 총 109개의 묻지마 범죄사건을 바탕으로, 그 유형을 세 가지로 나누었다.

1) 정신질환형은 주로 조현병이나 우울 장애와 같은 정신질환을 앓고 있는 환자에 있어, 누군가 자신을 해치려 한다는 피해망상이나 사람을 죽이라는 등의 환청 등의 증상이 범행에 주된 영향을 미친 경우이다.

　세 가지 유형 중 가장 많은 비중(2012년 44%, 2013년 39%)을 차지한 것으로 나타났다.

2) 현실불만형은 경제적 불평등이나 장기화된 실업 등 사회경제적 배경과 밀접한 관련이 있는 유형으로, 과다한 채무 등 경제적 궁핍함에 시달리며 자신의 처지를 비관하다 사회 전반에 대한 불만이 누적되어 범죄를 저지른 경우이다. 2012년과 2013년 모두 각각 한 해 동안 발생한 사건들 가운데 약 4분의 1을 차지하는 것으로 나타났다.

3) 약물•알코올 남용형은 알코올이나 마약 등을 남용한 후 대부분 주취 상태에서 이유 없이 피해자를 폭행하는 등의 범행을 저지르는 유형으로, 묻지마 범죄 가운데 2012년에는 31%, 2013년에는 33%로 집계되었다. 이들은 거의 대부분이 다수의 전과를 가지고 있는 것으로 나타났다.

3. 이수정(2013): 정신장애, 외톨이, 반사회성

대검찰청(2013)연구에 포함되었던 연구 대상 55명 가운데, 이 연구에서는 묻지마 범죄자를 '불분명한 이유로 비면식 관계의 피해자 1명 이상을 사망에 이르게 한 자'로 제한하여, 기록조사 외에도 면담에 응한 총 18명을 바탕으로 세 가지 유형으로 분류하였다 1) 정신장애 유형은 망상이나 환각 등의 증상이 주로 묻지마 범죄 발생에 커다란 영향을 미치는 경우로, 주로 살인이나 살인미수를 저지른 경우가 대부분이었다. 해당 범죄자들의 경우 공통적으로 조현병 병력이 있었으며, 인지 능력에도 손상을 보였다. 어릴 때부터 학교생활에 잘 적응하지 못했으며 이러한 대인관계에서의 어려움은 직장에서도 이어져 성인이 된 이후에도 만성적으로 고립되는 경향이 있었다. 2) 외톨이 유형은 대부분의 범죄 전력이 없고 지능에도 문제가 없지만, 대인관계 형성 및 유지에 문제가 많고 이직을 자주 하는 경향이 있었다. 3) 반사회성 유형은 전과가 많고, 충동조절 실패를 특징적으로 보이며, 무직이나 일용노동직이 많았다.

이들은 어릴 때 학대를 당하는 등 가정환경이 불우했던 공통점을 드러냈다.

제5절 묻지마 범죄 예방대책

1. 묻지마 범죄관련 범죄 위험성 평가 전략 수립

범죄 위험에 대한 평가는 묻지마 범죄 예방 및 잠재적 범죄자에 대한 효율적 대처 차원에서 유용한 전략이다(Congressional Research Service, 2013). 범죄를 저지르기 전 나타나는 몇 번 이상의 징후들을 분석하고, 이를 범죄 위험성 평가에 활용한다면 신속한 조치로 묻지마 범죄를 예방할 수 있다(Virginia Tech Review Panel, 2007). 국내에서도 묻지마 범죄자들의 공통적 특성을 분석하고, 특히 범행 전 보였던 이상 징후들을 선별한다면, 향후 묻지마 범죄 위험성이 높은 범죄자들을 체계적으로 평가하고 관리, 지원하는 데 활용하여 궁극적으로 범죄예방에 기여할 수 있을 것이다.

미국 내 총기난사 사건들 중 특히 학교에서 발생한 사건의 가해자에게 발견되는 위험 요소들은 아래와 같다(Virginia Texh Review Panel, 2007)

1	폭력적인 환상	12	자신을 피해자나 순교자로 생각
2	분노 조절 문제	13	기이하고 비정상적인 행동
3	무기, 흉기 등에 대한 집착	14	망상(주로 피해망상)
4	자격훈련 등 싸움에 대한 자랑, 연습	15	폭력성, 고문 등 잔인한 행동
5	사회적 고립	16	부적절한 정서(잔인한 행동 즐김)
6	자살에 대한 생각	17	감정적 분풀이 행위
7	살인에 대한 생각	18	범죄 전력
8	스토킹	19	정신병력
9	규범 위반	20	무표정한 얼굴 등 정서 경험 불능
10	기존 살인범들에 대한 모방	21	경찰, 군대, 테러리스트에 대한 비정상적 관심
11	과거 총기난사 사건에 대한 관심	22	알코올/약물남용

2. 총기 및 흉기 소지 규제 강화

외국의 경우 묻지마 범죄발생 이후 총기나 흉기 소지에 대한 규제를 더욱 강화한 사례들이 다수 존재한다. 예컨대 일본에서는 2008년 6월 8일 도쿄 아카하바라역 인근에서 25세 남성인 가토 도모히로가 트럭으로 행인 5명을 친 후, 차에서 내려 무차별적으로 단검을 휘둘러 12명을 살상한 칼부림 사건이 발생하였다. 이후 2009년 1월5일 일본에서 '총포·도검류 소지 등 단속법'이 개정, 시행되어 총포·도검류 소지 허가 조건을 강화라고, 소지자에 대한 감시를 강화하며, 원칙적으로 칼날 길이 5.5cm 이상의 칼은 소지를 금지하게 되었다(박지선, 2013). 영국에서는 1996년 3월 13일 던블레인의 한 초등학교에서 43세 남성인 토마스 해밀턴이 총기를 난사해 총 17명이 사망하였다 이 사건으로 인해 다음 해인 1997년 11월, 영국의 총기관련 법률(The Firearms Act)이 개정되었고, 개인이 총기를 소지하는 것이 모두 불법화 되었다(박지선, 2013). 이처럼 총기류 소지는 짧은 시간 동안 피해 규모가 순식간에 커지는 결과를 초래할 수 있으므로, 향후 국내에서 총기 소지 규제를 더욱 엄격히 강화하여 이러한 묻지마 범죄 피해를 예방할 필요성이 있다.

3. 복지정책을 통한 묻지마 범죄 예방

묻지마 범죄의 사회적 원인을 고려할 경우 저소득이나 실업자, 전과자들에 대한 적극적 지원정책으로 이러한 범죄를 예방하는 노력이 시급한 것이다. 일본의 경우 묻지마 범죄 대응 방안으로 범죄자에 대한 강력한 처벌 위주의 정책보다는 실업자나 은둔형 외톨이, 전과자 등에 대한 지원을 강화하여 재범 위험성을 감소시켜 범죄를 예방하는 복지정책을 강조한다.

4. 사회적 고립의 탈피 및 단절된 인간관계 회복

사회적 고립은 부정적 정서를 야기하고 스트레스 저항력을 떨어뜨리며 분노 조절 실패에 기여하는 등 여러 폭력성의 분출에 영향을 미친다. 이를 바탕으로 볼 때 가정, 학교, 직장 등에서 단절된 대인관계를 회복하고 사회적 고립으로부터 탈피하기 위한 정책적 노력이 요구된다. 예컨대 미국의 경우 학교에서의 왕따나 직장에서의 갈등 상황 등에서의 폭력 방지를 위해, 평소 적절한 스트레스 해소를 통해 분노를 조절하도록 대처 기술을 교육하고,

대인관계 기술을 함양하며, 상담이나 중재 서비스를 제공한다.

5. 인지적 왜곡 수정

묻지마 범죄자들에게서 드러나는 외부귀인편향이나 범행에 대한 정당화 등 인지적 왜곡을 적극적으로 수정할 필요성이 제기된다. 이를 위해 자신에게 닥친 불행이나 좌절에 대해 만성적으로 남 탓, 사회 탓으로 돌리는 외부귀인성향을 돌아보게 하고, 우울장애환자에게서 주로 보이는 무기력한 태도 역시 인지행동치료(CBT: Cognitive–Behacioral Treatments)를 통해 교정할 필요가 있다.

6. 다문화사회에서 묻지마 범죄 예방

다양한 국적과 민족의 사람들이 함께 살아가는 환경에서 증가하는 적대감과 긴장감, 불안이 묻지마 범죄로 표출되어 나타난 해외 사례들이 다수 존재하고 있다. 예컨대 2007년 버지니아텍에서 무차별로 총기를 난사한 조승희 사건은 다문화사회에서 적응 및 융합에 실패하여 불특정 다수에게 분노를 표출한 사건이다.

특히 최근 증가 추세에 있는 국내 외국인 인구의 유입을 살펴볼 때, 외국인 밀집지역에서 무차별 폭력을 저지르거나, 혹은 외국인들을 대상으로 분노를 표출하는 묻지마 범죄에 대한 예방대책이 시급하다.

제14장
살인, 친족살인, 연쇄살인의 범죄심리

제14장 살인, 친족살인, 연쇄살인의 범죄심리

살인은 사람이 사람을 대상으로 저지르는 범죄 가운데 가장 심각한 범죄일 것이다. 헌법에서도 절대생명 보호의 원칙에 따라 사람의 생명을 가장 우선시 하고 있다(절대적 생명보호의 원칙). 공식통계에 의하면 2017년 살인 발생건수는 총 858건으로(대검찰청 2018) 인구 10만 명당 약 1.7명에 이르는 건수이다. 살인사건으로 말미암아 범죄피해자의 가족과 이웃들의 정신적 충격, 우리 사회 선체에 미치는 영향을 생각해 볼 때 그 파급력은 적지 않을 것이다. 가해자와 피해자의 배경이나 범행동기, 범죄가 발생한 상황을 막론하고 단 한 건의 살인사건이라도 예방하고자 하는 노력은 실로 귀중하다고 할 수 있다. 여기에서는 국내범죄자배경특성 및 관련 통계를 살펴보고, 살인범죄자 유형분류체계, 친족 관련 살인, 연쇄살인에 관계된 내용을 살펴보기로 하겠다.

제1절 살인

1. 국내 살인범죄 관련 통계

대검찰청에서 발간하는 범죄분석에 나타난 최근 십여 년 간의 살인범죄 관련 통계를 나타난 것이다.

살인범죄의 연도별(2008~2017) 발생건수와 검거율

	발생건수	발생비	검거율(%)
2008	1,120	2.3	98.2
2009	1,390	2.9	97.1
2010	1,262	2.6	97.4

2011	1,221	2.5	95.3
2012	1,029	2.0	96.2
2013	959	1.9	96.7
2014	938	1.8	97.5
2015	958	1.9	96.9
2016	948	1.8	98.7
2017	858	1.7	98.7

국내 살인범죄의 십 년 간 발생건수 및 발생비율을 살펴보면(표1) 2008년 총 1,120건 발생 이래 2012년 1,029에 이르기까지 매년 1,000건 이상 발생하다가, 2013년 이후 매년 1,000건 이하로 점진적으로 감소하고 있다. 인구 10만 명당 발생건수

인 발생비 역시 2008년 약 2.3명에서 2012년 약 2.0명으로 나타나다가 2013년 이후로는 2.0명 이하로 감소한 것으로 나타났다. 검거율은 해당 연도 및 그 이전에 발생된 사건에 대한 검거 건수까지 포함하여 계산된 것이므로, 최근 평균 약 97.3에 달하는 검거율을 나타내고 있다.

살인범죄자의 배경특성(2017년)

(1) 연령		986	100%
소년	18세 이하	18	1.8%
성인	19–25세	82	8.3%
	26–30세	69	7.0%
	31–35세	75	7.6%
	36–40세	86	8.7%
	41–50세	222	22.5%
	51–60세	95	23.9%
	61–70세	42	9.6%
	71세 이상	61	4.3%

	미상	61	6.2%
(2) 직업		986	100%
자영업		103	10.4%
피고용자		282	28.6%
(3) 전과 횟수		986	100%
없음		263	26.7%
1회		99	10.0%
2회		71	7.2%
3회		44	4.5%
4회		41	4.2%
5회		38	3.9%
6회 이상		218	22.1%
미상		212	21.5%
(4) 피해자와의 관계		986	100%
모르는 사람		230	23.3%
친족		228	23.1%
지인		90	9.1%
이웃		50	5.1%
전문직		15	1.5%
공무원		5	0.5%
기타		48	4.9%
무직		405	41.0%
미상		128	12.9%
(5) 교육정도		986	100%
무학		14	1.4%
초등학교		103	10.4%
중학교		135	13.7%
고등학교		342	34.7%
대학교		113	11.5%
대학원 이상		11	1.1%

기타	15	1.5%
미상	253	25.7%
(6) 성별	986	100%
남성	768	79.9%
여성	141	14.3%
미상	57	5.8%
(7) 혼인 상태	986	100%
미혼	304	30.8%
기혼	271	27.5%
동거	32	3.2%
이혼	142	14.5%
사별	20	2.0%
미상	217	22.0%
(8) 범행시 정신 상태	929	100%
정상	365	39.3%
주취	335	36.1%
정신장애	72	7.8%
미상	157	16.9%

위의 표 살인범죄자의 배경특성에 대해서 살펴보았다. 먼저 살인범죄자의 연령에 대해서 살펴보면, 가장 많은 연령대는 51~60세로 약 24%에 달하는 것으로 나타났고, 41세 이상 60세 이하가 약 반을 차지하고 있다. 직업으로는 무직이 41%로 가장 많고, 그 다음으로 피고용자(28.6%)가 많았다. 성별은 남성이 약 80%로 대다수를 차지하였다. 전과를 살펴보면 전과가 없는 자가 약 27%인 반면 전과 총 6범 이상인 범죄자도 22%에 달하는 것으로 나타나, 살인범죄자 가운데 다수의 전과를 가진 사람이 많다는 것이 나타났다. 다음으로 범죄자-피해자 간 관계에 대해서 살펴보면 서로 모르는 관계와 친족관계가 각각 23.3%, 23.1%로 가장 많은 수를 차지하였다. 범죄자의 결혼 여부를 살펴보면, 미혼 상태인 범죄자가 약 31%로 가장 많고, 그 다음이 기혼인 범죄자 28%로 나타났다. 범행 시 정신 상태에 대해서 살펴보면 정상의 경우가 약 39%이고 주취상태에서 범죄를 저지른 비율도 약 36%에 달하는 것으로 나타났다.

살인범죄 발생특성(2917년)

(1)계절별 발생	858	100%
봄(3월–5월)	225	26.2%
여름(6월–8월)	243	28.3%
가을(9월–11월)	196	22.8%
겨울(12월–2월)	194	22.6%
(2) 범죄 발생장소	858	100%
아파트 · 주택	343	39.9%
도로 · 노상	138	16.1%
상점 · 숙박업소 등	39	4.5%
유흥업소	40	4.7%
사무실 · 공장 등	26	3.0%
의료 · 종교 · 금융기관	13	1.5%
산야 · 해상	12	1.4%
지하철 등 교통수단	7	0.8%
학교 · 유원지	6	0.7%
기타	234	27.3%
(3) 범죄 발생 시간	858	100%
00:00–02:59	67	7.8%
03:00–05:59	69	8.0%
06:00–08:59	75	8.7%
09:00–11:59	94	11.0%
12:00–14:59	88	10.3%
15:00–17:59	100	11.7%
18:00–20:59	126	14.7%
21:00–23:59	141	16.4%
미상	98	11.4%
(4) 발생부터 검거까지	847	100%
1일 이내	620	73.2%

2–3일 이내	27	3.2%
4–10일 이내	45	5.3%
11일–1개월 이내	37	4.3%
1–3개월 이내	46	5.4%
3–6개월 이내	19	2.2%
6–12개월 이내	16	1.9%
1년 초과	37	4.3%

살인범죄 발생특성을 살펴보면(표3) 계절로는 여름에 가장 많이 발생하였으며 약 28%, 시간대로는 밤 21시에서 24시 사이에 가장 많이 발생하였고 약 16%, 발생장소는 다양하나 아파트나 주택에서 발생하는 경우가 약 40%로 가장 많았다.

다음으로 사건발생 후 범인검거까지 걸리는 시간을 살펴보면, 사건발생 1일 이내에 검거하는 경우가 약 73%로 가장 많았고, 늦어도 사건발생 10일 이내에 검거하는 경우가 약 82%이다.

2. 살인범죄자 유형분류

범죄행동을 비롯하여 모든 인간행동을 이해하는 것에 있어서 가장 기본적인 첫 단계는 분류이다(Schlesinger, 2004). 그러나 이러한 분류의 경우에 있어 특히 살인 의 경우에는 여러 복잡한 현상에 대한 엄격한 기준을 구분하기가 쉽지 않고, 분류체계의 경계선을 넘나드는 여러 복합적인 사례들이 존재하기 때문에 분류하기란 여가 어려운 일이 아니다. 그럼에도 많은 연구자들은 살인 유형에 대한 분류체계를 발전시키기 위해서 많은 노력을 하고 있다.

(1) 임상적 관찰에 의한 분류

살인자들을 정상적 살인자들과 정신병질적 살인자들의 두 범주로 나누었다(Bromberg, 1961). 정상적 살인자의 경우 극도의 모욕감을 느꼈을 때 그에 대한 반응으로 인해 사람을 살해하는 경우라고 분류하고, 정신병질적 살인자들은 일반적으로 불안정하고, 예측불가능하며 양심이 없는 사람들로, 살인하는 그들은 대부분 계획성이 없고 충동적이라 할 수 있다. 예컨대 성욕이나 스릴 때문에 살인을 저지르는 사람들, 강간 후 살인을 저지르는 사람들

등이다.

살인을 '자아 동질적(ego-syntonic)', '자아 이질적(ego-dystononic)', 그리고 '정신병적(psychotic)' 살인의 세 가지 유형으로 분류하였다(Tanay, 1969). 1) 자아 동질적인 살인은 본질적으로 목표 지향적인 행동인 반면, 2) 정신병적 살인은 환각이나 망상에 대한 반응과 같은, 명백한 정신병의 결과이다. 3) 자아 이질적(분열적)인 살인은 지나친 도덕과 완고함을 보이며 자신의 분노를 스스로 두려워할 정도로 지나치게 발달된 초자아를 가진 사람들이 의식으로부터 자아가 분열된 상태에서 저지르는 살인이다. 이러한 자아 이질적 살인을 저지른 사람들은 아주 경미한 수준의 적대성이라도 표현할 능력이 거의 없다가, 일순간 갑작스럽게 통제력을 상실하고 그 결과 폭발적으로 반응하여 살인을 저지르게 된다고 설명한다.

(2) 경험적 연구에 의한 분류

1970년대 후반부터는 경험적 연구로부터 유래한 분류체계들이 나타나기 시작하였다. 재범 위험성 예측에 초점을 맞춘 분류체계를 개발하였는데, 이 분류체계는 범행 당시 가해자가 피해자를 비인격화(dehumanization)한 정도에 기반을 둔다(Miller & Looney, 1974). 이에는 피해자들을 완전히 영구적으로 비인격화했기 때문에 다시 살인을 반복할 위험이 상당히 높은 범죄자들, 피해자들에 대해 비인격화(dehumanizayion)화가 부분적이고 일시적이어서 반복의 위험이 다소 높은 범죄자들, 피해자들에 대한 비인격화가 일시적이고 불완전하였으며, 같이 범행을 저지른 공범들과 함께 있는 상태에서만 일어났기 때문에 향후 살인을 저지를 가능성이 낮은 사람들 등이 포함된다.

(3) 수사기관에서 제시한 살인범 유형분류법

FBI 행동과학부는 수사기관의 관점에서 범죄현장 행동특성을 기반으로 한 살인 분류체계를 제안하였다(Douglas, Burgess & Ressler, 2006). 이들은 범행동기에 기반을 두어서 살인을 크게 이윤추구(criminal enterprise), 개인적 원인(personal cause), 성적(sexual) 살인, 집단(group cause)살인의 네 가지 범주로 분류하였다. 1) 이윤추구 살인을 살펴보면 다음과 같다. 여기에는 청부살인, 유괴살인, 보험사기 살인 등이 포함된다. 2) 개인적 원인에 의한 살인을 살펴보면 다음과 같다. 가정 내 살인, 언쟁 끝에 저지른 살인, 복수심에 저지른 살인 등이 있다. 3) 성적 살인을 살펴보면 다음과 같다. 조직형과 비조직형, 가학형 등이 있다. 4) 집단살인을 살펴보면 다음과 같다. 종교적 집단에 의한 살인이나 정치적 극단론에 의한 살인 등이 있다.

(4) 임상적 관찰과 경험적 연구가 결합된 분류체계

1) 표현적 살인과 도구적 살인

공격성 유형분류를 영국에서 발생한 살인사건현장의 행동과 범죄자의 배경 정보에 적용하여, 살인을 다음과 같이 표현적 살인, 도구적 살인의 두 가지 유형으로 구분하였다(Salfati, 2000).

① 표현적 살인

두 사람 사이에 벌어진 논쟁 끝에 분노에 차서 상대방을 살해하는 경우를 말한다. 상대방에 대한 부정적 감정의 표출에 초점을 맞춘 살인이다. 이러한 과정에서 피해자가 몸이나 머리 등 다양한 신체 부위에 부상을 입는 등의 행동이 나타날 수 있다. 이러한 유형의 살인은 보통 예전부터 서로 잘 알고 지내온 범죄자와 피해자 사이에 일어나는 경우가 많다.

② 도구적 살인

피해자를 살해하는 것 그 자체가 목적이 아니라, 범죄자가 필요로 하는 물질적 혹은 성적 이익이 주된 목적을 이룬다. 여기에서 범죄자는 피해자를 단지 자신의 목적을 달성하기 위해 제거 혹은 이용해야 할 물건이나 대상으로 여기는 것이다. 이러한 유형의 살인을 저지르는 범죄자의 경우에는 강도, 절도, 성범죄 등의 전과가 있는 사람인 경우가 많다. 이러한 유형은 목적 달성을 위해 계획을 세우고 피해자에게 접근하는 경우가 많다.

2) 계획적 살인과 우발적 살인

신중하게 범죄를 계획하여 체계적으로 범죄에 착수하는 사람들의 행동은 충동적으로 범죄를 저지르는 사람들의 행동과는 다르다고 주장한다(Erez, 1980).

① 계획적 살인

계획적으로 저지른 살인에서, 범죄자는 범행 시간과 장소, 대상을 사전에 신중하게 선택하며, 피해자와의 상호작용에 앞서 미리 흉기를 준비하여 가지고 오거나 피해자가 도중에 도망칠 수 없도록 철저히 계획을 준비한다. 살인을 저지른 후에도 살해 장소에서 지문 등 증거를 제거하거나, 피해자의 시신을 옮기고 발각되기 어려운 장소에 감추는 등 계획성과 치밀함이 드러난다.

② 우발적 살인

우발적이고 즉흥적인 살인에 있어, 사건의 시간과 장소, 그리고 흉기는 그 상황에서 우연히 선택되는 경향이 이다. 범행은 갑자기 행해지고, 범죄자는 향후 검거를 지연시키기 위한 계획이나 조치 없이 그대로 범행현장을 벗어나는 경우가 많다 따라서 여러 범죄를 행한 증거(예컨대 도구, 지문 등)가 현장에 그대로 남아 있고, 피해자의 시신이 그대로 그 장소에 남아 있다.

3) 범행동기에 근거한 살인 분류의 체계(Schlesinger, 2004)

범죄자 행동의 동기에 주목하여 살인 분류체계를 제안하였다. 이 체계는 연속선상에서 살인 범죄는 크게 환경적(environmental), 상황적(situational), 충동적(impulsive), 강박적(compulsive) 살인의 다섯 가지로 분류된다.

① 환경적 살인

정신병리나 성격적 결함 등 개인적 요인이 되어 발생되기보다는 그 개인이 속한 사회와 환경, 혹은 집단의 영향력에 기인한 살인을 일컫는다. 평소 공격성이 높지 않은 평범한 사람들도 특정한 사회적 분위기에 휩쓸리거나 환경적인 압력을 받는다면 공격적인 방식으로 행동하기 쉽다는 것은 여러 연구에서 나타난 바 있다(Milgram, 1963; Zimbardo, 1973). 예컨대 나치의 잔악한 행위를 그 당시 사회적, 환경적 영향력으로 설명하였는데, 나치 지도자들의 행동은 개인의 정신병리적 결과이기보다는 그 당시의 종교 정책에 의해 지지된 사회적 영향력에 기인한 것이라는 설명이다(Gilbert, 1947; Ritzler, 1978).

② 상황적 살인

말다툼 끝에 발생한 살인과 같이 특정한 스트레스 상황에 대한 행동 반응으로부터 나타나는 것이 일반적이다. FBI에서 발간되는 미국 공식 범죄 통계(UCR)는 살인사건의 70%가 상황적 요인이나 스트레스 상태에서 발생된 것이라 설명하고 있다.

③ 충동적 범죄

주로 무분별한 행동, 장기적인 목표의 부재, 예측 불가능성 등의 특징을 가지고 있다. 이들은 통찰력을 가지고 삶을 장기적으로 바라보지 못하고 닥치는 대로 그때그때를 살아가는 경향이 있는 사람이다. 충동적인 범죄자들은 해체된 가정생활을 했거나 경미한 신체장애나 주의력 결핍장애, 학습장애, 언어장애와 같은 발달 장애를 가지고 있다. 그 결과 열등감이 발달하고 이는 억압된 적대감을 초래하게 되어 복수를 위한 욕구가 그들의 사고를 지배하게 되는 것이다. 충동적인 범죄자들이 저지른 범죄는 체계적이지 못하고, 사전에 계획을 하는 경우가 드물다.

④ 감정적 살인

불안이나 두려움 등의 내적인 갈등에 대한 유일한 해결책이 폭력적 행동이라는 생각에 집착하게 된 사람이 저지르는 살인을 말한다. Revich & Schlesinger(1989)는 감정에 관한 것들을 급성과 만성 과정으로 나누어 설명하였다.

급성 감정적 살인은 뿌리 깊은 정서적 갈등이 범죄자의 통제력을 압도하고 순간적으로 방출되어 나타난 결과로 발생하는 살인이다. 피해자는 보통 범죄자의 억압된 갈등(예컨대 모친에 대한 증오)과 관련된 상징적인 의미를 갖는다. 범행은 보통 우발적이고, 범행현장은 체계적이지 못하며, 많은 경우 범죄자들은 범행에 대해 잘 기억을 하지 못하고 자신의 행동에 대한 논리적인 설명을 하지를 못한다.

반면 만성 감정적 살인은 잠복기, 폭력적 행동, 안도감의 3단계 과정을 거친다. 잠복기는 수 일에서 수 년 동안 지속될 수 있다. 이 기간 동안 개인은 긴장감, 좌절감, 열등감과 같은 내적인 갈등을 해소할 유일한 해결책이 살인이라는 생각에 집착
을 하게 된다. 만성 감정적 살인은 보통 가까운 사람이나 성적관계가 있었던 사람을 대상으로

범행을 저지른다. 범행은 계획적이고, 범행 후 범죄자는 안도감을 느끼게 된다.

⑤ 강박적 살인

거의 모든 경우 내적인 심리적인 원인에 의해서 발생되며, 환경이나 상황적 영향을 받는 경우는 거의 없다. 범죄행동을 저지르려는 내적 충동이 매우 강해서, 만약 이에 저항할 경우 범죄자는 내적인 불안감과 불편함을 경험하게 된다.

강박적 살인은 반복될 가능성이 높으며, 여러 범행에 걸쳐서 그 수법이 유사하고 의식적인 (ritualistic)방식으로 행해진다. 이러한 범죄자들은 연쇄적으로 다수의 범행을 저지르기 위해서 사전에 신중한 방식으로 행동을 계획하는데, 이 경우 오랜 기간 동안 범죄자가 가져온 가학적이고 왜곡된 성적환상이 범죄와 연결되어 나타나기도 한다.

⑥ 결론

지금껏 살펴본 살인 유형 중 가장 재범의 가능성이 높은 범죄자는 강박적 살인을 저지른 자들이다. 이러한 범죄자들은 살인에 대한 욕구와 그 대상이 되는 피해자를 찾아 나서도록 만드는 내적인 욕구를 가지고 있기 때문이다. 따라서 이들은 가장 위험한 범죄자들이며, 계속적으로 살인을 저지를 위험성 또한 가장 높다.

제2절 친족살인

Wolfgang(1958)이 1948년에서 1952년 사이에 필라델피아에서 발생한 살인사건을 분석한 결과, 약 80%가 범죄자와 피해자가 서로 아는 사이에서 발생되었으며, 특히 피해자의 24.7%가 가해자와 친족관계였다고 보고 하였다. Daly & Wilson(1982)는 1972년에 디트로이트에서 발생한 508건의 살인사건 중 25%가 친족관계에서 발생되었다고 발표하였다. 국내의 경우 '범죄분석'에 나타난 최근 십 년 간의 살인범죄 통계에 의하면 대부분의 살인이 피해자와 범죄자가 서로 아는 사이에서 발생된다는 Wolfgang(1958)의 결과와 크게 다르지 않은 것으로 나타났다. 특히 친족관계에서 발생한 살인사건의 경우, 꾸준히 20-25%(100%

기준)가량을 차지하는 것으로 나타났다. 친족살인의 원인에 대해서 살펴보면 다음과 같다.

(1) 가정폭력

우선 친족살인은 가정폭력의 한 방식일 뿐만 아니라 종종 가정폭력의 산물이기도 한다 (Ewong, 1997). 특히 부모를 살해하는 청소년들은 오랜 기간 동안 학대에 시달려 온 경우가 많다(Ewing, 1990). 국내의 연구에서도 존속 살인범 가운데 어린시절 학대를 경험한 비율 이 다른 유형의 살인범보다 훨씬 많은 것으로 타나났고, 주로 아버지로부터 학대를 당한 것으로 나타났다.

Heide(1992)는 청소년 존속 살인범 가운데 가장 흔하게 접할 수 있는 유형은 부모로부터 심하게 학대받은 자녀이며, 그러한 집안 사정을 더 이상 참을 수 없었기 때문에 살인을 저질렀 다고 설명했다. 가정폭력의 산물로 살인이 방생한 경우에 이는 청소년이 부모를 살해하는 존속살인도 포함되지만 남편을 살해하는 부인의 경우도 포함이 된다. 여성이 다른 사람을 살해하는 경우는 비교적 드문 일이지만, 살인을 저지를 경우 일반적으로 그들과 가장 친밀한 관계에 있는 남성이 그 대상이 된다. 국내의 경우 남성 살인범이 부인이나 사실혼 관계에 있는 여성을 살해하는 경우는 약 13%인 반면, 여성 살인범의 약 절반가량(51.1%)이 남편이 나 사실혼 관계에 있는 남성을 대상으로 살인을 저지르는 것으로 나타났다.

(2) 정신장애

친족을 살해하는 사람들 중 일부는 정신질환을 앓고 있는 사람들이며, 이것이 살인에 있어서 직접, 간접적인 원인이 되기도 한다. 예컨대 아이를 살해하는 엄마들 가운데 상당수는 범행 당시 산후 우울증 등의 정신질환을 앓고 있었다(Ewing, 1997). 국내의 경우에도 친족살인 범의 대다수는 정상 84.5% 이었으나 우울증 4.9%, 정신분열증 0.4% 진단을 받는 범죄자들 도 소수이지만 존재하는 것으로 나타났다.

친족살인 가운데서도 부모를 살해한 범죄자들의 소수는 오랜 기간 동안 정신장애를 앓으며 치료받은 기록을 갖고 있는 정신질환형 혹은 정신병적 범죄자에 해당된다(Heide, 1992; Maloney, 1994).

(3) 음주

음주는 친족살인뿐만 아니라 모든 다른 종류의 살인과도 관련성이 깊다(Goetting, 1995). 미국 법무부 연구(U.S. Department of Justice, 1994)에서는 가족 구성원들을 살해한 사람들 가운데 57.6%가 범행 당시에 술에 취한 상태였던 것으로 드러났다. 배우자를 살해한 사람들의 54.4%, 부모를 살해한 사람들의 28.4%, 형제자매를 살해한 사람들의 53.9% 등이 범행 당시 주취 상태였던 것으로 보고되었다.

(4) 그 외

돈이나 물질적인 이유로 인해서 부모를 살해하는 사람들도 존재한다(Mones, 19911). 그러나 여기에서 주의할 점은 가해자가 부모를 살해하는 주요 동기가 경제적인 이유인 경우라 하더라도, 돈에 대한 추구라는 이유 하나로는 충분하지 않은 것이다. 이들 가운데 일부는 학대받은 아이들이고, 부모에 대한 긴 세월의 분노를 살인을 통해 표출시킨 것이라고 보는 것이 옳다(Ewing, 1997).

이 외에도 다양한 스트레스가 원인이 되기도 하는데, 아이를 낳고 엄청난 부담감과 두려움에 압도된 나머지 신생아를 죽이는 어린 엄마들의 경우, 실직 등의 사회적 스트레스도 친족살인에 있어 한 가지 원인이 되기도 하는 것이다(Ewing, 1997).

제3절 연쇄살인의 정의와 특성

1. 연쇄살인의 정의

연쇄살인(serial murder)이란 세 군데 이상의 서로 다른 장소에서 각각 다른 피해자를 대상으로 개별적 사건이 발생하는 경우를 말한다. 사건과 사건 사이에는 범죄자가 살인 행위를 멈추고 냉정을 되찾으며 이성적으로 자신이 한 행동의 옳고 그름을 판단할 수 있는 심리적 냉각기(cooling-off period)가 나타나는 것이 특징이다(Douglas et al., 1986).

대량살인(mass murder)은 한 장소에서 한 번에 많은 사람들을 살해하는 것을 말한다. 분산살인 혹은 연속살인(spree murder)은 여러 장소에서 다수의 사람들을 냉각기(심리적) 없이 살해하는 것을 말한다.

연쇄살인범들은 살인을 지속적으로 반복해서 하려는 경향을 가지고 있고, 보통 시간이 지나면 지날수록 더욱 잔인하고 폭력적인 성향으로 변하며, 대부분 검거 전까지 살인을 멈추지 않는다(Fox & Levin, 1999). 연쇄살인범들은 대부분 모르는 사람을 범행대상으로 하고, 살인동기가 뚜렷하지 않으며, 피해자의 시신처리나 증거인멸 등에 있어서 범행을 은폐하려 치밀한 노력을 기울이기 때문에, 많은 살인사건이 단순한 실종사건으로 처리되거나 미제로 남을 수 있다(경찰청, 2009).

2. 연쇄살인범들의 특성

연쇄살인범들이 대부분 아동기에 부모로부터 신체적, 성적 학대를 당하는 등 불행한 유년기를 보냈다는 믿음을 본인 자신이 가지고 있다. 실질적으로, 많은 연쇄살인범들이 어린시절에 엄청난 신체적, 심리적 학대를 당한 것은 사실이다(Hicket, 1997; Ressler, Burgess & Douglas, 1988; Simons, 2001). 그러나 이러한 학대의 경험은 살인뿐만 아니라 어떤 종류의 범죄도 저지른 적이 없는 사람들에게서도 찾을 수 있는 점이므로, 연쇄살인범들이 다른 사람들보다 유년기에 더 큰 고통을 당했다고 단정적으로 결론을 내릴 수 있는 근거는 없는 것이다(Fox & Levin, 1999).

또한 어린시절에 겪은 신체적, 심리적 학대 그 자체가 연쇄살인의 원인이 된다고 하기 보다는, 이러한 학대와 관련지어 나타나는 정서적 애착 발달의 미숙과 학교에서의 부적응, 적절한 대인관계 기술의 부재와 사회적 고립 등의 복잡적인 요인도 함께 고려되어야 할 것이다. 흔히 연쇄살인범들의 경우 일반인들과는 다를 것이라고 생각하는 경향이 있다. 그러나 대부분의 연쇄살인범들은 지능이나 외모 등의 면에 있어서 정상의 범위에서 크게 벗어나지 않고, 적어도 겉으로는 평범한 사람과 크게 다르지 않다.

그 대신 대부분의 연쇄살인범들은 반사회적 성격장애가 있거나 정신병질 성향이 높다(Simons, 2001). 이들은 양심이 결여되어 있고, 후회나 죄책감을 느끼지 않으며, 주변 사람들을 단지 자신의 만족을 최대화시키는 데에 쓰는 도구로만 생각하고, 오직 자신의 욕구에만 집중하고 그것을 충족시키는 데에 있어서 사회적 규범이나 양심에 압박을 받지 않는다(Fox & Levin, 1999).

범행의 특성 면에서 살펴보면 다음과 같다. 대부분의 연쇄살인범들은 피해자를 선택하는 데 있어서 기회주의적이고 실용적인 근거를 가지고 있다.(Fox & Levin, 1999). 즉 그들은 신체적으로나 정서적, 환경적으로 접근이 용이하고 공격하고 제압하기 쉬운, 약한 사람들을 목표로 삼는다(Fox & Levin, 1999).

많은 연쇄살인범들은 신중하게 증거를 인멸하고 피해자의 시신을 찾기 힘든 곳에 유기하는 등 검거를 피하기 위한 여러 가지 방법을 쓴다(Douglas rt al., 2006).

대부분의 연쇄살인범들은 피해자를 납치하고 포획하는 방법에서부터 살해도구와 수법의 선택, 시신처리 방법에 이르기까지 매우 신중하고 치밀한 면모를 보인다(Holmes & D Eburger, 1998).

연쇄살인범들이 피해자의 소지품(예컨대 옷, 신발 등)이나 신체 일부를 전리품처럼 보관하기도 하지만(Norris, 1989), 미디어에서 보이는 것과는 달리 대부분의 연쇄살인범이 범죄 현장에 독특한 표식(signature)을 남기고 가지 않는다. 그 결과 경찰은 동일범이 저지른 일련의 범죄의 연관성을 알아채지 못할 수도 있다(Egger, 1984).

제4절 연쇄살인의 제 접근

1. 특성론적 접근

(1) Claus & Lidberg(1999)특성론

1) Claus가 본 연쇄살인범의 전형적인 특징

아라비안나이트로 우리에게 널리 알려져 있는 페르시아 왕 Schahria의 심리적, 행동적 특성을 연쇄살인범의 특성과 관련하여 Schahria model을 통하여 연쇄살인범의 특성을 분류하였다. Claus(1999)등은 연쇄살인범의 전형적인 특징을 힘, 환상, 의식, 비인격화로 요인하였다.

> **샤리아르 왕의 행동적 특성**
> ⇨ 샤리야르 왕은 왕비의 불륜을 목격하고 여성에 대한 강한 혐오감 때문에 밤마다 한 처녀와 동침을 하고 날이 새면 그 처녀를 처형하였다.

① 전지전능(Omnipotence)

연쇄살인범은 처음 살인 후에 검거되지 않으면 놀라고, 그 다음 살인 후에는 약간 놀라고, 그리고 그 이후의 살인에서는 자신이 전능하다고 생각하고 있다(Gacono and Meloy, 1994). 그는 살인 행각을 벌이기 전에는 혼돈의 세상에서 무의미한 존재라고 생각하면서 오직 자위행위로 자신의 육체를 통제하게 된다. 범행을 하는 동안 그는 생과 사를 마음대로 통제할 수 있고, 이 시간만큼은 자신의 손으로 피해자의 목숨을 좌지우지 할 수 있다고 여긴다. 범행 이후에는 경찰의 공권력을 능가하였다는 승리자로서의 희열을 느끼게 된다고 한다.

② 가학적 환상(Sadistic fantasies)

Johnson & Becker(1977)는 살인행위를 한 소년들 중에는 성적으로 가학적인 환상이 많다고 보고하였다. Prentky(1989) 등은 자신이 연구한 사례들 중 86%가 강간 또는 살인의 환상을 보였다고 하였다.

③ 의식행사(Ritulized performance)

DeHart & Mahoney(1994)는 연쇄살인범들에게 있어서 의식행사는 사회적 상호작용을 대체하는 행위라고 하였다. 일부 학자들은 연쇄살인범은 마치 영화에서처럼 범죄행각을 벌이는 장면에서 동질감을 느끼게 된다고 보았다. 연쇄살인범들이 피해자와 어떤 절친한 관계를 가지는 것이 아닌 것으로 볼 때, 그들은 현실에 대한 인식이 부족한 것으로 보여진다.

④ 비인격화(dehumanization)

Warren(1996) 등은 자신이 연구한 모든 사혜에서 사체훼손(torture)의 흔적을 발견했다. 일부사례의 경우 피해자가 인격적으로 다루어지게 될 때는 살인범들은 피해자를 살려 주게 된다. 피해자는 놀이의 대상에 불과하고 의식의 환상에 깨어지게 될 경우 그 환상은 실제로 나타나게 된다.

⑤ 공생적 통합(symbiotic merger)

Mahler(1958)는 이러한 관계는 일반적으로 엄마와 유아와의 관계에서 나타난다고 하였으며, 이것은 외부환경으로부터의 안전을 지키는 관계로 작용한다(예컨대 어린아이는 엄마가 있음으로 해서 안전함과 편안함을 느끼게 되고 엄마가 자신의 옆에 없을 경우 심함 불안감을 느끼게 된다). 연쇄살인범이 피해자를 선택하고 살해하는 것은 자신의 어린시절을 엄마와의 관계가 원만하지 못하여 사랑과 애정을 받지 못한 것에 대한 일종의 심리적 부모와의 공생적 통합의 관계의 대치된 행동이므로 살인은 심리적 생존을 위한 활동으로 묘사할 수 있다.

(2) Holmes & Holmes의 연쇄살인의 단계론

폭력과 살인행위에 대해 다년간 연구한 여러 전문가들의 협력으로 이러한 연쇄살인의 '의식(ritual)'을 단계별로 구분지어 설명을 하고 있다. 살인의 의식절차를 통하여 연쇄살인범의 심리적 특성을 이해할 수 있다. 또 단계별 분류로 인해서 미국과 영국에서는 연쇄살인사건의 수사와 연구를 함에 있어서 폭넓게 활용되고 있다. Holmes & Holmes(1996)는 연쇄살인의 단계를 다음과 같이 6개로 구분하여 설명하고 있다.

> 환상(fantasy) ⇨ 물색(stalk) ⇨ 유인(abduction) ⇨ 살해(kill)
> ⇨ 사체처리(disposal)

① 환상의 단계

연쇄살인범들이 상상을 통하여 자신의 피해자를 비인격화시키게 되고, 자신이 만들어 낸 왜곡된 도덕적 잣대를 적용하여 피해자에 대한 폭력을 합리화시키는 과정이다. 상상이 계속적으로 정교해지게 되면 이러한 것들을 현실에서 행동으로 실천하고자 하는 욕구 또한 매우 커지게 되는 것이고, 상상 속에서 얻게 되는 만족감이 점점 감소되어 결국에는 상상 속의 폭력을 현실에서 실행하기 위해서 준비를 하게 되는 것이다.

② 물색 단계

범행을 하기에 적합한 피해자를 학교, 이웃, 혹은 직장에서 물색하게 되고, 적절한 대상이 선택되면 실제로 폭력을 행사하기로 결심하는 단계를 말한다.

③ 유인 단계

범죄자가 이전에 경험했던 환상이 점증되어져 간다. 따라서 상상 속의 피해자를 찾게 된다. 피해자를 낚아챌 수 있는 기회를 잡을 수 없는 경우가 되면, 범죄자는 자신이 만들어 놓은 미끼에 걸려들 수 있도록 적극적인 자세로 노력을 한다. 현실에서 범행의 실행은 단지 범죄자가 상상을 통해서 했던 모든 것들을 재현하는 것에 불과하기 때문에 이에 대한 현실에서의 죄책감은 느끼지 못하는 단계이다.

④ 살해의 단계

범죄자는 자신이 상상한 것들을 상상으로만 끝내는 것이 아니라 자신의 만족을 가장 크게 해주는 방법을 선택하여 실질적으로 범행을 저지르게 된다. 피해자의 심한 고통과 절망을 보는 것이 매우 중요한 자극이 되는 단계이다. 피해자의 사체를 절단하는 행위를 흔히 볼 수 있다(특히 시체강간을 한 범죄현장에서). 살인의 도구는 망치를 포함하여, 밧줄 등 다양한 도구들이 이용된다. 피해자의 사체에 대한 성적 행동의 증거를 보이고, 성교를 하는 것보다는 자위를 하는 경우가 더 많다.

⑤ 사체의 처리단계

사체를 처리할 때 다른 사람들이 보도록 전시하는지 혹은 수사관들이 발견하기 어렵도록 은닉하는지의 여부도 범죄자의 심리를 파악할 수 있는 중요한 단서가 된다. 피해자의 사체를 전시하는 경우에는 자신의 범죄경력을 알리고자 하는 의도가 깔려 있다고 할 수 있다. 사체를 유기하는 단계가 완료되면 살인의식이 끝나게 되며, 범죄자는 만족감에 빠져 심리적인 안정 상태에 이르게 되는 것이다. 이러한 안정적인 상태가 다시 심리적인 상태로 돌아가는데 연쇄살인범은 또 다른 환상을 꿈꾸며 범행대상에 대해서 새로운 물색을 하게 되는 것이다.

2. 연쇄살인의 유형론적 접근

(1) Rossmo(1996)의 분류

연쇄살인범들은 살인의 희열은 희생자를 스토킹하고 모험을 통해서 이를 느낀다. 연쇄살인범의 피해자에 대한 행동특성을 두 가지로 구분지어 설명할 수 있다. 하나는 적절한 피해자 탐색이고, 또 다른 하나는 피해자 공격방법이다. 피해자 탐색은 피해자 목격장소의 선택과 연결되어 있고, 공격방법은 시체암매장과 관련성이 크다.

연쇄살인의 제 유형

피해자 탐색방법에 의한 구분		피해자 공격방법에 의한 구분	
유형		유형	
사냥꾼형 (hunter)	피해자를 그/그녀의 주거지역 근처에 기반을 두고 피해자를 찾는 범죄자	즉각 공격형 (rapter)	피해자를 만나자마자 공격하는 범죄자
밀렵형 (poacher)	본인의 주거지역보다 행동할 수 있는 범주와 혹은 여기저기 다니며 피해자를 찾아 침입하는 범죄자	물색형 (stalker)	피해자를 따라가서 공격하는 범죄자
끌낚시형 (troller)	여기저기 다니다 피해자를 만나는 범죄자	매복형 (ambusher)	범인이 통제할 수 있는 장소, 거주지나 작업장으로 유인해 공격하는 범죄자
올가미형 (trapper)	그의 통제 하에 피해자를 만날 수 있도록 상황을 연출하는 범죄자		

Rossmo(1996)의 내용을 재구성한 것이다.

1) 적절한 피해자 탐색에 의한 분류

① 사냥꾼형(hunter)

특별히 그들의 주거지에서 나와 피해자를 찾는다. 사냥꾼형의 범행은 범인 자신의 거주도시로 범죄행위가 제한된다.

② 밀렵형(poacher)

범죄대상을 찾아 거주도시 바깥으로 나가거나 어떤 행동구역을 가지고 활동한다. 하지만 이 두 타입의 구별은 어렵고 주관적인 것이다. 이 사냥꾼형과 밀렵형은 주거지역(marauder) 및 통근형(commuter)과 비슷하다.

> ⇨ Canter & Larkin(1993)은 영국에서의 연쇄강간에 관한 연구에서 사용되어 졌는데, 주거지형들은 주거공간이 범죄의 초점인 사람들이고, 통근형들은 범죄를 위해 집에서 다른 장소로 옮겨가는 사람들이다.

③ 끌낚시형(troller)

특별히 희생양을 찾아다니는 것보다 일반적인 활동경로 속에서 그들의 활동 중에 우연히 희생양과 마주치는 범죄자들을 말한다. 그들의 범죄는 자연스럽게 일어나는 것이 대부분이지만, 성범죄자의 경우에는 미리 범죄상황을 상상하고 계획해서 언제든지 기회가 왔을 경우 대처할 수 있도록 준비해 놓는다.

④ 올가미형(trapper)

다가오는 잠재적 희생양의 위치나 직업을 가장하거나(신문배달원, 우편부 등) 또는 여러 가지 핑계를 대서 그들의 집이나 통제 가능한 장소로 유인한다. 여자 연쇄살인범은 대부분 이 범주에 속한다(Hickey, 1986 등).

2) 피해자 공격방법에 의한 분류
① 즉각공격형(rapter)

자신의 먹이를 발견하는 즉시 공격하는 유형이다.

② 물색형(stalker)

그들의 목표물을 따라 다니며 주시를 하고, 그의 활동영역으로 피해자를 유인하고, 피해자를 공격할 수 있는 기회를 기다린다.

③ 매복형(ambusher)

자신이 통제 가능한 공간, 즉 그의 집이나 일하는 장소에 쳐 놓은 그물망에 걸린 사람을 공격한다. 대다수의 매복형은 희생양을 고를 때 사회적으로 소외 되고 거의 아무런 연고가 없는 사람을 선정하거나 또는 행방불명되었다고 경찰에 신고된 사람을 주로 선택하게 된다. 예컨대 마사지를 하러 온 여성을 자기의 원룸으로 유인하여 살해하는 경우.

(2) Holmes & DeBurger(1998)의 분류

주로 범행동기와 특성에 기초하여 연쇄살인범을 크게 네 가지 유형으로 나누었다.

① 망상형(visionary)

연쇄살인범은 주로 누군가를 해치거나 죽이라는 환청이나 환각에 따라 사람을 살해하는, 정신장애를 갖고 있는 유형이다. 이들은 살인의 과정 자체를 즐기는 것 보다는 환청이나 환영의 지시를 받고 살인을 하는 그 자체가 주 목적이며, 일반적으로 범행을 한 후에 범죄현장을 꾸미거나 변화를 시키지 않는 유형에 해당된다.

② 사명감형(missionary)

연쇄살인범은 본인만의 고유하고 왜곡된 도덕적 판단과 기준에 근거하여 무가치하다고 생각되는 특정한 집단이나 계층에 속한 사람들을 제거해야 한다는 명분으로 살인을 저지른다. 이들 역시 살인의 과정 자체를 즐기기 보다는 특정집단에 속하는 사람들을 살해하는 그 자체가 목적에 해당된다.

③ 권력형(power/control)

연쇄살인범은 피해자의 삶과 죽음에 대한 통제력을 과시함으로써 피해자에 대한 자신의 힘이나 권력의 우위를 보이는 데에서 만족을 얻는 유형이다. 이들에게는 피해자를 고문하고 살해한 과정 그 자체가 매우 중요하며, 대부분 피해자의 목을 조르거나 교살하는 행위를 한다.

④ 쾌락형(hedonistice)

연쇄살인범은 사람을 해하는 과정 자체에서 오는 희열을 추구하는 유형으로, 욕정형
(lust), 자극추구형(thrill), 위안형(comfort)의 세 가지 하위 유형으로 나뉜다. 욕정형은
살인의 과정을 통해 성적 쾌락을 충족시키고자 하는 동기를 가진 유형이다. 자극추구형은
피해자에 대한 가학적인 행위에서 오는 흥분과 긴장감을 즐기는 유형이다. 위안형은 살인으
로 금전적 이익을 얻는 전문 킬러들처럼 개인적 안위와 이익을 위해 타인을 도구적으로
이용하는 유형이다.

(3) Dietz(1986)의 분류

연쇄살인범의 유형을 여섯 가지로 세분화하여 분류하였다.

① 정신병리적 성적 가학자(Psychopathic sexual saclist)

쾌락을 목적으로 고문과 살해를 하는 자이다. 살인의 동기 중에 성적인 만족이 일부분 포함되
어 있는 살인을 일컫는다.

② 탐닉형 범죄자(crime spree killers)

범행의 동기는 보통 경제적인 이유나 모험추구(thrill-seeking)하는 것이다.

③ 범죄조직구성형(organized crime members)

마피아, 거리의 갱단 등이 도구적, 금전적, 영역다툼, 보복을 목적으로 하는 경우이다.

④ 독살 및 질식사형(custodial poisoners and asphyxitors)

치료시설에서 발생하는 연쇄살인을 말한다. 예컨대 의사나 간호사가 독극물 주사를 주입하
여 서서히 죽게 만들어 살해하는 경우.

⑤ 정신병형

정신이상적 환각에 사로잡힌 자에 의해 발생되는 연쇄살인을 말한다.

⑥ 정치적 동기에 의한 살인

테러조직 등에 의해 정치적인 목적으로 발생되는 연쇄살인이다.

읽을거리〉 연쇄살인범은 지능이 높을까?

영화나 TV는 연쇄살인범을 천재인 것처럼 묘사한다. 경찰과 교묘한 두뇌싸움을 벌이는 것처럼 만들어 대중의 흥미를 끌기 위해서이다. 하지만 IQ(지능지수)가 높은 사람은 학업과 사회생활을 긍정적으로 하기 때문에 오히려 범죄에 빠질 가능성이 낮다. 사이코패스 연쇄살인범들은 언론의 주목을 받으면 자신의 IQ가 높은 것처럼 행세한다. 자신을 '사회부적격자'가 아닌 '피해자'로 위장하기 위한 행동이다. 그러나 이런 행동은 열등의식의 소산일 뿐, 사실은 아니다.

연쇄살인범 강호순은 교도소에서 자신의 지능지수가 꽤 높다고 자랑했다. 수사과정에서는 경찰의 잘못을 꼬집으면서 '훈계'까지 했고 고교 때는 벼락치기 공부로 4~6등을 했다고 자랑까지 했다. '나는 머리가 좋다.'는 일종의 시위를 벌인 것이다. 그러나 객관적으로 남아 있는 증거, 즉 네 번째 부인을 살해한 뒤 잠시 정신과 치료를 받았을 때 받은 테스트 결과는 그의 주장과 달랐다. 그의 IQ는 104로 평균치 이하였다. 미국 내 연쇄살인범들의 지능지수는 평균치를 약간 상회하는 것으로 나타났다. 1984년 국제법과학회에서 발표된 FBI 자료에 의하면 미국 내 연쇄살인범 36명 가운데 7명은 IQ 90이하로 평균치 이하였고, 절반이 보통(IQ 120), 3분의 1인 11명은 보통을 약간 넘었다.

지능이 높은 살인범들의 경우에는 대부분 학교교육을 제대로 받지 못했는데, 학교와 가정교육 등을 통해 지능을 긍정적인 방향으로 발현시키지 못함으로써 범죄의 길로 빠져든 셈이다.

제15장
인질과 테러의 범죄심리

제15장 인질과 테러의 범죄심리

제1절 인질과 테러범의 심리적인 특성

1. 테러범의 범행동기

(1) 동기

테러리즘과 테러범에 대한 대부분의 심리적 분석은 테러범에게 동기를 부여하는 것이 무엇이며 테러범들의 개인적, 심리적 특징들을 묘사하는데 초점이 맞추어져 왔다. 테러범의 기본 전제는 그들의 폭력적 행위는 사회가 다른 어떤 방식으로도 정보의 유포와 정책형성 과정을 허용하지 않는다는 믿음에서 온 분노와 절망감에서 비롯되는 것이라고 주장하였다. 테러범의 심리적 특징을 파악함에 있어서 가장 큰 어려움은 그들의 마음 갖춤새를 이해하기 위해 필요한 정보, 예컨대 지도자와 추종자 간의 관계, 테러조직, 목표와 전술 등 이러한 정보를 수집하기가 매우 어렵다는 것이다. 왜냐하면 테러범들에게 연구를 하는 연구자가 직접적으로 스스로가 테러범에게 접근하기가 불가능하기 때문이다. 따라서 이러한 심리를 추론하기 위해서는 체포된 테러범들을 통해서 간접적인 방법으로 정보를 수집할 수밖에 없는 것이다. 따라서 거기서 얻어지는 자료의 경우에는 신뢰성과 타당성에서 많은 제약을 받을 수밖에 없는 것이다.

(2) 테러의 집단역학관계

1) 집단역학적인 특징

테러집단은 구성원들에게 그들의 소속감, 자기-중요성뿐만 아니라 테러행위가 도덕적으로 용납되는 것임을 지지하는 새로운 가치체계를 제공해주며 집단의 목표가 가장 중요한 것임을 깨닫게 한다. 테러집단은 일종의 종교집단과 같이 구성원들로부터 전적인 개입을 요구하고 외부 사람들과의 연결을 금하기도 한다. 구성원들 간의 상호 의존성과 신뢰를 통하여 응집력을 높이고 그들만의 이념을 가지고 세뇌를 시키려고 한다. 테러집단에 가입하는 것은 테러범 개인의 성격, 심리적 구조와 테러집단의 이념적 요인들, 집단역학 과정, 조직구조, 사회문화적 분위기 등의 상호 작용한 결과이다.

테러집단의 구성원이 과격해질수록 개인의 정체감이 집단정체감에 의해 대치되며, 테러범이 되는 단계에서는 집단정체감이 훨씬 더 중요하다. 테러집단은 집단사고의 특징을 보인다. 즉 자기 집단은 어떠한 일이 있어도 무너질 것 같지 않은 착각에 빠지고 극단적인 낙관론과 위험추구 경향이 생긴다.

테러집단 구성원이 되고자 하는 핵심 요소는 소속감과 같은 신념을 가진 사람들 간의 동료애이다. 테러집단 구성원들이 테러집단에 머물게 하는 힘은 동료 등의 압력, 집단유대감, 집단역학 심리 등이 작용하기 때문이다.

집단이 외부의 공격을 받게 되거나 위협을 받게 될 경우 그들의 응집력과 결속력은 더욱 강해지게 된다. 집단의 신념이나 결정에 의구심을 품거나 집단에서 탈퇴하려는 구성원의 경우에는 그에 따른 대가를 치르게 된다.

2) 폭력행동 수행에 대한 압력

테러범의 심리내면적인 압력과 외부로부터의 압력으로 구분해 볼 수 있다.

① 외부로부터의 압력

테러조직 내에서는 행동지향적인 리더가 온건한 리더보다 더 우월한 지위를 차지하게 된다. Thomas Strentz(1981)는 테러조직 리더들은 대개 반사회적 성격 소유자에게서 볼 수 있는 기회주의적인 특성이 있다고 지적한다. 그러한 리더들은 타인의 요구에 냉담하며 죄책감이나 공감 등의 능력이 결여되어 있다.

이러한 리더를 따르고 있는 구성원들의 경우에는 외부로 나타낼 수 있는 폭력 행동을 수행해야만 한다는 압력이 매우 강하게 느껴질 수밖에 없다.

② 심리내면적인 압력

테러범의 심리내면적인 압력도 폭력행동을 하도록 영향을 미친다. 행동지향적인 테러집단 구성원들에게는 행동하지 않는 것이 엄청난 스트레스를 가져오고 집단의 정당성마저 의심하게 만든다. 이들은 행동을 함으로써 자신이 목적을 가진 존재임을 확인하는 것이다. 테러 행위를 자신들의 소행이라고 주장하는 것은 테러집단의 존재 이유를 외부에 알리는 역할을 하고, 집단의 존재목적을 위해서는 그렇게 했음을 알려서 역설적인 자기 합리화를 하는 것이다.

제2절 협상전략

한 나라에 테러가 발생한 경우 그 나라의 정부당국은 이해당사자와 함께 피해를 최소화하면서 평화적인 방법과 무력진압으로 해결하는 방법 등 모든 수단과 방법을 여러 방면으로 검토를 해야 한다. 테러를 진압함에 있어서 무력보다는 대화를 통해서 평화적으로 해결하는 방법이 훨씬 다 좋을 것이다. 하지만 평화적인 해결에 실패한 경우에는 어쩔 수 없으므로 결국에는 무력으로 테러를 진압해야 한다. 이 경우에 있어 중요한 것의 하나는 협상에 의한 진압이 동시에 수립되어 있어야 한다.

1. 협상의 정의

협상이란 갈등관계에 있는 사람이나 집단이 상호간에 대화를 통해서 갈등관계를 해소하려고 노력하는 과정을 말한다. 협상은 매우 광범위하며 여러 가지로 분류할 수 있다. 이를 살펴보면 다음과 같다.

(1) 협상의 분류
1) 협상대상자의 수에 따른 분류
양자협상, 다자협상으로 분류된다.

2) 협상당사자의 수준에 따른 분류
개인, 조직, 지역, 국가 수준의 협상으로 분류할 수 있다.

3) 협상대상의 문제에 따른 분류: 문제에 따라 분류가 될 수 있는데 경제통상협상, 정치협상, 가정문제협상, 환경문제협상, 인질석방협상, 휴전협상 등 수없이 많지만 본질에서는 '인질 석방협상'에 관한 것만 살펴보기로 한다.

> **협상**: 협상은 둘 이상의 사람 또는 집단의 존재를 전제로 하여, 이들 간의 갈등이어야 한다. 그리고 이러한 갈등을 해결하기 위해서 서로 노력 할 경우 협상이 이루어질 수 있는 것이다 (정은성 외, 협상의 전략, 1996, p29).
>
> **협상의 구분 기준**: 협상상황의 특성을 감안하여 여러 가지로 구별할 수 있다. 연속성, 비준 절차, 협상시한, 합의 구속력, 타 문제와의 연계성, 중재자 또는 조정자개입 여부 등을 구분 기준으로 삼을 수 있다(박승택, 완전한 협상, 1994, p18).

(2) 협상의 목적

> ① 불특정 다수의 인질들을 석방하는 것.
> ② 테러범들이 범죄행위를 다시는 하지 않도록 설득하고, 인질들의 생명을 위협하는 행동을 자제케 하기 위한 것.

(3) 인질 대치상황과 협상

미국 FBI 의 경우 인질테러 대치상황의 경우 두 개의 팀이 투입이 된다. 한 팀은 주로 진압을 목적으로 하는 SWEAT(Special Weapon and Tactics) 팀이고 다른 팀은 협상전문가들로 구성된 CNT(Crisis Negotiation Team)이다.

이들은 인질대치 현장의 책임자의 명령에 따라 적절히 협조하여 위기상황에 대응을 해야 한다. SWAT 팀은 인질대치상황에서 우선적으로 도착하여 즉시 전초기지를 마련해야 한다. 이 전초기지는 인질의 도주를 막기 위해 매우 전략적으로 배치가 되어야 한다. 협상을 담당하는 CNT 팀은 경찰과의 대치로 인해 극심한 불안과 좌절을 경험하고 있는 테러범의 기분을 누그러뜨리는 것이 무엇보다 필요하다. Cantor(2000)와 Taylor(2002)는 인질범과 협상시 가장 효과적인 의사소통 방법은 명시적(identity)이며, 도구적(instrumental), 그리고 이성적(relational)이어야 한다는 점을 지적하였다. 하지만 협상자와 테러인질범 사이의 라포(rapport)형성은 무엇보다도 중요하다.

> 라포형성은 기본적으로 임상치료자와 내담자 사이에 형성되는 심리적인 지지로서 인질대치 상황에서는 협상자가 인질테러범의 입장에서 상황을 이해하고 노력하는 감정이입적 이해의 상태를 의미한다.

이런 감정이입적인 경우에 선입견이나 주관적인 잣대를 들이대는 일은 삼가를 해야 한다. 협상자들은 일종의 중재자로서 인질테러범과 가능한 한 친밀한 느낌을 갖도록 노력을 함으로써 협력과 신뢰까지도 얻어낼 수 있어야 한다. 이를 위하여 유용한 방법은 테러범의 요구니 반응에 높은 흥미를 표현해 주는 일이다.

2. 협상의 가이드라인

- 상황을 접수하여 안정시키기
- 협상 시 시간 끌기
- 인질들이 말을 하도록 유도: 협상자가 말을 건네는 것보다는 듣는 것이 중요
- 인질범에게 먼저 제안하지 말 것
- 인질의 안녕에 계속적으로 주의를 기울이기: 인질이란 명칭은 가능한 한 피한다.
- 가능한 솔직할 것: 속임수는 피하기
- 어떤 요구사항도 사소한 것이라고 무시하지는 말 것
- 결코 '안 돼'라고 말하지 말 것
- 데드라인을 정하지 말 것: 데드라인을 받아들이지 말 것
- 대안적인 제안을 하지 말 것
- 협상과정에서 법집행자가 아닌 다른 사람을 소개하지 말 것
- 인질교환을 허용하지 말 것: 인질과 협상을 바꾸지 말 것

협상 시 활용해야 하는 전략들을 순차적으로 나열하였다. 이때 유의 할 점은 협상가는 인질대치상황에서의 긴박감이 주는 신체적, 정신적 스트레스에 매우 유연하게 대처를 해야 한다는

점이다. 이를 위해서는 인질범이 요구하는 것이 무엇인가에 대해서 주의 깊게 청취하고 감정이입을 해야 하지만 결코 감정적으로 몰입하거나 이성을 잃어서는 안 된다. 이를 위해서는 감정이 실린 단어들 '안 돼', '꼭 해야 해' 등의 단언적 표현은 가능한 사용안하는 것이 좋다. 또한 인질범의 요구의 실체가 무엇인지 분석할 수 있는 깊이가 있어야 한다. 논쟁을 하지 않고 너그러움을 잃지 않으며 인질범에게 인질을 석방하도록 권유해야 한다. 특히 인질범의 요구사항을 들어주면서 시간을 적절히 지연시키는 것이 중요하다. 시간 약속은 가능한 회피하는 것이 좋고 요구사항의 경우에는 대가를 꼭 지불 하도록 유도를 해야 한다. 예컨대 인질범이 음식을 요구가 있을 시 인질을 한 명 풀어달라는 등의 대가를 유도하는 것이다.

직접적으로 나서서 협상조건을 제안하거나 받아들이는 것은 삼가야 한다. 훌륭한 협상자는 상황이 변화함에 따라 자신의 태도와 입장을 융통성 있게 변화시켜야 하지만 절대 거짓말은 피해야 한다. 언제나 잊지 말아야 하는 가장 중요한 요건은 인질들의 생명에 대한 위협이다. 인질 협상의 가장 주요한 목표는 상황의 종료가 아니라 인질들이 안전하게 귀환하는 것이다.

3. 테러인질로서의 피해경험

외상 후 스트레스 장애란 일종의 불안장애로서 생명을 위협하는 심각한 상황에서 심리적 충격을 받은 후 일어나는 정신장애 증상을 말한다. 이 경우 심각한 외상적 사건이란 예컨대 전쟁, 자동차 사고, 폭행, 강간, 테러 및 폭동 등을 말한다. 외상 후 스트레스 장애의 구체적인 증세는 다음 세 가지 정도로 정리할 수 있다.

> (1) 외상적인 사건이 반복적으로 경험이 된다. 예컨대 꿈속에 계속 나타난다거나, 반복적으로 그 사건이 생각난다거나, 마치 그 사건이 일어나고 있는 것 같이 행동하거나 느끼는 경우.
> (2) 외상사건을 생각나게 하는 것들을 회피하거나(사건과 관련된 생각이나 대화를 피하는 경우), 전과는 달리 반응이 둔화된다(활동이나 흥미가 감퇴되고, 정서적으로 위축됨).
> (3) 불면증, 분노의 폭발, 집중력의 감퇴, 놀람반응 등 과민상태가 지속된다. 이러한 증세는 더 나아가 우울, 불안, 일상생활에서의 집중곤란, 흥미상실, 대인관계에서의 무관심과 멍한 태도, 짜증, 놀람, 수면장애 등을 야기하기도 한다. 정신적인 무감각과 부정기적인 피로감, 두통 등의 신체증상도 나타난다.

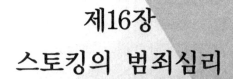

제16장
스토킹의 범죄심리

제16장 스토킹의 범죄심리

제1절 서설

1. 스토킹의 정의

상대가 싫다고 하는데도 불구하고 끈질기게 쫓아다니면서 성가시게 하는 행위를 말한다. 즉 상대방의 의사와는 상관없이 병적으로 쫓아다니며 정신적, 신체적 피해를 입히는 행위를 말한다. 원래 영어의 스토크(stalk)는 '몰래 접근하다, 가만히 뒤를 밟다'는 뜻을 가지고 있다.

2. 스토킹의 사회문제

대부분의 스토킹의 행위는 상대방의 단순한 사생활을 침해하는 정도를 벗어나 신체적, 전신적 피해를 주고 심하면 폭행, 살인 등의 범죄로까지 이어진다. 이러한 위험한 범죄가 사회문제로 대두된 시기는 미국의 경우에는 1990년 이후 일이다.

우리나라의 경우에는 1990년대 후반부쯤부터 대두되기 시작했다. 예컨대 1990년대 후반 인기가수 김 모 씨의 스토킹 피해사례가 언론에 보도되면서 스토킹이 사회문제로 등장하기 시작하였다.

그러나 요즘의 경우 스토킹이 유명연예인이나 사회유명인사만의 문제가 아니라 일반인의 경우에도 문제시 되고 있고 많이 발생되고 있는 추세이다.

제2절 스토킹의 유형

정상적인 사람과 스토커를 구별할 수 있는 것은 행동이 증폭되어 가는 정도로 가늠해 볼 수 있을 것이다. 본질적으로 스토커는 피해자의 거절을 수용하지 않으며, 오히려 그들은 거절의 이면에 내재되어 있는 의미를 잘못 이해하고 해석하여 그것을 자신에 대한 개인적 공격으로 인식하는 등 비합리적 사고로 인하여 스토커의 행동은 더욱 악화되어 가기 때문이다. 스토커는 강박적 사고에 의해 행동을 하고 상대로부터 인정을 받기 위해서 상당 기간 끈질기게 행동을 지속하는 특징을 가지고 있다. 스토커의 유형에 대해서는 학자마다 조금씩 다르게 구분 짓고, 주장하고 있다. 여기에서는 'Zona(1993) 등'의 연구를 토대로 하여 네 가지의 스토커 유형에 대해서 살펴보기로 한다.

1. 연애망상형(erotomania)

(1) 정의

일종의 정신장애로서 상대방은 자신의 존재를 전혀 의식하지 않고 있는데도 불구하고 자신은 그 사람으로부터 사랑을 받고 있다고 망상(착각)하는 것을 말한다. 10만 명 중에 2명이 연애망상형의 망상장애를 겪고 있다고 주장하였다. 연애망상형은 자신의 감정이 실재하지 않는 상황에서조차도 피해자와 서로 사랑을 주고받고 있다고 확고하게 믿는다. 이들은 스스로 상대방의 관심으로 인해 자신이 사랑에 빠지게 되었다고 믿으며, 이제는 애정을 되돌릴 수 없다고 확신한다.

이런 유형을 가지고 있는 사람의 대다수는 정상적인 직업을 가지고 있으며, 결혼 등 비교적 정상적인 사회적 관계를 형성하고 있는 것으로 보인다.

(2) 연애망상형의 유형

두 가지로 구분할 수 있는데, 크렘볼트증후군(de Clerambaults syndrome)이고 비망상적 또는 경계선적 연애망상(non-felusional or borderline erotomania)이다.

1) 크렘볼트증후군

크렘볼트증후군은 연애망상을 상대방이 먼저 관계를 주도하였다고 생각하는 사람들을 말한다. 이 유형에 대해서 역사적으로 살펴 볼 경우 주로 여성들에게 자주 보이는 장애로 알려져 있다. 그러나 남성들, 특히 폭력행위를 하는 경향을 지닌 남성들이 겪는 장애로 보고되고 있다.

2) 비망상적 또는 경계선적 연애망상

경계선적 연애망상은 자신의 피해자와 정서적 유대감이나 관계로부터 발전된다는 점이다. 경계선적 연애망상은 자신의 환상을 추구하기 위해 장시간 동안 위협을 하고 가끔씩 피해자는 자기와 같은 마음을 가지고 있지 않다는 것을 완전하게 인식하고 있으므로 망상적 사고를 하지 않는 경우도 있다.

(3) 애정강박형(love obsession)

그들은 피해자에게 거의 알려져 있지 않으며, 피해자와 로맨틱한 관계 또는 순수한 사랑을 성취하려는 관념에 사로잡혀 있는 유형을 말한다. 이러한 형태의 사랑에 빠져 있는 사람은 상대방(피해자)에게 자신을 알리기 위해 온갖 방법을 동원하게 된다. 예컨대 소극적으로 편지, 전화, 적극적으로 쫓아다님, 반복하여 찾아가기 등의 방법이 있다. 애정강박형은 연애적 망상으로 고통을 겪고 있을 수 있지만 다른 정신장애병력을 가지고 있는 경우가 많다.

(4) 단순강박형(simple obsession)

피해자와 전에 관계를 가지고 있었던 사람과의 관계에서 발생하는 특징을 가지고 있다. 단순강박형은 종종 일상의 안면 정도 있는 사람(causal acquaintance), 친구, 사업상 만난 사이, 연인 또는 배우자들인 경우가 많다. 이 유형은 강박증 중에서 가장 흔히 발생하는 유형에 해당되며, 실질적으로 위험한 유형에 속한다. 이 유형은 피해자를 습관적으로 괴롭히거나 스토킹을 하게 되는데, 그 이유는 피해자와의 관계발전이 좌절당했다는 감정을 가지고 있기 때문이다.

이 유형은 피해자의 우정과 애정이 식어간다는 생각에 격분하게 되어 버림받은 사람에 대한 보상을 끊임없이 추진하는 특징을 가지고 있다.

(5) 사회병리형(sociopathlogy)

망상장애라기보다는 반사회적 성격장애를 뜻한다.

⇨ 반사회적 성격장애란 책임감이 없으며, 아동기에 발생되어 성인기까지 지속적으로 유지되는 유형을 말한다.

이 유형은 사회적 규범을 잘 준수하지 않고, 재물의 손괴, 타인을 괴롭히는 등 반사회적 행동을 반복적으로 행하는 사람을 말한다. 사회병리형 스토커는 위에서 연애망상이나, 애정강박형과 같이 망상적 신념을 가지고 있지 않다. 사회병리형은 단순강박형과 비교해보면 피해자와 이전에 어떠한 관계를 가지고 있지 않은 경우가 많다.

⇨ Walker & Bonner(1986)는 '사회병리형의 스토킹은 그와 관련이 있는 어떤 사람을 지배하거나 굴복시키고자 하는 욕구에 의해 주로 동기화된다.'고 한다.

사회병리형 스토커는 전형적으로 범행의 용이성과 환경적 맥락을 고려하여 대상을 선택하는 특징을 가지고 있다. 그러므로 이들은 만약 자신의 스토킹이 방해를 받고 있다고 생각이 들면 즉시 다른 대상을 선택하는 기민성과 교활함을 지닌다. 또한 자신의 범행동기에 대해서 어떠한 죄책감도 가지고 있지 않다.

제3절 스토킹의 일반적 특성(외국의 연구결과를 토대로)

1. 스토커 특성

(1) 인구통계학적 특성

이들의 대다수는 남자들이다. 스토커의 나이는 모든 연령대에 골고루 분포하고 있지만 대체적으로 다른 범죄의 범죄자보다는 나이가 더 많다. 예컨대 캐나다의 한 연구에서 스토킹범죄자의 연령은 15세에서 76세까지이고, 평균연령은 37세라고 발표했다.

> ⇨ 캐나다의 30개 경찰서로부터 수집한 기록에 의하면 스토킹범죄자의 거의 90%가 남성이 었으며, 워싱턴에서 발생한 100건의 스토킹사건 중에서 약 88%가 남성이었고, 캐나다 법무 국에 의해 조사된 601건 중에서 거의 91%가 남성이었다(Harmon et. al., 1995; Meloy & Gothard 1995 등).

(2) 직업과 경력에 관한 특성

스토커의 직업과 경력에 대한 정보는 부족한 실정이다. 캐나다 법무부의 자료를 인용하면 '스토커의 60%가 직업이 없다고 한다. 스토커의 세부적인 직업유형 중 가장 많은 직업은 숙련노동이 30%, 판매 및 서비스 종사자가 22%, 숙련노동자가 16%, 등으로 나타났다.'

(3) 교육수준에 관한 연구

스토커의 교육수준은 평균 이상인 것으로 나타났다. Harmon(1995) 등에 의한 연구에서 스토커 중에서 거의 80%가 고등학교 졸업 이상으로 밝혀져 일반집단의 28.3%와 비교해서 높았다. 이처럼 스토커가 일반인보다 지능이 높기 때문에 피해자의 소재지를 파악하여 추적 을 하거나 피해자를 마음대로 조종하는 등 지능적이고 교활하여 스토킹 관련 범죄수사에 유죄의 입증을 하기가 상당히 어렵고, 수사가 장기화되어 갈 가능성이 높다는 것이다.

(4) 심리적 특성

일반적으로 스토커는 심각한 정신질환을 가지고 있는 것으로 보인다. 그러나 아직 이러한 인식을 지지할 만한 체계적인 연구 결과에 대한 것들은 없는 실정이다. 왜냐하면 지금까지의 연구들이 대부분 범죄자 개인보다는 주로 범죄행위에 그 초점을 맞추고 있었으며, 범죄자의 심리학적 기능에 관심을 둔 자료는 부족했기 때문이다. 캐나다 법무부 보고서 인용하면 '경찰조사기록의 14%가 범죄자의 정신적 또는 심리적인 문제가 있는 것으로 보고'하고 있지 만, 세부적인 기록은 없는 실정이라고 한다.

(5) 정신의학적 특성

다른 범죄에서도 폭력의 잠재성을 가지고 있지만 특히 스토커들은 잠재적인 폭력범이라고 해도 과언이 아닐 것이다. 그들 중 일부는 심한 정신병, 편집증, 지나친 소유욕 그리고 매우 불안정한 성격을 가지고 있어 범죄의 우려성이 대단이 많다. 스토킹 범죄는 단순한 스토킹으로 끝나는 것이 아니라 살인, 상해와 같은 범죄발생을 초래할 가능성이 매우 많다.

스토커는 어떤 계층이나 사회적 배경 하에서도 발생할 수 있는 소지가 항상 있다는 사실을 간과해서는 안 될 것이다. 스토커들은 부자일 수도 있고, 가난한 자일 수도 있으며, 전문직 종사자일 수도 있고, 일반 노동자일 수도 있는 것이다.

스토킹의 일반적인 발전단계(4단계)

구애 ⇨ 위협 ⇨ 폭력 ⇨ 포기

---

(6) 일반적인 특성

이상의 연구결과를 토대로 스토커의 일반적인 특성에 대해서 요약하여 살펴보면 다음과 같다.

1) 상대방의 거절을 아니라고(NO) 생각하지 않는다.

2) 지나치게 집착하는 성격을 갖는다.

3) 평균 이상의 지능을 가지고 있다.

4) 대인관계에 있어서 부족하다.

5) 행동에 있어서 당황하거나 불안해하지 않는다.

6) 낮은 자아존중감을 가지고 있다.

7) 반사회적인 사고를 가지고 있다.

8) 비열함과 고립, 그리고 외로움에 대한 부적응적 반응을 보인다.

이러한 스토킹의 방지를 위해서는 스토킹 행위를 하는 자에 대해서는 엄한 처벌을 내릴 필요성이 있으며 정신적 정애에 대한 치료가 우선시 되어져야 한다.

2. 스토킹 피해자의 특징

폭력과 같은 대인범죄의 경우에는 가해자와 피해자의 상호작용과정에서 발생되는 경우가 대부분이다. 그러나 범죄유발을 촉진한 결과로 일어나는 피해자 유발형 범죄도 있다. 대부분의 스토킹 사건이전부터 가해자와 피해자가 서로 알고 지내는 사이에서 발생되고 있는 것을 보았을 때, 피해자의 특징이 어떠한가에 대해서 살펴보는 것은 스토킹 피해를 방지하는데 있어서 많은 도움이 될 것이라 생각된다.

(1) 인구통계학적 특징

스토킹이 유명연예인이나 유명인사, 부자 등에 한정되는 것은 아니다. 스토킹을 하는 가해자가 대부분 남성인 것과 반대로 스토킹을 당하는 피해자는 대부분 여성이다. 여성의 비율은 표본의 80% 이상을 초과하는 것으로 관찰되었다. 피해자의 연령에 대해서도 12세의 아동에서부터 중년이 넘는 50세 이상의 여성까지 그 범위가 매우 다양하다. 성별에 따른 분석을 살펴보면 여성피해자는 남성피해자보다 나이가 어린 것으로 나타났다. 여성피해자의 44%가 30세 이하인 반면, 남성 피해자의 33%만이 30세 이하로 약 10% 정도 여성이 더 많은 것이 관찰되었다.

(2) 스토킹 가해자와의 관계상의 특징

스토킹 사례에서 확인된 중요한 특징 중에 하나는 스토킹 가해자와 피해자와의 관계일 것이다. 이들의 연구 결과에 대해서 살펴보면 다음과 같다.

피해자는 일반적으로 가해자와 괴롭힘이 발생되기 전부터 이미 알고 지낸 사이라는 것이다. 가해자들은 피해자와 현재 또는 이전부터 아는 사이이며, 가족, 친한 친구, 직업상 알고 지내는 사이가 많았다.

피해자와 가해자가 동성의 관계인 경우에도 간혹 발생되었지만 대부분의 피해자와 가해자의 관계에 있어서는 이성간의 관계였다. 남성피해자의 경우에 거의 반수가 알고 지내는 사람들로부터 피해를 당했고, 대부분의 가해자들은 예전의 친한 관계나 가족관계, 직업상의 관계 그리고 낯선 사람의 관계로 골고루 분포되어 있는 것으로 나타났다. 여성피해자의 경우에 대다수의 가해자가 전에 남편이나 애인 등 친밀한 관계였거나 친한 동료인 경우가 많았고, 상대적으로 적은 숫자만이 낯선 사람이거나 직업상 알고 지내는 사이라는 특징을 가지고 있어 남녀 간의 가해상대방과의 관계에 차이가 있다는 특징을 가지고 있다.

이러한 연구결과를 토대로 스토킹 피해자의 특징을 요약하면 다음과 같다. 스토커는 피해자와 사건이 발생되기 전부터 이미 잘 알고 지냈던 사이이고, 피해자는 그들과 관계가 있던 여성일 가능성이 매우 높다. 대부분의 경우에 있어 스토킹은 여성에 대한 또 다른 유형의 남성폭력임을 알 수 있는 것이다.

제17장
범죄자 프로파일링

제17장 범죄자 프로파일링

범죄자 프로파일링은 범행현장에서 범죄자가 나타낸 여러 행동의 분석을 통해 범죄자의 배경특성(예컨대 나이, 교육수준, 전과, 직업, 피해자와의 관계 등)을 추론하여 범인검거에 기여하는 수사기법을 말하는 것이다.

최근 수 년 간 범죄자 프로파일링 기법에 대한 관심은 미국과 영국을 비롯해서 전 세계적으로 급증해 왔고, 국내의 경우에 있어서도 2000년대에 들어 우리 사회에 큰 충격과 공포를 몰고 온 연쇄살인이나 성범죄사건 수사에 프로파일링 기법을 활용하고 있다.

제1절 범죄자 프로파일링의 정의와 역사

1. 프로파일링의 정의와 역사

범죄자 프로파일링이 범인에 대한 실마리를 찾기 어렵거나 범행동기에 대해서 파악하기 어려운 사건에 적용될 수 있는 수사기법으로 간주되기 시작한 것은 최근의 일이다. 1980년대 후반 들어서 미 연방 수사국(FBI) 행동과학부(Behavioral Science Unit)에서는 범죄자 프로파일링을 '범죄자가 저지른 범행의 분석을 통해 범인의 주요한 성격적, 행동적 특성을 밝혀내는 수사기법'이라고 정의내리고, 프로파일링을 활용한 수사 과정을 소개하였다. 그러나 프로파일링의 개념은 범죄수사의 역사와 더불어 오랫동안 존재해 왔다. 예컨대 1888년 영국 런던에서 발생된 잭 더 리퍼(Jack The Ripper) 연쇄살인사건과 관련하여, 경찰 소속 의사였던 Bond 박사가 살인범의 범행 방식에 근거하여 범죄자에 대한 상세한 특징을 추론하여 제공한 바 있다. 1960년대와 1970년대 미국 내 연쇄살인의 증가와 맞물려, 1970년대 이후 FBI에 서는 버지니아 콴티코에 위치한 FBI 아카데미 프로파일링 관련 부서인 행동과학부(Behavioral Science Unit)를 설치하기에 이르렀다. 1960년대 이후 강력 범죄 분석센터(NCAVC: National Center for the Analysis of Crime)의 연구 및 교육기관으로,

이들은 프로파일링 절차를 조직화하고 수 년 동안의 수사경험을 응축하여 미래의 요원들과 프로파일러 양산을 위해 교육 과정을 구축함으로써 프로파일링 훈련을 실시해 왔다.(Douglas, Burgess 등). 또한 FBI는 1985년에 전국에 걸쳐 미해결 살인사건과 실종자들에 대한 정보가 있는 데이터베이스인 강력 범죄자 검거 프로그램(Violent Criminal Apprehension Program: ViCAP)을 실시했다(Ressler et al., 1988). ViCAP 데이터베이스의 정보 처리 센터와 더불어, FBI는 범죄현장에서 남겨진 범인의 행동양식, 부검 보고서, 경찰수사기록에 기본을 두고 미제 사건의 프로파일을 모으기 시작하였다(Fox & Levin, 1999). 이러한 프로파일은 전형적으로 범인의 나이, 배우자 관계, 직업, 범죄 기록, 피해자와의 관계, 그리고 앞으로의 범죄 가능성들을 추론한다(Fox & Levin, 1999).

국내의 경우 프로파일링 기법이 도입된 역사는 오래되지 않는다. 2000년 2월 서울지방경찰청에 범죄분석실이 생기게 되면서 프로파일링 전담 수사관이 활동하기 시작하였다. 2004년에는 경찰청에 현장감식요원, 법최면수사관, 거짓말탐지기검사관, 범죄심리 관련 자격증 소지자 등으로 구성된 '범죄분석팀(Violent Crimes Analysis Team)'이 출범하였다. 2012년에는 경찰청 과학수사센터 내에 범죄행동과학계 소속 행동분석팀이 운영되어, 범죄행동분석 및 지리적 프로파일링 등을 지원하는 등 프로파일링의 보다 전문적이고 다각적인 활용을 위해 노력을 하고 있다.

이러한 범죄자 프로파일링은 범죄수사 과정에서 범죄자와 관련된 모든 정보에 대한 분석을 제공하여 수사방향과 구체적 전략을 제시하여 수사망을 좁혀나가는 데 일조를 하고 있다. 프로파일링은 연쇄살인이나 성범죄와 같은 사건뿐만 아니라, 방화, 강도, 절도, 스토킹, 인질협상 같은 범죄나 협박편지를 쓴 사람을 알아내는 데에도 사용이 된다. 이와 더불어 범죄자 프로파일링은 동일한 범죄자에 의해서 저질러진 연쇄 사건의 유사성을 분석하는 연계분석(linkage analysis)이나 범행현장의 위치나 특성을 바탕으로 범죄자의 거주지를 추정하는 지리학적 프로파일링(Rossmo, 2000)등 그 영역을 점차 여러 각도로 확장해 가고 있다. 여기에서는 '지리학적 프로파일링'에 대한 것만 살펴보도록 한다.

지리학적 프로파일링은 이러한 범죄현장의 지정학적 특성 및 범인의 지리적 이동성에 바탕을 두고 프로파일을 작성하는 것으로, 범죄자가 잘 아는 곳에서 피해자를 물색한다는 가정에 근본을 두고 있다. 따라서 집에서 멀어질수록 범죄를 저지를 가능성은 적어지지만, 그러나 범인들은 또한 자신이 살고 있는 바로 그 곳에서는 범죄를 저지르지 않는 경향이 있기 때문에 범행의 완충지대가 생성이 된다.

이러한 방법에 의해서 지리학적 프로파일러들은 범인의 거주지를 예측하기 위해 노력하며, 연쇄사건인 경우 범행현장의 일관성 분석을 통해 다음 범행 장소를 예측해 범죄를 예방하는 데에도 기여를 한다. 범죄자의 거주지를 측정하는 지리학적 프로파일링 기법은 미국, 영국, 캐나다 등 선진국들을 중심으로 수많은 범죄수사에 활용되는 등 그 적용 범위를 넓혀 가고 있는 추세이다.

2. 프로파일링의 목적

범죄자 프로파일링은 대부분 행동과학자들에 의해 범죄가 저질러졌던 방식 때문에 발각된 어떤 행동상의 그리고 성격적인 특징들을 소유하고 있는 그러한 용의자들 쪽으로 수사방향을 좁히기 위해서 활용된다. 따라서 프로파일링의 중요한 목적은 용의자 리스트를 한정하고 재확인하는 데 있어서 지역 경찰들을 도와줌으로써 그들로 하여금 최선을 다할 수 있는 쪽으로 행동과학자들을 곧바로 투입할 수 있게 된다.

그런데 프로파일링은 어떤 용의자를 특정하고, 주소 혹은 전화번호를 가르쳐 주는 그런 것은 아니다. 그 대신 프로파일러들은 알려지지 않은 범죄자와 가장 가까운 형태의 일반적인 인간적 특성들에 관한 묘사를 그려내는데 도움을 주게 된다.

3 프로파일링 관련 용어

Douglas 외(2006)는 세 가지로 구분하여 설명을 하였다. 범행수법(modus operandi; MO), 개인화(personation) 혹은 표식(signaturs), 그리고 범죄현장위장(staging)이다.

(1) 범행수법은 범죄자가 범행을 저지르는 데 필요한 행동들을 일컫는다. 범행수법은 시간이 흐름에 따라 유동적으로 변화될 수 있다(Douglas et al., 2006). 이러한 범행수법의 변화에는 범죄자의 이전 범행에서의 경험이나 실수, 피해자의 반응 등이 영향을 미칠 수 있다. 또한 범인이 범행을 저지르면 저지를수록 효율성을 높이기 위해 범행수법을 바꾸기도 한다(Schlesinger, 2004).

(2) 개인화는 범행을 저지르는데 굳이 필요하지 않거나 특별한 목적을 알 수 없는 범죄자만의

고유하고 특이한 행동을 일컫는다. 즉 범행 자체의 실행과는 관련성이 없으나, 범인에게 정신적, 성적 만족감을 주는 범인의 의식적(ritualistic) 행동이다(Schlesinger, 2004). 예컨대 시신의 특정 부위를 절단하거나 훼손하는 방법으로 범죄자는 범죄현장에서 자신만이 알고 있는 특별한 의미를 부여한다. 시신이 특정한 자세를 취하는 것은 흔한 일은 아니며, 이것은 범인이 남기고 싶은 특정한 메시지(예컨대 자신의 분노 등)를 피해자를 도구로 써서 전달하려는 것을 나타낸다. 연쇄범이 일련의 범죄사건에서 반복적으로 이러한 개인화된 행동을 나타낼 때 이를 표식이라고 한다. 표식은 범죄자의 폭력적 환상에서 비롯된 자신이 고유한 성적, 가학적 의식이 발현된 상태일 가능성이 많은데. 범죄현장에서 자신의 내면을 투사시켜 나타나는 결과이다.

(3) 위장이란 사건현장을 의도적으로 바꿔놓은 것으로, 범죄현장을 본인이 아닌 다른 사람이 저지른 것처럼 보이도록 꾸미는 것을 일컫는다. 위장은 보통 수사에 혼선을 주기 위해서 행해지는 경우가 많은데, 특히 가해자가 피해자와 깊은 연관이 있는 사람일 경우에 주로 나타난다(Douglas et al., 2006). 수사관은 사건현장이 조작되었는지 여부에 대해서 법과학적 증거나 피해자의 특성, 사건현장의 세부사항 등 모든 요소들에 대해서 잘 살펴보아야 한다. 예컨대 침입이 용이한 장소를 놔두고 다른 곳을 통해 침입한 흔적이 남아 있는 지 등이다.

주목할 사항은 범인이 범행당시 스트레스 상태에 있으며, 모든 것을 논리적으로 판단을 하기 어려운 시간적, 상황적 압박을 받고 있으며, 자신이 가지고 있는 범죄나 범죄현장에 대한 제한된 지식으로 위장을 시도하기 때문에 사건현장을 조작할 경우 실수를 범한다는 것이다. 따라서 사건현장과 범행전반에 걸쳐 비일관적이고 정교하지 못한 점들이 나타날 수 있기 때문에 수사관은 모든 사건현장에 대해서 세밀하게 조사를 해야 하는 동시에 사건 전체를 하나의 큰 틀에서 통합적으로 바라보아야 한다.

4. 프로파일링의 필요조건

(1) 프로파일링의 구성요소

프로파일의 내용은 범죄현장에서 무엇이 남아 있고, 무엇이 남아 있지 않은지에 따라 달라진다. 완전한 프로파일을 구성하기 위해서는 다음과 같은 필수적인 요소들이 필요하다.

1) 범죄현장에서의 사진

피해자의 컬러사진, 피해자의 신체에 남아 있는 상처를 확대한 사진, 여러 각도와 위치에서 촬영한 피해자 사진과 범죄현장의 전체적인 사진 등이다.

> ⇨ 강력범죄를 비롯한 중요한 사건의 경우, 대부분 범죄현장 및 피해자의 신체 주변을 정밀하게 촬영하여 수사서류에 첨부하는 등 오늘날 범죄수사 실무에서는 거의 일반화되어 있다.

2) 이웃 사람들과의 관계

사회적 자료 및 지역적 자료

3) 법의학자의 보고서

신체 손상범위를 찍은 사진, 약·독물학적 보고서, 정액 및 사체의 상처여부에 대한 보고서 등이다.

4) 사건 직전 피해자의 이동경로

직장의 위치, 거주지 그리고 범죄현장 직전 마지막 본 장소 등.

> ⇨ 이러한 내용은 탐문수사를 통하여 확인될 수 있는 것이다. 뿐만 아니라 피해자를 마지막 본 사람 혹은 마지막으로 만난 자가 범인일 확률이 많다.

5) 사건의 완전한 수사보고서

날짜, 시간, 위치 등에 관한 표준화된 보고서, 사용된 무기, 사건결과에 관한 수사관의 재구성, 상세한 목격자 인터뷰 등이다.

6) 피해자의 배경

연령, 성, 사건 당시 입고 있던 옷을 포함한 시체적 묘사, 결혼상태와 결혼 적응상태, 지능, 학업적 성취, 적응, 생활스타일과 최근 생활스타일의 변화, 성격유형, 성격특성, 품행, 전거주지와 현거주지, 거주지와 범죄현장간의 관계, 성적 적응, 현재와 과거의 직업, 가정과 직장에서의 평판, 신체적 · 정신적 병력, 공포 · 알코올과 약물사용 같은 개인적 습관, 사회적 습관, 취미, 친한 사람들과 적대적인 사람의 유무 등에 관한 자료들이 수집되고 확보되어야 할 것이다.

(2) 프로파일링에 대한 의문사항

Safarik은 프로파일링은 다음과 같은 네 가지의 의문사항을 반드시 고려해야 한다고 제언을 하였다.

1) 왜 이 사람이 피해자가 되었는가?
2) 왜 이날 범죄가 발생되었는가?
3) 왜 이곳에서 범죄가 발생되었는가?
4) 왜 이런 범행이 일어나게 되었는가?

5. Criminal Profling 적용 범죄유형

(1) 프로파일링 기법의 활용

모든 범죄유형에 대해서 프로파일링 기법이 활용되는 것은 아니다. Criminal Profiling은 살인범죄에 가작 적절하며, 결국 어떤 심리학적 기능부전(psychological dysfunctions)의 징후가 있는 범죄에 대해서만 프로파일이 시도될 수 있다고 한다. 프로파일링을 하기 위해 가장 적절한 범죄유형들은 가학적 성폭행, 사체 장기적출(내장 적출 등), 사체에 대한 성폭행, 동기 없는 방화, 치정살인과 원한살인, 강간, 소아에 대한 이상성범죄, 테러목적의 편지우송 등이다.

(2) 범죄의 네 가지 단계

위에서 언급된 각 범죄유형에 대해서 프로파일은 보통 네 가지 단계로 범죄를 구분한다.

1) 범죄 이전 단계

범죄를 실행하기 전의 행동이다. 비록 시간적으로는 가장 먼저이지만 경찰이 정보를 취득한다는 관점에서는 마지막일 때가 많다고 한다.

2) 범죄의 실행

여기서는 희생자를 선택하는 행위뿐 아니라 범죄행위 그 자체도 평가되어야 한다. 살인과 더불어 납치, 고문, 강간 등이 포함되는 경우가 많다.

3) 사체의 유기

어떤 살인범들은 희생자가 발견되든 안 되든 전혀 관심을 보이지 않는 반면, 다른 범인들은 발각되지 않도록 사체를 은닉하는 등의 상당한 주의를 기울이기도 한다.

4) 범행 후 행동

어떤 범죄자들은 범행 당시의 환상을 지속시키기 위해서 살인사건의 수사에 끼어들거나 다른 방법으로 범죄와 계속 관련을 맺으려고 한다. 따라서 이 단계는 상당이 중요한 국면이 될 수 있다.

제2절 범죄자 프로파일링의 과정

Turvey(2002)는 범죄자 프로파일링의 과정을 논리전개방식에 따라 다음과 같이 두 가지 형태로 나누어 소개하고 있다.

1. 연역적 프로파일링

범행현장에 남아 있는 증거와 범죄자의 행동적 증거에 기초를 하여 범죄자의 특성과 성격을 기술하는 것을 말한다. 즉 해당범행현장에 초점을 맞추어 법과학적·행동적 증거를 분석하고, 범행을 재구성하여 범죄자의 특성을 추론하는 것이다. 예컨대 사건에 대한 범인의 협박 편지, 범죄현장사진, 범죄자가 손수 제조한 폭탄에 대한 분석을 검토한 뒤, 폭파범의 성격, 생활방식, 거주지, 옷 입는 성향 등에 대한 세부적인 프로파일을 제시한 것이 연역적 프로파 일링이 예이다.

연역적 프로파일링은 가해자와 피해자, 범죄현장 사이의 역학을 분석하고 범행을 역동적으로 재구성하여 범죄자의 특성을 추론하는 것이기 때문에 프러파일러의 전문성이 요구된다 (Alison & Canter, 1999). 따라서 프로파일 작성 과정에서 프로파일러의 심리학, 사회학, 법과학적 지식 등 개인적 역량과 경험에 지나치게 의존하게 되어 신뢰성에 문제가 발생할 수 있고, 전문가 양성에 많은 시간과 비용이 든다는 점 등이 단점이다(권창국, 2002).

2. 귀납적 프로파일링

비슷한 유형의 범죄를 저지른 사람들은 공통되는 성격과 특성을 공유하는 전제하에, 유사한 범죄를 저지른 다른 범죄자들의 특성에 대해 축적된 자료를 바탕으로 평행하게 해당 범죄자의 특성에 대한 추론을 하는 것이다. 특정범죄 발생 시 그와 유사한 범행수법을 보였던 범죄자들의 사회인구학적 배경정보를 짚어 내어 범죄수사에 일조할 수 있도록 하는 것을 목적으로 한다. 예컨대 FBI 행동과학부에서 범행현장에서의 행동을 기반으로 성적살인범죄자들을 조직형(organized) 혹은 비조직형(disorganized) 범죄자의 두 가지 유형으로 분류하고, 두 유형의 성적살인범죄자들 각각에 해당하는 배경특성을 정리한 것은 귀납적 프로파일링을 위한 토대라고 할 수 있다.

제3절 추론과정에서 범하기 쉬운 오류와 편향

범죄자 프로파일을 생성할 때 범죄현장에 남겨진 행동적 증거에 기초에서 범죄자의 제반 사회 인구학적 배경특성을 추론하는 과정은 인간의 의사결정과정에서 나타나는 많은 인지적 왜곡이나 편향에 취약하기 쉽다(Alison & Canter, 1999).
프로파일을 함에 있어 범하기 쉬운 사고오류와 편향에 대해서 전문가들은 각별한 주의를 필요로 한다.

1. 사고에 있어서의 휴리스틱(heuristics).

프로파일링과 비교적 관련성이 높은 것은 가용성 추단법(availability heuristic)이라 불리는 것으로, 사람이 확률을 판단할 경우 단순히 자신의 기억에서 가장 쉽게 이용할 수 있는 정보나 사건에만 의존하는 정보 회상에서의 편향이 일어난다는 것이다(Tversky & Kahneman, 1973). 즉, 프로파일러의 경우 전체 범죄자 인구에서 특정 행동이나 범행수법이 나타날 가능성과 그와 관련된 범죄자의 특성을 체계적이고 과학적으로 접근하기 보다는, 자신에게 깊은 인상을 남겼거나 중요한 영향을 주었던, 자신의 기억에서 접근이 용이한 범죄자를 단순히 떠올리고 이에 근거해서만 특정 결론에 도달하는 오류를 범할 수 있다. 또 다른 편향에는 기준점 및 추단법(anchoring and adjustment heuristic)이 있다. 사람들이 기준점에 의해 사고가 편향되는 경향이 있음을 가리킨다(Tversky & Kahneman, 1974). 즉 프로파일링과정에 있어 만약 수사관이 프로파일러에게 유력한 용의자를 언급한다면, 프로파일 생성 과정에서 해당 용의자의 특성이 기점으로 작용하게 되어 객관적인 범죄자 특성 추론을 심각하게 저해하고, 또한 후에 이 용의자가 이후에 수사에서 배제된다고 할지라도 이 사전 정보는 여전히 편향 효과를 줄 수가 있다(Alison & Canter, 1999).

2. 편향적 가설 검증(biased hypothesis testing)

편향적 가설 검증은 이론을 반박하는 정보 보다는 이론을 지지하는 정보를 선택적으로 추구하는 경향성을 말한다(Snyder & Cantor, 1979). 즉 인간의 의사결정과정에서 자신의 신념을 지지하는 증거에만 초점을 두고 그것에 반대되는 증거는 무시하는 경향을 갖게 한다(Snyder & Swann, 1978). 이러한 편향은 이용 가능한 증거에 대한 인식이나 해석을 왜곡시켜, 중립적 정보를 자신의 신념을 강화하기 위해서 사용하고, 우리가 이미 지니고 있는 가설이나 신념을 지지하는 증거에 더욱 가중치를 부여하여 사고하게 한다.

3. 집단사고(Groupthink)

비효율적인 결정을 초래하는 집단의 효과가 프로파일링과정에서도 나타날 수 있다. Janis(1982)는 비효율적인 집단과정에 근거하여, 집단 내에서 부적절한 판단이 내려지는 과정과 주요 원인들에 대해서 다음과 같이 설명하고 있다.

우선 응집력이 아주 강한 집단의 구성원들이 본인들이 내린 결정에 대해서 다른 정보나 대안들을 고려하지 않아도 된다고 확신하는 경우, 부적절한 사고 오류를 범할 가능성이 있다. 또한 조직의 획일성을 향한 강한 압력을 주어 구성원 개인이 집단 대다수의 의견과 일치되지 않는 태도를 표현하는 것을 억제하는 경우, 대안적 사고가 이루어지기 어렵고 비효율적인 의사결정이 내려지기 쉽다. 또한 집단 내에서 집단의 결정을 반대하는 사람에 대한 직접적인 압력을 행사하는 경우, 이는 만장일치의 착각으로도 이어지게 된다. 이러한 집단사고의 폐단에 빠지지 않으려면, 수사과정에서 프로파일러는 자신의 능력과 그 한계를 인식하고, 체계적이고 객관적인 지식의 축적에 근거하여 수사에 대한 판단을 내리며, 수사팀 전체에서 범죄자의 행동에 대한 해석이나 배경특성의 추론에 있어서 적극적으로 다른 정보나 대안들을 고려하고 지적해야 한다(Alison & Canter, 1999).

4. 사후과잉확신 편파(hidsight bias)

사후과잉확신 편파(Fischoff, 1975)는 사람들이 어떠한 사건의 결과나 결론을 알고 난 이후에는, 마치 결과를 알기 전부터 자신이 이미 모든 것을 알고 있었던 것처럼 믿는 경향을 일컫는다. 예컨대 경찰관이 당면한 사건을 수사하던 중에는 수사방향을 어디로 잡아야 할지, 면식범인지 비면식범인지에 대해 갈피를 못 잡지 못하다가, 사건이 해결된 후에는 자신이 처음부터 범인이 누구인지 알고 있었던 것처럼 이야기하며 자신이 사건에 대해서 맞췄던 부분에 대해서만 기억하고, 완전히 틀린 부분에 대해서는 잊을 수도 있다.

제4절 프로파일러의 가이드라인

프로파일링이 범죄수사 과정에 기여할 수 있는 토대를 견고히 하기 위해서 프로파일링과정에서 프로파일러들이 주의해야 할 점과 수사팀과의 효율적인 협력관계 구축을 위한 행동규범 등 프로파일러들을 위해 전문적, 윤리적으로 보다 명확하고 구체화된 가이드라인에 대해 논의할 필요성이 있다(Alison & Canter, 1999).

1. 수사팀과의 관계에서 유의할 점

프로파일러는 수사팀으로부터 사건에 대해 알려진 모든 사실과 자료를 제공받아 이를 조사해야 한다. 범죄현장 분석을 할 때 바탕이 되는 정보로는 예컨대 범행의 내용과 사건현장

사진, 그리고 주변 지역의 지도들을 포함한 사건현장에 대한 묘사, 부검 등의 결과를 포함한 법과학적 정보, 피해자의 특성 및 배경 정보 등이다(Douglsa et al., 1986). 이 경우 사건에 직접적으로 관련되지 않은 사람 즉, 가능하다면 특정 용의자를 의심하지 않는 다른 누군가에 의해서 프로파일러에게 이를 설명하는 것이 바람직할 수 있는 것이다. 만약 사건에서 지목되는 용의자들이 있다고 하더라도, 용의자에 대한 정보를 알게 되는 것은 프로파일링과정에서 부적절한 왜곡과 편중을 야기할 수 있기 때문에 이에 관련된 정보는 프로파일러가 사건현장을 분석할 동안에는 절대로 알려져서는 안 된다.

2. 추론의 출처

프로파일러는 항상 자신의 추론의 근거가 되는 것을 밝히고 이를 인용을 해야 한다(Alison & Canter, 1999). 예컨대 만약 자신이 어떠한 추론에 이르게 된 이론적, 실증적 토대가 있는 경우라면, 적절한 문헌의 참고를 통해서 어떠한 연구를 인용했는가에 대한 설명을 제시해야 한다.

3. 능력

프로파일링에 어떤 특별한 기술이나 전문지식, 자격이 필요하다는 명확한 기준이 존재하지 않고, 프로파일러로서의 학문분야나 전문성에 대한 공식적인 합의 또한 존재하고 있지 않다. 따라서 프로파일러의 경우 자신의 능력에 대한 한계를 인식하고 있어야 하며, 프로파일링에 관한 자문을 제공하고 수사방향을 이끌어나가기에 충분한 기술과 능력을 가지고 있는가에 대한 것들을 끊임없이 자문해야 하는 것이고, 본인이 가지고 있는 전문적 역량의 한계 안에서 끊임 없는 노력을 계속적으로 해야 한다.

제5절 프로파일링의 한계와 문제점

범죄자 프로파일링은 일선 수사관들이 발견하지 못한 추가적인 실마리를 제공하는 등 수사에 실질적으로 도움을 줄 수 있는 방법이다. 그러나 프로파일링이 100%로 정확할 수는 없는 것이며, 경찰수사를 좋지 않은 방향으로 이끌 수도 있다.

이는 수사에 심각한 결과를 초래할 수 있는 문제점이 될 수 있는 것이다. 즉 프로파일링이 사건을 해결한다는 절대적인 보장은 없는 것이기에 모든 프로파일링이 경찰수사에 있어서 실질적으로 영향을 미치지는 않는다.

범죄자 프로파일링은 새롭고 영향력 있는 수사기법에 해당된다고 할 수는 있지만 수사에 쓰이는 여러 도구 중 하나에 해당될 뿐인 것이며, 과학수사나 탐문수사, 통신수사, 잠복수사 등의 다양한 수사기법과 함께 궁극적으로 범인검거에 어느 정도 기여를 하는 것일 뿐, 이러한 수사기법들에 대해서 이를 대체하고 독자적으로 쓰여 누가 범인인지에 대한 구체적인 신원을 찾아내는 방법은 아닌 것이다.

참고문헌

강영숙(2006), '한국의 공인탐정제도 도입에 관한 연구'. 박사학위 청구논문, 용인대학교대학원.

강효은(2000), 탐정은 벤처보다 났다, 동아일보사.

경찰대학(1996), 경찰윤리, 대한문화사.

경찰대학(1998), 경찰윤리론, 경희종합인쇄.

경찰대학(2003), 범죄수사론, 대한문화사, 경희종합인쇄.

경찰청(2009), 살인사건분석, 서울: 경찰청.

곽대경(2001), 경찰수사를 위한 범죄심리연구의 활용방안, 한국경찰학회보, 3, 1-21.

구기서, 약독물감정, 과학수사(1997), 경찰수사연구소.

권창국(2022), 범죄자 프로파일링 증거의 활용과 문제점에 관한 검토, 형사징책연구, 13, 247-280).

김경옥 · 이수정(2005), 범죄자 프로파일링을 위한 연쇄살인범죄의 유형 고찰, 한국심리학회지: 사회 및 성격, 19(1), 131-149.

김재민 · 박노섭 · 이동희 · 최정호 · 장윤식(2009), 경찰수사론.

김지영 · 박지선 · 박현호(2009), 연쇄성폭력범죄자 프로파일링과 프로파일링 제도 연구, 서울: 한국형 사정책연구원.

김지영 · 박혜선 · 김지연(2014), 연쇄 강력범의 실태조사(III): 연쇄강도, 서울: 한국형사정책연구원.

대검찰청(2018), 2018 범죄분석, 서울: 대검찰청

박연호(2002), 행정학 원론, 박영사.

박지선, 최낙범(2010), 범죄행동을 통한 대인 강도범죄자의 유형별 분류에 관한 연구, 한국공안행정학회보.

박지선 · 최낙범(2012), 범죄자 프로파일링에 대한 인식과 발전방향, 한국콘텐츠학회논문지, 12(6).

박형태, 공직윤리의 배경과 관련요소(1984) 치안논총, 제1집, 경찰대학.

손봉선(2000), 범죄수사론, 법문사.

손상철(2005), 민간조사학 개론, 백산출판사.

우정식, 일반경비: 질문검색 · 관찰기록(2006), 좋은 세상.

이동영(1999), 21세기, 공인탐정이 뛴다, 굿인포메이션.

이동영, 21세기 공인탐점이 뛴다(1999) 굿인포메이션.

이봉한(2000), 수사 I · II, 대명출판사.

이상원(2003), 시큐리티 교육훈련과 자격제도 개성에 관한 연구, 공안 행정학회보, 제15호, 한국공안 행정학회(pp. 116~118).

이상원(2004), 시큐리티 교육훈련과 자격제도 개선에 관한 연구, 공안행정학회보, 제15호, 한국공안행 정학회.

이상원(2005), 민간경비원 교육훈련 프로그램 개발에 관한 연구, 한국공안행정학회보, 제19호, 한국공안행정학회.

이상원, 경찰의 전문직업성에 관한 연구(1992), 치안논총, 제7집, 경찰대한.

이상원, 민간조사학개론(2017) 넥센미디어.

이상원, 범죄예방론(2007), 대명출판사.

이상원 · 김상균(2005), 경찰학개론, 대명출판사

이상원 · 김상균(2005), 범죄수사론, 대명출판사

이상원 · 김상균(2005), 범죄수사론, 양서원.

이상원 · 김상균(2006), '공인탐정 교육훈련 모형에 관한 연구', 한국민간경비학회 제8회 춘계학술세미나 발표자료.

이윤근(1999), 민간경비론, 육서당.

이점인, 공인탐정법(안)의 주요쟁점에 대한 고찰, 동아대학교 법학연구소, 동아법학 제78호.

이종복(1996), 21세기를 대비한 경찰윤리확립방안에 관한 고찰, 한국공안행정학회보, 제5호.

임명순(2006), 민강경비교육기관 개방에 따른 문제점 및 개선방안, 한국민간경비학회보, 제7호.

임준대(2009), 연쇄방화범 프로파일링과 이동특성, 한국공안행정학회보.

장진배, 유전자를 이용한 범죄수사에 관한 연구, 박사학위 청구논문(2005), 동국대대학원.

전대양(2006), 민간조사업법안의 주요쟁점에 관한 연구, 한국민간경비학회 제8회 춘계학술 세미나 발표자료.

조기주(1989), 국민윤리, 박영사.

조용철(2006), '공인 탐정 인력의 전문화 방안에 관한 연구'. 한국민간경비학회, 제9회 정기학술 세미나 발표자료

허경미(2008), 범죄프로파일링 기법의 효과적인 활용방안, 용안: 치안정책연구소.

황지태(2004), 강잘도범의 범행대상 선택에 관한 연구, 한국형사정책연구.

Alison, L., Bennel, C., Mokros, A., & Ormerod, D. (2002). The personality paradox in offender profiling; A theoretical review of the processes involved in deriving background characteristics from crime scene actionsm psychology, policy, and Law, 8, 115–135.

Alison, L., J. & Canter, D. V. (1999). Professional, lefal, and ethical issues in offender profilimg. In D. V. Canter & L. J. Alison(Eds.), Profiling in policy and practice (pp. 21–54). Oxford: Wiley.

Alison, L., West, A., & Goodwill, A, (2004). The academic and the practitioner: Pragmatists views of offender profiling. Psychology, public policy, and Law, 10, 71–101.

Bartol, C. R. & Bartol, A. M. (2008). Crominal Behavior: A Psychosocial approach (8th ed). New Jersey: Pearson Prentice Hall.

Brussel, J. S. (1968). Casebook of a crime psychiatrist, New York: Grove.

Canter, D. V. & Youngs, D. (2003). Beyond Offender Profiling: The need for an investigative psychology.

Douglas, J. E., Burgess, A. G., & Ressler, R. K. (2006). Crime Classification Manual(2nd edition). California: John Wilet & Sons.

Fox, J. A. & Levin, J. (1999). Serial munder: Popular myths and empirical realities. In M. D. Smith & M. A. Zahn (Eds), Asourcebook of social research (pp. 165–175). Thousand Oaks, CA: Sage Publications.

Hazelwood, R. R. & Warren, J. (2003). Linkage analysis: Modus operandi, ritual, and signaturen in serial sexual crime. Aggression and Violent Behavior, 8, 587–598.

Holmes, R. M. & Holmes, S. T. (2002). profiling violent crimes: An investigative tool (3rd ed.). California: Sage Publications.

In D. Carson & R. Bull (Eds.), Handbook of psychology in legal contexts (2nd ed., pp. 171–205). Oxford: Wiley.

Innes, B, (2003), Profile of criminal mind, London: Amberj Books.

Janis, I. L. (1982), Groupthink: Psychological studies of policy decisions and fiascos, Boston: Houghton-Mifflin.

Keppel, R. D. (1985) Signature murderers: A report of several related cases, journal of Forensic, Sciences, 40, 670–674.

Milgram, S. (1974), Obedience to authority, New York: Haper & Row.

Prentky, R. A., Burgess, A. W., Rokous, F., Lee, A., Hartman, C., Ressler, R., & Douglas, J. (1989) The presumptive role of fantasy in serial swxual homicide American Journal of psychiatry, 146, 887–891.

Salfati G. G. & Canter, D. V. (1999), Differentiating stranger murders:

Snyder, M. & Swann, W. B. (1978). Hypothesis-testing processes in social interaction, Journal of Personality and Social Psychology, 36, 1202–1212.

Turvey, B. (2002). Criminal profiling: An introduction to behavioral evidence analysis (2nd ed.). London: Academic Press.

Tversky, A. & Kahneman, D. (1974). Judgment under uncertainty: Heuristics and biases,

Scence, 185, 1124-1131.

Asset Security Implementation Kit, Western Australian Department Department of Training and Employment, 2003.

Brian Ord & Gary Shaw, Interviewing Explained, LwxisNexis Butterxorths, 2004.

Charies P. Nemeth, Private Security and The Investigative Process, Boston : B. H., 2000.

Keith Ashley, The Ptivate Investigators's Handbook, Sydney : Southwood Press, 2001.

Martin Gill & Jerry Hart, Polocing as Business : The Organisation and Structure of Private Investigation, Policing and Society.

Mosher F.(1986), Democracy and The Public Service, Oxford : Oxford Press.

Robert D. McCrie, Security Operation Management, MA : Butterworth Heinemann, 2001.

Ronald Vogel and Reed Adams(1983), Police Professionalism, Jourmal of Police Science and Administration, Vol. 11.

저자약력

김동근 _ 법학박사 · 행정사
숭실대학교 법학과 졸업
숭실대학교 대학원 법학과 졸업(법학박사 - 행정법)

현) 대한탐정협회 부회장
　서울디지털대학교 평생교육원 탐정사자격과정 전임교수
　행정법률 사무소 청신호 대표행정사
　숭실대학교 초빙교수
　공인행정심판학회 학회장
　공인행정사협회 법제위원회 위원장
　공인행정사협회 행정심판전문가과정 전임교수
　공무원연금관리공단 행정사지원 양성과정 강사
　대한행정사회 대위원
　중앙법률사무교육원 교수(행정법)
　YMCA병설 월남시민문화연구소 연구위원
　내외일보 논설위원
　법률사무소 로앤어스
　숭실대학교 글로벌미래교육원　탐정사최고전문가과정 주임교수

전) 서울시장후보 법률특보단장

저서

핵심재개발 · 재건축분쟁실무(진원사), 부동산소송(진원사), 건축분쟁실무(진원사), 건축법 이론 및 실무(진원사), 주택법 이론 및 실무(진원사), 국토계획법 이론 및 실무(진원사), 도시개발법 이론 및 실무(진원사), 주택상가임대차보호법 분쟁실무(법률출판사), 민사소송준비부터 가압류 · 강제집행까지(법률출판사), 민법총칙(진원사), 요건사실론(진원사), 답변서 · 준시서면 총서(진원사), 신종합법률실무대전 ⅠⅡⅢ(진원사), 민법의 이해와 실무(개정판) (중앙법

률사무교육원), 이혼소송에서 위자료 재산분할까지(진원사), 유형별 가사분쟁실무(진원사), 이혼소송준비부터 가압류 강제집행까지(법률출판사), 가사소송법실무(진원사), 가사소송실무ⅠⅡ(진원사), 상속분할과 유류분청구(진원사), 미성년·성년후년소송(진원사), 조문별 핵심판례 도시및주거환경정비법(상,하)(진원사), 유형별 민사집행법 판례정리집(상,하)(진원사), 누구나 쉽게할 수 있는 민사소송(진원사), 나홀로 하는 민사소송실무(진원사), 나홀로 하는 형사소송실무(진원사), 나홀로 하는 가사소송실무(진원사), 나홀로 하는 보전소송실무(진원사), 나홀로 하는 민사집행실무(진원사), 나홀로 하는 어음수표소송(진원사), 나홀로 하는 교통사고 손해배상소송(진원사), 나홀로 하는 부동산소송실무(진원사), 나홀로 하는 소장작성례(진원사), 나홀로 하는 가족관계사건등록절차(진원사), 사건유형별 행정소송 이론 및 실무(법률출판사), 사건유형별 행정심판 이론 및 실무(진원사), 한권으로 끝내는 운전면허취소·정지구제 행정심판(법률출판사), 한권으로 끝내는 공무원·교원 소청심사청구(법률출판사), 한권으로 끝내는 영업정지·취소 구제행정심판(법률출판사), 비송사건절차법 이론 및 실무(법률출판사), 토지수용보상실무(법률출판사), 출입국관리법 이론 및 실무(법률출판사)

공저자

이기원 _ 법학박사·탐정사
숭실대학교 대학원 법학과(법학박사 – 형사법)

현) 서울디지털대학교 평생교육원 탐정사자격과정 전임교수
　　숭실대학교 법학과 외래교수
　　월남시민문화연구소 연구위원

전) 광운대학교, 홍익대학교, 대전대학교, 강원대학교, 조선대학교 외래교수

저서

법학개론(법률출판사)
법과 생활(법률출판사)

탐정활동 및 탐정실무기법 Ⅰ

2021년 3월 20일 1판 1쇄 인쇄
2021년 3월 30일 1판 1쇄 발행

저   자   김 동 근 · 이기원
발 행 인   김 용 성
발 행 처   법률출판사
　　　　　 서울시 동대문구 휘경로2길 3, 4층
　　　　　 ☎ 02) 962-9154   팩스 02) 962-9156
등 록 번 호   제1-1982호
ISBN   978-89-5821-381-9 13360
e-mail :   lawnbook@hanmail.net